教育部人文社会科学重点研究基地

武汉大学社会保障研究中心

2009～2010年
中国社会保障改革与发展报告

武汉大学社会保障研究中心
邓大松 刘昌平等 编著

人民出版社

目 录

第一篇　企业年金资产配置模式研究及相关政策建议

邓大松　张义波

第三篇　中国特色新型养老保险制度：农民工养老保险的制度选择

卢海元　徐阿莹

第四篇　当前社会保障若干现实问题的思考

林毓铭　李　莹

第五篇 农村家庭健康状况影响因素与促进机制研究

石 静

第六篇　中国城市女性居民健康状况及影响因素研究

于晓薇

附　录

第一篇

企业年金资产配置模式研究及相关政策建议

实行专业理财，在保证资金安全的前提下获取较好的投资收益，让参保人员真正得到实惠，是企业年金基金市场化运营的重要目的。从国际经验来看，在谨慎原则基础上，全球养老基金投资已经形成“数量限制”规则和“谨慎人”规则两种基本投资限制模式以决定资产配置。但从现实来看，尤其在我国，大多数机构投资者在企业年金实际投资运作过程中运用资产配置策略其实不是很多。究其原因，这既与我国资本市场发展阶段密切相关，也与企业年金资产规模占整个机构投资者整体资产规模的比例不大、企业年金基金投资限制较多等因素造成对企业年金基金资产配置方面研究的动力不足有关。作为社会保障体系的重要组成部分，企业年金基金投资不同于其他一般意义的基金投资，如何做到既注意企业年金基金的低风险偏好，又能较好把握市场机遇，实现基金资产的保值增值，一直是困扰学术界的难题，并且直接关系到我国的社会稳定与经济发展。本篇旨在探讨资产配置策略对企业年金资产配置的指导和调整，通过合适资产的选择和有效组合，实现符合企业年金基金偏好的长期投资目标，以期为企业年金资产投资实践层面操作提供切实可行的理论依据。

1　企业年金基金资产配置状况与决策模式

资产配置是资金在各类资产之间的合理分配，可供分配的资产类别不仅包括大类资产，而且包括大类资产的细分类别。资产配置之所以成为企业年金基金管理的重要内容，是因为世界上没有一种绝对最优的单一资产，即一种收益很高同时风险又较小的资产供投资者选择，单一资产的收益和风险总是沿着同一方向变化，预期收益较高的资产风险也较大。对投资者财务状况和投资目标进行全面的分析后，专业资产配置过程一般如下①：

（1）投资者会同投资顾问测算自身的投资目标，即收益率—风险目标，并给予详细说明。

（2）投资者会同投资顾问对各资产类别的期望收益率、风险及其相关性各项参数进行预测，选择最能够与投资者的投资目标相匹配的各种资产类别，它们构成的资产组合在一定风险下能够给投资者带来最大

① 此处引用戴维·M. 达斯特（David M. Darst）在《资产配置的艺术》中的阐述。戴维·M. 达斯特为摩根·斯坦利投资集团的创始人、首席投资策略师，其自始至终像信徒一样虔诚于资产配置。他将资产配置视为一项艺术、一门科学，并将自己数十年的实践经验精粹展示在《资产配置的艺术》（*The Art of Asset Allocation*）一书中与无数或专业或业余的投资者分享。达斯特说："在过去很多年来，摩根·斯坦利的资产管理人和研究策略师都强调资产配置在实现长期投资成功上的重要性。我写这本书是要向个人和专业投资者介绍在这方面的概念、工具与相关技巧。"

期望收益率，或在给定期望收益率条件下面临的风险最低。

（3）围绕资产组合的长期变动趋势，执行反映长期最优化的目标的战略资产配置决策。

（4）多数情况下，在构建基于长期目标的资产组合的基础上，投资者定期对资产组合进行最优化再平衡。也就是说在战略资产配置决策的原则下，投资者制订战术资产配置决策或动态资产配置决策。

（5）投资者还需不时考察战略资产配置决策本身，以确保其符合投资者所处的现实环境、心理状态、资产组合中不同资产类别的前景以及对金融市场未来的市场预期。

随着资产配置理论研究的不断发展，投资手段的不断增加，以及世界各国人口及经济情况的不断变化，企业年金资产配置从开始单纯的配置于银行存款和国债发展到今天的资产配置国际化模式。作为企业年金投资过程中的最核心部分，长期的资产配置决策能够设计合理的资产组合，满足投资者在既定风险承受水平上投资收益的最大化，使受益人在退休后获得较高的替代率。了解企业年金资产配置发展的历史、现状和趋势，研究企业年金投资管理决策体系的不同，有利于我国企业年金的健康发展和企业年金基金资产配置研究。

1.1　企业年金基金资产配置状况

1.1.1　企业年金基金资产配置的发展阶段

世界各国在养老保障制度具体设计方面所体现出的差异性使得不同国家的企业年金概念外延不尽相同。自从世界银行的“多支柱”养老模式普及以来，企业年金集中体现为一种职业福利，即第二层次的补充养老保险。在国外，“企业年金”这一称谓使用较少，通常称之为私营养老金计划，即由私营部门管理的，与职业相关的养老金计划。比如，在美国的通用称呼包括“私人养老金计划”或退休计划，这是因为美国不仅企业有私人养老金计划，而且像行政事业单位也可以建立私人退休计划，因此在美国一般不称为企业年金。在这类养老金计划的运营过程中，如何对其进行资产配置一直是投资运作环节的重点。随着资产配置理论的不断发展，投资手段的多样化，以及世界各国人口和经济情况的不断变化，这类养老金计划的相关资产配置大致经历了三个发展阶段。

第一阶段是20世纪80年代，这一时期西方资本主义社会实体经济高速发展，养老金开支占政府财政开支总额的比重还比较低，金融市场的投资工具有限，所以在养老金的管理上，人们对通过资产配置来提高养老金收益动力不足。在这一阶段，养老金主要配置于银行存款和国债，这是由于银行存款和国债最能确保养老基金的安全稳定。这一期间，采取固定比例资产配置模式比较常见，比如以60%国内股票、30%国内债券和10%现金作为配置是比较有代表性的资产组合。

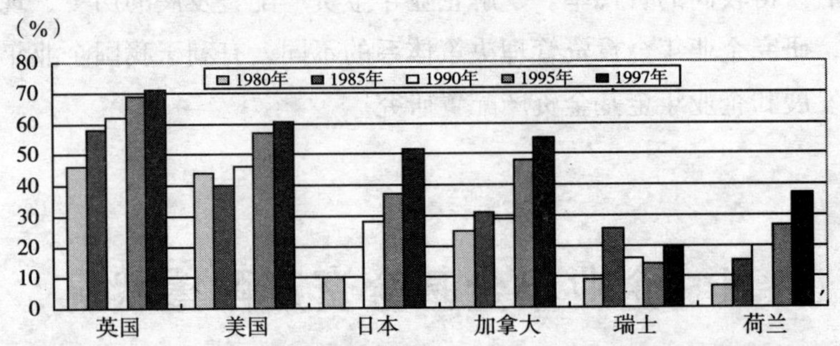

图1-1　20世纪80～90年代部分国家企业年金股票投资比例

资料来源：Davis E. P., *Pension Funds, Retirement-Income Security, and Capital Markets: An International Perspective, Oxford*: Oxford University Press.

第二阶段是20世纪80年代到90年代初，由于经济的进一步发展，西方各国人口结构发生变化，养老开支日益增加，逐渐成为社会经济难以支撑的负担。在此期间，由于社会财富不断集中，流动性增大，人们的投资经营观念开始增强。随着股票和债券的投资收益率上升，越来越多的养老基金投资于企业股票和企业债券。于是，这一阶段的资产配置自然向收益更高的股票和债券倾斜。历史数据表明，20 世纪 60 年代，养老金持有的股票市值占伦敦交易所的总市值不到 10%，在纽约交易所占的比例更低。但是到了 20 世纪 90 年代初，这一比例在伦敦和纽约交易所均已超过了 30%。随着养老金进入证券市场的比例不断增加，其已经成为证券市场主要的机构投资者，同时也推动了共同基金的发展，如美国的 401（k）计划以共同基金作为最大的投资对象，其投资比例历年高达 70% 左右。

第三阶段是从 20 世纪 90 年代至今，随着世界经济一体化进程加快，资本全球化趋势增强，跨国投资成本不断降低，投资工具开始丰富，投资组合理论的实践已经证实多元化投资可以分散投资风险。这一时期，养老金资产配置呈现国际化和多元化的趋势，在各国纷纷放宽养老金投资比例限制的同时，养老金向海外证券市场投资的比例也不断增加。资产配置国际化的主要原因：一是随着经济全球化和资本全球化，跨国证券投资的成本不断减低，投资风险也更加易于控制；二是依据投资组合理论，养老基金的跨国家资产配置可以在保证投资收益率的前提下，进一步分散投资风险；三是新兴市场国家资本市场的不断成熟，吸引了各国养老基金参与其间追求更高的收益。除此之外，许多西方私人养老金管理机构开始尝试获取更高投资回报的资产配置策略。其中的另类投资，如私募股权投资、大宗商品投资，对冲基金投资等都开始进入到了养老金的资产配置组合中。出现以上变化的主要原因有以下三点：一是为了追求更高的潜在收益，养老金资产配置中必须加入风险投资；二是各种金融衍生工具的利用，可以缓解养老金资产配置收益的波动性；三是随着经济全球化和资本全球化的发展，跨国证券投资的成本不断减低，投资风险也更加易于控制，并且跨国资产配置可以在保证投资收益率的前提下，进一步分散投资风险。可见，从实践来看，养老金的资产配置也是随着市场发展而不断发展创新的。

表1-1 2008年部分OECD国家养老金投资组合比例

单位:%

投资原则	国家	现金及存款	债券	贷款	股票	不动产	共同基金	保险合同	私募基金	其他
谨慎人原则	美国	1.18	22.91	1.05	37.10	1.73	17.01	4.24	0.00	14.78
	澳大利亚	10.70	0.00	4.40	23.26	4.49	54.84	0.00	0.00	2.31
	加拿大	3.17	26.72	0.47	25.16	6.18	33.51	0.00	0.00	4.80
	意大利	7.49	39.91	6.95	8.03	4.82	9.11	23.42	1.22	6.01
	荷兰	4.77	37.46	3.73	37.28	2.66	0.00	0.00	0.00	14.10
	平均	5.46	25.40	3.32	26.17	3.98	22.89	5.53	0.24	8.40
数量限制原则	丹麦	0.64	54.32	1.45	11.56	1.19	6.17	0.00	0.00	24.57
	瑞典	3.00	57.92	0.19	13.67	4.68	16.71	0.00	0.00	3.84
	瑞士	8.76	26.39	4.96	11.69	10.78	31.30	0.00	5.44	0.67
	墨西哥	0.02	82.49	0.00	11.24	0.01	0.00	0.00	0.59	5.65
	德国	2.92	26.01	29.30	0.04	2.44	36.12	0.00	0.95	2.23
	平均	3.07	49.43	7.18	9.64	3.82	18.06	0.00	1.40	7.39

资料来源：2010 OECD Pension Statistics:Pension Markets in Focus,No.1,February.

1.1.2 企业年金基金资产配置的发展趋势

从几个主要退休基金资产较为庞大的国家来看，其资产配置较大的权重是投资于股票市场以及债券市场。以英国和美国为例，2005年英国退休基金投资在本国股票市场的比例达34%，而投资在国际股市约为32%，虽然两者整体相加较1995年下降了16%，但在2005年仍有高达基金总额的66%是投资在股票市场。美国的退休基金同样也有很大比例是投资在国内外股票市场，投资额度在2005年底时就已达基金总额的63%，截至2008年底，在所有的401（k）计划中，也有高达56%的资金投资在美国股市中。但是与英国不同的是，美国退休基金对国内外股票市场的投资合计自1995年起提升了6个百分点，尤其是对国际股票市场的投资有明显的上升趋势，提高了8个百分点。在2006

年底，包括国内股票基金和国际股票基金在内的所有股票基金在美国养老金投资的共同基金的总盘中，已占到高达70%的比例，如果再加上同样涉足股票的混合型基金，那么该比例则上升至84%。此处以美国第一大退休储蓄账户401（k）计划为例进行说明，1996～2008年间401（k）计划参与者资产配置情况如图1－2所示。

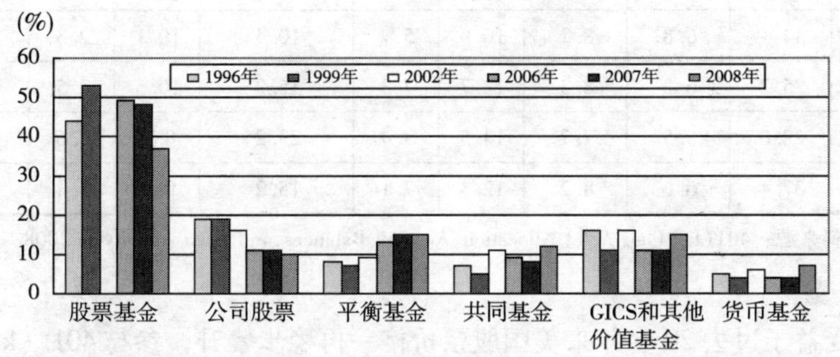

图1－2　1996～2008年美国401（k）计划的资产配置

资料来源：401(k) Plan Asset Allocation, Account Balances, and Loan Activity in 2008.

从图1－2可以看到，到2008年底，401（k）计划参与者资产的40%投资于股票基金，16%投资于公司股票，9%投资于平衡基金，11%投资于共同基金，16%投资于担保投资合同和其他稳定价值基金，6%投资于货币基金。对于具体账户的资产配置特征，则取决于多种因素，例如年龄、养老金计划发起者为参与者提供的基金选择、计划的规模以及员工收入等。年龄因素是影响计划参与者选择其企业年金资产配置的一大重要因素，其中，年轻的参与者仍然倾向于在账户中持有高比例的股权资产，而年老的参与者倾向于投资更多的固定收益资产。如表1－2所示，截至2008年底，20岁年龄层次的参与者其账户资产中有38%投资于股票基金；而60岁的参与者的账户资产只有大约28%投资于股票基金。在债券的投资上，60岁年龄层次的参与者选择其账户资产的14.5%投资于债券，而20岁左右的年轻人只有9.3%的资金投资于债券。

表1-2　2008年美国401（k）计划各年龄段选择资产配置情况

单位：%

年龄	股票型基金	生命周期基金	平衡型基金	债券	货币基金	CICs及稳定价值基金	公司股票	其他	未来
20	38.0	15.3	12.7	9.3	5.5	8.4	7.8	1.3	1.3
30	47.0	9.1	8.8	10.3	5.2	7.4	8.7	1.9	1.4
40	44.1	6.8	8.2	10.9	5.7	10.4	10.1	2.3	1.2
50	35.2	6.2	8.3	12.7	7.3	16.2	10.5	2.5	0.9
60	28.0	5.5	7.7	14.5	9.4	23.2	8.4	2.6	0.7
全部	37.4	6.6	8.2	12.3	7.1	15.2	9.7	2.4	1.0

资料来源：401(k) Plan Asset Allocation, Account Balances, and Loan Activity in 2008.

受益于过去20多年来美国股票价格一再稳步攀升，参与401（k）计划投资股市的雇员比其他仅投资债券或简单储蓄的雇员取得了更大的收益。截至2008年底，美国401（k）养老计划账户余额平均为45519美元，但由于受到2008年全球金融危机的影响，相对于2007年也损失了31%。

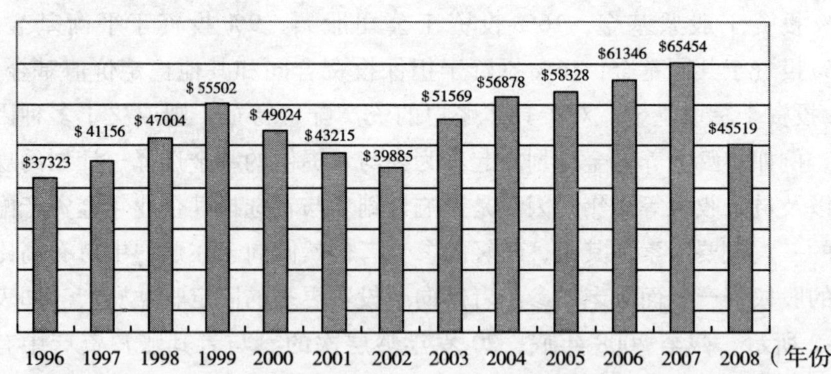

图1-3　1996~2008年美国401（k）计划账户平均余额

资料来源：401(k) Plan Asset Allocation, Account Balances, and Loan Activity in 2008.

当然，这不仅仅代表了美国退休基金的投资趋势，实际上除了瑞士以外，每个国家对于其本国以外的国际股票投资都有明显的上升趋势，说明各国养老金的资产组合也开始寻求国际多元化。根据OECD公布的《聚焦养老金市场》① 指出，在最近几年，世界各国退休基金投资呈现投资类别齐全、风险分散国际化、收益率较高等特点。各国对于本国以外的国际股市投资皆有明显的增加现象，这是各国退休基金现在的投资趋势。养老基金投资国际多样化是利弊互现的。一方面，它可以使国家风险得以多样化，从而降低养老金的投资风险。例如，它可以减少投资面临的一国通货膨胀的风险，并使投资者有机会将资金转移到收益率更高的国家。另一方面，养老基金向国外投资，不仅要面临金融市场的各种风险，如汇率风险，而且也要面临资金转移风险、结算风险及流动性风险等。

总的来看，不同国家的养老基金资产配置呈现出以下规律：

第一，无论是发达国家，还是发展中国家，大多数国家的养老基金在现金及银行存款上的资产配置比例都不高。大部分国家保留现金及银行存款主要是为了满足短期支付的需要，以保证基金投资具有一定程度的流动性和安全性。持有流动性好的资产，一方面是为了在面临支付要求时能够立即变现而不受到损失，保证实现投资的内部价值，另一方面也是出于市场择时的投资需求。但是在通货膨胀率较高的国家，银行存款难以起到使养老基金的资产保值和增值的作用。

第二，欧美发达国家养老基金的资产配置策略可以分为英美体系和欧洲大陆体系两派。美英一派的养老基金投资于股票市场的比例较高，而以债券市场作为补充。普遍说来，股票市场的资产配置比例均接近或超过了60%。这一方面是与这些国家直接融资市场的高度成熟有关，另一方面也是由于在这些国家均是彻底执行“谨慎人”监管法则，在“谨慎人”前提下，倾向于追求更高的投资收益。

欧洲大陆的发达国家，以法德为代表，在债券市场和股票市场上的养老基金资产配置相对平衡，而略偏向于债券市场。总的来看，这些国家都是以本国债市为主要投资对象，对于外国债市投资的比例则较低，

① Pension Markets In Focus(2008).

这里的主要考虑因素仍是投资国际债券分散风险的效果较低。对于具体的投资品种，如政府债券及BBB级以上的公司债券由于风险较小，而且收益稳定，特别是在资本市场波动较大时，可以成为理想的避险工具。同时这些国家也多是“数量限制”和“谨慎人”监管混合使用的国家，对养老基金资产配置的安全性关注度更高。而发展中国家的养老基金也偏向于将资产配置在债券市场，其主要原因是其资本市场处于初级阶段，政府监管水平也有待提高。随着市场和监管的完善，发展中国家养老基金在股票类资产上的配置比重也有逐步提高的趋势。

第三，发展中国家的资产配置策略相对保守，较少投资于银行存款、债券和股票之外的资产类别。而发达国家的资产配置策略较为积极，对于房地产和另类投资等多有涉及。虽然这些资产类别由于其自身高收益高风险的特性而在养老基金的资产配置中所占比例不高，但是已经可以有效的进一步增加投资收益，分散投资风险，如瑞士、加拿大、荷兰等国家，其投资不动产的权重在4%～15%左右不等。另外，当前对股权基金的投资有超过20%来源于养老基金。这一方面既提高了其养老基金的收益率，另一方面对风险资本的投资也间接促进了高科技产业的发展，促进了国内的产业升级。

1.1.3 资产配置对企业年金基金绩效的贡献

资产配置对企业年金基金绩效的贡献主要是分析和度量资产配置对企业年金投资收益的解释程度。对企业年金资产配置绩效进行研究，有助于投资管理人深入了解资产配置对于同一基金在时间序列上收益率变化的影响程度以及不同基金之间业绩差异的根本原因，也有利于委托人依据自身风险承受能力的大小选择不同的投资管理人。Gary P. Brinson, L. Randolph Hood 和 Gilbert L. Beebower 在《组合绩效的决定》[①] 一文中将投资管理过程分解为投资政策、市场选时和证券选择三部分，并相应

① 1986年完成并于1991年更新。1986年的《金融分析师杂志》（*The Financial Analysts Journal*）刊载了布林森（Brinson）、霍德（Hood）和比鲍尔（Beebower）（简称BHB）的名为“Determinants of Portfolio Performance”的著名文章。

地将基金业绩分解为投资政策资产配置贡献、市场选时贡献和证券选择贡献三个部分对收益率的贡献。该文以 91 家养老基金在 1974 ~ 1984 年的 10 年间数据为研究对象，论证了战略性资产配置是决定基金投资组合收益率的最重要因素。

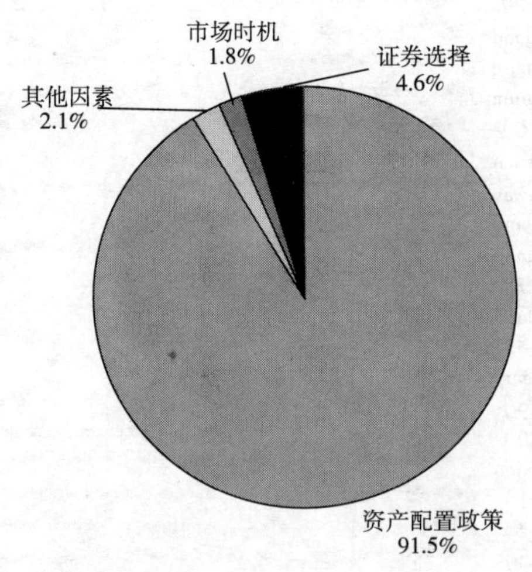

图 1 - 4　退休基金回报差异中资产配置的解释程度

资料来源：Ibbotson Associates.

可见，资产配置决策是资产组合管理中的首要环节，也是整个投资决策过程中最为关键的因素。SEI Investments Corporation 对 97 种大型养老基金的分析也表明，投资收益差异中 87% 与资产类别的选择有关，通过有效资产配置（综合考虑市场未来收益率和客户风险承受能力）可以大大提高整个养老基金的收益，同时降低基金的风险。一些数据也表明，与发达国家类似的是，近年来一些发展中国家的养老基金投资运作也逐渐突破了以政府公债和政府担保的贷款为主的单一投资渠道，逐渐加快了投资股市的步伐。

尽管全球养老基金开始涉及所有的投资工具，但是从 OECD 调查来看，目前大多数 OECD 国家都存在对养老基金证券组合的数量限制。作为目前世界大多数国家广泛采用的养老基金资产配置规则限制模式，“数量限制”规则通常对养老基金投资低流动性、高波动性的风险性资

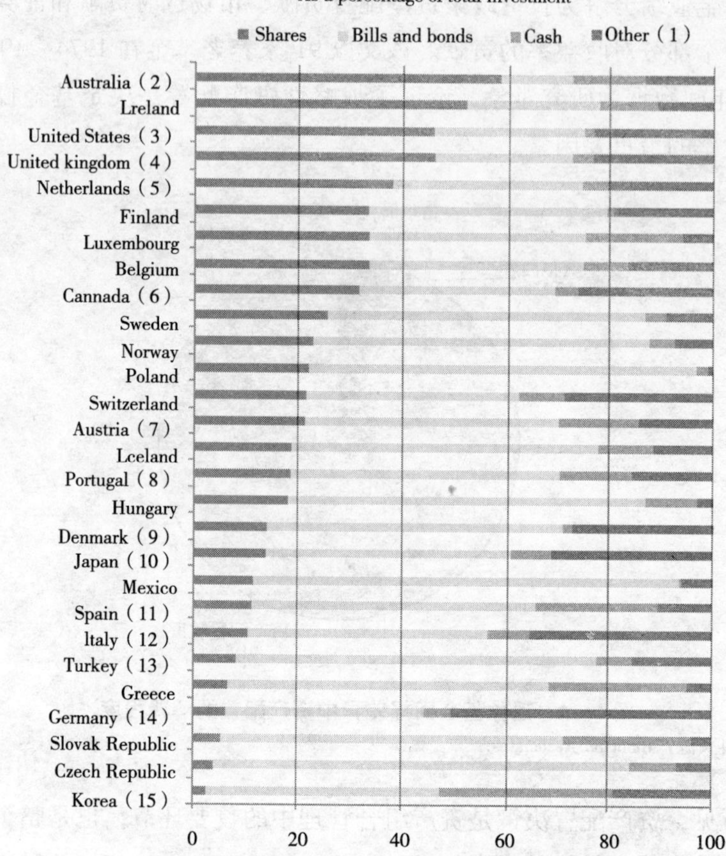

图1-5　2008年部分OECD国家的养老金资产配置

资料来源：*OECD Global Pension Statistics.*

产存在禁止性规定或最高比例限制，同时，对一些低风险的资产，则要求投资最低比例限制。其目的是通过资产的适当多样化，以保护受益人避免受经营者破产和投资风险的影响。因此，资产配置优化组合效应的体现通常需要以下条件的支持：（1）资产之间相关性较低且稳定；（2）资产价格变动呈现循环的特征；（3）资产组合保持合理的稳定，受单项资产异动的影响较小；（4）有效的战术操作和再平衡纪律的有机结合。

对此，Merrill lynch在其《The Investment Clock》报告中有着形象的

说明，文中利用美国 1973～2004 年的历史数据，根据产出缺口和通胀率的不同变化，将经济周期划分为萧条、复苏、过热和滞胀四个阶段，分别比较股票、债券、商品和现金四类资产在不同阶段的收益表现。结果显示，不同类型资产在不同经济周期阶段的收益差距非常显著，通过识别拐点来及时调整资产配置是可以获得超额收益的。对于国内一些研究机构，如申银万国比较了 2003 年以来各类资产的收益波动情况，发现股票、封闭式基金、开放式偏股基金和开放式平衡基金这四类资产的波动性正相关性非常高，这是因为封闭式基金和开放式偏股基金和平衡基金的收益波动主要由股票决定，但股票的波动率要高于后两类资产。在股票市场上涨阶段，转债和开放式偏债基金的波动与股票波动的相关性较高；但在股票市场下跌阶段，由于债性的保护，其波动性趋于稳定。转债的波动性高于开放式偏债基金，开放式偏债基金波动性又要高于国债。在比较各类资产收益的相关系数，发现货币、债券和股票三类资产的相关性较低，组合后可以降低资产的波动风险；而转债、基金和股票的相关性较高，风险分散效果比较有限。

表 1－3　各类资产收益相关性

相关系数	票据	回购	国债	企业债	转　债	开放式偏债基金	股票	封闭式基　金	开放式偏股基金	开放式平衡基金
票　购	1.00									
国　债	1.00	1.00								
企业债	0.18	0.18	0.94	1.00						
转　债	0.03	0.02	0.32	0.23	1.00					
开放式偏债基金	0.31	0.31	0.39	0.29	0.88	1.00				
股　票	0.29	0.27	0.17	0.08	0.80	0.87	1.00			
封闭式基金	0.43	0.42	0.15	0.04	0.55	0.73	0.73	1..00		
开放式偏股基金	0.27	0.27	0.21	0.06	0.81	0.92	0.89	0.75	1.00	
开放式平衡基金	0.25	0.25	0.21	0.04	0.79	0.90	0.85	0.73	0.99	1.00

中信建投期货[①]则从大类上对三大项资产类别股票、债券、商品进行研究，具体来说，股市选择沪深 300 指数；债市选择上证国债指数；商品期货市场方面也简单构造了一个指数，数据区间为 2003 年 1 月到 2008 年 9 月。其对三大指数构成的组合表现进行实证研究，如果股指或商品指数最近一周高于过去 25 周历史分布的一定百分比时，买入股指或商品，其余情况投资于国债的情形下，报告检验了该百分比分别为 60%、75%、90% 时不同策略组合的表现。结果显示无论是累计收益还是收益风险比，策略组合的表现都优于单个指数，且实证结果的稳健性较强，这充分说明了资产配置的有效性。

1.2　企业年金基金资产配置决策模式

在投资组合管理过程中，资产配置决策作为投资组合管理中的首要环节，无论从定性角度还是从定量角度都占有极其重要的地位，是整个决策过程中最关键的要素，对确定各资产类别的配置水平及动态调整从而对投资者收益率—风险目标的实现有极大影响。决策主体对资产配置决策的投资决策权分配通常有三种模式。

一是统一决策模式。即企业年金计划统一进行投资决策，参与该计划的受益人没有进行投资决策的权利，个人账户基金按照整个计划资产的投资收益率计算投资收益。如收益确定型企业年金计划就是采取这一模式，由计划主办方进行投资决策，如果投资收益率低于期望水平，雇主需要进行补充性供款；如果投资收益率高于期望水平，雇主可以获得“供款假期”，即在一段时间内少供款或者不供款，降低企业将来向计划进行缴费的财务负担。

① 中信建投期货经纪有限公司 2008 年 10 月 22 日发布的研究报告《从战略资产配置到战术资产配置》。

二是个人决策模式。即参与企业年金计划的每个受益人可以在发起人或者受托人提供的产品范围内自行选择投资产品并可在产品间自由转换，个人拥有相当大的投资决策权。由于个人账户的投资决策不同，个人账户基金的投资收益率可能各不相同。缴费确定型企业年金计划一般都允许个人进行决策，由于缴费是固定的，受益人能够获得什么样的退休金待遇取决于投资收益率的高低，即个人要承担全部的投资风险。

三是混合决策模式。即前两种模式的结合。以美国 401（k）计划为例，一般允许雇主和雇员一起商定是集中决策还是通过直接参与账户进行个人决策，主要从雇员的直接投资意愿、两种模式下的投资成本差别、两种模式下雇主承担的信托责任差别等方面综合考虑。一般来讲，集中决策模式下雇主要承担更多的信托责任，而如果选择个人决策模式的话，雇主向员工提供符合《雇员退休收入保障法案》（ERISA）第 404（c）条款和美国劳工部相关要求的多种投资工具供员工自己选择，以避免承担过多的“受托人责任”。但为了账户管理的方便，大多数 401（k）计划都采用雇主提供几种风险回报特征存在明显差异的共同基金产品，再由雇员在这几种基金中进行组合选择的方式。

虽然我国目前的企业年金计划全部是缴费确定型计划，但是企业年金计划资产的管理实际上类似于收益确定型计划的管理方式，也就是说，计划资产的管理权并不在计划参加员工的个人手中。从人力资源和社会保障部颁布的 20 号令和 23 号令的规定看到，制订企业年金投资策略的主体是受托人，投资政策和战略资产配置作为企业年金基金投资业绩的主要来源，受托人在企业年金基金的投资管理过程中起着核心作用。企业年金基金财产受托管理的目的，就是通过受托人对资产的管理活动，实现资产的保值增值。相比之下，企业年金基金投资管理人在企业年金基金投资决策当中的主要作用在于基金的战术资产配置，通过证券选择和时机选择实现资产增值。当然，这些证券选择和战术资产配置都必须依从受托人决定的投资策略和战略资产配置。

强调受托人在企业年金基金投资决策和绩效贡献中的关键作用，并非否定投资管理人的积极作用。投资管理人可以为受托人提供投资策略顾问，帮助受托人制订科学、规范的投资策略。在企业年金发展初期，受托人在投资管理专业人才储备和专业经验方面相对匮乏，更需要投资管理人为受托人提供专业的投资政策制订、投资策略和资产配置决策的支持。

2　企业年金战略资产配置

战略资产配置是投资者着眼于长期投资目标制定的资产配置计划，关心的是长期投资期限下的资产配置问题，其百分比由企业年金计划的福利目标、缴税责任和风险承受度来决定的。投资者在确定可投资的资产类别后，基于长期投资目标制定战略资产配置计划，通过相关手段预测资产的预期长期收益、长期风险和相关关系，利用最优化技术构建长期的最优组合，最后形成战略资产配置计划。作为一种长期资产配置决策，战略资产配置是投资者为资产寻找一种合适的、长期的、“常规的”资产组合，代表了集控制风险和增加收益为一体的思想。获取长期高收益的策略存在固有风险，而追求最大安全的策略却只能提供很一般的收益机会，战略资产配置就是对这两种相互矛盾的目标进行平衡。换句话说，在进行战略资产配置时，企业年金基金投资管理人要对相关资产的风险和收益进行预测，寻求两者的最佳结合点，这里的风险指达不到某种投资目标的“短缺风险”。

2.1 战略资产配置的重要性分析

按照现代资产组合理论的定义，资产配置组合有着非常重要的作用。暗含在现代资产组合理论中的理论是：给定愿意承担的风险，有效组合能够最大化回报。获得有效组合的关键是找到在股票、债券、现金和其他金融工具之间的合理配置。同样，在现代资产组合理论中，由于有效市场理论，单个股票的选择和市场时机的选择都不是太重要，因为按照有效市场理论，市场是不可预期的，所有新信息都会立刻被包括到价格中去；仅仅因为相信最近市场状况和公司新闻的变化会引起股票上涨就买进是无效的。战略资产配置就是正常市场条件下，风险在可接受程度内的最优长期配置比例。正常市场条件的含义就是，对资产风险和收益的预测主要参考了均衡状态下收益和风险的水平。战略资产配置对投资者的意义，在于它揭示了投资者在正常市场条件下，为了使基金风险控制在可容忍的范围内，应该在各类资产上分配多大的比例。战略资产配置为控制投资风险提供了一个可以参考的基准，战略资产配置的作用如同引力中心一样，在实际资产配置比例偏离战略资产配置达到一定程度时，提醒投资者采取行动控制投资风险。

基于这样的认识，在任何一个具体的证券选择决定作出之前，都必须有一个明确的或是不太明确的资产配置决策。夏普在1986年就指出资产配置在现代投资组合策略中具有非常重要的作用，基金每月报酬率的变动，绝大部分是因为所持有证券的类型，而不是在每一种类型中所挑选的个股。Brinson，Hood和Beebower采用回归分析计算了投资政策部分的R^2，计算显示基金总回报中93.6%可以由资产配置解释；Blake对英国养老基金和年金的投资组合收益率进行研究，资产配置解释了90%以上的绩效波动；Ibboson和Kaplan则在2000年对资产配置的重要性进行了更为具体的实证研究，结果显示在不同基金绩效差异中，资产配置可以解释40%；在同一基金回报随时间波动中，资产配置可以解释90%，在同一基金的总回报中，资产配置可以解释100%。

因此，战略资产配置的重要性可以从三个角度进行分析。从时间序列的角度，战略资产配置解释了大部分基金收益随时间的波动，解释程度的高低取决于基金管理人的积极程度，积极投资者承担的主动风险越多，主动投资收益对总收益的影响就越大，作为被动投资收益来源的战略资产配置对总收益的解释程度就越低；从横截面数据的角度，战略资产配置只能解释小部分基金之间的收益率差异，造成基金之间收益率差异的原因有多个方面，包括战略资产配置的不同，投资时机的不同，证券选择的不同，还包括上述因素之间的相互作用，战略资产配置的不同只是导致企业年金之间收益率差异的诸多原因中的一部分；从行业整体的角度来看，可以用战略配置基准收益率与实际收益率之比的行业平均值来衡量基金行业的绩效。

正确理解战略资产配置的重要性对企业年金投资有如下指导意义：

第一，企业年金投资不仅要重视战略资产配置，而且要重视投资时机和证券选择。战略资产配置是企业年金投资过程中的重要决策，但是，在企业年金采取积极投资策略的条件下，战略资产配置做好了并不意味着企业年金投资就可以自动获得较好的投资收益，投资时机决策和证券选择决策同样非常重要，对企业年金的投资收益有重大影响。因此，在投资过程中，企业年金在做好战略资产配置的同时，还要深入分析资产收益率随宏观经济状态变化的规律，分析货币流动性影响资产收益率的条件和渠道，从而选择有利时机，根据宏观经济和市场环境的变化及时调整战略资产配置，提高基金收益水平。企业年金还要从行业和公司层面上及时把握企业的基本面，包括企业盈利能力、公司治理结构、企业发展前景等信息，选择有价值的投资标的。

第二，选择优秀投资管理人是企业年金管理的一项重要内容。委托投资是企业年金普遍采用的管理模式，企业年金通过遴选投资管理人，可以利用社会力量来提高养老基金的管理水平，实现企业年金管理的专业化和市场化。从美国市场情况看，基金经理作为一个整体并没有增加基金的投资收益，尽管这并不否定养老基金的委托管理模式，但是提出了委托投资管理模式下选择优秀投资管理人的重要性，这意味着挑选优秀投资管理人是养老基金管理的一项重要内容。企业年金要通过分析管理人的投资理念、投资策略、投资风格、决策程序和历史业绩等因素，挑选出那些未来业绩最有可能够超越行业平均水平的管理人。

第三，我国企业年金投资决策需要结合我国经济和资本市场发展特点。基于我国市场数据的时间序列回归结果显示，战略资产配置对基金收益随时间的变化解释程度较低，说明主动风险在基金总风险中的占比较高，国内基金普遍采用积极投资策略。近年来，我国宏观经济在保持较高的增长速度的同时也面临着很多结构性问题，资本市场的制度建设仍需要进一步完善，因此，我国基金投资需要更加积极主动地研究、抓住我国经济和市场发展特点，及时调整投资重点，在做好战略资产配置的基础上更好地发挥积极投资作用，做好时机选择和证券选择。在采取更加灵活的投资决策的同时，企业年金需要严格执行有效的风险控制政策，加强对投资管理人的监督，保证基金投资安全。

2.2 企业年金战略资产配置的决定因素

战略资产配置为企业年金在各种市场环境下的长期投资活动进行指导，企业年金的战略资产配置受到一系列因素的影响，主要决定因素包括：投资目标和风险政策、法律法规的约束、可投资的资产类别和投资期限。

2.2.1 企业年金投资目标和风险政策

企业年金的战略资产配置是基于长期投资目标和风险政策制定的，

是企业年金长期投资目标和风险政策的具体体现。长期投资目标是企业年金要实现的长期收益水平，风险政策则规定了企业年金可接受风险的程度。理论上，市场上各类金融资产的预期收益率、风险、相关系数共同决定了投资组合的有效边界，有效边界代表了企业年金可以获得的市场机会，有效边界上的每一点都代表既定风险水平下可以获得的最高收益水平，企业年金根据自身可以接受的风险程度来确定最优组合在有效边界上的位置，可接受的风险程度较大，收益目标就可以定的较高，可接受的风险程度较小，收益目标就必须相应降低。投资目标和风险政策体现了企业年金在面对各种市场投资机会时，在风险和收益水平之间的权衡。

制定企业年金的投资目标和风险政策需要考虑资本市场环境、受托人的投资监管能力、委托人的风险厌恶程度、企业年金的负债约束等多方面的因素。资本市场环境包括了企业年金可投资的资产类别，各种资产的收益水平和风险程度，各类资产之间的相关程度，这些因素共同决定了企业年金可以获得市场投资机会。一般来说，成熟的资本市场中投机性较弱，资本资产价格在短期内相对稳定，能够较真实地反映公司价值，这对于从事长期投资的企业年金基金来说，减弱了市场价格风险。而且，成熟的资本市场中利率波动幅度小，并可在很大程度上做合理预期，企业年金基金的负债风险减小，从根本上保证了企业年金基金的不断扩展。同时，成熟资本市场系统性风险较小，能够提供多种投资途径，使企业年金基金通过有效的资产组合，降低非系统风险，从而获取稳定、高额的投资收益。

受托人选择、监督、更换投资管理人，无疑直接影响投资决策和投资绩效。最重要的是，是受托人而不是投资管理人制订企业年金投资政策和策略，决策战略资产配置，对企业年金的绩效来源起着关键的作用。受托人一般首先分析委托人的风险承受能力、资产与负债现金流的特点；然后根据投资管理人对不同资产类别收益率、标准差和相关性假设的基础上，结合投资对象的约束条件与市场前景分析，为委托方提供最优的资产配置方案。

企业年金面临着负债风险，表现为负债价值的波动，由于工资增长、通货膨胀等因素引起负债额的上升。制定企业年金投资目标和风险政策需要考虑企业年金的负债约束，明确未来一段时间内企业年金的支付要求和企业年金盈余规模。在企业年金盈余占总资产规模较大时，可以将投资目标定的高一些，风险政策宽松一些，以提高长期收益水平。在企业年金盈余较小时，为了保证企业年金的支付能力，需要严格控制风险水平，降低收益目标。

2.2.2 监管法规的约束

多数国家企业年金监管从立法的高度对企业年金监管进行规范，建立起制度化的监管体制。政府对企业年金进行监管的理论化的一般性理由是存在着外部性、信息不对称等因素使得市场失灵，当市场失灵时应由政府来加以纠正。金融监管作为一种公共产品，是降低或消除市场失灵引起的损失的有效方式，通过监管能够增加社会公共福利。政府监管企业年金的首要目标是保证企业年金的投资安全，其次是建立一个有利于企业年金在可接受风险水平下取得最佳投资回报的市场环境。在企业年金管理中，“谨慎原则”是资产配置的基本原则，在谨慎原则基础上，企业年金投资已经形成了“数量限制”规则和“谨慎人”规则两种基本投资限制模式以决定资产配置。监管模式体现了政府对于企业年金资产配置的干预程度，“数量限制”规则监管模式下，政府对企业年金的投资渠道和资产比例的限制具有普遍性，而在“谨慎人”规则监管模式下，政府仅对个别高风险投资品种予以比例限制。

“数量限制”规则的理论基础是：企业年金资产投资工具一般具有高价格波动性和低流动性特征。为了控制企业年金投资资产的风险，需要控制各类资产的具体投资比例。很多欧洲大陆国家和发展中国家中采用“数量限制”型企业年金投资监管规则。在这些国家中，其企业年金投资组合通常存在以下两方面的限制：（1）企业年金的自我投资限制。即对企业年金投资发起人的股票或债券进行限制，以防范发起人的破产风险或利益冲突。（2）各种投资工具在投资组合中所占的最高比例或最低持有额限制（主要是政府债券），有些国家还对最低收益率做出了规定。“数量限制”规则的核心是通过对企业年金资产投资的资产类型和比例限制，以达到控制投资风险的目的。作为一种规则，它关注的重点关注的是投资资产的风险水平，但由于任何投资工具都是收益与风险匹配的产品，通常是高风险和高收益并存，因此，在对风险资产投资限制同时，也将对投资收益产生不利影响。

与“数量限制”规则对应的是“谨慎人”规则，该规则要求受托人在进行投资时，必须像处理自身事务一样对受益人的资产进行谨慎、精明和小心处理。“谨慎人”有两层含义：一是委托人应该表现出一个普通的谨慎人应有的技能和注意；二是善良管理人原则，即委托人应当表现出与其能力相一致的精明和小心。“谨慎人”规则通常不对企业年金的资产配置作太多的数量限制，但要求企业年金管理机构的任何投资行为都必须像一个“谨慎人”对待自己的财产那样考虑到各种风险因素，为企业年金构造一个最有利于分散和规避风险的资产组合。

“谨慎人”规则根植于英美法系国家的信托法，它是在以判例为基础的普通法中发展起来的。与“数量限制”规则关注的重点是单一资产类和投资结果不同，“谨慎人”规则的关注重点是参与人的行为方式和过程。在该规则的运用中，投资过程是受托人是否遵循谨慎原则的关键标准。“谨慎人”规则评估重点是检测基金经理、机构投资者的行为和投资决策过程是否符合谨慎原则。在检验中，重点评估投资决策是否进行了尽职调查和综合分析，投资管理机构是否有一致和明确的投资原则和政策是否有完善治理结构和内部控制和充分的信息披露，而不是资产组合的具体构成情况。此外，在“谨慎人”规则下，投资多样化也是否谨慎的关键评价指标。

我国的企业年金投资才起步不久，对企业年金投资实行严格的数量监管。《企业年金基金管理试行办法》对企业年金基金的投资品种和投资比例均做出了明确规定：要求固定收益投资比例不高于基金净资产的40%，流动性产品及货币市场基金的投资比例不低于基金净资产的20%，股票投资比例不超过基金净资产的20%。在运用模型计算企业年金战略配置比例时，需要把相关法律法规对资产投资比例的限制条件置于最优化计算过程中，以保证由模型得到的最优配置比例符合法律法规的要求。

2.2.3 资产类别选择与投资期限

可投资的资产类别指的是企业年金可以运用的投资工具，可投资的资产类别越多，企业年金分散风险的途径就越多，投资决策的效率就越高。在金融市场发展和创新的推动下，企业年金可投资的资产类别不断拓宽。按照《企业年金基金管理试行办法》规定，我国企业年金基金投资范围比较广泛，基本囊括目前国内市场上主要的金融投资工具。《企业年金基金管理试行办法》将这些工具依照货币类、固定收益类、权益类、基金和保险产品进行了分类，这一分类方式具有前瞻性，与国际通行方法相符，也符合未来我国金融市场跨越式发展趋势。

投资期限是影响资产配置的重要因素，投资期限较长和投资期限较短的资产配置有着明显区别。当投资期限发生变化时，资产的收益和风险特征跟随变化，不同资产之间收益和风险的比较关系发生变化。理论上，时间是分散股票投资风险的有效工具，收益率具有时间上的可加性，随着投资期限延长，收益率增长的速度要高于收益标准差增长的速度，这样就会改变一些资产的风险和收益特征。如股票收益率的标准差随投资期限的延长而减小，说明时间能够分散股票投资的风险。由于企业年金是长期性资金，这意味着如果企业年金投资于股票，长期风险比短期风险要小一些。这与债券正好相反，债券是短期风险较小，而长期风险更大一些。

2.3 企业年金战略资产配置模型

2.3.1 静态资产配置与动态资产配置

根据期间是否可调整来划分，战略资产配置可分为静态资产配置与动态资产配置。其中，静态资产配置是指仅在起初做资产配置，当中不对期初制定的资产配置进行调整，属于单期决策模型；动态资产配置是指在每期均重新配置投资组合的权重，属于多期决策模型。

马克维茨（H. Markowitz）[①] 提出的均值方差模型（MV 模型）开创了资产配置理论的先河，同时 MV 模型也成为静态资产配置模型的代表，马克维茨利用投资组合的收益率、波动率及资产间的相关性，求出各资产的最优化权重，得到投资组合的有效前沿（Efficient Frontier），其中落在有效前沿上的投资组合具有相同风险水平下投资收益率最高或相同收益率水平下投资风险最低的性质，即为最佳投资组合。Chopra 和 Ziemba（1993）对 MV 模型提出如下质疑：若资产收益率、波动率或资产间的相关性估计错误，将会导致模型结果不准确性，其中对预期收益率的估计错误造成效用损失的显著性最强。由于 MV 模型处理的是单期的资产配置问题，因此基于历史数据估计出的收益率相关数据并不足以预测未来经济情况的变动。Carino 和 Turner（1998）指出，传统 MV 模型存在两大限制，一是其注重单期（静态）资产配置分析，二是其只考虑对称性风险的资产，无法分析资产报酬分配的偏度问题。实际情形下，资产配置为不确定条件下的多期决策问题，MV 模型已不足以解决多期决策的复杂问题。

莫顿[②]将动态规划方法运用于最优投资与消费选择策略的求解，给出了连续时间下两类资产的最优投资与消费问题的解决办法，以后的许多学者都运用了此方法，在 Merton 模型中股票价格过程服从扩散过程，股票无红利，投资者也无非资本利得且效用函数为常数相对风险厌恶、常数绝对风险厌恶等。其后，Duffie（1996）、Karatzas 和 Shreve（1998）对莫顿模型进行了进一步的扩展与应用。

---

① 1952 年，作为现代资产组合理论的发端，马科维茨发表了其论文《资产组合选择》。1959 年，马科维茨又将其理论系统化，出版了《资产组合选择》（*Portfolio Selection*）一书，试图分析家庭和企业在不确定的条件下，如何支配金融资产，使财富得到最适当的投资，从而降低风险。该书标志着现代投资组合选择理论的诞生。

② Merton（1969、1971、1990）。

2.3.2 ASLC战略资产配置模型

生命周期假说（Life Cycle Hypothesis）理论由美国经济学家弗兰科·莫迪利安尼（Franco Modigliani）[①] 提出，该理论将消费与个体一生收入和财产联系起来，理性消费者的目标是一生的效用最大化，以此原则来分配一生的消费与储蓄。生命周期假说将人的一生分为年轻时期、中年时期和老年时期三个阶段。一般来说，因为年轻时期收入低，且预期未来收入会增加，因此这一阶段往往会把收入的绝大部分用于消费，甚至举债消费，导致消费大于收入。进入中年阶段后收入会增加，但因为需要常怀青年阶段的负债，并且需要将一部分收入储蓄起来用于防老，因此这个阶段的消费在收入中所占的比例会降低，收入大于消费。老年阶段，由于退休以后的收入下降，消费又会超过收入。

生命周期假说理论已经被应用到很多领域，如个人理财、企业生产等，核心内容是根据个人（或家庭、企业）生命周期各个周期的特点，建立个人的效用函数，解决如何将资源合理分配在不同的领域（如消费、投资、生产等），以达到效用最大化的决策结果。博迪、莫顿和萨缪尔森[②]构造了一个跨期消费—投资组合模型，通过求解一定市场环境下的风险资产投资比例使消费和投资效用最大化。模型的研究表明，个人金融资产投资在股票上的最优比例在正常情况下随年龄增加而递减。

我国企业年金采取的模式为缴费确定型模式，不同于收益确定型模式保持账户平衡的管理目标，缴费确定型模式的企业年金管理目标为在控制风险前提下为年金获取更高收益，员工退休时能够提取的年金金额完全取决于投资管理绩效，在缴费确定型模式下企业年金基金的资产配置问题可以利用生命周期理论结合动态资产配置策略来进行建模。随着员工工作年龄的增加企业年金账户资金不断累积，年金管理人根据员工的年龄、效用函数、账户资金状况将资产分配至不同的投资工具，并随

---

① 弗兰科·莫迪利安尼第一个提出储蓄的生命周期假设，这一假设在研究家庭和企业储蓄中得到了广泛应用，弗兰科·莫迪利安尼于1985年获诺贝尔经济学奖。

② Bodie，Merton and Samuelson（1992）。

着时间的推移动态调整投资组合，实现效用函数最大化的目标，这是一个典型的有限生命周期下的动态优化模型。

MV 模型中的固定利率假设已经不适合于较长生命周期的动态资产配置模型，因为对于企业年金而言个人账户的存续时间往往在 20 年以上（比如 25 岁开始工作，55 岁退休），因此管理人在进行资产配置决策时既要考虑市场风险（Financial Risk），也要考虑基本面风险（Background Risk），市场风险是指金融资产价格波动的风险（如利率、风险资产价格的变动），基本面风险是指资产价格波动之外的风险（如工资、通货膨胀的变动）。正如上所描述，Merton（1969、1971、1990）、Duffie（1996）、Karatzas 和 Shreve（1998）解决了只考虑市场风险而没有考虑基本面风险的连续时间资产配置问题，将基本面风险加入到模型中之后，整个的随机偏微分方程的求解就复杂了很多，但是由于工资收入水平在缴费确定型年金计划的资产累计过程中的重要性，因此需要考虑工资、通货膨胀等因素对缴费确定型年金计划资产配置的影响。

遵循 Bettocchio 和 Menoncin（2002）的基本框架建立企业年金基于生命周期的战略资产配置模型（Allocation Strategy of Life Cycle，简称 ASLC 模型），同时有如下假设：（1）无风险利率服从奥伦斯坦—乌伦贝克（Ornstein-Uhlenbeck）过程；（2）企业年金基金可投资的资产为三类：无风险资产、风险资产及债券资产；（3）考虑通货膨胀及工资水平的变动过程；（4）不考虑投资过程中的交易成本；（5）假设市场有效，且不存在做空套利的机会，该假设主要通过具体参数设置来实现。运用布朗运动原理及 Ito 定理来对动态随机利率及各类资产进行定价，考虑在固定时间区间 [0，T] 的无摩擦完全金融市场中（T >0 表示退休时间），该金融市场的不确定性可以用两个定义在完全概率空间（Ω，f，p）上的独立标准布朗运动 $z_0(t)$、$z_1(t)$（$t \in [0,T]$）来描述，其中 $f = \{f(t)\}_{te[0,T]}$ 为投资信息集，P 为概率测度。

首先，对无风险利率进行描述主要有两类期限结构模型：一般均衡模型和无风险套利模型。一般均衡模型以 CIR 模型（Cox，Ingersoll 和 Ross）为代表，CIR 模型的一个最基本的特征是利率变动过程的内生性，且利率变动过程是一个时间连续的一阶自回归均值回复过程。利率期限结构的无风险套利模型以 Vasicek 模型为代表，在 Vasicek 模型中，即期利率过程被设定为一个奥伦斯坦—乌伦贝克（Ornstein-Uhlenbeck）过程 $dr(t)=\alpha_0(\mu_0-r(t)dt+\sigma dz_0(t)$，该模型为均值回复的自回归过程，也是一个正态分布的增量马尔科夫过程，α_0 称为弹性随机游走，表示即期利率恢复到长期利率的速度。μ_0 表示长期利率水平，相对于随机游走（维纳过程）随着时间的推移将无限发散的不稳定性，α_0（μ_0-r（t）代表着保持该过程趋向长期均值 μ_0 的力量，以防止其大比例偏离该均值。由于 σ_0 是一个常数，即期利率围绕着长期利率水平作方差为 ${\sigma_0}^2$ 的上下波动。

其次，三类资产中的无风险资产价格 X_0（t）可以根据利率模型表达为 $dX_0(t)=r(t)X_0(t)dt$；风险资产 $X_1(t)$ 服从分布 $dX_1(t)=X_1(t)((r(t)+\mu_1(t))dt+s_0\sigma_0 dz_0(t)+\sigma_1 dz_1(t))$，其中，$r(t)+\mu_1(t)$ 表示风险资产回报均值，μ_1（t）为排除无风险回报之外的风险溢价回报均值，此处假设风险资产的风险溢价严格为正，即 $\mu_1(t)>0$。$s_0\neq 0$，表示无风险利率扰动对风险资产扰动的影响系数，$\sigma_1\neq 0$ 为风险资产独立于无风险资产部分的波动率，则风险资产的整体波动率即为 $\sqrt{{s_0}^2{\sigma_0}^2+{\sigma_1}^2}$；债券资产以零息债券来表示，给定上文的无风险利率分布，假设存在一个交易任意到期日 $\tau\in[0,T]$ 零息债券的自由交易市场，但无限期零息票据是不太实际的，而且利率分布的扰动项只取决于一个随机源 $dz_r(t)$，可以通过复制一个零息债券来实现长期投资。如果所有债券都被看做是外生变量 r（t）的衍生物，则这些债券可以由共同的风险因子进行定价①。现在假设市场上存在一只基础债券，到期日为 τ_k 的零息票据，且服从如上的分布。则可以通过这只基础债券 X_k 和变量 r（t）求出所有债券的价格。该到期日为 τ_k 的零息债券的价格为 $\frac{dX_k(\tau r)}{X_k(\tau r)}=(r(t)+a_k\sigma_0\mu_2(t))dt-a_k\sigma_0 dz_0(t)$，其中，$a_k=\frac{1-e-\alpha_0\tau K}{\alpha_0}$。

① Björk（1998）。

再次，影响到确定缴费型年金计划账户资金累积的关键因子工资同样需要通过随机微分方程来模拟价格走势。假设员工工资水平 $L(t)$ 遵循过程 $dL(t) = L(t)[(r(t) + \mu_L(t))dt + s_{L0}\sigma_0 dz_0(t) + s_{L1}\sigma_1 dz_1(t) + \sigma_L dz_\pi(t)]$，其中 $r(t) + \mu_L(t)$ 为工资水平的名义涨幅，$\mu_L(t)$ 为工资水平的实际涨幅，S_{L0} 为表示无风险利率扰动对工资水平扰动的影响系数，S_{L1} 为表示风险资产扰动对工资水平扰动的影响系数，σ_L 为工资水平排除无风险利率、风险资产扰动外的标准差，$z_\pi(t)$ 为标准布朗运动，与 $z_0(t)$、$z_1(t)$ 为 I. I. D.（独立同分布）。若企业年金的年缴存金额为当年工资水平的固定比例 c，则缴存金额 $C(t) = c_L(t)$，转换成动态模型为 $dC(t) = c \cdot dL(t)$。同时，企业年金通过员工每年的固定缴款汇集资金，通过投资组合的构建使基金资产获得增值保值的目的，在实际世界中不得不考虑通货膨胀对财富的稀释效应。假设通货膨胀水平可以通过无风险利率及市场风险回报水平来计算，可以建立随机偏微分方程 $\frac{dp(\tau)}{p(\tau)} = (r(t) + \mu_\pi(t))dt + s_{\pi0}\sigma_0 dz_0(t) + s_{\pi1}\sigma_1 dz_1(t) + \sigma_\pi(t)$ 来表示通货膨胀水平。其中 $\mu_\pi(t)$ 为通货膨胀扣除利率上升因素的平均涨幅水平，$s_{\pi0}$ 为表示无风险利率扰动对通货膨胀扰动的影响系数，$s_{\pi1}$ 为表示风险资产扰动对通胀水平扰动的影响系数，σ_π 为通胀水平排除无风险利率、风险资产扰动外的标准差。

最后，按照莫顿模型的思想，投资者的效用函数一般为两类函数形式：常数相对风险厌恶函数（Constant Absolute Risk Aversion，简称 CARA 效用函数）、常数绝对风险厌恶函数（Constant Relative Risk Aversion，简称 CRRA 效用函数），CARA 效用函数单纯从个体自身心理状态考虑其厌恶风险的程度，而与该个体所拥有的财富关系不大；而 CRRA 函数则是在考虑了个体财富的基础上衡量个体风险厌恶程度的指标。确定缴费型年金体制下员工的效用与退休时所获得企业年金基金资产价值直接相关，因此应用 CRRA 函数来作为效用函数更为适合，$U(R) = \eta e^{-sR}$，其中 $\eta < 0, \sigma > 0$。根据如上分析，可以建立优化函数：

$$\max E_0[U(R(T))] = E_0[\eta e^{-sR(T)}], R(t) = W(t)/p$$

s. t.

$$\begin{cases} dr(t) = \alpha_0(\mu_0 - r(t))dt + \sigma_0 dz_0(t) \\ dX_0(t) = r(t)X_0(t)dt \\ dX_1(t)/X_1(t) = (r(t) + \mu_1(t))dt + \\ \qquad s_0\sigma_0 dz_0(t) + \sigma_1 dz_1(t) \\ dL(t)/L(t) = (r(t) + \mu_L(t))dt + s_{L0}\sigma_0 dz_0(t) + \\ \qquad s_{L1}\sigma_1 dz_1(t) + \sigma_L dz_L(t) \\ dp(t)/p(t) = (r(t) + \mu_\pi(t))dt + s_{\pi 0}\sigma_0 dz_0(t) + \\ \qquad s_{\pi 1}\sigma_1 dz_1(t) + \sigma_\pi dz_\pi(t) \end{cases}$$

3 企业年金战术资产配置

战略资产配置策略确定下来后，投资者就会把注意力转到政策确定的正常资产组合的实际偏差的概率上来。如果偏差与资产组合比例的决策以对价值的严格客观地衡量为基础，就称为战术资产配置。战术资产配置是投资者在实施战略资产配置的过程中，通过预测分析资本市场的中短期走势，主动把握投资机会，适当偏离战略资产配置基准，以期战胜基准获取超额收益的资产配置决策。这种配置是通过在资本市场可获得的收益模型的改变而引起的投资组合资产构成的偶然性改变来实现的。

3.1 战术资产配置的必要性与可行性

通过战略资产配置，企业年金为未来相当长一段时间内的投资活动建立了业务基准，这个基准就是战略配置基准，其内容包括长期投资的资产类别、大类资产的最优长期投资比例，各种大类资产的市场基准。企业年金在实施战略资产配置的过程中，有两种投资策略可供选择：一种是被动投资策略。即在按照战略资产配置建立投资组合后，忽略资本产配置的必要性。战略资产配置是长期配置计划，战略资产配置比例是依据资产的长期收益和风险特征计算得出的。由于投资期限较长，不确定程度很高，对未来的资产状态难以把握，因此，对资产的长期收益和风险的预测主要参考了资产在均衡状态的收益和风险，所包含的具体资产状态的信息较少。此外，由于均值方差模型的自身约束，在处理多期问题时假设未来投资机会均等化，这样就把对未来资产状态的预测平均分配到每一年，使得资产的长期收益和风险的预测更加偏向均衡状态下的特征。而在投资过程中，资产在短期内的状态往往是偏离均衡状态的，这样就导致资产在短期内的收益和风险特征与战略资产配置中预计的收益和风险特征有明显不符，也就是说，企业年金的长期最优配置比例在短期内并不是最优的。要弥补战略资产配置的这个内在缺陷，企业年金就很有必要针对短期内资产状态与长期均衡状态的不一致进行战术资产配置，通过预测分析短期内资产的收益和风险特征，重新调整短期的资产配置比例，使资产配置计划更好地符合未来一段时间的资产状态。总之，战略资产配置的功能性质决定了战术资产配置的必要性，战术资产配置是实施战略资产配置的有效路径。

实证研究已经表明，一定程度上资产价格在中短期的趋势是可以预测的，因为战术资产配置决策依赖于投资者的预测能力和资产收益率的可预测性。当投资者预测能力较大和资产收益可预测性较强时，意味着投资者具有较高的获得超过平均投资收益率的超额收益率；当投资者预测能力较小且资产收益可预测性较弱时，则意味着投资者投资失败可能性急剧增加。通过分析宏观经济和资本市场的基本面，掌握那些影响资产价格的主要变量，如经济周期、宏观经济政策、企业盈利变化、市场估值水平等，企业年金有可能以较高的置信水平来预测分析中短期内资产的状态，从而实现战胜投资基准的目标。但在实施战术资产配置决策之前必须做好两件事：第一，建立可信的分析模型，来反映各资产类别期望收益率的各个经济变量。模型中的经济变量可以包括：衡量价值的股息收入、衡量投资活动的 GDP 增长率、衡量货币政策的货币供给变化等变量。第二，需要拥有大量可信的信息，来弥补动态再平衡过程中所需支付的交易费用。可信的信息越多，战术资产配置决策的效果越好。

3.2 提高战术资产配置效率的途径和手段

通过业绩归因方法可以看到企业年金基金的总体业绩可以分解为资产配置贡献和股票选择贡献两个部分。很多对美国市场的研究发现，资产配置决策对基金收益的解释程度很高。IK[①] 使用 1988～1998 年美国晨星所列明至少有 10 年数据的 94 只共同基金的平均月度收益率和 1993～1997 年 58 只养老基金的季度收益率的数据，发现从时间序列上，资产配置对共同基金的解释程度的中位数为 87.6%，资产配置对养老基金的解释程度的中位数为 90.7%。在基金业绩横截面解释程度的研究方面，IK 对养老基金的 10 年期收益率和共同基金 5 年期收益率也作了分析。他们发现，资产配置对养老基金在横截面上的收益率的解释程度为 40%，对共同基金在横截面上的收益率的解释程度为 35%。

由于我国于 2005 年下半年才颁发第一批年金投资管理人资格，真正意义上的年金基金还没有形成较完整的、能够进行实证研究的数据。此处选取有代表性的，在中国市场中成立时间超过 5 年的开放式基金的净值数据和基金分红数据。根据证监会颁布的《证券投资基金信息披露》编报规则第 1 号《主要财务指标的计算及披露》中第八条本期单位基金净值增长率的计算公式计算单支基金 i 在第 t 季度基金净值增长率（$TR_{i,t}$）。该计算公式如下：

本期单位基金净值增长率（$TR_{i,t}$）＝（本期第一次分红前单位基金资产净值 ÷ 期初单位基金资产净值）×（本期第二次分红前单位基金资

① Roger G. Ibbotson 和 Paul D. Kaplan（简称 IK）2000 年在《金融分析家杂志》上发表了题目为《资产配置政策解释了 40%、90% 或者 100% 的绩效》的著名文章。

产净值 ÷ 本期第一次分红后单位基金资产净值）× … ×（期末单位基金资产净值 ÷ 本期最后一次分红后单位基金资产净值）－1

其中，分红前单位基金资产净值按除息日前一交易日的单位基金资产净值计算，分红后单位基金资产净值等于分红前单位基金资产净值减去单位分红金额。

我们采用 IK 的方法将基金净值增长率（$TR_{i,t}$）分解为资产配置收益率和主动性选股收益率。定义基金 i 在第 t 季度的资产配置收益率（$TR_{i,t}$）为基金 i 在该季度的平均股票仓位和该季度股票市场收益率的乘积，即 $PR_{i,t} = ((W_{i,t-1} + W_{i,t})/2) \times R_m$。其中，$W_{i,t-1}$ 为基金 i 在 $t-1$ 季度末投资组合中股票市值占基金资产净值的比例，$W_{i,t}$ 为基金 i 在 t 季度末投资组合中股票市值占基金资产净值的比例，R_m 为股票市场指数收益率。由公式所见，$PR_{i,t}$ 为基金经理不作选股仅作资产配置所能够获得的收益。$PR_{i,t}$ 可以理解为基金经理按照（$W_{i,t-1} + W_{i,t}$）/2 的仓位比例购买股票指数基金所能够获得的收益率。

由于基金净值的实际增长率为 $TR_{i,t}$，因此基金净值增长率（$TR_{i,t}$）与资产配置收益率（$PR_{i,t}$）的差就是基金经理的主动性选股所带来的收益率，我们定义 $AR_{i,t}$ 为主动性选股收益率，则 $AR_{i,t} = (1 + TR_{i,t})/(1 + PR_{i,t}) - 1$。

在时间序列分析中，我们将单支基金 i 的每季度基金净值增长率（$TR_{i,t}$）对资产配置收益率（$PR_{i,t}$）作回归。回归中的调整后的可决系数 R^2 可以代表资产配置决策对基金 i 的净值在时间序列上的解释程度，该解释程度也可被称为资产配置决策对基金收益率在时间序列上的贡献程度。

在横截面分析中，对每支基金计算基金净值年化累计收益率，计算公式为：$TR_i = \sqrt[n]{(1 + TR_{i,1})(1 + TR_{1,2})\cdots(1 + TR_{i,T})} - 1$。其中，$TR_i$ 为基金 i 在考察期的基金净值年化累计收益率，n 为该考察期的年份数。基于同样的方法，我们计算基金资产配置年化累计收益率（选时收益率），计算公式为：$PR_i = \sqrt[n]{(1 + RP_{i,1})(1 + PR_{1,2})\cdots(1 + PR_{i,T})}$。

将所有股票型基金的年化累计收益率对资产配置年化累计收益率作

横截面回归，所得到的调整后的可决系数 R^2 可以代表资产配置对基金净值在横截面的解释程度，该解释程度也可被称为资产配置决策对基金收益率在横截面上的贡献程度。结论表明，在中国市场，资产配置对基金净值在时间序列的解释程度的平均值高于美国市场的共同基金，而略低于美国市场的养老基金。从平均值分析，中国市场与美国市场养老基金的解释水平基本相当。但从中位数分析，中国市场的解释水平与美国市场养老基金和共同基金的解释水平基本相当。具体如表3－1所示：

表3－1　美国市场和中国市场资产配置对基金收益率时间序列解释程度对比

类　别	Brinson	Ibbotson 和 Kaplan	Ibbotson 和 Kaplan	中国市场
基金类型	养老基金	养老基金	共同基金	共同基金
基金数目	82	58	94	12
样本时间	1977～1987年	1993～1997年	1988～1997年	2005～2009年
R^2平均值	91.5%	88%	81.4%	87.88%
R^2中位数	—	90.7%	87.6%	89.09%

而将5年期横截面所得到的研究结果与美国市场的研究结果作对比分析可以看到，在中国市场，资产配置对基金净值在横截面的解释程度的显著低于美国市场的共同基金和养老基金。IK的研究显示，在美国市场，资产配置可以解释40%左右的养老基金收益率和35%左右的共同基金收益率，而在中国市场，资产配置也可以解释47%左右的基金收益率。

表3－2　美国市场和中国市场资产配置对基金收益率横截面解释程度对比

类　别	Ibbotson 和 Kaplan	Ibbotson 和 Kaplan	中国市场
基金类型	养老基金	共同基金	共同基金
基金数目	58	94	12
样本时间	1993～1997年	1988～1997年	2005～2009年
R^2	40%	35%	47.04%

国内学者熊军等则使用信息比率指标说明了提高战术资产配置效率的途径。信息比率（IR）指标是指超额收益均值与超额收益标准差的比率，借以评价积极投资的机会，反映了企业年金承担1个单位的主动风险所获取的超额收益，IR可进一步分解为信息系数与策略广度的乘积。信息比率分解式为投资者提高积极战术资产配置的效率提供了思路。战术资产配置的效率取决于信息的广度和信息系数，这意味着投资者有两条路径来提高战术资产配置的效率，一条路径是提高信息系数，即更加准确地分析预测各类资产走势的变化；另一条路径是增加决策的广度，即增加独立投资决策的次数，这可以通过提高决策的时间频率和增加资产类别来实现。最终所表明的观点是：对未来预测的准确性不是决定战术资产配置效率的唯一因素。提高战术资产配置效率有三种途径：第一个途径是提高对未来的预测能力，即提高信息系数的值；第二个途径是战术资产配置决策的频率，其他条件不变，将战术资产配置的频率从每年1次提高到每个季度1次，能够提高战术资产配置的效率；第三个途径是大类资产的细分，以大类资产细分后的风格资产作为决策对象比仅以大类资产作为决策对象能够提高战术资产配置的效率。第二个和第三个途径是通过提高决策的广度来改善战术资产配置的效率。

3.3 ARPA 战术资产配置模型

相对于静态战略资产配置，动态战略资产配置考虑了生命周期过程中的市场风险和基本面风险因素，但即使是动态的多期战略资产配置其调整周期仍然是以年计，战略资产配置是根据风险偏好及效用函数的长期目标值对资产配置做出一种事前的、整体性的规划和安排。在企业年金基金的日常投资管理中，还须制定能够应对瞬息万变的资本市场变化、有效控制投资组合“盯市”风险的战术资产配置策略。战术资产配置是在大类资产比例基本确定的基础上，深入到特定资产的内部，进行更为完善的细节构造，同时根据对市场趋势的判断以及不同资产的收益变化，对组合进行适时调整。由于企业年金养老保险体系的“第二支柱”作用，企业为员工建立年金是基于为员工提供一定程度退休收入保障，企业年金基金管理运作也应以年金安全性为前提，因此本部分构建风险限额下的战术资产配置模型（Asset Risk Position Allocation，简称ARPA）。

首先，根据企业年金基金战略资产配置的要求将年金生命周期划分成T期，战略资产配置模型确定每一期期初的资产配置比例，而在期间内由于资产价格波动与战略资产配置模型中设定的波动参数有一定的差异，导致资产净值的频繁波动成为常态，管理人需要通过资产投资比例的及时调整来控制波动风险，因此战略资产配置所确定的投资比例并不能在期间内保持不变，一方面战略资产配置可以确保实现生命周期的效用最大化目标，另一方面战略资产配置为战术资产配置提供了风险控制前提。将战略资产配置比例转化为置信度β下的风险承受水平 $RT_{\beta}(t) = NORMINV_{\beta} \cdot \sqrt{\theta' \Sigma \theta}$，其中 $NORMINV_{\beta}$ 为置信度为β，即标准正态分布下概率为β的分为点，如当$\beta = 0.95$时，$NORMINV_{\beta} = 1.65$，当$\beta = 0.99$时，$NORMINV_{\beta} = 2.33$，Σ为企业年金基金所投资资产的协方差矩阵。

其次，风险承受水平是以期初资产价值的损失比例表示，此比例乘以期初资产价值即为企业年金基金资产在该期内的容忍损失值 $RE_{\tau} = E_{\tau} \cdot GRT(\beta,t)$，其中 E_t 为 t 期期初企业年金基金资产价值，GRT（β，t）为 t 期β置信水平下战略资产配置风险承受水平。企业年金基金在该期内的目标安全底线为 $U_t = E_t - RE_t = E_t(1 - GRT(\beta,t))$。目标安全底线 U_t 为 t 期间内企业年金基金资产的允许最低价值水平，目标安全底线有如下两种使用方法：（1）固定不变，即目标安全底线在 t 期内自始至终都为固定水平，期间不进行调整，不会随着资产价值的变动而变动；（2）期间调整，目标安全底线跟随期间内资产组合的调整而调整，每次调整按最新的资产价值水平重新确定新的目标安全底线，前提是期间内调整后的目标安全底线始终不会低于期初制定的目标安全底线水平。如果资产价值为正增长，将最新的资产价值乘以某一固定比例作为新的安全底线，如果资产价值为零增长或负增长，则目标安全底线保持原有水平。方法（1）为绝对目标安全底线，不考虑资产组合调整过程中资产价值的波动，而方法（2）是一个更加稳健的策略，将期间内资产组合波动、调整效果考虑进去，期间内可以设置新的非负增长的目标安全底线。对方法（2）进一步进行优化，如果资产价值为正增长，将目标安全底线设定为 $U_t(\tau+\Delta\tau) = U_t(\tau)\cdot(1+\varepsilon\cdot\max(\mu_\tau,0))$，其中，$U_t(\tau+\Delta\tau)$ 为调整后的目标安全底线，$U_t(\tau)$ 为调整前的目标安全底线，μ_τ 为资产价值在 $\tau \sim \tau+\Delta\tau$ 时间内的增长率，ε 为将资产价值增长累加目标到安全底线的比例。

再次，设定了企业年金基金资产在期间内的容忍损失值、目标安全底线初始值及调整方法之后，即可计算可投资于风险资产的比例及调整策略 $RI_t(\tau+\Delta\tau) = m_t(\tau)\cdot(E_t(\tau) - U_t(\tau))/E_t(\tau)$。其中，$m_t(\tau)$ 为风险乘数，风险乘数通过预测未来一段时间内（如一年）风险资产可能面临的最大损失（VaR）来决定，此最大损失的倒数即为风险乘数 $m_t(\tau)$。最大损失可以通过历史数据、Monte Carlo 模拟进行预测，也可以将对未来一段时间内宏观经济、政策预期、市场趋势、市场信心等主观判断作为辅助依据。

最后，根据以上方法，企业年金基金资产配置期间内动态调整策略包含如下几个步骤：（1）在建立了企业年金基金战略资产配置策略的基础上，在战略资产配置的每个期间，利用集体资产风险承受水平计算企业年金基金资产在期间内的容忍损失值、目标安全底线初始值；（2）将期间分成等分的资产组合调整周期，如每月、每周甚至每天，按照如上的方法计算每次期间内资产组合调整时新的目标安全底线、风险乘数，明确企业年金基金资产投资于风险资产的比例调整限制；（3）定期监测资产组合的运作情况、市场状况或者有可能发生初始预期之外的变化，此时需要重新调整影响投资组合的各参数值，及时应对预期之外的变化。

市场的各种短期信息，不因短期内资本市场的频繁波动而主动调整大类资产的投资比例，仅当投资组合的实际资产配置比例偏离战略资产配置基准达到再平衡临界条件时，才进行资产配置再平衡，将实际资产配置比例重新回复到战略配置基准。另一种策略是积极投资策略。即在按照战略资产配置构建投资组合后，不放弃市场的中短期投资机会，通过分析预测资本市场的中短期走势，在一定程度上主动偏离战略资产配置基准，对预期收益较高的资产加大投资比例，对预期收益较差的资产减少投资比例，通过承担一部分主动投资风险，以期获得超额收益。后者利用中短期市场机会进行积极配置的策略就是战术资产配置的主要内容。

积极配置和被动配置两种策略的根本区别在于是否相信资本市场的有效性。积极投资自从金融市场诞生以来就存在，包括资产配置、选股甚至技术分析，主要的基础是假定通过某种分析方法可以战胜市场。20世纪50年代，诞生积极投资管理的基金，其后积极管理的投资基金得以迅速发展。消极投资出现的比较晚，但是成长性非常快，这是随着投资者对市场的逐渐认识而出现的，消极投资主要是指数型投资，是按照某种指数（或类指数）构成的标准购买该指数包含的证券市场中的全部或者一部分证券，其目的在于复制与该指数同样收益水平的一个投资组合。

战术资产配置就是一种积极的投资策略，但现代金融理论的有效市场假说对于解释战术资产配置必要性是一个难以克服的障碍。按照有效市场假说的解释，企业年金在按照战略配置构建投资组合后，最好的投资策略就是跟踪战略配置基准，对组合进行被动管理。试图利用市场的公开信息和历史信息来分析市场走势，进而进行战术资产配置的努力并不能实现战胜市场的预期目标。相反，由于占用大量的人力、物力和财力来分析跟踪经济和市场信息，会大大增加企业年金的管理成本，导致在扣除管理成本后的实际收益水平低于被动投资的收益。总之，从有效市场假说得到的结论是，企业年金进行战术资产配置是不必要的。

如果从战略和战术资产配置的功能入手，其实可以很好解释战术资

4 实证分析与研究结论

4.1 参数设定

第一，企业年金基金战略资产配置每年调整一次，战术资产配置每月调整一次。

第二，员工每年缴纳一次年金，假设年缴存金额为当年工资水平的固定比例 $c=12\%$。

第三，风险资产应用沪深300指数数据，债券资产应用国债指数数据，无风险资产应用货币市场基金收益率数据，样本空间为2006年1月1日~2009年12月31日，其中缺少2006年之前的货币市场基金收益率数据，本部分应用同期一年定期存款替代缺少部分。

表4-1 各资产的协方差矩阵

	风险资产	债　　券	无风险资产
风险资产	0.09	-0.0002472	1.11194E—05
债　　券	-0.0002472	0.001225	4.09837E—06
无风险资产	1.11194E—05	4.09837E—06	0.0001

第四，期初工资水平为 $L_0=100$。工资水平涨幅采取每年国家公布的居民收入指标中的城镇居民人均可支配收入涨幅。

表 4－2 城镇居民人均可支配收入涨幅

时间	2005 年	2006 年	2007 年	2008 年	2009 年
同比增长率（%）	11.37	12.07	17.24	14.47	8.83

第五，通货膨胀率采用每年的 CPI 指标。

表 4－3 历年的 CPI 指标

时间	2005 年	2006 年	2007 年	2008 年	2009 年
CPI 涨幅（%）	1.8	1.5	4.8	5.9	－0.7

第六，不考虑交易成本，不能卖空。

4.2 实证结论

4.2.1 动态战略资产配置优于静态战略资产配置

不管是否考虑战术资产配置 ARPA 策略，Markowitz 模型的效果都不是很理想，因为静态战略资产配置策略决定了不管时间的长短资产投资比例都是一层不变的。由于每年调整一次，动态战略资产配置策略充分显现出具有较高的超额收益比，其中 ASLC 模型效果比 Merton 模型有更好的实证效果。

表4－4　实证结论一

		收益率	波动率	Sharpe
无 ARPA	Markowitz	0. 1132	0. 1175	0. 7081
	Merton	0. 1402	0. 1364	0. 8079
	ASLC	0. 1421	0. 1376	0. 8149
有 ARPA	Markowitz	0. 1672	0. 1703	0. 8056
	Merton	0. 1945	0. 1437	1. 1447
	ASLC	0. 1949	0. 1434	1. 1504
基准指数	沪深300指数	0. 3357	0. 3930	0. 7779
	混合基金指数	0. 3015	0. 2660	1. 0207

4. 2. 2　战术资产配置的重要性不亚于战略资产配置

在战略资产配置基础上，本部分根据企业年金基金收益状况以及市场环境的变化，利用资产组合的动态调整策略对企业年金的战术资产配置进行了研究。研究结论表明，战略资产配置可以起到控制全局风险的作用，而战术资产配置则可以在控制风险前提下有效提高企业年金基金投资的有效性。战略资产配置和战术资产配置的根本区别在于，战略资产配置是正常市场条件下的最优配置比例，而战术资产配置是针对短期内主观情景状态的最优配置比例。如果投资者有较好的预测分析能力，那么战术资产配置就能够有效地弥补战略资产配置的不足，利用短期内资产对均衡状态的偏离来获取超额收益。

第一，战术资产配置可以抵御极端风险。

战略资产配置通过集体风险承受水平对企业年金基金构建组合提供了较强的约束，可以有效控制企业年金基金的投资风险。但仅凭战略资产配置，能否使年初制定的投资组合在这一年里完全抵御未知的市场风险，答案是否定的。实证分析表明在连续单边下跌的市场中，如果不进行战术调整，企业年金基金资产期末价值都跌破了期初所设置的目标安全底线。而利用战术资产配置策略的效果很明显，可以有效避免期末价值都跌破目标安全底线。

第二，战术资产配置可以使企业年金基金获得更高超额收益。

实证分析充分表明战术资产配置策略除了可以抵御市场的极端风险外，还可以使企业年金基金的投资组合拥有更高的 Sharpe 值，可以使企业年金基金获得更高的单位风险超额收益。

第三，采取合适 ε 值的战术资产配置可以增强投资效率。

在企业年金基金战术资产配置模型中，参数 ε 值表示在前期已经实现一定盈利的前提下，目标安全底线进行非负增长调整的比例，该比例越大表示管理人越保守，前期盈利有越大的可能被保护，该比例越小表示管理人越激进，管理人更注重利用已有盈利进行再投资获得更高收益。实证分析结果表明，较小的 ε 值可以提高投资组合的灵活度，风险资产的投资比例限制相对较小，可以提升投资组合的获利能力，但同时投资组合的波动率也相应大幅提高，因此 Sharpe 值的表示不尽如人意。而较大的 ε 值可以有效提高投资组合的单位风险超额收益，ε 值越大越能保护前期获得的收益，但另外一方面较大的 ε 值也促使投资组合舍弃了较多获利的机会，因此选择较适中的 ε 值既可以有效保护前期获利成果，又不至于丧失太多的获利机会。

表 4－5　实证结论二

		收益率	波动率	Sharpe
ε＝0	Markowitz	0.1805	0.1989	0.7567
	Merton	0.2254	0.2083	0.9381
	ASLC	0.2329	0.1921	1.0561
ε＝0.5	Markowitz	0.1672	0.1703	0.8056
	Merton	0.1945	0.1437	1.1447
	ASLC	0.1949	0.1434	1.1504
ε＝1	Markowitz	0.1038	0.0921	0.8013
	Merton	0.1387	0.0921	1.1802
	ASLC	0.1396	0.0909	1.2059

第四，提高战术资产配置动态调整频率可以改善投资效果。

投资组合的调整频率对战术资产配置的效率影响较大，研究结果表明投资组合动态调整越频繁（如每日调整），投资组合的单位风险超额收益越高，投资组合动态调整越不频繁（如每月调整），投资组合的超额收益越低。但投资组合的调整频率需要与ε值相匹配，因为不同ε值下动态调整的频率影响性不一，当ε值较小时投资组合的风险收益特征变化较小，ε值较大时投资组合的Sharpe值变化显著性有所提高，而ε值取较适中的数值（如ε=0.5）时投资组合调整频率的提高可以非常显著地提高企业年金基金投资效果。

表4－6　实证结论三

		收益率	波动率	Sharpe
ε=0	Markowitz	0.1445	0.1490	0.7685
	Merton	0.2013	0.1433	1.1954
	ASLC	0.2094	0.1498	1.1969
ε=0.5	Markowitz	0.1037	0.1005	0.7333
	Merton	0.1239	0.0701	1.3395
	ASLC	0.1246	0.0694	1.3634
ε=1	Markowitz	0.0598	0.0518	0.5753
	Merton	0.0910	0.0472	1.2924
	ASLC	0.0911	0.0469	1.3028

5 政策建议

5.1 完善企业年金投资运作的制度建设

与发达国家完善的企业年金制度相比，我国的企业年金正处于发展之中，目前的法规规定了我国企业年金发展的基本框架是由委托人、受益人两类主体与受托人、托管人、账户管理人、投资管理人四类机构组成的委托代理关系。很显然，这五个不同责任主体在企业年金的运营过程中分别发挥着不同的作用，各自所追求的最终目标不是完全一致的，特别是现今的企业年金集合运作性质决定了个体账户间的资产配置策略是无差异性的，而员工之间存在着年龄、收入及效用函数的差异性，在现今的体制下员工对个体账户没有资产配置的自主决策权，导致企业年金的投资运作就像大锅饭一样缺乏效率。因此，需要建立合理完善的企业年金制度，让每个参加年金的员工对个体账户有一定的资产配置决定权。

5.2 适当调整投资范围和比例

从资产配置的角度考虑，多样化的投资品种有利于降低投资组合的风险，可以实现投资资金的有效配置。投资组合保险策略的实现，也需要衍生产品市场的配套发展。我国证券市场正处于飞速发展中，市场投资品种不断推陈出新，以市场为主导的投资品种创新机制正在确立之中。应该大力探索年金基金投资于股票和债券相关的新品种及其衍生产品的实践。此外，进一步拓宽投资范围，允许企业年金资金投资于海外发达资本市场，实现在全球范围内的资产配置，这也是降低年金投资风险，提高收益率的有效途径。

5.3 鼓励投资管理人的市场化竞争

年金投资管理运作水平的高低直接决定了今后受益人的给付水平，因此选择优秀的投资管理人某种程度上成为年金计划成功的关键因素。决定一个投资管理人运作水平的因素很多，从投资管理能力方面，不仅要考察投资管理人的过往业绩如何，风险控制能力水平，以及风险调整后的收益分析，还要从业绩来源上分析投资管理人，判断其投资管理中的优势和劣势，从而让优秀的投资管理人脱颖而出。而这一切都需要在一个市场化的环境中才能够得以实现，构建一个良好的市场竞争氛围，必须各方共同配合才能达到。首先，监管机构应制定相关的法规来规范年金市场中各运作机构的行为，使各竞争主体有法可依；其次，加强年金投资业绩评估的理论研究，运用科学、合理的绩效评估方法来指导实践工作，促进年金投资业绩评估方法的发展。此外，可以借鉴国外的经验，鼓励专业性的年金评级机构开展第三方的评级服务。国外的资产管理业发展得较早，目前已有许多专门对基金、养老基金和其他资产组合的评价机构。例如 Frank Russell 旗下的 Russell/Mellon Analytical Services，专门进行基金评级服务的 Morning Star，为投资管理人评级的 Fitch Rating 等。它们在基金评估方面，已经形成了一套比较完整的体系和方法。专业的评级机构对年金基金的评估目的是提供一套比较客观、公允的标准和结果，以供投资者做出投资决策之用。同时，通过研究建立“中国企业年金指数”来分析评价企业年金基金管理绩效，进而对管理人业绩进行科学的评估。

5.4　提高年金运作机构的投资管理能力

加强投资管理人在年金运作上的投资管理能力，对年金资产实行专业化管理，始终是实现年金资产保值增值，确保受益人权利的有效渠道。实现以上目标，就必须提高年金运作机构的投资管理专业能力，加强年金资产的资产配置能力，运用现代的投资组合技术，实现低风险承受下的年金资产收益性目标，确保将来在既定的资产负债规模下实现对受益人有效支付。具体说来，可以从以下几个方面考虑：

5.4.1　加强风险控制，确保年金资产安全性

安全性始终是年金投资运作中首要保障的前提。建立年金的最终目的是为了满足未来的支付需要，年金资产的特殊用途决定了其低风险承受能力的特征。确保年金资产投资运作中的安全性，就必须保证投资资本金能够全部收回，并能取得预期收益。从本部分的实证研究结论可以

看出，从两个方面可以加强年金投资运作的管理：（1）开发合理的动态战略资产配置与战术资产配置方法；（2）建立风险承受能力指标及明确的目标安全底线，资产投资组合的调整须以风险可控为前提。

5.4.2 引入年金投资管理的收益保障制度

我国目前的企业年金采取市场化的模式，由商业机构运作。它不同于基本养老保险由财政担保，拥有极为可靠的保障。因此，需要建立有效的收益保障制度来保障年金资产的安全性和最低收益水平。设立收益保障制度也是发达国家和地区企业年金成功运作的经验，如可参照香港强积金 MPF 的规定，“所有强积金计划必须提供保本基金，保本基金的投资回报须超过积金局所公布的订明储蓄利率，强积金机构才可从基金中扣除费用。有关收费不可高于投资回报超越订明储蓄利率的部分”，建立类似的风险补偿机制，作为保障年金基金积累水平、保护受益人利益的坚实防线。

参考文献

Davis E. P. , *Pension Funds*, *Retirement-Income Security*, *and Capital Markets*: *An International Perspective*, Oxford University Press, 1995, Oxford.

Brinson, Gary, L. Randolph Hood, and Gil Beebower. , "Determinants of Portfolio Performance", *Financial Analysts Journal*, 1986, 42(4): 39-44.

William F. Sharpe and Andre F. Perold, "Dynamic Strategies for Asset Allocation", *Financial Analysts Journal*, 1988 January/February: 16-27.

Menoncin, F. , "Optimal Portfolio and Backgroud Risk: An Exact and an Approximated Solution", *Insurance*: *Mathematics and Economics*, 2002.

Battocchio, P. , and F. Menoncin, "Optimal Portfolio Strategies with Stochastic Wage Income and Inflation: the Case of a Defined Contribution Pension Plan", Working Paper CeRP, 2002, N. 19- 02, Torino.

401(k) Plan Asset Allocation, Account Balances, and Loan Activity in 2008.

OECD Pension Statistics: Pension Markets in Focus, 2010, No. 1, February.

邓大松、刘昌平：《中国企业年金制度研究》（修订版），人民出版社 2005 年版。

邓大松、刘昌平：《改革开放 30 年中国社会保障制度改革回顾、评估与展望》，中国社会科学出版社 2009 年版。

孙建勇主编：《〈企业年金基金管理试行办法〉释义》，中国财政经济出版社 2004 年版。

达斯特：《资产配置的艺术》，段娟、史文韬译，中国人民大学出版社2009年版。

殷俊：《中国企业年金计划设计与制度创新研究》，人民出版社2008年版。

熊军：《中国养老基金资产配置需要处理好五对关系》，《国有资产管理》2009年第7期。

邱虹、熊军：《养老基金资产配置的主要类型和功能》，《国有资产管理》2009年第8期。

邵蔚、熊军：《正确认识养老基金战略资产配置的重要性》，《国有资产管理》2009年第12期。

李一、周心鹏、李琦：《再平衡策略及对社保基金投资的建议》，《金融与经济》2010年第2期。

高赫：《养老基金投资中的生命周期资产配置研究》，《消费导刊》2010年第3期。

第二篇

统筹城乡社会养老保险制度研究*

* 本部分系刘昌平教授主持的2008年国家自然科学基金面上项目“‘乡—城’人口迁移对城乡养老保障的影响研究”（70873089）的研究成果。

1　我国现行城乡社会养老保险制度特征

我国社会养老保险制度已走过了整整60年的历史。从新中国成立初期到20世纪90年代，我国社会养老保险制度一直都是只覆盖城镇企业职工，农村主要是依靠传统的家庭保障和土地保障来解决居民的养老问题，即农村社会养老保险制度在这一时期处于制度缺失状态。社会保障二元化程度在这段时期十分明显，这一现象是由于我国长期以来的经济社会二元化造成的：20世纪50年代以来，我国在一个贫穷落后的农业国的基础上建立与发展了现代工业，这一过程不可避免的形成了城乡二元经济结构。城镇社会养老保险制度在1984年的改革之前，实质上是根据马克思、列宁对社会总产品和福利国家的理解而建立的国有企业保障制度，其特征是"低工资、高补贴、宽福利"。在1984年之后，随着经济体制改革的不断深入，为配合国有企业改革的进行，我国的城镇居民养老保险制度开始了漫长的改革。1993年，《中共中央关于社会主义市场经济体制若干问题的决定》中提出了"实行社会统筹和个人账户相结合"，最终确立了我国社会养老保险模式选择的方向。历经10多年发展之后，我国城镇养老保险制度逐步得到了完善，形成了现在的"统账结合"的模式。自20世纪90年代以来，随着城镇社会养老保险制度改革的不断加快，在农村建立社会养老保险制度的构想列入了政府议程。1991年，国家民政部颁发了《县级农村社会养老保险基本方案》，标志着传统农村养老保险制度（与新型农村养老保险制度相区别）的形成。但由于制度设计及其他方面的缺陷，传统农村养老保险制度于 1999 年被停止运行。之后，我国农村社会养老保险制度一直处于地方性的局部探索状态中，直到 2009 年 6 月，我国政府决定从当年开始，在全国 10% 的地方试点新型农村社会养老保险制度（国发［2009］32 号），我国农村地区社会养老保险制度缺失的状况才最终结束。

1.1 现行城镇基本养老保险制度的基本特征

1997 年《国务院关于建立统一的企业职工基本养老保险制度的决定》（国发［1997］26 号文件）的颁布，确立了我国城镇基本养老保险的制度框架——统账结合的养老保险模式。该模式将一个由国有企业保障养老的现收现付制度改革为由社会负责养老的现收现付与基金积累制度的结合，有力地促进了当时的国有企业改革。使广大国有企业放下企业养老的历史“包袱”，公平的参与到市场经济的竞争中来。但国发［1997］26 号文件并没有明确国家对于养老金改革转制成本的负担责任，只是试图通过扩大制度的覆盖面，提高缴费率，降低替代率等方式，以“社会统筹”的制度内方法来解决养老金转制成本问题。在现实运行中，城镇社会养老保险制度财务收支的严重失衡，最终造成了个人账户的空账运转。2000 年，国务院颁布了《关于城镇社会保障体系改革的试点意见》（国发［2000］42 号文件），标志着做实个人账户的试点工作在东北开始。2005 年，国务院颁布的《国务院关于完善企业职工基本养老保险制度的决定》（国发［2005］38 号）就是现行城镇社会养老保险制度的运行框架，标志着统账结合模式的进一步完善。

我国城镇社会养老保险制度是当前我国社会保障体系中最完备的制

度，政府对制度的投入巨大。现行的城镇社会养老保险制度深受世界银行提出的“多支柱”养老保障体系的影响。现收现付型的社会统筹作为养老保障的第一个层次，采用确定给付（DB）的运行模式，以企业工资总额的20%为缴费率，由企业将缴费归入社会统筹账户。计发时，社会统筹账户负责基础养老金的发放：缴费年限最低为15年，每缴费满1年，将获得相当于个人指数化月平均工资的1%。社会统筹作为基础养老金，其目标替代率为20%。强制性的个人账户以确定缴费（DC）的模式运行，是一种基金积累模式，作为养老保障的第二个层次，以个人工资的8%为缴费额计入个人账户。个人账户的计发以账户的缴费积累额度和缴费形成的基金投资收益为基数，按城镇人口的平均余命为计发月数来确定发放。其目标替代率为38.5%。2004年，劳动与社会保障部出台了《企业年金试行办法》，标志着我国养老保障的第三支柱——企业年金制度的正式形成。我国企业年金以企业自愿的方式举办，采用信托型的基金治理模式，采用基金积累的个人账户制度，企业年金的计划类型为确定受益制与确定缴费制相结合。

1.2　现行农村社会养老保险制度特征

进入21世纪以来，我国经济社会的飞速发展，工业化与城镇化进程的步伐明显加快，农村剩余劳动力向城镇迁移的速度更为迅猛。传统的家庭保障和土地保障越来越不能适应农村居民的养老需求。因此，农村社会养老保险这一保障方式并没有因20世纪90年代实行的传统农村社会养老保险制度被清理整顿而消失，各地开始了新型农村社会养老保险制度的探索。

党的十六届六中全会《中共中央关于构建社会主义和谐社会若干重大问题的决定》中明确提出，到2020年要基本建立覆盖城乡居民的社会保障体系。于是，在各地的不断探索实践中，农村社会养老保险被赋予了新的意义：成为实现社会保障制度城乡覆盖的重要举措。

1.2.1 建立农村社会养老保险制度的意义

农村社会养老保险建立在传统的土地保障和家庭保障功能日渐衰弱的社会转型时期。随着我国社会经济体制改革的进行，传统养老保障功能的弱化，广大农村老年人的老年风险显现了出来。当社会没有可以进行储蓄的资本市场，土地和家庭财产是社会唯一的生产资料，交易成本为零，以及人口预期寿命较低时这些前提假设满足时，家庭养老可以达到个人一生的最大化效用。反之，家庭养老将不是最好的养老选择。传统家庭保障、土地保障方式的基础开始弱化，社会养老保险将逐步取代传统的家庭保障、土地保障方式，具体表现在：

首先，农村人口老龄化趋势加快。20世纪90年代以来，由于经济体制改革的不断深化，各种限制乡城人口流动的政策在逐步消失，我国城市化进程明显加快，导致了农村剩余劳动力不断向城镇迁移。农村剩余劳动力的迁移使得城镇人口结构年轻化，给城镇的经济发展注入了“人口红利”。但同时带来的是农村人口老龄化的加剧，农村空巢家庭的不断增加。第五次人口普查的资料显示，全国15～29岁人口迁移比例为53.24%。面对如此沉重的养老负担，传统的“养儿防老”的办法不能有效行使养老保障的功能。

其次，城镇化进程导致的土地流失，使得大量农村人口处于失地状态。另外，农村的老年人口即使有土地也无力耕种，随着乡城人口迁移的进行，大量劳动力转移到城镇，老年人依靠子孙耕种土地的情况也越来越少。加之农业本身的生产周期长，受自然灾害和市场供求关系的波动很大，导致土地的收益水平始终低下。因此，土地保障功能在逐渐弱化。

最后，工业化和城市化的进程使得农村家庭结构发生变化。成年子女的经济状况不必听命于父母的安排，而是取决于他们在社会上的生存方式。父母对子女的控制——以继承父母的土地、财产为提供赡养的条件将逐渐减弱。这使得维持子女赡养父母的传统家庭保障的交易成本增加。此时，家庭养老不是最优的选择。

1.2.2 建立农村社会养老保险制度的条件分析

有研究表明，建立农村社会养老保险制度需要具备以下条件：首先，农业占国民经济中的地位显著降低，农业劳动力所占份额在20%以下，农业占国民生产总值的份额在15%以下。其次，社会保障制度从城市延续到农村时，农业人口占全国总人口的比重下降到50%以下①。最后，城乡建立社会养老保险制度的时间差长②。

从我国目前的情况来看是否具备了建立农村社会养老保险制度的条件呢？目前一些学者也做了相关的分析，例如，吴湘玲、叶汉雄通过分析2001年我国农业部门份额，农村人口比重和人均GDP等指标，认为我国当时表面上看建立农村社会养老保险制度的条件似乎不成熟，但结合我国经济社会的实际情况，我国现阶段建立农村社会养老保险是可行的③。近年来，我国经济社会的飞速发展，相比于2001年，我国已经开始进入了工业反哺农业的发展阶段。米红、杨翠迎（2008年）运用我国2006年的数据，得出结论：我国基本上具备了建立农村养老保险制度的条件。④ 到了2008年，我国人均GDP为3266.8美元，⑤ 农业占国内生产总值的比例为11.3%，农业劳动力所占份额为38.68%。表1－1为2001年、2006年、2008年这三年我国建立农村社会保险制度的条件比较：

① 杨翠迎、庹国柱：《建立农民社会养老年金保险计划的经济社会条件的实证分析》，《中国农村观察》1997年第5期，第56页。

② 米红、杨翠迎：《农村社会养老保障制度基础理论框架研究》，光明日报出版社2008年版，第23～28页。

③ 吴湘玲，叶汉雄：《我国基本养老保险的城乡分割及其对策探讨》，《江汉论坛》2005年第11期，第140～143页。

④ 米红、杨翠迎：《农村社会养老保障制度基础理论框架研究》，光明日报出版社2008年版，第23～28页。

⑤ 《国家统计局：2008年我国人均GDP首次突破3000美元》，财经参考网（http://www.cjck365.com/?action-viewthread-tid-15595），2009-3-10。

表1－1　我国建立农村社会保险制度的条件比较①

年份	农业占国内生产总值的比例	农业劳动力份额	农村人口比重	人均GDP（美元）
2001	14.6%	49.1%	65.9%	920
2006	11.7%	42.6%	56.1%	2026
2008	11.3%	38.68%	54.32%	3266.8

由此可以看到，相比于2001年，经过7年的发展，我国建立农村社会养老保险制度的各项条件都在快速接近、甚至已经达到建立农村社会养老保险制度的标准。即我国已经基本上具备了建立农村社会养老保险的条件。

1.2.3　新型农村社会养老保险制度的基本特点

鉴于建立农村社会养老保险制度的时机日臻成熟，2009年，国务院印发了《关于开展新型农村社会养老保险试点指导意见》（以下简称《指导意见》），决定当年在全国选择10%的县（市、区、旗）开展新型农村社会养老保险（以下简称新农保）试点，以后逐步扩大试点，全国普遍实施，2020年之前基本实现对农村适龄居民的全覆盖，并明确了各级财政对新农保的补助政策。这意味着在停滞了10年后，社会养老保险制度开始以“新的面貌”出现在广大农民面前。

新农保试点坚持“保基本、广覆盖、有弹性、可持续”的基本原则。“保基本”意味着其政策目标主要是农村减贫，“广覆盖”意味着其将覆盖全体农村居民，“有弹性”指其将满足不同收入水平的农民的多样化保障需求，“可持续”说明其将建立在科学预测与精算的基础之上。

传统农保实行“基金积累制个人账户”模式，新农保试点则为“社会统筹与个人账户相结合”。“统账结合”模式不仅打破了传统农保制度“保富不保穷”的制度障碍，面向农村减贫和促进农村社会公平

① 国家统计局：《2008年中国统计年鉴》，中国统计出版社2009年版。

的目的，而且为推进城乡社会养老保险制度衔接、并轨作了准备。其中，社会统筹部分作为农村社会养老保险的基础养老金部分，其资金来源为中央财政拨款，中央统一确定的标准是每人每月 55 元，这笔资金，中西部地区全部由中央财政支付，东部地区中央财政补助一半，另外一半由地方支出。在个人账户的缴费上，制度遵循“有弹性”的原则，设计的缴费标准有 100 元、200 元、300 元、400 元、500 元，农民可以根据自己的收入水平进行选择，同时允许地方增设缴费标准，可以向上增设，也可以向下增设。

在财政支持方面，国家财政对新农保既补“入口”，又补“出口”。这是新农保与传统农保最大的不同之处。中央财政主要负责“补出口”，即对国务院统一确定的基础养老金部分，对中西部地区给予全额补助，对东部地区给予 50% 的补助。补助基数每人每月 55 元，即每年 660 元。地方财政补助政策主要分“补入口”和“补出口”两部分。

基金管理上，“新农保”基金暂实行县级管理，随着试点扩大和推开，逐步提高管理层次，有条件的地方也可以直接实行省级管理。[①]

1.3　城乡社会养老保险制度的差异

我国现在社会保障制度处于二元化的状态之下，城镇养老保险制度与当今试点中的新型农村社会养老保险制度仍然是两个相对独立的制度，即现行的城乡两个养老保险制度间并没有衔接的通道：在统筹账户的具体设计、缴费来源、保障水平、管理运行当中，城乡两个制度存在着巨大的差异。主要表现在：

① 《胡晓义解读新农保政策全额补助中西部地区》，网易财经频道（http://money.163.com/09/0915/15/5J8V3R2300253CAA.html），2009-09-15。

1.3.1 城乡两个制度的覆盖面相差过大

2008年参加城镇养老金制度的职工占城镇就业人员的72%；相比之下，依据《中国统计年鉴》提供的数据，农村社会养老保险参保人数为5595.1万人，占农业就业人口的18.25%。两个制度的覆盖面相差太大。即便是2009年新型农村社会养老保险在全国10%的县（市）试点，这一现状也不可能立刻改观。因此现在衔接城乡社会养老保险制度最迫切的工作是扩大新农保的覆盖范围。如果广大农村居民未能享受社会养老保险的保障待遇，城乡衔接的养老保险制度就无从谈起。

1.3.2 由于缴费来源不同导致的社会统筹账户的差异

按照《国务院关于完善城镇企业职工基本养老保险制度的决定》（国发［2005］38号）规定，城镇企业按工资总额的20%缴费计入城镇统筹账户。而新型农村社会养老保险的统筹账户为非缴费型，其资金来源是中央财政的待遇补贴，即财政补贴“出口”。这样，由于缴费来源的不一致，造成了城乡基础养老金制度的衔接在现阶段是存在困难的。

1.3.3 城乡两个制度的实施进度不同

城镇社会养老保险制度经过了20多年的改革已基本实现了统一、规范化的管理，运行机制日臻成熟。相比而言，新型农村社会养老保险制度仍然处于初创期，在试点的阶段，各地试行的实际情况差异很大，例如，由于各地方政府的财政能力不尽相同，因此地方政府对新农保的资金支持各地的办法不一样，加之在新农保试点之前各部门出台的具有身份化的农保政策，这些因素使农保制度体系陷入了“碎片化”割据的状态。即新农保制度本身在运营实施上就存在不统一、不规范的状况，这将阻碍其与城镇社会养老保险制度的衔接。

1.3.4 养老金便携性差

目前，“乡—城”人口迁移已经是一个不争的事实，但是农村转移人口的社会保障覆盖率不高。造成这一现象的主要原因是：现行的城乡社会养老保险制度设计使得养老金的便携性差。现行的城镇养老保险制度中规定："在一个地方缴费满15年才能享受养老金待遇；另外，若劳动力异地流动，则只能保留其个人账户的养老金缴费额"，这使得本身流动性就很强的农村迁移人口（农民工）异地转移养老保险关系会使得养老金的受益权受到损失，严重的"便携性损失"导致流动人口参保、退保行为日益频繁，阻碍了城乡社会养老保险制度的衔接统筹。

1.3.5　财政体制的影响

我国现行的"分灶吃饭"的财政体制造成了地区间对于社保关系跨地区转移的利益纷争：流入该地的劳动者参保意味着该地区要为其支付退休后几十年的养老金，而流出该地的劳动者不但可以减轻该地的养老金支付负担，而且该地可以额外获得由于迁出者异地迁移转续养老金关系而造成的社会统筹账户的基金积累。因此，地方政府出台的社保政策一般是"愿意转出，不愿转入"，人为的设置了一些妨碍外来的农民工参加城镇社会养老保险的政策壁垒①。

① 杨宜勇、谭永生：《全国统一社会保险关系接续研究》，《宏观经济研究》2008年第4期，第12页。

2 城镇社会养老保险制度转移接续研究

2.1 引 言

我国城乡间养老保险制度差异巨大。事实上，城镇内部的社会养老保险制度也不完全统一，城镇养老保险转移接续仍然存在诸多问题。事实上，解决城镇养老保险转移接续问题是实现我国城乡社会养老保险制度衔接的先决条件。

城镇基本养老保险制度改革伊始，养老保险关系转续难问题就已经显现，并一直没有得到有效解决。2009 年 2 月 5 日，人力资源和社会保障部发布了《城镇企业职工基本养老保险关系转移接续暂行办法》（以下简称《暂行办法》），12 月 30 日，国务院转发并实施了《暂行办法》，希冀通过核定参保职工缴费积累来确定社会统筹账户转移基金规模，从而实现养老保险关系异地转续。

综观《暂行办法》，它在目前的制度框架下，基本解决了流动人口的社保关系异地转移与接续问题。它对于扩大社会保障在农村迁移人口中的覆盖面，促进全国性劳动力市场的形成，以及减小社会保障碎片化等方面无疑具有重大意义。但是，从理论上看，《暂行办法》违背了社会保险的基本原则，严重侵蚀参保职工养老金受益权；从现实可行性来看，《暂行办法》仍然没有从根本上解决养老保险关系转续的制度障碍。

2.1.1　养老保险关系转续难的制度困境

（1）基础养老金不具“携带性”

按照基本养老保险制度规定，个人账户养老保险缴费积累形成个人产权，职工调动时个人账户全部随同转移；社会统筹账户采取现收现付制（pay-as-you-go）模式，当期缴费用于支付已退休人员基础养老金，具有公共产权性质，参保职工调动时社会统筹账户不可随同转移。制度设计的不合理，15 年最低缴费年限限制以及参保者在流动时只能带走个人账户缴费部分，使基本养老保险制度对流动人口具有不可及性和便携性差①。

（2）养老保险统筹层次过低

养老保险关系转续难的根本原因在于养老保险统筹层次过低，管理过于分散以及各统筹地区从自身利益出发制定的各种“土政策”②。1997 年国务院发布《关于建立统一的企业职工基本养老保险制度的决定》（国发［1997］26 号）以来，全国大部分地区的基本养老保险制度实行县、市级统筹，尽管政府和职能部门一直提出要由县级统筹过渡到省级统筹，但是提高统筹层次依然步履维艰。县、市级统筹的结果是全国存在 2000 多个统筹区域，参保职工只要出现跨统筹区域转换工作，必将面临养老保险关系难以转续，限制了劳动力的流动性。

（3）地区收入不均衡与地区利益之争

统筹层次难以提高的根本原因在于东、中、西部地区之间经济发展水平差距大。经济发展状况的巨大差异直接导致基本养老保险制度改革所产生的转制成本在各地区之间分布极不均衡以及偿债压力大小不均，而“分灶吃饭”的财政体制和由城乡二元分割所伴生的户籍制度则加剧了地区之间的利益纷争，使提高基本养老保险统筹层次阻力重重。

---

① 郑秉文：《改革开放 30 年中国流动人口社会保障的发展与挑战》，《中国人口科学》2008 年第 5 期，第 13 页。

② 何平：《让农民工“退保”成为历史》，《中国报道》2008 年第 3 期，第 26 页。

2.1.2 现行转续政策的缺陷

《暂行办法》的政策出发点是“核算参保职工缴费积累规模”，这种方案既没有从根本上解决地区利益协调以及由此带来的政策可操作性问题，还存在非常明显的政策缺陷：

（1）违背了社会保险的基本原则

基本养老保险社会统筹账户是典型的月缴终身年金保险方案，按照保险原则，参保职工在履行了参保缴费义务之后，享有在符合规定条件和保险风险发生时获得基础养老金给付的权利。因此，除非参保职工退保，在任何情况下，发生转移的只能是保险保障权利而非参保缴费义务。《暂行办法》以转移社会统筹账户缴费积累为政策出发点明显违背了社会保险的保险保障原则。

（2）严重侵蚀参保职工养老金权益

《暂行办法》规定“按各年度实际缴费工资总和的12%转移养老保险资金”，这个标准比国发［1997］26号文件规定的13%~17%的缴费率明显要低，比《关于完善城镇社会保障体系的试点方案》（国发［2000］42号）和《国务院关于完善企业职工基本养老保险制度的决定》（国发［2005］38号）规定的20%的缴费率减少40%，这还不包括养老保险资金在参保期内可能获得的利息或投资收益。因此，《暂行办法》的计算方法将直接导致参保职工的缴费损失，养老保险关系转续次数越多损失越大。

2.2 基于既得受益权的养老保险关系转续政策研究

基本养老金必须具有便携性、关系转接具有灵活性、养老资产产权具有明晰性①，这不仅是保障参保职工养老金受益权的现实要求，也是进一步完善我国社会保障制度、促进劳动力合理流动的本质要求。我们以养老金既得受益权的视角，拟通过分析基础养老金既得受益权（vesting）属性，在模拟现行政策方案（《暂行办法》）与基于既得受益权的设计方案比较福利效应的基础上，以期找到适合于中国城镇基本养老保险制度的有效的基础养老金既得受益权规则，实现基本养老保险关系全国统一转续。

2.2.1　既得受益权与基础养老金既得受益权规则

（1）养老金既得受益权的涵义

养老金既得受益权，一般是指养老金计划的参与者在变换工作之后依然享有受法律保护的基于工作年限和工资收入并在未来实现的养老金受益②。养老金计划往往要求新参加者在满足了计划的既得受益权规则（vesting formula）之后才能获得受益权③。按照既得受益权期限的不同，既得受益权规则分为四种类型：立即获取型、递增获取型、梯度获取型和一次性获取型。

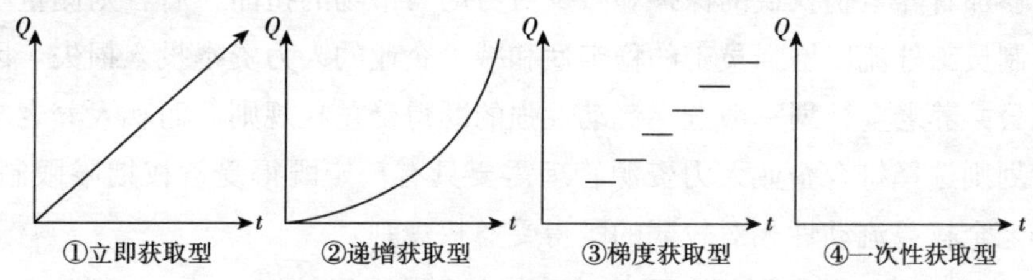

图 2－1　四类养老金既得受益权规则

四类既得受益权规则的特点可以表示为：

---

① 岳宗福：《全国统一的基本养老保险关系转续的制度构建——兼论我国基本养老保险关系转续不宜借鉴欧盟经验》，《中国劳动》2009 年第 4 期，第 20 页。

② Clark, R. and McDermed, A. (1988), "Pension Wealth and Job Changes: the Effects of Vesting, Probability and Lump-sum Distributions", The Gerontological Society of America, Vol. 28, No. 4.

③ Mitchell Olivia S. (2000), "New Trends in Pension Benefit and Retirement Provisions", PRC WP 2000-1, February.

①立即获取型：$Q = f(t) = \varepsilon t$，其中 ε 表示固定关联系数；

②递增获取型：$Q = f(t)$，$f'(t) > 0$ 且 $f''(t) > 0$；

③梯度获取型：当 $a \leqslant t < b$，$f(t) = \alpha Q$；$b \leqslant t < c$，$f(t) = \beta Q$，依次类推，直至 $f(t) = Q$；

④一次性获取型：当 $t \geqslant d$，$f(t) = Q$。

从四类既得受益权规则可以看出，既得受益权期限可以直接影响到参保者实际可以获得的、具有私人产权的养老金权益。因此，缩短既得受益权期限对养老金权益的流动性具有促进作用①。在获得 100% 既得受益权的期限相同的情况下，不考虑其他因素，四类既得受益权规则对养老金权益的流动性约束满足：①<②<③<④。

既得受益权规则是衡量一项养老金计划对劳动力市场的影响，进而对劳动力资源配置效率和生产效率影响的重要指标。不同的既得受益权规则对参保者养老金权益的保护和劳动力市场的影响是不同的。由于实施主体分别是政府和企业且实施范围大小不同，公共养老金计划和私人养老金计划对既得受益权规则功能定位的侧重点有差异，前者侧重于计划参加者养老金权益的保护和减少对劳动力市场的扭曲，后者则侧重于抑制员工外流以增强员工的稳定性和减少企业的人力资本投入损失。因此公共养老金计划一般选择流动性强的既得受益权规则，而私人养老金计划则选择符合企业人力资源管理需要具有一定既得受益权期限限制、养老金权益流动性相对较弱的既得受益权规则。

（2）人口同期群视角下的基础养老金既得受益权

基础养老金作为公共养老金计划，属于强制性社会保险，遵循大数法则和风险共担原则，养老金的领取必须以参保者获得领取资格和尚存为前提条件。基于此，本研究引入人口统计学中同期群（cohort）② 概

---

① Turner, John A. (1993), *Pension Policy for a Mobile Labor Force*, Kalamazoo, Mich.: W. E. Upjohn Institute for Employment Research.

② 同期群是指在相同时间内经历同种事件的人口群，在人口统计学中，利用同期群假设，能够通过研究人口纵向发展状态反映人口的横截面状况，通常应用于生命表、生育率以及婚姻状况等人口研究中。

念分析基础养老金内含的既得受益权规则。在国发［2005］38 文件所形成的制度框架下，基础养老金的平衡方程式为：

$$\alpha WN\sum_{n=1}^{h}\prod_{m=1}^{n}{}_{m}p_{d-1}(1+i)^{h-n}(1+g)^{n-1}$$

$$=\beta W(1+g)^{h-1}N\prod_{m=1}^{60-d}{}_{m}p_{d-1}\sum_{n=1}^{\omega}\prod_{m=1}^{n}{}_{m}p_{60}\left(\frac{1+kg}{1+i}\right)^{n-1} \qquad (2.1)$$

式中 α 表示社会统筹账户缴费率，W 表示同期群的社会平均工资，N 表示同期群初始人口数，${}_{1}p_{t}$ 表示 t 岁的人口存活到 $t+1$ 岁的存活率①，h 表示参保年数（$15\leqslant h\leqslant 35$），$d$ 表示参保起始年龄（$25\leqslant d\leqslant 45$），$i$ 表示利率，g 表示工资年增长率，k 表示基础养老金调整系数，ω 表示同期群的最大死亡年龄。从式（2.1）左右两边可以看出 W 与 N 的具体值对结果没有影响。对其他参数赋值 $g=4\%$，$i=3\%$，$k=0.7$②，可以由 $f(t)=Q$ 得到基础养老金的实际工资替代率（β）。

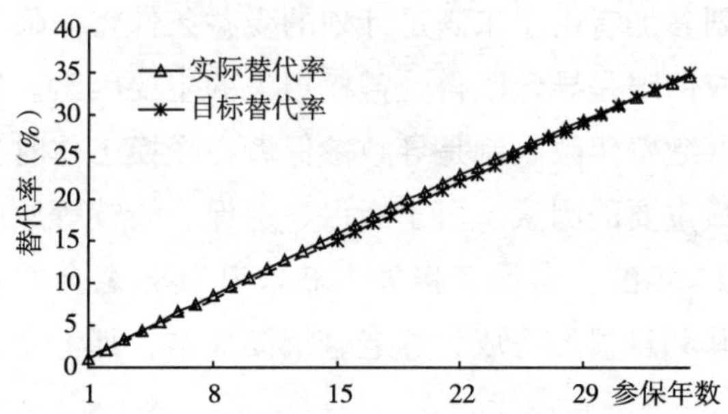

图 2－2　基础养老金目标替代率与实际替代率

在同期群假设下，基础养老金目标替代率与实际工资替代率基本一致，说明在本研究的参数假设方案中，国发［2005］38 号文件所形成的制度达到了设计的目标且最低缴费年限限制对基金平衡性没有影响，

① 存活率数据来源于作者前期的研究，为城市人口男性生命表数据，参见刘昌平著：《可持续发展的城镇基本养老保险制度研究》，中国社会科学出版社 2008 年版，第 205 ～ 208 页。

② 参数说明参见刘昌平著：《可持续发展的中国城镇基本养老保险制度研究》，中国社会科学出版社 2008 年版，第 35 ～ 36 页。

即在 $15 \leqslant h \leqslant 35$ 时，都有 $\beta \approx h\%$，且在 $1 \leqslant h \leqslant 32$ 时，$\beta > h\%$；在 $33 \leqslant h \leqslant 35$ 时，$\beta < h\%$。与同期群假设相伴随的是对制度覆盖率 100% 的假设，这在制度实际运行中是很难达到的，工资增长率、利率、养老金调整系数也会对基础养老金的实际工资替代率的具体数值产生影响。但是通过验证可以得出，随着参保年数增加，实际工资替代率的边际增长趋势不会受到影响。图 2－2 中实际工资替代率与参保年限的关系满足 $Q = f(t), f'(t) > 0$，但 $f''(t) < 0$，与图 2－1 中的递增获取型既得受益权规则相对，可以称为递减获取型既得受益权规则，即尽管实际工资替代率随参保年数增加，但其边际增长率不断下降。

2.2.2 现行制度规定与转续政策下养老金受益损失与财务平衡测算

（1）既得受益权期限与养老金受益损失

养老金计划参加者由于未满足计划的受益条件将面临养老金受益损失，既得受益权期限是导致既得受益权损失的主要因素。在基本养老保险制度中，最低缴费年限限制是导致参保者在变换工作时失去未来获得养老金受益的最重要的因素。由于断保、退保、转续等原因而导致参保缴费年限未满 15 年的，参保者将失去获取基础养老金的资格，社会统筹账户缴费及其利息损失将成为养老金沉淀成本，即养老金受益损失。

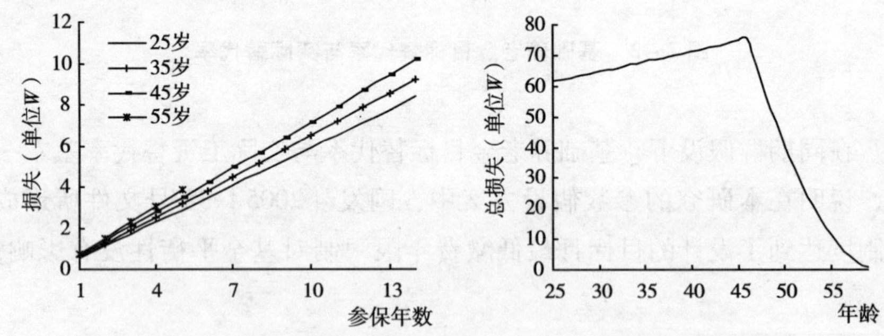

图 2－3　最低缴费年限限制下的养老金受益损失

注：W 表示参保起始年的缴费工资。

图 2－3 显示，各年龄参保者参保年数越长（$h<15$），养老金受益损失越大。以男性为例，当参保起始年龄 $d \leqslant 45$ 时，养老金受益总损失随参保者年龄增大而增加；当 $d \geqslant 46$ 时，虽然养老金受益总损失下降，但由于已不可能满足 15 年最低缴费年限，参保者在法定退休年龄下将失去领取基础养老金的资格，参保者将选择不参保。在养老保险关系不能转续以及变换工作的额外收益不足以弥补养老保险关系转续成本（养老金受益损失）的情况下，参保年限越长、缴费工资基数越高的参保者越不愿意转换统筹区域，年龄越大的参保者也越不愿意转换统筹区域。现行基本养老保险的最低缴费年限限制对参保者产生非常强的流动性约束，严重阻碍了劳动力的流动，对劳动力市场产生了极大的扭曲效应。

（2）转续政策导致基本养老保险制度出现财务风险

以最简单的流动就业者在三个统筹区域转移为例，假设参保者（数量为 A，简称 A）连续参保并在最后退休地正常退休，按《暂行办法》规定，基础养老金的平衡式为：

$$\delta\left[\sum_{n=t_1}^{t_2} N_n w_n^a (1+i)^{t_4-n} + \sum_{n=t_2}^{t_3} N_n w_n^b (1+i)^{t_4-n}\right] + \alpha \sum_{n=t_3}^{t_4} N_n w_n^c (1+i)^{t_4-n}$$
$$= \beta \frac{W_{t_4}^c}{2}\left\{\frac{1}{t_4-t_1}\left[\sum_{n=t_1}^{t_2}\left(\frac{w_n^a}{W_n^c}\right) + \sum_{n=t_2}^{t_3}\left(\frac{w_n^b}{W_n^c}\right) + \sum_{n=t_3}^{t_4}\left(\frac{w_n^c}{W_n^c}\right)\right]\right.$$
$$\left. + 1\right\}\sum_{m=1}^{\omega} N_{t_4+m}\left(\frac{1+kg^c}{1+i}\right)^{m-1} \tag{2.2}$$

式中 δ 表示社会统筹账户资金转移的比例，N_n 表示 A 在 n 年的参保人数，w_n^a 表示参保者 n 年在 a 省的缴费工资，W_n^a 表示 n 年 a 省在岗职工社会平均工资，t 表示在各地参保的起止时间且以整年计算。

比较式（2.1）和式（2.2）可知，不考虑最低缴费年限限制影响，基础养老金设计的基本原则是社会保险属性，利用大数法则和风险共担实现养老金调剂和再分配。但是，按照《暂行办法》只转移缴费资产的政策设计，基础养老金的保险原则出现了重大变化：由纯保险方案转变为缴费关联计划（contribution-related）。在纯保险方案下，参保职工在同一地参保且退休，计划缴费与养老金待遇标准按照统筹区域人口死亡概率、退保断保率、使用精算方法厘定，可以较好地实现收入再分配功能；在《暂行办法》的转续方案下，流动就业者A在a、b、c三地分别缴费，在a和b两地因参保者退保和死亡而出现的“可再分配”缴费收入全部留在了原地，为保证制度财务平衡，养老金待遇兑现地——c地只能更改制度属性，按照转移缴费资产规模向A支付养老金待遇，否则必然出现财务不平衡风险。

本研究假设某参保者缴费工资为各省社会平均工资且 $W_n^a = W_n^b = W_n^c$，最后退休地满足《暂行办法》的最低缴费年限规定（10年），则式（2.2）可简化为：

$$\delta \sum_{n=0}^{h-10} (1+g)^n (1+i)^{h-n} + \alpha \sum_{n=h-10}^{h} (1+g)^n (1+i)^{h-n} = \beta (1+g)^{h-1} \sum_{m=1}^{\omega} \left(\frac{1+kg}{1+i} \right)^{m-1} \quad (2.3)$$

将上文参数取值代入式（2.3），其中ω为60岁城市男性平均预期余命。

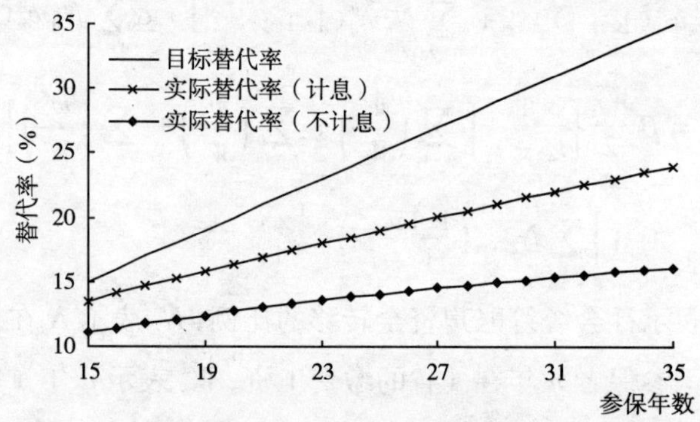

图2－4 《暂行办法》的目标替代率与实际替代率

测算结论如图2－4所示，无论是在计息与不计息的情况下，流动就业者的基础养老金实际工资替代率明显低于目标替代率，最大相差分别约为11%和19%，且参保时间越长差距越大，社会统筹账户必然出现缴费积累不足。按照《暂行办法》规定，转续政策显然有利于参保职工转续前的统筹区域而对最后退休地不利，随着劳动力流动规模的不断扩大[①]，保障负担将日趋沉重。

2.2.3　有效的基础养老金既得受益权规则设计

（1）基础养老金既得受益权规则设计方案

通过对基础养老金既得受益权分析可知：基础养老金参保年数与待遇之间关联度高且不受最低缴费年限影响，这使得分段计发基础养老金成为可能；基础养老金满足递减获取型既得受益权规则且不受既得受益权期限影响，但规则的递减特征并不明显（见图2-2），在政策层面实行立即获取型既得受益权规则，有利于扩大制度覆盖面、鼓励多参保缴费且操作简单。基于此，以国发［2005］38号文件为制度框架，本研究对《暂行办法》进行改进，设计出新的基础养老金既得受益权规则：

$$(t_1 - t_0)A + \alpha W\sum_{n=t_1}^{t_n} N_n(1+g)^{n-t_1}(1+i)^{t_n-t_1-n}$$

$$= (t_n - t_1)\% W(1+g)^{t_n-t_1-1}\sum_{m=1}^{\omega} N_{t_n+m}\left(\frac{1+kg}{1+i}\right)^{m-1} \tag{2.4}$$

式（2.4）为参保者退休时的养老金待遇计算方法，参保者在 n 个统筹区域流动，每个统筹区域的参保年数为 $t_n - t_{n-1}$，参保者退休时上年度各地在岗职工社会平均工资为 W^x。

相应的基础养老金平衡式为：

$$\alpha\sum_{n=t_1}^{t_n} N_n w_n(1+i)^{t_n-n} = (4)\sum_{m=1}^{\omega} N_{t_n+m}\left(\frac{1+kg}{1+i}\right)^{m-1} \tag{2.5}$$

政策含义：参保者在各统筹地区转续时获得该地的基础养老金既得受益权，但社会统筹账户缴费积累不转移，留在该地的社会统筹基金；基础养老金待遇由各地分段计发，计发基数为参保者最后退休时上年度各地在岗职工社会平均工资和本人在该地的指数化平均缴费工资的平均

---

① 2005年全国1%人口抽样调查数据显示，全国流动人口高达14735万人，跨省流动人口4779万人，与第五次全国人口普查相比，流动人口增加296万人，跨省流动人口增加537万人。资料来源：《2005年全国1%人口抽样调查主要数据公报》（http://www.stats.gov.cn/TJGB/RKPCGB/qgrkpcgb/t20060316_402310923.htm），2006-03-16。

值，参保缴费每满一年发给1%；基础养老金按照国家规定的养老金调整系数调整，增加部分由各地财政补贴。

（2）基础养老金既得受益权规则设计方案的有效性分析

①设计方案与基础养老金既得受益权规则比较

在参保者缴费工资与社会平均工资相同的假设下，即 $w_n = W_n$ ，将其代入式（2.5），得到：

$$\alpha W \sum_{n=t_1}^{t_n} N_n (1+g)^{n-t_1} (1+i)^{t_n-t_1-n}$$

$$= (t_n - t_1)\% W (1+g)^{t_n-t_1-1} \sum_{m=1}^{\omega} N_{t_n+m} \left(\frac{1+kg}{1+i}\right)^{m-1} \quad (2.6)$$

由于 $t_n - t_1 = h$ ，将式（2.1）除以式（2.6），进一步可得：

$$\frac{N \sum_{n=1}^{h} \prod_{m=1}^{n} {}_m p_{d-1}}{\sum_{n=1}^{h} N_n} = \frac{N \prod_{m=1}^{60-d} {}_m p_{d-1} \sum_{n=1}^{\omega} \prod_{m=1}^{n} {}_m p_{60}}{\sum_{n=h+1}^{\omega} N_n} \quad (2.7)$$

由于既得受益权的明确，最低缴费年限限制下参保者退保、断保的因素将不存在，式（2.7）中 N_n 将主要受参保者存活率影响，而参保者存活率与 N_n 的具体值无关，故式（2.7）恒等。因此，在理论上，设计方案与基础养老金的社会保险基本属性一致且在不同统筹区域能够实现基金的平衡性。

②基于既得受益权的设计方案与我国现行养老保险关系转续政策比较

在参保者在三个统筹区域转移的假设下，令 F＝(2.5)－(2.2)，F会出现三种结果：

若 F＝0，则说明在待遇计发相同的情况下，设计方案与《暂行办法》缴费积累相同，二者在缴费与待遇平衡性上无优劣之分；

若 F＞0，则说明设计方案的缴费积累高于《暂行办法》，前者优于后者；

若 F＜0，则说明《暂行办法》的缴费积累高于设计方案，后者优于前者。

同理假定 $w_n = W_n$，式（2.5）与式（2.2）右边部分相同，可得：

$$F = (\alpha - \delta)\sum_{n=t_1}^{t_3} N_n W_n (1+i)^{t_4 - n} \text{ 且 } F' = (\alpha - \delta)\int pW\mathrm{d}N + gN\mathrm{d}W \tag{2.8}$$

F' 中的积分部分为正，且 $(\alpha - \delta) = (20\% - 12\%) > 0$，则 $F' > 0$。参保者存活率越大即参保者越年轻、流动人口规模越大、工资水平越高、工资增长率越大、流动参保时间越长，F' 越大，进而 F 也越大且 $F > 0$，所以设计方案较优。

2.2.4　结　语

本研究以现收现付制养老金制度的既得受益权为基本分析方法，测算了基本养老保险制度和现行转续办法给流动参保者带来的养老金受益损失和基本养老保险制度的财务平衡，研究发现：（1）基础养老金政策符合保险原则，满足递减获取型既得受益权规则特征，但最低缴费年限限制不仅导致未满足该项条件的参保者遭受养老金权益损失，而且对其产生非常强的流动性约束，对劳动力市场产生极大的扭曲效应；（2）《暂行办法》以“核算参保职工缴费积累规模”为政策出发点，既违背了社会保险的保险保障原则，严重侵蚀了参保职工养老金权益，而且该项政策有利于参保职工转续前的统筹区域而对最后退休地不利，将导致接收退休的流动参保者多的地区的基本养老保险制度面临财务风险。基于此，本研究以国发［2005］38 号文件为制度框架，通过对《暂行办法》进行改进，设计出新的、有效的基础养老金既得受益权规则，并据此提出了实现养老保险关系统一转续的具体政策建议：各地分段计发基础养老金；缴费每满一年替代率标准为 1%；养老金调整增加部分由各地财政补贴。

赋予基础养老金既得受益权不仅是在统筹层次较低的现实情况下解决养老保险关系转续问题的权宜之计，更重要的是还原基本养老保险制度的功能、发挥基础养老金的作用、保护劳动者合法的养老保障权益。然而，这一方案也存在着一些不足：其一，既得受益权将责任明确在各统筹地区，养老金的调剂范围较小，经济波动和政策变动将更易通过影响各种参数进而影响基金的收支平衡性和财务可持续性，这也是一种变相对“分疆而治”的各地统筹的一种默认，有不利全国统筹之虞；其二，分段计发养老金给基本养老保险信息化建设提出了更高的要求，容易造成各统筹地区之间协调的困难；其三，无最低缴费年限限制下使高龄参保者的养老金替代率水平难以得到保证。在当前基本养老保险承担巨额转制成本和隐性债务并在各统筹地区分布极不均衡的现实下，明确基础养老金的既得受益权将面临较大的改革阻力，此外，在基本养老保险信息尚未实现全国范围内互联共享的现实下如何管理与协调基础养老金分段计发工作也将是一大难题。

因此，在实现可操作性上，首先，对于各地已存在的养老历史欠债应由中央政府通过财政补贴和全国社保基金统筹外规划解决，尽快实现基本养老保险全国统筹；其次，加快推进“金保工程”建设并发放个人社保卡，完善基本养老保险经办管理方式，实现参保缴费退休领取待遇信息在各地的互联互通；最后，规范统一退休制度，适当提高退休年龄并鼓励延迟退休，避免参保者在无缴费年限限制下提前退休退保而使基础养老金失去应有的保障作用。

3　构造城乡养老保险关系转移接续机制研究

2009年9月1日颁布实施的《国务院关于开展型农村社会养老保险试点的指导意见》（国发〔2009〕32号，以下简称《指导意见》）标志着中国新型农村社会养老保险制度（以下简称“新农保”）全国试点正式开始，也明确规定了新农保制度采取类似于城镇基本养老保险制度（以下简称“城保”）的“社会统筹与个人账户结合”模式。但是，《指导意见》既没有给出具体的养老保险关系城乡转续措施，也没有给出转续政策出台的时间，只是笼统地指出：新农保与城保等其他养老保险制度的衔接办法，由人力资源和社会保障部会同财政部制定。

由于城乡两类社会养老保险制度在制度设计、资金来源、待遇标准、计发方式等方面存在较大差异，养老保险关系在城乡两类社会养老保险制度间转移接续必然存在制度性障碍和操作困难。因此，本章延续上一章的思路，将基于养老金既得受益权（vesting）方法来研究和设计城乡两类社会养老保险制度养老保险关系转移接续机制，为当前进一步完善新农保试点政策提供决策思路。

3.1 实现城乡基本养老保险关系转续的社会经济意义

上一章我们通过比较分析《暂行办法》与赋予既得受益权的养老金关系转续设计方案，得出结论：在城镇养老保险转移接续的设计上，基于养老金既得受益权的设计在参保者存活率越大即参保者越年轻、流动人口规模越大、工资水平越高的前提下，比《暂行办法》中基于缴费积累的政策方案优化。这给设计城乡衔接的社会养老保险制度提供了一个新的思路：那就是赋予城镇和农村的基础社会养老保险既得受益权，可以有效解决养老金便携性损失的问题，从而解决城乡社会养老保险衔接的一个重要障碍。

3.1.1 有效维护参保农民的养老金权益

为解决城镇企业职工基本养老保险关系在城镇范围内实现异地转续，2010 年 1 月，人保部和财政部联合下发了《城镇企业职工基本养老保险关系转移接续关系暂行办法》（以下简称《暂行办法》），初步解决了包括农民工在内的广大城镇企业职工在跨省流动的养老保险关系接续问题。但是，《暂行办法》并没有对于农村劳动力在城乡间转移就业时，新农保关系与城保关系如何衔接进行规定。这意味着迁回城乡就业的农民工在新农保或城保获得的基础养老金权益将因为养老保险关系不能顺利转移而完全丧失。因此，只有在现行的《暂行办法》的基础之上，制定出城乡基本养老保险关系转移接续的政策，让城乡两类社会养老保险制度处于同一个基准，才能解决好劳动力在城乡转移就业时的养老金权益保障问题。

3.1.2　促进劳动力在城乡经济部门间有效配置

二元经济理论认为①，发展中国家传统农业部门的边际劳动生产率低下，存在着隐性失业状态的劳动力，因而劳动力供给对于工资是具有完全弹性的，城镇经济部门只要支付维持最低生活的工资就可获得无限的劳动供给，于是出现了大量农村剩余劳动力迁往城镇部门工作的"乡—城"劳动力迁移现象。作为发展中大国，30 多年来我国也出现了二元经济理论所描述的"乡—城"劳动力的迁移现象，这是经济发展的客观规律。1979～2003 年间，中国"乡—城"迁移人口构成了全国城镇人口总量的 79%②。建立城乡之间的养老保险关系转移接续的制度，将有利于减少城乡之间劳动力流动的阻碍因素，引导农村剩余劳动力合理有序的迁往城镇，使广大农村劳动力资源得到合理配置。随着城镇第二、三产业从业劳动力数量不断增加，农业部门剩余劳动力逐步减少，以及农业部门边际劳动生产率提高并达到与城镇经济部门的边际劳动生产率一致的水平，我国经济结构将从二元化向一元化过渡，实现劳动力资源在城乡经济部门间有效配置。

3.1.3　有利于推动中国城镇化进程

当前，我国正处于城市化快速发展和统筹城乡经济社会发展的关键时期，"乡—城"转移就业劳动力规模逐年增大。2008 年 3 月 5 日，温总理在第十一届全国人民代表大会第一次会议上所作的政府工作报告指出，过去 5 年平均每年农村劳动力转移就业 800 万人；国家统计局数据显示③，2009 年前三季度跨乡镇以外到异地就业的农民工总数是 1.52

---

① Lewis, W. A, "Economic Development with Unlimited Supplies of Labor", *Manchester School of Economic and Social Studies*, 1954, 22(2): 139-191.

② 卢向虎、朱淑芳、张正河：《中国农村人口城乡迁移规模的实证分析》，《中国农村经济》2006 年第 1 期，第 35、41 页。

③ 《国家统计局新闻发言人盛来运就 10 月主要统计数据情况答记者问》，国家统计局网站（http://www.stats.gov.cn/was40/gjtjj_detail.jsp? searchword=%C5%A9%C3%F1%B9%A4&channelid=6697&record=17），2009-11-11。

亿人；未来20～30年间，农村劳动力向城镇转移就业规模仍然维持在年均600万～700万人之间。2005年我国城市化率达到了40%以上，但是与发达国家相比，城市化水平还有待提高。目前，我国仍然存在如户籍、养老保险、医疗保险等阻碍进城务工农民的身份由"农民"变"市民"的社会政策，严重制约了城镇化进程。因此，建立城乡间养老保险关系转续机制，将促使广大农民工真正融入城镇生活，进而推动我国城镇化进程的步伐。

3.2 城乡基本养老保险关系转续难的原因分析

城保制度与新农保制度在基本模式上都实行"统账结合"，这为城乡两类制度的衔接奠定了基础。但是，两类制度在具体的政策设计方面存在的差异和实际运行方面存在的问题，将阻碍城乡基本养老保险关系顺利转续。

3.2.1 基础养老金的资金筹集渠道、待遇水平和计发方式不同

按照《国务院关于完善城镇企业职工基本养老保险制度的决定》（国发〔2005〕38号）规定，城镇企业按工资总额的20%缴费并计入社会统筹账户。而新农保社会统筹账户为非缴费型，资金来源于各级政府财政补贴，其中东部地区是中央与地方财政各补贴一半，中西部地区是中央财政全额补贴。由于社会统筹账户资金来源渠道不同，致使两类社会养老保险制度的基础养老金待遇水平存在巨大差异：城保基础养老金待遇标准依据参保职工缴费年限、退休时在岗职工平均工资和缴费工资基数计发基础养老金，替代率标准为15%～35%之间；新农保基础

养老金统一标准为每位60岁以上农民月均55元。非常明显的是，城保基础养老金标准远高于新农保基础养老金。

从基础养老金计发方式来看，城保社会统筹账户是缴费型模式，也即向社会统筹账户缴费满15年即可有权获得基础养老金待遇；新农保社会统筹账户是非缴费型模式，也即财政补贴仅用于向年满60岁的农村老年人给付统一额度的基础养老金，而不考虑其是否参保缴费。因此，城保基础养老金权益与新农保基础养老金权益具有非同质性。

3.2.2　基础养老金缺乏“便携性”

为实现参保劳动者在不同的基础养老金制度之间顺利转续，参保劳动者的养老金权益必须具有便携性（portability）。美国劳动统计局将确定受益（defined benefit，DB）型养老金计划的养老金权益便携性定义为：一个养老金计划参与者在转换工作时维持和转移累积的养老金受益的能力[①]。一项缺乏完全便携性的养老金计划将会导致变换工作的参保劳动者的便携性损失，也即由于变换工作后的养老金受益相对于没有变换工作时应付的养老金权益的减少[②]。

现行城乡两类社会养老保险制度的基础养老金计发办法都规定：缴费年限累积满15年才能领取基础养老金。这项规定意味着我国基本养老保险制度基础养老金既得受益权（vesting）为零，既得受益权期限为15年，也即如果在累积缴费年限不满15年时退保，参保劳动者没有资格领取基础养老金。这也意味着，在城乡社会养老保险转续机制缺乏的条件下，参保劳动者要么选择放弃未实现的基础养老金权益而转移就业，要么为获得基础养老金权益而放弃转移就业，巨大的“便携性损失”阻碍了养老保险关系在城乡两类制度之间转续。

---

① U. S. Department of Labor, Bureau of Labor Statistics, 1999, *Employee Benefits in Medium and Large Private Establishments*, 1997, Bulletin 2517, Sep.

② Andrietti and Vincenzo, 2001, "Portability of Supplementary Pension Rights in the European Union", *International Social Security Review*, Vol. 54, pp. 59-83.

Black, D. and M. Orszag, 1997, *Portability and Preservation of Pension Rights in the United Kingdom*, Office of Fair Trading, UK: 121.

3.2.3 统筹层次低和“碎片化”程度严重

自1997年国务院发布《关于建立统一的企业职工基本养老保险制度的决定》（国发〔1997〕26号）以来，全国大部分地区的基本养老保险制度实行县、市级统筹，尽管政府和职能部门一直提出要由县级统筹过渡到省级统筹，但是提高统筹层次依然步履维艰。2009年以来，部分省、市着手进行养老保险省级统筹工作，截至目前仍有近一半地区没有实现省级统筹。即使是目前实现省级统筹的地区，所谓“省级统筹”并非真正意义上的省级统筹，而是省级统筹调剂基金的形式。其结果是各地根据不同的实际情况和自身利益，制度出各种不同的政策，造成了我国基本养老保险制度的“碎片化”特征。参保职工只要出现跨统筹区域转换工作，必将面临养老保险关系难以转续，限制了劳动力的流动性。养老保险关系转续难的根本原因在于基本养老保险统筹层次过低，管理过于分散以及各统筹地区从自身利益出发制定的各种“土政策”①。

3.2.4 养老保险经办管理的信息化程度低

我国城镇社会保障信息化程度普遍较低，地区间社会保障信息化程度发展不均衡。除了东部沿海地区的社会保障信息化程度较高外，中西部地区的社会保障信息管理工作相对落后，手工操作十分普遍②。新农保制度仍然处于初创期，大多数地方政府还没有设置基层农保经办机构，且管理工作绩效不高③，养老保险信息化程度比城保制度的信息化程度更低。由于各地之间、城乡之间社会养老保险信息共享程度偏低，导致各地之间、城镇与农村之间社会养老保险信息管理处于分割状态，

① 何平：《让农民工‘退保’成为历史》，《中国报道》2008年第3期，第26页。

② “金保工程：人力资源社会保障工作的金钥匙”，宁夏人力资源与社会保障网站，（http://www.nxhrss.gov.cn/news/gzyj/2009/423/0942317157FF7CIF217D02D81DD4B9.html），2009-04-23。

③ 杨翠迎、周永水：《基层农村社会养老保险机构建设及其管理现状与问题——基于对浙江省43个县（市）的调查分析》，《消费导刊》2009年第6期，第39～41页。

这将不能全面的反应参保者在城乡两类不同社会养老保险制度之间的缴费信息，并将影响其今后养老金待遇的发放。

3.2.5　地方利益保护主义作祟

我国现行的“分灶吃饭”的财政体制造成了地区间对于社会保险关系跨地区转移的利益纷争：流入该地的参保劳动者意味着该地区要为其支付数十年的退休养老金，而流出该地的参保劳动者不但可以减轻该地的养老金支付负担，而且该地可以额外获得由于迁出者异地迁移转续养老金关系而造成的社会统筹账户的基金积累。因此，地方政府出台的社会保险关系转续政策一般是“愿意转出，不愿转入”，人为的设置了一些妨碍外来农民工参加城镇社会养老保险的政策壁垒，[①] 不利于养老保险关系在城乡间转移接续。

3.3　基于既得受益权的城乡基本养老保险关系转续政策设计

现阶段我国新农保制度正处于试点阶段，鉴于农村劳动力大规模迁移流动的现实，迫切需要制定出城乡基本养老保险关系转续政策，这也是新农保试点的重要配套措施。

3.3.1　赋予城乡社会养老保险制度基础养老金既得受益权

为实现欧盟成员国间养老保险关系顺利转续，欧盟成员国探索出了“工作地缴费、分段记录、退休地发放”的方法，其实质就是赋予参保

① 杨宜勇、谭永生：《全国统一社会保险关系接续研究》，《宏观经济研究》2008 年第 4 期，第 11 ~13 页。

劳动者养老金既得受益权[①]。所谓“工作地缴费”，就是参保劳动者在转移就业前的工作地的养老保险缴费不转移，被继续保留在流出国，继续投资并获得投资收益，但享有因此而获得的养老金待遇；所谓“分段记录”，即参保劳动者所获得的养老金待遇为本人在各成员国工作期间按其缴费年限所应得养老金的总和，并且劳动者在各成员国的缴费年限应当连续累计、全部计算；所谓“退休地发放”，就是在养老金待遇发放上，各参保成员国根据该劳动者养老保险缴费的整体记录，分别计算出该劳动者在本国法律下的养老金受益权，合并后统一由该参保劳动者所在的退休地发放。

研究显示，基于养老金既得受益权的设计，在参保劳动者存活率越大即参保劳动者越年轻、流动人口规模越大、工资水平越高的前提下，比《暂行办法》中基于缴费积累的政策方案优化。由于城乡两类社会养老保险制度基础养老金都没有被赋予既得受益权，要实现城乡社会养老保险关系有效转续，必须赋予其既得受益权。

3.3.2 社会统筹账户基础养老金既得受益权规则设计

赋予基础养老金既得受益权的原则是：劳动者只要在工作期参保缴费满1年，就必须被赋予其相应的基础养老金既得受益权，社会统筹账户缴费和既得受益权不随参保劳动者转移就业而转移，但作为该参保劳动者退休后基础养老金计发的标准。对于城保制度而言，劳动者参保缴费每满1年，待其退休时即可获得相当于参保地在岗职工社会平均工资和本人在该地指数化平均缴费工资的平均值的1%的基础养老金；对于新农保制度而言，劳动者参保每满1年，待其年满60岁时即可获得相当于该地新农保基础养老金统一标准1/15的基础养老金。

当参保劳动者达到法定退休年龄（城保参保劳动者）或年满60岁（农保参保劳动者）时，基础养老金待遇由各地分段计发，计发标准为参保劳动者在各地获得的基础养老金既得受益权；各地社保机构（或农

---

① 《欧盟关于养老保险转移接续制度的规定》，http://www.npc.gov.cn/npc/zt/2008-12/23/content_1463627.htm，2008-12-23。

保机构）分别兑现其承诺给予的基础养老金既得受益权，并全部汇总进入参保劳动者退休地的社保机构（或农保机构）。

这里分为参保者在农村和在城镇领取养老金两种情况。第一种情况假定参保者在A地农村务农，于 t_1 岁开始参加新农保，t_2 岁开始迁往城市B工作，同时参加了城镇职工养老保险，于 t_3 岁返回A地农村务农，继续参加曾经中断了缴费的新农保，于60岁在A地农保机构领取养老金。方案一中参保者在农村退休并在农保机构领取基础养老金的待遇发放公式为：

$$P = [(60 - t_3) + (t_2 - t_1)] \times 44 + \frac{(t_3 - t_2)\%}{2}[\frac{1}{t_3 - t_2}\sum_{n=t_2}^{t_3}(\frac{w_n^b}{W_n^b}) + 1]W^b \quad (3.1)$$

假定每位农民的基础养老金补贴额为中央财政每年补贴的660元，因此其1/15为44元。在式（3.1）中，w_n^b 为n年参保者在b地的缴费工资，W_n^b 是n年B地的在岗职工社会平均工资，$\frac{1}{t_3 - t_2}\sum_{n=t_2}^{t_3}(\frac{w_n^b}{W_n^b})$ 表示其平均缴费工资指数。式（3.1）等号右边的第一项表示的参保者在农村分段参加了新农保之后，领取养老金时所享受的非缴费型基础养老金既得受益权；第二项表示参保者在城镇养老保险缴费后的既得受益权。

第二种情况，即参保者在城镇退休的情况：假定参保农民工于 t_1 岁进A城务工，同时参加了城镇职工社会养老保险，在 t_2 返回B农村务农并将城保转为农保，于 t_3 岁重新进A城务工，继续参加城保，于 t_4 岁按规定在城市A退休。同理，方案一中参保者在城镇退休并在城市的社保经办机构领取基本养老金待遇发放公式为：

$$P = \frac{(t_2 - t_1)\%}{2}[\frac{1}{t_2 - t_1}\sum_{n=t_1}^{t_2}(\frac{w_n^a}{W_n^a}) + 1]W^a + (t_3 - t_2) \times 44 + \frac{(t_4 - t_3)\%}{2}[\frac{1}{t_4 - t_3}\sum_{n=t_3}^{t_4}(\frac{w_n^a}{W_n^a}) + 1]W^a \quad (3.2)$$

此外，需要考虑的情况就是广大农村劳动力进城之后参与的是非正规部门的灵活就业模式，而未符合参加城镇职工社会养老保险的标准。

这种情况下的农民工可以继续参加原居住地的新农保制度，其养老保险关系不必转移到城镇养老保险制度中来。到了领取退休金的年龄，他们通过新农保制度在原农村居住地领取养老金。对于被征地农民，可以通过“土地换保障”的方式获得城镇基本养老保险制度的基础养老金受益权。

3.3.3 加快城乡社会保险信息化建设

实现城乡社会养老保险关系顺利转续还要依赖城乡社会保险信息化管理水平的提高。“赋予既得受益权、分段计算、统一计发”不仅需要参保劳动者在不同地区的参保缴费记录、工资基数、计发标准等数据，而且需要统一协调不同参保地区的养老金待遇计发方式，实现各地养老金资金统一划拨。这要求我们在进一步完善城镇社会保障信息化建设（金保工程）的同时，提高农村社会保险经办机构的信息化水平。通过建立全国范围的养老保险数据库，将实现参保者一生各阶段在不同工作地的缴费信息在全国范围内的共享互通，为参保劳动者在全国各地或者城乡之间转移养老保险关系提供极大便利。

3.4 “养老金红利”与“既得受益权城乡养老保险制度设计”

基于既得受益权的城乡养老金转移接续设计方案采用分段计发的办法使养老保险制度走出由于统筹层次低下、城乡社会保障制度分割而导致的养老金“便携性陷阱”；取消强制缴费 15 年以上才能享受基本养老金待遇的规定，将养老金权益的“便携性损失”减少到最小的程度。它可以有效解决养老金跨地转移接续问题，是实现城乡养老保险制度衔接的关键一步。其意义在于：扩大社会保险制度在农村迁移人口的覆盖面，降低这部分人的生存风险，提升生活质量，推进农村迁移人口向“市民化”融合的过程；促进了全国性劳动力市场的建立，有利于劳动力的流动，实现人力资源的优化配置；制度设计并没有单独为农民工或者城市灵活就业人员设立单独的养老保险制度，有助于减轻社会保障制度“碎片化”的现状。这些意义本节不再赘述，本节重点从养老金红利的角度来论述基于既得受益权的城乡养老金转移接续机制对于迎接“乡—城”人口迁移带来的养老金红利的重大意义。

基于既得受益权的城乡养老保险衔接的制度设计可以有效解决“乡—城迁移人口”的养老保障问题，让这部分人享受社会养老保障待遇将解决我国现阶段社会保险“扩面”工作的瓶颈，更为重要的是，农村迁移人口加入城镇社会养老保障体系后，将为城镇养老金制度提供大量缴费人口，有效的降低城镇养老保险制度赡养比例，从而缓解了城镇老龄化带来的社会养老保险财务支付危机。即这种制度设计将为城镇社会养老保险制度提供可观的“养老金红利”。

实现养老金红利的前提条件是：消除城乡劳动力流动障碍，推动我国城市化发展，促进农村剩余劳动力向城镇合理转移，实现二元经济向一元的转化。如果改革现有的城镇基本养老保险制度，转而采用基于既得受益权的城乡养老金转移接续方案，并建立与之相配套的全国统一的社会保险信息管理系统，可以有效地衔接城乡社会养老保险制度、解决“乡—城”迁移人口的养老保障问题，从而打破农村迁移人口流动的制度壁垒、促进劳动力的从城市到乡村的有序流动，这比不能有效实现城乡养老金衔接的现行制度设计在时间上更快地使农村转移人口朝着向“市民化”、“正规就业化”的方向融合。当农村迁移人口以更短的时间顺利融入城镇社会养老保障体系后，将为城镇养老金制度提供了更多的缴费，有效的降低城镇养老保险制度赡养比例，从而更好地缓解城镇老龄化带来的社会养老保险财务支付危机。即赋予基础养老金既得受益权的城乡养老金制度设计将为我国城镇社会养老保险制度提供了更为可观的“养老金红利”。另一方面，基于既得受益权的城乡养老金设计将养老金便携损失降至最小，可以有效的防止农民工因养老金陷阱而“退保”的发生，这样就更好的防止了制度设计上对养老金红利的透支。

简而言之，这种基于既得受益权的衔接城乡基本养老金的制度设计产生了更多更早的收获养老金红利的重要条件，将有利于城镇和农村社会养老保险制度应对人口老龄化危机带来的挑战。

4 统筹城乡养老保险制度的思路

我国养老保险制度当前正处在试点并推广新型农村社会养老保险制度的阶段在这个背景下建立统筹城乡的社会保险制度的基本思路是：第一步，逐步实现城乡社会养老保险制度的衔接；第二步，在制度衔接的基础上合并城乡社会养老保险体系。

4.1 实现城乡社会养老保险制度的衔接

实现城乡社会养老保险制度的有效衔接，关键是要在进一步健全完善城镇社会养老保险制度和新型农村社会养老保险制度的基础之上，制定出两个制度衔接的办法，以妥善解决广大农村居民和农村转移劳动力的养老保障问题。

4.1.1 进一步完善城镇基本养老保险制度与新型农村社会养老保险制度

城镇基本养老保险制度必须在适应农村转移劳动力特点的基础上进一步完善相关政策：

赋予社会统筹账户基础养老金受益权，使统筹账户成为一个受益保障权可以携带的账户形式，实现异地转移就业农民工养老保险关系转移与接续。事实上，2009年12月28日，《国务院办公厅关于转发人力资源社会保障部、财政部城镇企业职工基本养老保险系转移接续暂行办法的通知》（国办发［2009］66号，以下简称《暂行办法》）的出台，标志着我国城镇职工基本养老保险的跨地区转移的制度进入了实践阶段。《暂行办法》的政策出发点是“核算参保职工缴费积累规模”，规定“按各年度实际缴费工资总和的12%转移统筹基金中的养老保险资金”。《暂行办法》虽然制定出跨地转移养老保险的具体方案，但仍然存在明显的政策缺陷，理论上看，《暂行办法》违背了社会保险的基本原则，严重侵蚀参保职工养老金受益权；从现实可行性来看，《暂行办法》仍然没有从根本上解决养老保险关系转续的制度障碍。因此，在实现城镇养老保险异地转移的政策制定上制度还需进一步完善：参保人员的基础养老金的核算不能停留在核定参保职工缴费积累来确定社会统筹账户转移基金规模，而应该赋予社会统筹账户基础养老金以既得受益权以保障参保居民的养老金权益。

城镇社会养老保险制度还需逐步提高基础养老金统筹层次，条件成熟时实现全国统筹，以增强基本养老保险制度的收入再分配功能和养老保险基金的统筹调剂能力。应完善个人账户养老金计发办法，通过账户转移的方式规范提前支取和一次性返还政策，实现社会养老保障的目标。另外，还需加强社会保险信息系统建设，开设申报、缴费办理窗口，减少农民工参保、转移的手续与环节，便于其养老保险关系接续。

新型农村社会养老保险制度需完善的相关政策是：

要赋予新农保社会统筹账户以“既得受益权”。针对农村劳动力流动性加快的特点，赋予新农保社会统筹账户以“既得受益权”，使得社会统筹账户具有“便携性”。城乡之间的劳动力流动阻碍因此变小，极大优化劳动力资源的配置，促进全国统一的劳动力市场的形成。

国家、集体与个人之间的责任分配以及中央与地方之间的权利与义务关系需要进一步明确。传统农保制度失败的主要原因之一就是政府责任缺失，致使其沦为农民的自愿储蓄制度。新农保试点提出了“个人缴费、集体补助、政府补贴相结合的筹资方式”。据媒体报道，此次试点也将给出中央财政与地方财政对于东、中、西部地区的补贴标准。但是，对于个人缴费与集体补助的标准，政府、集体与个人在新农保筹资中的分担比例与方式，中央政府与地方政府的权利与义务关系等方面，新农保试点模式依然没有给出明确的界定。相对于传统农保制度，其结果可能导致新农保走向另一个极端——社会保险“福利化”，以及出现类似于“新农合”试点过程中在部分地区违规套取中央财政补贴（“钓鱼”）的现象。①

新农保基金运营管理方式需要创新。传统农保制度严格限定基金只能存银行和买国债，并允许农保经办机构从基金中提取3%的管理费，导致农保基金保值增值困难，甚至年年亏损。“新”、“老”制度的转换与并轨问题需要妥善解决。

另外，当前全国部分地区单独开展的新农保试点和各部门出台的具有身份化的农保政策使农保制度体系陷入了“碎片化”割据。新农保试点应该妥善解决好“新”、“老”制度的转换与并轨问题，避免走城保制度的老路。

4.1.2　制定城乡两类社会养老保险制度的衔接办法

在我国社会养老保险制度需要覆盖的三大群体（城镇居民、农村居民、农村迁移人口）中，当前统筹城乡养老保险制度的关键，在于如何建立农村迁移人口的社会养老保险制度。农村迁移人口为满足农村劳动力转移就业与回乡时养老保险关系转移接续的需要，城乡两类社会养老保险制度必须安排相应的衔接机制与办法，如统一城乡两类制度的经办管理主体和管理方式，推进经办管理服务的规范化、信息化、专业化建设，实现两类制度的账户信息共享等。当农村劳动力在城乡之间转移就业时，可以将城镇基本养老保险制度与新型农村社会养老保险制度中的统筹账户受益权和个人账户基金结余顺利转移；对于被征地农民，可以

① 刘昌平:《新农保试点四建议》,英国《金融时报》中文网(http://www.ftchinese.com/story/001027279),2009-06-30。

通过转换新型农村社会养老保险的受益权和通过“土地换保障”的方式，获得城镇基本养老保险制度基础养老金受益权。

4.2 建立覆盖城乡居民的社会养老保险制度

随着经济社会结构趋于统一和城乡收入均等化程度提高，应逐步通过合并城乡两类制度的方式，建立覆盖城乡居民的社会养老保险制度，这也是大部分发达国家社会保障制度城乡整合的经验做法。

建立覆盖城乡的社会养老保险制度要求城镇社会养老保险制度与新型农村社会养老保险制度在制度模式上是一致的。在当前的新农保全国试点的方案中，新型农村社会养老保险采用了非缴费型基本养老金社会统筹与缴费型个人账户模式的结合。这与现行的城镇居民基本养老保险制度统账结合模式是一致的，为今后的城乡社会养老保险制度的合并奠定了制度基础。事实上，我国城镇养老保险制度经过了 20 多年的改革，已经成为我国社会保障体系中相对比较成熟完备的制度。今后其他类型的社会养老金（例如政府公务员养老金、事业单位职员养老金）改革方向都是以城镇社会养老保险制度为参照，改革的路径将与城镇的这套制度相一致。在让城乡社会养老保险制度模式一致的前提下，不断降低城镇基本养老保险目标替代率，使基础养老金成为一个国民养老金制度，再与新型农村社会养老保险制度中的财政补贴的非缴费型统筹养老金合并建立中国的国民养老金制度，资金来源于税收筹资和财政补贴；城镇基本养老保险制度的个人账户制度与新型农村社会养老保险制度的个人账户制度合并建立强制性职业年金制度，资金来源于个人缴费，政府只负责提供制度本身，并对制度负有监管的职责。

建立覆盖城乡居民的社会养老保险制度应坚持以下四项原则：

4.2.1　城乡两类社会养老保险制度在制度模式上应保持基本一致，避免在制度合并过程中产生整合障碍和转制成本

任何能够带来预期收益的制度变迁都需要成本，养老保险制度也不例外。当前城镇基本养老保险制度出现基金缺口的重要原因就在于从传统的单位保障制度向社会保障制度转轨过程中产生的大量隐性债务与转制成本需要清偿。因此，合并城乡社会养老保险制度必然要求现行城镇基本养老保险制度与新型农村社会养老保险在制度模式上基本一致。城镇基本养老保险制度应在做实个人账户的改革试点过程中，尽快实现"统账"分账管理，使个人账户变成一个实账户而非"空账"；对于新型农村社会养老保险制度，财政补贴与部分集体补助将用于建立一个非缴费型社会统筹账户，成为一个财政补贴机制与农村最低生活保障制度相结合的最低养老金制度。在此基础上，城镇基本养老保险制度的基础养老金与新型农村社会养老保险制度的最低养老金合并建立中国最低养老金制度或国民养老金制度，城镇基本养老保险制度的个人账户养老金与新型农村社会养老保险制度的个人账户养老金合并建立强制性个人账户养老金制度。

4.2.2　城乡两类社会养老保险制度应分别保持财务可持续性，避免在制度合并过程中产生新的"剪刀差"

当前，我国城镇基本养老保险制度正面临着严重的财务不平衡问题。中国社会保障网资料显示，从1998年到2006年，各级财政对企业职工基本养老保险基金的补助支出大概在4000亿元，其中中央财政安排的补助资金是3600亿元左右；截至2007年12月26日，中央财政已经安排补助地方的资金是870多亿元。[①] 在预期人口老龄化程度日趋严重的背景下，城镇基本养老保险基金缺口还会持续增大。在合并城乡社

① 《今年中央财政安排地方养老保险补助资金870多亿元》，中国社会保障网（http://www.cnss.cn），2007-12-26。

会养老保险制度之前，如果不从根本上解决城镇基本养老保险制度财务不可持续问题，城乡社会养老保险制度合并之后将出现广大参保农民为城镇基本养老保险制度的转轨成本“买单”的局面。因此，在“统账”分账管理的基础上，应通过体制外措施解决基本养老保险转制成本和历史债务，如通过划转部分国有资产和国有土地转让、租赁收益的方式进一步做大全国社会保障基金，增强城镇基本养老保险制度的偿付能力；在保障水平方面，应通过个人账户养老基金投资运营和企业年金等补充养老保险项目的发展，不断降低当前城镇基本养老保险的缴费标准和目标替代率水平，使基础养老金还原为一个最低养老金制度。新型农村社会养老保险制度在创建之初就应该在科学预测未来农村人口变化趋势的基础上，通过精算技术厘定出合理的缴费率、补贴标准，以及风险因素与程度，保证新型农村社会养老保险制度具有可携带性、转移性和财务可持续性。

4.2.3 城乡两类社会养老保险制度应合理划分国家、集体与个人三方的责任，避免在制度合并过程中产生再分配不公平现象

党的十四届三中全会《关于建立社会主义市场经济体制若干问题的决定》明确提出：“城镇职工养老保险金由单位和个人共同负担”。在当前的城镇基本养老保险制度中，单位和职工分别按照规定标准缴纳社会保险费并分别划入社会统筹账户和个人账户，国家则通过提供财政补贴、维持社会保险经办管理、提供减免税待遇等方式承担出资责任，国家、集体与个人的三方负担责任非常明晰。在新型农村社会养老保险制度创建过程中，也应按照三方负担的原则合理划分国家、集体与个人的责任：集体补助和国家补贴划入社会统筹账户、参保农民向个人账户缴费、国家对集体补助和个人缴费实行减免相关税收并维持新型农村社会养老保险制度的经办管理体制。

4.2.4　科学规划社会养老保险制度城乡统筹的推进策略，避免出现“一刀切”和“冒进”现象

在建立覆盖城乡居民的社会养老保险制度的过程中，要认真研究统筹城乡两类社会养老保险制度的推进步骤与方法。在推进步骤方面，应根据我国城乡间和地区间经济发展水平不平衡的基本现实，鼓励经济发展水平相对较高的地区先行进行社会养老保险制度城乡统筹；在推进方法方面，应充分考虑城乡经济发展发展水平的差异与劳动力流动的特点，实行人员分类推进、保障项目分层次推进的方法，使社会养老保险制度城乡统筹有助于促进经济增长、缩小城乡差别以及消除资本市场与劳动力市场的扭曲现象，从而实现经济与社会的持续、稳定和协调发展。

本章的最后两节将着重对本节所提出的国民养老金战略和强制性职业年金制度进行展开论述。

4.3　国民养老金的发展战略

4.3.1　国民养老金制度在国外的发展

国民养老金制度是国家公共养老金制度的基本形式之一。只要是覆盖全民的制度，都可以称为国民养老金制度。如英国、法国和瑞典的国家基本养老金、加拿大和日本的国民养老金。国民养老金的特点是：制度模式是现收现付制，管理模式是公共部门管理，覆盖范围是全体国民，保障水平和给付方式是统一收益的最低养老金等。

自20世纪70年代两次石油危机之后，大部分西方国家，特别是西方福利国家的普惠制国民养老金制度出现了沉重的财务危机，并且伴随着人口老龄化问题的日益严重，西方各国的国民养老金制度的财务危机

呈现出日趋加深的态势。为了应对严重的财务危机，减轻国民养老金制度给国家财政带来的沉重负担，多数国家对本国的国民养老金制度进行了调整与改革。同时，将雇主责任制的企业年金制度引入了国家养老保障体系，形成多支柱的养老金模式。这样一来，国民养老金制度成为了多支柱体系中的第一支柱。比如，英国的养老社会保障体系包括强制性的国家基本养老金计划和国家第二养老金计划、职业养老金计划和个人养老金计划，其中国家基本养老金计划规定满足“国民保险供款”(National Insurance Contributions,简称 NIC) 条件并达到退休年龄的所有公民均可获得统一受益的养老金；瑞典三支柱养老保障体系包括国家基本养老金、补充养老金和一般养老金，有社会保障税筹资，规定所有瑞典公民退休后都有权获得一定金额的基本养老金；① 加拿大老年收入保障计划中普惠制的老年保障金和保证收入补贴计划属于国民养老金范畴，而其本国的“国民养老金计划”则带有社会保险性质，由雇员和雇主按照一定比例共同缴费，主要目的是为劳动者提供退休、伤残等基本保护；日本所有的国民都从国民年金、福利年金、互助年金等其中的一种年金制度里领取年金，在这些政府年金制度里，覆盖全体国民的制度被称为国民年金。

从世界范围来看，国民养老金的改革趋势主要呈现出两方面的特征：一方面，国民养老金出现了严重的财务危机，给各国财政带来了沉重负担，因此在养老金私有化改革的浪潮下，各国的国民养老金在社会保障体系中所占比例在降低。另一方面，国民养老金的政策执行主体和政策设计目标比以往更为明确，国民养老金由政府提供得到了进一步强化，同时也更加明确了国民养老金的目的是为老年人提供最低生活保障，化解老年人的老年生存风险。

4.3.2 我国国民养老金发展路径

建立我国的国民养老金制度，首要前提就是通过制度外措施全面清

① 孙丽娜、张景兰:《瑞典社会保障体系及其对我国的启示》,《财经问题研究》1997年第5期，第48页。

偿城镇基本养老保险制度改革的转制成本，当前应通过划资偿债和分享“养老金红利”的方式，逐步清偿转制成本，减轻制度内财务负担。在此基础上，分三步建立我国国民养老金制度：

第一步，以城镇基本养老保险制度社会统筹部分为基础，建立政府主导的，以有缴费能力的城镇从业者为对象，通过税收筹资且财政兜底的城镇国民养老金制度；与此同时，进一步完善财政补贴为主的新型农村社会养老保险非缴费型社会统筹账户制度。

第二步，扩大国民养老金制度的覆盖范围，将城镇无缴费能力者以及未来没有能力缴费者纳入制度范围，由财政对其进行缴费补贴，从而实现国民养老金制度在全城镇的覆盖。

第三步，覆盖范围扩大到农村，实现对全体国民的基本养老保障，对于参加新型农村社会养老保险制度的农民，对其新农保非缴费型的基础养老金与城镇国民养老金制度合并；而对于失地农民的保障，实行土地换国民养老金既得受益权的方式参加国民养老金。

通过三步走战略，最终建立全民共享、统一受益、税收筹资、财政兜底的国民养老金制度。

4.3.3　为国民养老金开征“社会保险税”

从资金流程看，养老金制度实际上是由养老金筹集、基金运营、养老金给付三个基本环节构成。因此，选择何种资金筹集模式是构建养老金制度的基础和关键，它决定着整个养老金制度的运行过程。从养老金筹集的方式来看，目前世界上主要有三类：缴税制（缴纳社会保险税的筹集资金制度）、缴费制和储蓄制。根据国际货币基金组织的不完全统计，目前开征社会保险税的国家已达 80 多个，占全部推行社会保险制度国家的 60% 以上。

（1）开征社会保险税的制约因素分析

社会保险税不仅是一项税收形式，更是社会保险制度筹资的一种手段。研究开征社会保险税，必须先理清社会保险筹资的制约因素，在明确我国社会保险制度改革思路与方向的基础上，才能进一步研究税制设计和税收征管问题。

第一，“统账结合”的社会保险模式不完全符合税收的基本特点。

对于现收现付制社会统筹账户和基金积累制个人账户相结合的我国现行社会保险筹资模式，理论界和实际部门普遍认为是“部分积累制”。其实，部分积累制只是现收现付制的一种特殊形式，遵循阶段式精算平衡原则。作为现收现付制的社会统筹模式和基金积累的个人账户模式，两者在资金筹集、管理模式、给付方式、政府责任等方面存在巨大的差异。

社会统筹账户是为参保者退休后提供生活保障而设立的。实质是国家对个人收入再分配的一种手段。在制度统筹账户以内，社会统筹账户是非排他的，效用也具有不可分割性，因此社会统筹账户具有很强的公共物品的特性。因此它可以靠税收来筹资。

个人账户制度是一项政府强制储蓄。个人账户基金积累是个人产权，政府只提供制度本身，并负有监管责任。虽然拥有一些公共物品的性质，但个人账户更趋向与私人物品的属性。因此用缴费制度而非税收制度为其筹集资金更为合适。

因此，“统账结合”并非“部分积累模式”，而是现收现付制与基金积累制的混合。既然现收现付制社会统筹账户基金适合采用税收的征收方式，基金积累制个人账户基金筹集适合采用费的征收方式，那么彻底划清社会统筹与个人账户的界限，社会保险“税”与“费”的矛盾就迎刃而解了。

第二，社会保险统筹层次低限制了税收征管的统一性。

社会保险税的开征将在全国范围内各行各业产生统一的法律效力，这与社会保险税的税收属性是相对应的，然而当前我国社会保险在城乡之间、各地区之间发展的不均衡将成为限制社会保险税开征的主要障碍。当前我国社会保险统筹层次较低且不统一，省级统筹的计划还在实施中，这对于社会保险税的征收管理形成了很大障碍，限制了社会保险税收的统一性。我国现行税收征收的立法权限主要集中于中央一级，税率确定和税制设置较统一，但地方征税权限并不大。以较低统筹层次为基础的社会保险税显然与我国现行税制不相适应。

第三，社会保险覆盖面及缴费标准的差异影响了税制设计的简化性。

根据承保对象和承保项目的不同，社会保险税的税制模式主要有三类：一种是以瑞典为代表单纯按承保项目分项设置的项目型模式；另一种是以英国为代表单纯按承保对象分项设置的对象型模式；再一种是以美国为代表将承保对象和承保项目相结合设置的混合型模式。由于这些国家社会保险制度比较完善，因此无论采用哪种模式，其社会保险税的税制设计都相对简化。

而我国目前建立的社会保险制度还不健全，覆盖范围依然有限。而城镇基本养老保险制度的缴费标准也因社会群体而异，例如城镇正式职工与个体工商户、灵活就业人员的缴费标准差异较大。社会保险基金的筹集如果由费改税，在现有社会保险制度框架内，受覆盖面窄和缴费标准差异的制约，不同统筹层次征收的社会保险税，其纳税人、计税依据、税率、征收管理等税制因素也会存在较大差异。当前，如果政府要实行税制较为统一的社会保险税，可以借鉴美国混合型税制设计模式，针对各地方共有的绝大多数承保对象和覆盖大部分承保项目，实行一般社会保险税，针对具有很大差异性的承保对象和承保项目，分别设置相应税目。

（2）我国开征社会保险税的政策建议

上面我们分析了现行社会保险制度本身对于社会保险税的税制设计和运行效率的制约因素，接下来开始分析开征社会保险税的理想时机和理想方式。

其一，以国发［2005］38号文件为基础，进一步分离基本养老保险社会统筹账户与个人统筹账户。采取制度外措施解决基本养老保险转制成本，还原国民养老金精算平衡的本质，降低国民养老金缴费率，统一不同参保对象缴费标准。在此基础上，国民养老金采取税收筹资，由税务部门征收，纳入公共财政预算管理；强制性企业年金和医疗保险个人账户仍然按缴费方式由税务部门代征，直接划入参保职工个人账户内。

其二，适时提高社会保险统筹层次。虽然社会保险制度的特殊性质决定了社会保险税的征收不能单纯地界定统一管理和分散管理孰优孰劣，但如果要实行社会保险税的统一征管，必须改革社会保险制度，提高基金统筹层次。

其三，应尽快颁布实施《社会保险法》。经济体制改革以来，我国已经相继出台了不少关于社会保险方面的法规，但最高层次也仅限于国外院条例，人大立法基本上是空白，特别是至今尚没有制定一部关于社会保险的基本法律，这与社会保险的重要性、强制性、统一性要求极不相称。因此，尽快制定《社会保险法》将明确各部门的职权范围，社会保险税制度的设计、运行有法可依。

其四，协调好社会保险基金的筹集和管理。开征社会保险税，将使政府财政从后台走向前台，政府不再仅仅承担财政兜底责任，而是直接参与到社会保险基金的筹集和管理，这有利于建立社会保险基金管理的监督控制机制，保证基金安全使用和投资运营。但是，社会保险待遇水平的发放等管理工作仍由社会保障部门实施。因此，必须协调好两个部门的权力和职责。

其五，应加快工资制度改革，尽快实现劳动收入工资化、货币化，扩大社会保险税基，从而增加税收收入，降低社会保险税率。

在建立社会保险税的同时，建立国民养老金专项基金预算，让政府承担起国民养老金的管理职能，让国民养老金的收支置于社会监督之下，增强国民养老金运行的透明度。

4.3.4 提高社会保险统筹层次的思路

社会化是社会保险的一个本质特征，而以社会保险统筹层次的高低又是社会化程度的标志。另外，统筹层次越高，则参保人数会越多，由保险学基本原理“大数法则”可知，这样制度内的风险就会越分散，基金调剂范围就越广，整个制度抵御风险的能力也就越强。相反，统筹层次过低，风险势必相对集中，基金的互济性就弱，增加了制度风险的同时也给财政带来巨大压力。因此，提高统筹层次成为社会保险制度发展的必然选择，也是建立国民养老金制度的必然选择。

提高社会保险统筹层次的改革历经了近20年，迄今为止，除了北京、上海等部分省（市）实现真正意义上的省级统筹之外，大部分省份仍停留在市（县）级统筹的层面上。过低的社会保险统筹层次，造成社会保险关系接续困难，严重阻碍了劳动力全国自由流动。

（1）当前社会保险统筹层次过低产生的问题

第一，社会公平难以实现、社会保险税难以开征。

由于各地在经济发展水平、养老保障负担等方面存在差异，社会保险统筹层次过低不利于社会保险风险在更大的区域内分散，也不利于地区间收入再分配，甚至拉大了地区间的收入差距。

社会保险统筹层次过低在一定程度上延迟了社会保险税在我国的确立与开征。目前，负责制定社会保险缴费比例、待遇支付标准以及基金调剂使用的是市（县）级地方劳动保障部门，由于各地的经济发展水平不同、制度抚养比和替代率水平的差异造成各地的缴费基数、缴费比例、社会保险负担等方面不尽相同，如果在这种情况下贸然开征社会保险税，必然会出现社会保险负担轻的地方向负担重的地方转移收入的情况，从而涉及地方经济利益等一系列问题，这无疑又会进一步加剧社会保险制度的复杂性。

第二，社会保险基金调剂能力被削弱。

社会保险制度的有效运行需要足够数量的同质风险，社会保险统筹层次过低意味着基金筹集范围有限，筹集对象少，从而导致社会保险基金总量少，无法到达分散风险的目的。各地社会经济情况不同造成社会保险基金缴费基数、缴费率以及制度抚养比不同，在社会保险制度运行中出现了统筹区域社会保险基金“赤字”与“结余”并存的现象。中央财政每年都为“赤字”而提供大量财政补贴，结果是出现了基本养老基金总量结余与财政支出逐年增加并存的尴尬局面。

第三，社会保险关系接续困难。

市场经济发展使得劳动力流动成为必然现象，但社会保险关系的专业接续却存在着制度障碍。就养老保险而言，在现行的《暂行办法》

中，跨统筹区域转移只能转移部分统筹账户基金积累；如果养老保险关系从待遇低的地区转到待遇高的地区，区域间的待遇差额谁来承担又是个难题。

(2) 当前社会保险统筹层次过低的原因分析

第一，地方经济收入存在着不小的差别。

一般而言，社会保险缴费工资基数与职工的社会平均工资存在着正相关的关系，社会保险缴费工资基数的调整也多以社会平均工资的变动作参照。但是全国各省之间、省内城市或地区之间社会平均工资的不同，使得可以全国通用的社会保险缴费基数、缴费比例难以确定，在一定程度上迫使各地根据自身情况制定与本地经济情况相适应的缴费基数与比例。

第二，各地社会保险历史债务不等、统筹基金缺口不一。

由于各地经济社会情况的不同，导致各地社会保险历史债务不等、统筹基金缺口不一。在国家未明确承担社会保险历史债务的责任之前，社会保险统筹层次的提高，意味着历史债务在统筹范围内的平均分摊，原本历史债务负担较轻的地区由于统筹层次的提高而加重了负债，这是这些地方所不愿接受的。

第三，管理水平与技术能力不够：信息化、社会保险经办管理、账户衔接等。

2003 年启动的"金保工程"，意在搭建一个全国范围内共享的社保信息平台，为中央、省、市三级劳动保障部门集中管理业务和决策提供信息资源；并将重构和优化业务处理模式，改进服务方式，充分利用现代电子技术，简化社会保险办理程序，使参保人员登记、缴费、转移和接续社会保险关系更加快捷方便。但至今为止仍然没有建成全国统一的社会保险业务操作平台，业务信息网络只局限于统筹区域内部，各地区的社保部门缺乏业务和信息上的沟通，不利于社会保险统筹层次的提高。

(3) 提高社会保险统筹层次的战略安排

首先，确立省级统筹是现阶段目标，全国统筹是最高目标。在短期内，在其他外部条件不变和社会保险制度内部结构不变的条件下，实现全国统筹是比较困难的，除非对现行社会保险制度进行结构性改造，以适应二元化的社会经济水平。① 因此，应采取“两步走”战略，现阶段以实现社会保险的省级统筹为目标，这是一个次优的选择；在省级统筹完善的基础上，再实现全国统筹的最高目标。然后，强化地方政府的“大局意识”，使地方政府意识到中央政府提高社会保险统筹层次的重要性和决心，以配合社会保险提高统筹层次的改革。

4.4　强制性职业年金制度的发展思路

我们在本章的第二节里谈到了合并城乡社会养老保险制度时关于个人账户的改革问题，提出将城镇社会养老保险的个人账户做实之后，将其与新型农村社会养老保险制度的个人账户养老金合并建立强制性职业年金制度，资金来源于个人缴费。本节从六个方面给出完善中国强制性职业年金的思路。

4.4.1　年金化给付方式是强制性职业年金制度的最优选择

退休后的平均预期余命的含义是指社会人口或参保退休人口在退休后平均存活的年限，这也就意味着社会人口或参保退休人口在退休后的生存年限将呈现出退休后的平均预期余命为中位的正态分布，其中有一部分人将在退休时点到退休后的平均预期余命之间去世，另一部分人将在退休后的平均预期余命之后去世，只有少部分人在退休后的平均预期余命时辞世。那么，如果按照平均余命计发个人账户养老金，第一类人未领取完的个人账户基金积累将由其指定受益人或法定继承人领取；第

① 郑秉文：《中国社保基金违规的制度分析与改革思路》，《中国人口科学》2007 年第 4 期，第 7 页。

二类人在达到平均余命时，个人账户养老基金积累全部领取完毕，必将面临个人账户养老基金积累不足的风险，即长寿风险；只有占少数的第三类人可以按时领取完个人账户基金积累。因此，年金化给付方式是强制性职业年金制度的最优选择。

4.4.2 适时调整强制性职业年金制度的缴费标准

按照现行制度的计发办法，一个25岁开始参保缴费、60岁时退休的参保职工的个人账户养老金工资替代率为24.95%；刘昌平（2008）对城镇个人账户养老金进行精算测算，得出按照年金化给付方式，一个25岁开始参保缴费的男性的强制年金工资替代率为17.26%，女性的强制年金工资替代率为8.59%。为保证参保职工退休后生活水平，需要进一步提高强制性职业年金的替代率标准。

4.4.3 鼓励参保职工尽早参加强制性企业年金制度

参保越早，缴费年限越长，强制年金待遇标准就越高。个人账户本身的属性具有很大的激励作用，促使参保人早日积极缴费，以保证退休时得到足够数额的强制年金。

4.4.4 强制性职业年金必须实行市场化运营

城镇在个人账户制度不断做实、新型农村社会养老保险的个人账户缴费制度逐步建立的同时，巨额的个人账户基金积累的保值增值问题变得重要起来，在合并城乡社会养老保险制度以后，覆盖城乡的强制性职业年金的保值增值问题将更为突出。今后应尽快放开监管限制，改变个人账户基金只能存银行和购买国债的“政府替代个人做投资决策”的现状，实现强制性企业年金基金市场化运营。

4.4.5 实行强制职业年金弹性领取年龄

从劳社部发［2005］32号文件可以看出，在退休年龄上一般还将继续按照男年满60周岁、女干部年满55周岁、女工人年满50周岁的规定执行。随着我国人均寿命的不断延长，我们应该鼓励参保职工推迟退休，实行弹性强制年金领取年龄，即参保职工在达到退休年龄之后有资格领取强制年金待遇，但是每推迟一年领取强制年金，可以适当的提高强制年金待遇标准，以此来激励一部分条件适合的参保职工推迟退休，在退休后享受更高标准的养老金待遇，同时减轻人口老龄化带来的养老保险基金支付压力。

4.4.6　建立强制性职业年金待遇指数化调整机制

养老金待遇指数化调整是保证退休者老年收入比例相对于在职人员不下降的关键。随着经济的发展，没有根据物价水平等因素调整的强制性职业年金发放标准将使参保职工实际领取的待遇水平下降，不能够满足参保职工养老保障的实际需要。因此，强制年金计发方式采取按照物价指数或通货膨胀率调整的变额终身年金有利于保障退休者生活水平。

参考文献

袁志刚、李珍珍、封进:《城市化进程中基本养老保险制度的保障水平研究》,《南开经济研究》2009 年第 4 期,第 3 ~ 14 页。

刘昌平:《中国新型农村社会养老保险制度研究》,《保险研究》2008 年第 10 期,第 39 ~ 41 页。

岳宗福:《全国统一的基本养老保险关系转续的制度构建——兼论我国基本养老保险关系转续不宜借鉴欧盟经验》,《中国劳动》2009 年第 4 期,第 20 ~ 22 页。

岳宗福:《城乡养老保险一体化的制度设计与路径选择》,《山东工商学院学报》2009 年第 6 期,第 63 ~ 68 页。

米红、王丽郦:《从覆盖到衔接:论中国和谐社会保障体系“三步走”战略》,《公共管理学报》2008 年第 1 期,第 1 ~ 15 页。

米红:《我国新型农村社会养老保险制度推进的若干问题与对策建议》,《中共浙江省委党校学报》2009 年第 5 期,第 5 ~ 11 页。

李迎生、韩央迪、张瑞凯:《构建城乡衔接的社会保障体系——以北京市为例》,《中国人民大学学报》2008 年第 6 期,第 61 ~ 69 页。

杨翠迎:《中国社会保障制度的城乡差异及统筹改革思路》,《浙江大学学报》2004 年第 5 期,第 12 ~ 20 页。

杨翠迎、黄祖辉:《建立和完善我国农村社会保障体系——基于城乡统筹考虑的一个思路》,《西北农林科技大学学报》2007 年第 1 期,第 14 ~ 19 页。

吴湘玲、叶汉雄：《我国基本养老保险的城乡分割及其对策探讨》，《江汉论坛》2005年第11期，第140～143页。

薛兴利、厉昌习、陈磊、申海羡、于建华：《城乡社会保障制度的差异分析与统筹对策》，《山东农业大学学报》2006年第3期，第38～44页。

庹国柱、朱俊生：《国外农民社会养老制度的发展及其启示》，《人口与经济》2004年第4期，第60～66页。

李迎生：《社会保障与社会结构转型——二元社会保障体系研究》，中国人民大学出版社2001年版，第44页。

刘书鹤：《农村社会保障的若干问题》，《人口研究》2001年第5期，第35页。

吕学静主编：《社会保障国际比较》，首都经济贸易大学出版社2007年版，第277页。

石秀和等：《中国农村社会保障问题研究》，人民出版社2006年版，第74页。

杨翠迎：《中国农村社会保障制度研究》，中国农业出版社2003年版，第68页。

张敬一、赵新亚：《农村养老保障政策研究》，上海交通大学出版社2007年版，第30页。

许文兴主编：《农村社会保障》，中国农业出版社2006年版，第108页。

李长远：《日本农村养老保险制度的解读及启示》，《重庆工商大学学报》2007年第4期，第106页。

和春雷：《社会保障制度的国际比较》，法律出版社2001年版，第42页。

穆怀中主编：《社会保障国际比较》（第二版），中国劳动社会保障出版社2007年版，第152～153页。

曹信邦：《城乡养老保险制度一体化障碍性因素分析》，《理论探讨》2006年第5期，第103～105页。

杨宜勇、谭永生：《全国统一社会保险关系接续研究》，《宏观经济研究》2008 年第 4 期，第 11～13 页。

邓微：《论构建城乡衔接的农村社会保障制度》，《湖南社会科学》2003 年第 3 期，第 79～81 页。

周林刚：《流动人口管理与社会保障问题研究综述》，《中国人口科学》2008 年第 6 期，第 85～91 页。

封铁英、贾继开：《社会养老保险城乡统筹发展问题研究综述》，《生产力研究》2008 年第 1 期，第 148～150 页。

景天魁：《城乡统筹的社会保障思路与对策》，《思想战线》2004 年第 1 期，第 27～31 页。

米红、杨翠迎：《农村社会养老保险制度基础理论框架研究》，光明日报出版社 2008 年版。

杨翠迎、庹国柱：《建立农民社会养老年金保险计划的经济社会条件的实证分析》，《中国农村观察》1997 年第 5 期，第 55～59 页。

Izzet Sahin and Yves Bclcer, "Qnalifying Service Under ERISA Vesting Standards: A Comparative Analysis", *The Journal of Risk and Insurance*, Vol. 46, No. 3 (Sep. , 1979), pp. 483-496.

Clark R. and McDermed A. , "Pension wealth and job changes: the effects of vesting, probability and lump-sum distributions", *The Gerontological Society of America*, Vol. 28, No. 4, 1988.

Mitchell Olivia S. , "New Trends in Pension Benefit and Retirement Provisions", PRC WP 2000-1. February.

Turner and John A. , "Pension Policy for a Mobile Labor Force. Kalamazoo", Mich. : W. E. Upjohn Institute for Employment Research, 1993.

Palacios Robert and Whitehouse Edward, "Civil-service Pension Schemes Around the World", SP Discussion Paper No. 0602, May. 2006.

Jenkins and Michel, "Extending social security protection to the entire population: Problems and Isues", *International Social Security Review*, 46 (2), 1993.

第三篇

中国特色新型养老保险制度：农民工养老保险的制度选择

中国正处在重大的人口和经济社会转型过程之中，农民工是在这一转型中最受关注的社会群体，也是影响我国社会保障政策制度最不确定、也最为关键的社会群体。

新型农村社会养老保险制度试点在全国的快速推进，标志着我国城乡社会保障制度体系的框架已经基本建立。目前，由于我国农民工总数已超过2.3亿人，其中跨地区流动就业的农民工达1.45亿。作为城乡之间最庞大的社会群体，农民工的选择不仅事关我国工业化、城镇化和现代化的进程和质量，也事关社会保障政策制度的走向与定位。因此，在绝大多数农民工还游离在社会养老保险制度之外的情况下，农民工社会养老保险政策制度的走向和制度定位，在很大程度上将取决于不确定性最大的农民工对社会养老保险的制度选择。本篇在回顾总结农民工社会保障政策制度调整和制度选择历程的基础上，阐述农民工养老保险的制度选择及建立中国特色新型养老保险制度的必然性和可行性，以供研究和决策参考①。

---

① 本部分系2008年社会科学基金项目“国家调整农民工政策的社会影响评估研究”的阶段性成果。课题组于2009年10～11月，先后赴广东、浙江、山西3个省进行调查，分别与各级地方政府有关部门、部分企业以及农民工进行座谈，并对从广州、深圳、杭州、宁波、太原、临汾6个城市不同行业、所有制类型的19个企业中随机抽选2000名农民工进行问卷调查，共回收问卷1896份，其中有效问卷1780份，有效问卷回收率达到89%。本部分有关数据均来源于上述调查。

1 农民工社会保障政策的调整与成效

农民工社会保障问题的产生及其政策的不断调整和完善有着非常复杂的成因，既面临经济、政策、制度诸多方面的困难和障碍，又有政治、文化、法律等方面的深层原因，在历史长河中，农民工社会保障政策虽已呈现出一个不断完善的趋势，但农民工社会保障政策并没有取得实质性的突破。

目前，我国农民工参保率普遍偏低。在五大社会保险项目中，2008年底，除工伤保险有 5470 万农民工参加，参保率超过 25.3% 外，养老保险的总体参保率仅为 10.71%，医疗保险参保 4275 万人，参保率为 19%，失业保险、生育保险目前仍基本与绝大多数农民工无缘。

1.1 与农民工相关的社会保险政策的调整

与农民工相关的城镇社会保险政策应该包括养老、医疗、失业、工伤、生育保险政策。但目前主要在养老、医疗、工伤保险政策方面有所突破，有限的实践又主要集中在部分经济发达地区，失业和生育保险还基本停留在理论和政策研究阶段。虽然部分农民工已经参与了一些社会保险项目，但不论是保障水平，还是覆盖范围，都没有达到城镇职工的程度和广度，而且享受不到同样便捷的服务。

1.1.1　农民工养老保险政策的调整

农民工的养老问题是我国政府重点关注的民生问题。自城镇职工养老保险制度建立以来，也相继直接或间接出台过农民工养老保险相关政策措施。最早的相关政策规定可以追溯到1995年。

——1995年《劳动法》规定，劳动者应当参加基本养老等社会保险。农民工作为劳动者自然有参加养老等社会保险的权利。

——1997年《国务院关于建立统一的企业职工基本养老保险制度的决定》中提出，基本养老保险制度要逐步扩大到城镇所有企业及其职工，包括城镇个体劳动者。

——1999年《社会保险费征缴暂行条例》规定养老保险费征缴范围涵盖外商投资企业、城镇私营企业和其他城镇企业及其职工，实行企业化管理的事业单位及其职工。

可见，在2000年以前，我国养老保险制度参保对象和范围在逐渐扩大，但还没有具体对农民工如何参加养老保险制度作出明确规定。换言之，城镇社会保险制度基本上还没有向农民工开放。

——2001年，原劳动和社会保障部颁布了《关于完善城镇职工基本养老保险政策有关问题的通知》（劳社部发［2001］20号）。该文首次对农民工参加社会养老保险做出了明确的规定："参加养老保险的农民合同制职工，在与企业终止或解除劳动关系后，由社会保险经办机构保留其养老保险关系，保管其个人账户并计息，凡重新就业的，应接续或转移养老保险关系；也可按照省级政府的规定，根据农民合同制职工本人申请，将其个人账户个人缴费部分一次性支付给本人，同时终止养老保险关系，凡重新就业的，应重新参加养老保险。农民合同制职工在男年满60周岁、女年满55周岁时，累计缴费年限满15年以上的，可按规定领取基本养老金；累计缴费年限不满15年的，其个人账户全部储存额一次性支付给本人。”

——2006年，《国务院关于解决农民工问题的若干意见》（国发［2006］5号）。该文明确提出“要积极稳妥地解决农民工社会保障问题，依法将农民工纳入工伤保险范围，优先解决大病医疗保障问题，逐步解决养老保障问题”。“要探索适合农民工特点的养老保险办法，抓紧研究低费率、广覆盖、可转移，并能够与现行的养老保险制度衔接的农民工养老保险办法”。

——2008年国务院政府工作报告中提出要重点解决农民工等参加社会保险，抓紧制定适合农民工特点的养老保险办法。这标志着农民工参加社会养老保险问题已被提上重要议事日程。

——2009年2月5日，人力资源和社会保障部颁布了《农民工参加基本养老保险办法》的公开征求意见稿，针对以往农民工收入偏低导致参保率低的特点，规定农民工参加养老保险，单位缴费比例降至12%，个人缴费比例最低降至4%；除此之外还明确规定了农民工养老保险关系转移和权益累计、接续的政策等，但此办法主要适用于在城镇就业并与用人单位建立了劳动关系的农民工，对在城镇中从事个体经营的农民工并没有涉及。

——2009年12月29日，《国务院办公厅关于转发人力资源和社会保障部　财政部〈城镇企业职工基本养老保险关系转移接续暂行办法〉的通知》（国办发［2009］66号），对包括农民工在内的城镇企业职工基本养老保险关系转移接续办法作出了规定。总规模已达1.45亿人的进城农民工，许多人在不同城市和多个时段就业参保，而缴费年限不能累计计算，使他们在进入养老时利益受损甚至无法得到制度保障。也就是说，多缴多得的机制在他们身上没能实现。这无疑降低了这些劳动者参保缴费的积极性，这也是农民工在离开一个城市时选择“退保”的主要原因。《城镇企业职工基本养老保险关系转移接续暂行办法》（以下简称《暂行办法》）的颁布实施有着积极的意义：一是有利于维护参保人员特别是广大农民工的养老保险权益。《暂行办法》规定，劳动者跨省流动就业参保缴费的，其基本养老保险关系可以转移接续，缴费年限合并计算，个人账户储存额累计计算；未达到领取待遇年龄时，不得提前终止基本养老保险关系并办理退保手续；在省内流动就业的，也要按照这一原则处理。这就真正、全面实现了参保人员“不论你在哪里干，养老保险接着算”。二是有利于完善社会保障体系。我国的养老保险长期实行较低层次的基金统筹调剂制度。随着全国基本养老保险制度的统一，特别是2009年全面实现了省级统筹，劳动者在省内流动就业转移接续养老保险关系，有了制度和体制的基础。《暂行办法》明确了跨省流动就业的养老保险关系转移接续政策，进一步打破了地区分割、城乡分割的壁垒，必将进一步扩大养老保险制度的覆盖范围，也是向着党的十七大提出的完善覆盖城乡居民的社会保障体系、人人享有基本生活保障的目标迈出了坚实的一步。三是有利于促进城乡统筹。《暂行办法》规定，农民工在城镇之间流动就业或间断性在城镇就业，只要参保缴费并达到规定条件，与城镇职工享受同样的养老保险待遇。这对统筹城乡和区域发展，引导农村富余劳动力向城镇有序转移就业，推动工业化和城镇化进程，具有深远影响。对回乡后不再返城就业的农民工，《暂行办法》规定的总原则是，其在城镇参保缴费的记录和个人账户全部有效；如果累计缴费年限满15年或以上，在达到国家法定退休年龄后，可以同城镇职工一样计发基本养老金；如果没有满足规定条件，也可以把城镇参保的相关权益记录和资金转到新型农村社会养老保险制度；总之是不让他们已有的权益受损。但鉴于新农保制度刚刚开始试点，有关农民工养老保险在城乡间的具体衔接政策，国家将另行研究制订。

——2009年9月1日，国务院印发了《关于开展新型农村社会养老保险试点的指导意见》（国发［2009］32号）。文件规定制度实施时已年满60周岁的老年农民，只有其符合参保条件的子女参保后，才可按月领取基础养老金。实际操作中，这种“隐性强制”子女参保的政策实施后，试点地区的参保率一般超过80%，甚至达到90%以上。这意味着，无论是农民，还是农民工，都基本选择参加了新农保。这意味着，整个养老保险制度的格局将可能发生巨大而深刻的变化。农民工可能因为保证家庭父母能及时领取养老金和传统孝文化作用等原因，而选择参加新农保。在农民工参加城镇企业职工养老保险率比较低和普遍参加了新农保的情况下，农民工是否继续选择参加城镇企业职工养老保险，参加后其养老保险关系又如何选择享受养老保险待遇，不仅取决于农民工的收入水平和缴费能力，而且取决于两种制度的优越性，特别是取决于城保制度的可持续性和财政的支撑能力，最终结果需要实践来检验和回答。

截至2008年末，参加城镇职工基本养老保险的农民工达3540万人，约占农民工总数的17%。在农民工养老保险关系难以转移的情况下，由于部分农民工选择退保，实际参保率要大大低于17%。社会保险关系转移办法出台后，由于并没有降低农民工参保的标准和享受待遇的，因此，农民工参加城镇职工基本养老保险的比例在短期内依然难以大幅度提高。在绝大多数农民工没有参加城镇职工基本养老保险的情况下，转移自然是“皮之不存，毛将焉附”，没有可转移的资金。对农民工的输出地而言，保险关系转移办法出台前只需转移或退个人账户资金，而现在却需要转移12%的资金，因此转移的积极性不高。对农民工的输入地而言，保险关系转移办法出台后，农民工转移回来的资金只有12%，而承担的责任却20%，因此接受转移社会保险关系的积极性也不会高。正因为如此，该办法出台5个月后，转移农民工社会保险关系的只有15000多人。

新农保试点一旦全面展开并全覆盖后，农民工参加城镇职工基本养老保险的积极性可能会受到进一步的影响。因此，农民工对社会养老保险制度的选择依然存在很大的不确定性。如何选择将取决于多方面的因素，尤其是一些深层次更复杂的原因。

1.1.2 农民工医疗保险政策的调整

2003年，劳动和社会保障部颁布《关于城镇非正规就业人员参加基本医疗保险的指导意见》和《关于推进混合所有制企业和非公有经济组织从业人员参加医疗保险的意见》，规定城镇非正规就业人员可参加基本医疗保险，缴费率和缴费基数由各地根据实际情况自行确定；项目一般包括住院医疗和大额医疗补助两部分。

2006年5月16日，劳动和社会保障部发布《关于开展农民工参加医疗保险专项扩面行动的通知》，要求年底全国农民工参加医疗保险的人数争取突破2000万人，其中，广东分配指标700万人，此外，北京、上海、江苏、浙江省各分配200万人。农民工医保按照“低费率、保大病、保当期、以用人单位缴费为主”的要求，纳入医疗保险基金统一管理。各省、市、区同年也相继出台了农民工医疗保险的相关政策，为农民工提供了权益保障。截至2008年末，农民工参加医疗保险达到4275万人。

以覆盖对象和保障项目为标准，当前农民工参加的医疗保险主要有综合保险模式、农民工医疗保险模式和参加当地城镇职工基本医疗保险模式。其中，以上海和成都为代表的包含农民工住院医疗保险的综合社会保险制度，以及北京和深圳两地的关于农民工医疗保险的专项制度，是在新形势下探索建立农民工医疗保险的制度创新。

各地农民工医疗保险政策在保障对象、筹资机制和待遇给付等方面的具体规定不尽相同，但一些共同的原则为大多数地区所采用，主要有保大病、保当期、统筹范围小、单位缴费为主、不建个人账户等。

上述农民工医疗保险方案存在的突出问题是：医疗保障项目与农民工实际需求脱节；城镇医疗服务供给与农民工需求不匹配；农民工老年医疗保障存在政策缺失。

1.1.3　农民工工伤保险政策的调整

2006年5月，劳动保障部发出《关于实施农民工“平安计划”加快推进农民工参加工伤保险工作的通知》（劳社部发［2006］19号），在全国组织实施“平安计划”，把煤矿、建筑等高风险行业作为工作重点，把94家国有重点煤矿作为督办重点，用三年左右时间将矿山、建筑等高风险行业企业的农民工基本覆盖到工伤保险制度内。2006年的工作重点是，推进大中型煤矿企业农民工全部参加工伤保险，并加快推进小煤矿、非煤矿山企业和建筑企业农民工参加工伤保险。目前，各地正抓紧组织实施“平安计划”，农民工参加工伤保险工作进展明显。

根据上述《通知》要求和参保计划进度，各省、市、区同年也相继出台了农民工工伤保险的相关政策，为高风险行业农民工安全权益提供了保障。按照高风险农民工工伤保险三年覆盖计划即“平安计划”，2006年，全国国有大中型煤矿企业农民工要全部参保；2007年，半数以上小煤矿、非煤矿山企业农民工实现参保；2008年，全部合法煤矿、非煤矿山企业、大部分建筑企业农民工参保。截至2008年底，全国参加工伤保险的农民工人数已达到5470万人。

2009年，根据人力资源和社会保障部《关于印发农民工平安计划二期工作方案的通知》（人社厅发［2009］28号），“平安计划”二期开始实施。“平安计划”二期要求在巩固和全面覆盖煤矿、非煤矿山和建筑施工企业参保基础上，及时覆盖新开工建设项目（包括铁路、公路和水利等建设项目），全面推进商贸、餐饮、住宿、文体、娱乐等各类服务业性企业参保，实现半数以上有较稳定劳动关系的服务业性行业农民工参加工伤保险。2010年，在巩固2009年工作成效的基础上，以商贸、餐饮、住宿、文体、娱乐等各类服务业性企业为重点，将扩面工作继续延伸到农民工就业集中的其他用人单位、有雇工个体工商户，力争实现有稳定劳动关系的农民工全部参加工伤保险。

1.1.4 农民工的失业保险政策

在失业保险方面，城镇非正规就业者和农民工一般通过单位参保，按照城镇职工相应的保险标准执行。

1.2 农民工对社会保障的需求与参保意愿

从理论上看，农民工对社会保障的需求是无限的，其参保意愿应该是很高的。但在中国特殊国情和多方面因素的影响下，农民工对社会保障的需求不仅是有限的，而且其参保意愿明显偏低。农民工的参保率，不仅在一定程度上能比较客观和准确地反映农民工的社会保障需求和参保意愿，而且能从一个侧面反映中国国情、农民工的收入水平、参保能力、相关政策、制度和体制机制等多方面的情况。

改革开放30年来，我国经济持续快速发展，社会保障体系初步建立，覆盖面不断扩大。为了解决农民工的参保问题，劳动和社会保障部于2001年出台了《关于完善城镇职工基本养老保险政策有关问题的通知》(劳社部发［2001］20号)，农民工参加城镇职工基本养老保险制度并不存在政策障碍。2006年《国务院关于解决农民工问题的若干意见》(国发［2006］5号）进一步对农民工参保问题提出明确具体的要求。但在我国社会结构发生了巨大变化，城乡二元结构逐步打破，大量农民工进城务工，劳动力市场的流动性增强，跨地区流动就业常态化的情况下，我国现行养老、医疗和工伤保险制度并不能完全适应这种大流动状态，出现了一些劳动者特别是农民工的社会保险权益得不到有效维护的问题，农民工参保情况仍然不容乐观。

总体看，农民工的参保率偏低。截至2008年12月31日，在全国农民工总量达22542万人中，参加城镇职工基本养老保险的农民工为2416万人，参加城镇基本养老保险的农民工占农民工总数的比例10.71%，参加城镇基本养老保险的农民工占同期城镇职工参保人数的比例约为17%。其中，东部地区参保农民工为2176万人，中部地区参保农民工为103万人，西部地区参保农民工为88万人，东部地区参保农民工占参保农民工的90%，中西部地区农民工参保率严重偏低。与此同时，我国农村劳动力进城务工者养老保险的平均退保率也高达15%～40%。在广东等沿海经济较发达地区更为突出，甚至有高达90%的退保。参加养老保险的农民工平均年龄为30岁，40岁以下的青壮年占参保农民工总人数的85%。农民工在职与退休之比为146:1，是城镇企业职工基本养老保险抚养比的43倍。

1.3 《国务院关于解决农民工问题的若干意见》出台前农民工参加各项社会保险的基本情况

农民工是我国特有的现象。在土地实行国家和集体二元公有制条件下，农民工的土地承包经营权不可能按照土地的市场价格变现，也不可能为其加快城镇化进程提供有效支持，因此，只有我国的基本土地制度没有根本性的改变，农民工现象在我国将是一个长期的现象。

1.3.1 农民工的养老保险

农民工社会保险问题的提出，是我国工业化、城镇化和现代化的必然，既是农民工维护自身社会保险权益的必然结果，也是政府和社会各界自觉维护公平正义的必然选择。但在 2000 年以前，我国养老保险制度参保对象和范围在逐渐扩大，但由于各项社会保险项目还处于初建时期，还没有具体对农民工如何参加养老等社会保险制度作出明确规定。换言之，城镇社会保险制度基本上还没有向农民工开放。农民工进城务工经商的主要目的也还主要停留在获得工资性收入，对参加社会保险的维权意识还不是很高。

从 2001 年原劳动和社会保障部颁布《关于完善城镇职工基本养老保险政策有关问题的通知》（劳社部发［2001］20 号）后，不仅国家层面对农民工参加社会养老保险做出了明确的规定，各地也开始进行不同程度的探索。但这种探索主要集中在发达地区。这些探索为《国务院关于解决农民工问题的若干意见》（国发［2006］5 号）的出台奠定了实践基础。实践中主要有以下五种类型：

（一）纳入型养老保险的实践

纳入型养老保险模式并不针对农民工这一特殊群体的养老保险问题

做出专门的规定，而是将农民工养老纳入城镇职工养老保险制度。这种模式较为典型的是广东省，特别是深圳市。

这种模式的基本做法是：对农民工的社会养老保险采取同城镇户籍职工一样的办法，按照国家规定的企业职工基本养老保险缴费比例，缴纳农民工基本养老保险费，其中计入个人账户的比例、缴费年限、达到法定退休年龄后养老保险待遇的领取方式，两类职工都是一样的。由于农民工流动性较大，采用这一模式的各地政府基本都规定当农民工同企业终止或解除劳动合同关系，或已达到国家规定退休年龄但缴费期不满15年时，个人账户积累额应全部转入农民工户籍所在地的社会保险机构或退还给本人。其中，个别的地方还允许在缴费年限不满时还可以延缓申请退休①。

但这种模式有很大的缺陷：养老保险的缴费基数、缴费比例和缴费年限的固定，在一定程度上抑制了农民工和用人单位参加养老保险的积极性；农民工的缴费和城镇职工完全相同，也不适合农民工收入普遍偏低的现状，无疑是加重了农民工的经济压力；由于农民工流动性强的特点，在农民工养老保险关系转移时，只能转移个人账户中的部分，统筹基金的部分是不可以转移的，在实际生活中大量农民工选择退保，使其权益遭到损失。

（二）独立型养老保险的实践

指专门针对农民工制定的养老保险制度，它区别于城镇又独立于农民工其他社会保险项目，是专门为农民工设计的养老保险政策。这种模式比较典型的是北京、青岛。

这种模式的基本做法是：以本地上年职工月最低工资标准为基数，由用人单位和农民工共同缴纳养老保险费用，其中农民工本人缴费进入个人账户，用人单位缴费的一定比例进入个人账户，其余进入社会统筹部分。农民工达到国家法定退休年龄后即可领取基本养老金。基本养老

① 邓大松、孟颖颖：《论建立适合中国国情的农民工养老保险制度》，《湖北经济学院学报》2008年第1期。

金根据其个人缴费年限，由个人账户积累额及利息组成，原则上按月计发。当农民工与用人单位终止、解除劳动关系时，其养老保险关系可以办理转移、接续手续，也可以经本人申请，用人单位同意，终止养老保险关系，一次性领取养老保险金。今后再次参加本地农民工养老保险社会统筹的，按新参加人员办理①。

这种模式的缺陷：该模式的做法没有考虑到农民工流动性强的特点，只规定农民工养老保险关系只能在本地范围内进行转移和接续，对农民工跨省流动没有明确规定，除了选择退保别无选择；该模式与城镇职工养老保险制度和农村社会养老保险制度隔离，既不能和城保模式接续也不能和农保模式对接，是完全独立的，不利于建立城乡统一的社会保障体系。

（三）综合型养老保险的实践

综合型养老保险政策也是一种专门为农民工设计的养老保险制度，它是不仅考虑到农民工的养老保险问题，还将农民工的养老、医疗、工伤及其他险种一并予以考虑的综合性保险政策。这种模式最为典型的是上海、成都和大连等地。

该模式的基本做法是：对农民工实行“一险三代”甚至“一险多代”，把农民工的工伤、养老、医疗等各种社会风险作为“一揽子”保险，进行统一保障。规定用人单位必须按照本市职工上年度平均工资的一定比例作为缴费基数，按照适当的缴费比率缴纳综合保险费，其中一部分保费用于农民工养老补贴。农民工在连续缴费满规定年限后，即可获得一份老年补助凭证，在达到法定退休年龄后，凭此证到户籍所在地事先约定的商业性保险公司机构领取老年补贴。

此种模式的缺陷：以户籍身份为依据，与城镇职工养老保险制度基本隔离，不利于养老保险关系的转接，不利于我国养老保险制度的统一；保险缴纳的费用完全来源于用工单位，无疑是加重了用工单位的负担，企业为了自身利益就会减少用工，这样就会不利于农村剩余劳动力

---

① 邓大松、孟颖颖：《论建立适合中国国情的农民工养老保险制度》，《湖北经济学院学报》2008年第1期。

的转移；待遇偏低。

（四）灵活选择型养老保险的实践

该种模式是对城镇纳入型农民工基本养老保险模式的发展和完善，它规定农民工既可以参加城保，也可以自愿申请按“低标准缴费、低标准享受”的办法来参加养老保险。此种模式最为典型的是浙江省特别是杭州市。

虽然此种模式有参保费低，灵活性、开放性大的特点，但还是存在很大的缺陷：由于申请“双低”参保和职工保险企业缴费的比例不同，一部分企业可能会为了降低成本而使所有的农民工采取“双低”的办法缴费，这样就会使农民工的利益受损；养老保险关系的转移只能转移个人账户中的部分，而不能转移社会统筹的部分，也会使农民工的保障权益受损。

（五）乡镇企业职工养老保险的实践

山西省针对乡镇企业农民工制定了适合其特点的养老保险办法，其政策要点：按照低费率、保基本、广覆盖、可转移，并与现行城乡养老保险制度相衔接的原则，建立个人账户和专项调剂金，不搞社会统筹，保险费由用人单位和职工双方负担，以企业缴费为主，单位缴费一般不低于职工工资总额的10%，职工缴费一般不高于本人工资收入的5%。个人缴费全部计入个人账户，企业缴费中6%计入个人账户，个人账户资金用于计发养老金，企业缴费中4%计入专项调剂金账户，调剂金账户主要用于养老金待遇的调整和长寿者养老金的缺口，从企业缴费额中一次性提取3%的管理费，用于经办机构的工作经费。为参保农民工在中国农业银行开设个人养老金账户，该账户在农民工到达领取年龄前予以锁定，只能存储养老金，不能领取。农民工转移时，个人账户的全部资金和不少于50%的调剂金随农民工本人一起转移，保险关系可通过金保工程转移，资金可通过网点较多的国有银行转移，并建立资金结算系统。不具备加入城镇职工基本养老保险制度的进城务工人员和小城镇农转非人员可按照农民工养老保险办法参保。参加城镇养老保险的农民工，如果缴费不足15年返回农村时，将不少于80%统筹资金和个人账户资金全部转入农村养老保险个人账户，以维护他们养老保险的合法权益，解除他们的后顾之忧。农民工养老保险一般由农村养老保险经办机构经办，没有农村养老保险经办机构的地方，由相关社会保险经办机构或金融机构经办。

（六）纳入农村养老保险的实践

农村养老保险（以下简称“农保”）是根据国家“七五”计划要求，从 1986 年开始探索，1991 年进行试点，逐步建立起来的。我国改革开放率先从农村起步后，农民率先走向市场，为化解农民面临的市场风险，在总结国内外经验的基础上，农村率先创建了具有化解农民面临的群体性养老风险功能的农村养老保险制度。农保的主要做法是：以个人缴费为主、集体补助为辅、国家给予政策扶持；采取个人账户基金储备积累的保险模式，个人缴费和集体补助全部记在个人名下；基金以县级为平衡核算单位，根据国家政策规定管理运营（目前主要是存银行和买国债），个人账户基金积累期实行分段计息；参保人满 60 周岁后，根据其个人账户基金积累本息和平均余命确定养老金发放标准；在工作方法上实行政府引导与农民自愿相结合。

20 世纪 90 年代后，由于绝大多数地区农村集体经济逐渐基本瓦解，国家对农村养老保险制度也没有给予政策和资金扶持，加上制度设计和运行的高利率等环境条件都发生了重大而深刻的变化，20 世纪 80 年代设计的农村养老保险制度继续存在发展的基础在绝大多数地区已经不复存在。从 1998 年开始，国务院针对农村保险制度和政策方面存在的问题，对农保工作做出了停止接受新业务和进行整顿规范的决定。此后，绝大多数中西部地区农村社会养老保险工作处于停滞和等待状态。按照 2002 年党的第十六大“在有条件的地方探索建立农村养老保险制度”的要求，为缓解农民因老致贫、因老返贫、完善农村养老保险制度、统筹城乡社会保障制度建设、实现全面建设小康社会和社会主义新农村的目标，北京怀柔、大兴等区县开始探索建立个人缴费、集体补助、政府补贴相结合的新型农村社会养老保险制度。2008 年底，全国已经有 464 个县市区正在积极探索建立与农村经济发展水平相适应，与其他保障措施相配套的新型农村社会养老保险制度。新型农村社会养老保险制度与农村养老保险制度的主要区别是，在都实行个人账户的基础上，为调动农民参保的积极性，扩大制度的覆盖面，提高农民的保障水平，按照先将制度和机制建立健全起来的要求，以缴费补贴、基金贴息、待遇调整等方式建立了政府的引导、扶持和激励农民的参保补贴机制，建立了政府、村集体和个人的社会保障责任分担机制，初步探索出了政府承担城乡居民养老保险制度建设责任的公共财政投入的方式与办法，新型农村社会养老保险制度建设开始形成了持续、稳定、可靠的政策和资金支持。

作为生活基础依然主要在农村的农民工而言，无论是在实行老农保期间，还是在推进新农保期间，农民工都是参保更积极的群体。

1.3.2　农民工的医疗保险

《劳动法》第七十三条规定："劳动者在下列情形下，依法享受社会保险待遇：（一）退休；（二）患病、负伤；（三）因工伤残或者患职业病；（四）失业；（五）生育。"也就是说，1995 年生效的《劳动法》就对职工在患病、负伤时依法享受医疗保险有明确的规定。

根据国务院《社会保险费征缴暂行条例》的规定，基本医疗保险费的征缴范围：国有企业、城镇集体企业、外商投资企业、城镇私营企业和其他城镇企业及其职工，国家机关及其工作人员，事业单位及其职工，民办非企业单位及其职工，社会团体及其专职人员。

基本医疗保险要求覆盖城镇所有用人单位，这是社会保险，是强制性的，参加医疗保险不仅是用人单位的义务，也是劳动者的义务。农民工与城镇职工一样都是劳动者，同样应当依法履行参加医疗保险的义务，当然也有依法享受医疗保险的权利。国务院在 1998 年发布《关于建立城镇职工基本医疗保险制度的决定》，城镇所有用人单位，包括企业（国有企业、集体企业、外商投资企业、私营企业等）、机关、事业单位、社会团体、民办非企业单位及其职工，都要参加基本医疗保险。基本医疗保险费由用人单位和职工共同缴纳。用人单位缴费率控制在职工工资总额的6%左右，职工缴费率一般为本人工资收入的2%。但对乡镇企业及其职工、城镇个体经济组织业主及其从业人员是否参加基本医疗保险，国务院没有作硬性规定，而是由各省、自治区、直辖市人民政府确定。

在全国还没有建立起统一的医疗保险体系的情况下，一些地方政府出台了特殊的农民工保护政策。如《北京市外地农民工参加基本医疗保险暂行办法》规定，用人单位招用外地农民工，应当到所在区、县的社会保险经办机构为其办理参加基本医疗保险手续。外地农民工参加本市基本医疗保险，由用人单位缴纳基本医疗保险费，外地农民工个人不缴费。用人单位未按规定为外地农民工办理参加基本医疗保险手续以及没有按时足额缴费，外地农民工发生的医疗费用由用人单位按照本规定支付标准支付。

1.4 非正规就业的农民工缺乏社会保障

近十多年来，我国的非正规就业以空前的规模和速度发展，而且呈现出不断扩大的趋势。非正规就业对社会生活各方面的影响都十分深刻，特别是对社会保障制度的影响尤其深刻。在非正规就业的群体中，农民工不仅是最大的非正规就业群体，而且是最大的低收入群体。

在城乡最低生活保障制度、农村合作医疗制度、城镇居民医疗保险制度基本实现全覆盖的情况下，非正规就业的农民工缺乏社会保障，突出表现为在城镇缺乏适合农民工特点的养老保险制度。

由于在城镇缺乏适合农民工特点的养老保险制度安排，不仅非正规就业的农民工难以跨越社会统筹与个人账户相结合的“城保”制度的门槛，而且正规就业的农民工也难以跨越“城保”制度的门槛。截至2008年末，我国农民工超过2.25亿，只有2416万人参加城镇基本养老保险，约占农民工总数的89.3%的农民工没有参加“城保”制度。其中，非正规就业的农民工没有参加“城保”制度的比例应大大高于89.3%。部分地方调查反映该比例高达99.5%。

“城保”制度作为典型的收入关联型制度，保障门槛高，难以覆盖低收入非正规就业的农民工。“城保”制度的基本模式中，社会统筹部分采取现收现付模式，均衡单位负担；个人账户部分采取积累模式，体现个人责任。养老保险基金主要由企业和职工缴费形成，企业缴费比例一般不超过企业工资总额的20%，个人缴费比例为8%。如此高的门槛造成低收入非正规就业的农民工群体和企业，都难以长期超越自己的收支水平选择参加“城保”，政府也不可能长期超越财力制约，将这些低收入非正规就业的农民工群体简单纳入“城保”制度体系。根据统计学规律，在市场经济条件下，能达到城镇职工平均收入的城镇居民一般不到40%，企业养老保险一系列制度约束决定了其覆盖的极限难以超过40%。如果长期坚持该制度模式，以缴费和保障水平较高的城镇职工基本养老保险制度为基础，则会让收入低于该制度最低门槛的社会群体被长期排斥在制度的覆盖范围之外，让更多的人享有社会保障就会遥遥无期。非正规就业的农民工在城镇居民中基本属于城镇最低收入且缺乏制度保障的群体，即使不考虑其家庭负担、子女教育、住房等因素的制约，以其有限的收入也是难以跨越“城保”最低门槛的。显然，这与中央在2020年基本建立覆盖城乡居民的社会保障体系、建设小康社会的重大政治决策是矛盾的，应及时调整制度建设思路，推进“城保”制度的转型。

2004年原劳动和社会保障部对农民工社会保障问题按万分之一的比例进行过一次全国范围的抽样调查。其中，对农民工经济条件和参保意愿关系分析的结果表明，农民工虽属于农民中较具参保能力的群体，但他们的收入却大大低于务工地城镇职工的收入水平。以上海市为例，其外来人员的一般收入介于600～1000元，仅相当于上海2002年职工平均工资水平1627元的一半左右，许多农民工的工资可能仅高于2003年上海的最低工资570元的水平，作为城市的边缘群体，他们没有城市三条保障线的保障，并且同样也面临生活、住房、生病等现实问题，现实的经济条件可能使他们难以承担务工地社会保险的缴费标准。而且，企业由于要分担社会保险缴费，也有可能在工资方面压低工资以降低用工成本，这将进一步降低农民工的参保意愿。

表1－1　农民工的收入水平与参保意愿情况

	200元以下		200～400元		400～600元		600～800元		800～1000元		1000～1500元		1500元以上	
	数量	比例（%）	数量	比例（%）	数量	比例（%）	数量	比例（%）	数量	比例（%）	数量	比例（%）	数量	比例（%）
愿意在务工地参保	562	21.05	609	23.27	523	32.03	157	27.31	84	34.57	28	37.33	18	48.65
愿意回乡参保	1400	52.43	1263	48.26	672	41.15	259	45.04	100	41.15	30	40	12	32.43
暂时不愿意参保	708	26.52	745	28.47	438	26.82	159	27.65	59	24.28	17	22.67	7	18.92
总计	2670	100	2617	100	1633	100	575	100	243	100	75	100	37	100

资料来源：2004年非正规就业群体调查资料。

表1－1的数据显示，愿意在务工地参加社会养老保险的农民工为总数的25.24%，这个比例并不高，但从各个收入组的比较可见，随着收入水平的提高，农民工群体参加务工地社保的意愿也越高，收入在1500元以上的人员，愿意在务工地参加社会养老保险的比例达到这个收入组人群总数的48.65%。而收入越低的农民工越不愿参加养老保险，或更倾向于回乡参加农村社会养老保险。可见，经济条件是制约农民工参保的主要因素。

2007年，农民工的月均收入为946元，只有城镇职工的三分之一左右。据湖南、四川和河南三省的抽样调查，农民工月实际劳动时间超过城镇职工50%，但月平均收入不到城镇职工平均工资的60%，实际劳动小时工资只相当于城镇职工的四分之一。如此低的收入和如此高的门槛造成农民工和企业都缺乏参加“城保”的可持续缴费能力和积极性。一方面，用人单位缴费比例过高加重了用工成本，影响了用人单位为农民工参保缴费的积极性。另一方面，农民工工资水平偏低、生活负担较重，现行制度规定的费基和费率超出了农民工的承受能力。①

① 人力资源和社会保障部社会保险事业管理中心课题组：《农民工参加基本养老保险对基金管理的影响及对策研究》2009年9月。

2 农民工社会保险政策存在的主要问题

目前，参保农民工所能享受的待遇水平较低，在一定情况下甚至难以依法享受相关保险待遇等现象，在一定程度上反映了农民工社会保险政策存在的局限性和问题。

2.1 农民工失业只能一次性领取生活补助金

根据《失业保险条例》，同时具备下列条件的失业人员，可以领取失业保险金：（1）按规定参加失业保险，所在单位和本人已按照规定履行缴费义务满1年；（2）非因本人意愿中断就业；（3）已办理失业登记，并有求职要求。失业人员在领取失业保险金期间，按照规定同时享受其他失业保险待遇。

城镇职工、固定工失业后，失业人员领取失业保险金的期限，根据其失业前所在单位和本人按规定累计缴纳失业保险费的年限计算。累计缴费时间满1年不满5年的，领取失业保险金的期限最长为12个月（缴费满1年不满2年通常享受3个月），并逐月领取。

农民合同制工人连续工作满1年以上，所在单位已按规定缴纳失业保险费，劳动合同解除或者终止的，向单位所在地的社会保险经办机构申请一次性生活补助金。符合条件的农民合同工按累计缴费时间每满1年发1个月的规定发给一次性生活补助金。

农民合同工如果单位参加了失业保险，并连续缴费满1年。在终止或解除劳动关系后60天内，凭社会经办机构规定的证件和资料，可到原单位所在地受理其失业保险业务的社会保险经办机构办理一次性生活补助的申领手续。逾期不再受理，未申领待遇的缴费年限在新就业后合并计算。一次性生活补助金的标准为：缴纳失业保险费满1年的，按其失业前12个月的月平均缴费工资的12%发给；以后每多缴纳1个月的失业保险费加发1%。

由于领取失业保险金都是到户口所在地领取，农民工如果在外地参加失业保险，领取要把失业金转回户口所在地才能领取。

综上所述，农民工失业待遇的不平等主要体现在四个方面：（1）职工领取的是失业保险金，农民工领取的是一次性生活补助金。两者在内涵和外延上均有差别。（2）缴纳的虽然都是失业保险费，但发放待遇的时间长短差距巨大。农民合同工按累计缴费时间每满1年只能发1个月的生活补助金，而职工却最长可以领取12个月的失业保险金。（3）待遇标准差别巨大：缴纳失业保险费满一年的农民工一次性生活补助金的标准只是按其失业前12个月的月平均缴费工资的12%发给，以后每多缴纳1个月的失业保险费加发1%，而职工却可领取平均工资的80%。（4）农民工因领取一次性生活补助金的手续繁杂、时间紧等原因可能领不到一次性生活补助金。

2.2 农民工医疗保险待遇较低、门槛较高

农民工医疗保险待遇的不平等主要体现在：

一是农民工大病住院医疗保险与其实际需求脱节。目前，农民工大病住院医疗保险保障范围基本为“住院和门诊特殊病”，起付标准、个人自付比例大多按照当地城镇职工基本医疗保险规定执行。建有大额医疗费补助基金的，住院最高支付限额以上部分可通过大病医疗补助解决。基于此类多种原因，目前各地多实行“建社会统筹、用人单位缴费、保当期大病”办法，基金支付范围只涵盖大病医疗和特殊门诊。有调查数据表明，目前进城农民工平均年龄为28.6岁，从生命周期规律来看，这类青壮年农民工人群的大病住院概率相当低，而常规疾病则不可避免。因此，农民工迫切需要的不是大病住院保障而是常见门诊医疗保障。另外，在农民工频繁流动的环境下，用人单位缴费且只保当期大病，意味着农民工任何工作异动都可能导致医疗保险待遇的终止，随时都可能重新被排除社会保障网之外。

二是医疗保障的支付方式不符合农民工的特点。基于农民工流动频繁、账户接续不便的特点，目前各地试行农民工医疗保险方案基本遵循“不建个人账户、只建统筹基金”原则，保障项目仅限于住院及特殊门诊。从推行效果看，农民工医疗保障现状与政策目标存在一定差距，主要原因是保障项目与实际需求不匹配。依照目前相关规定，门诊费用由个人账户开支，必须与个人缴费基数挂钩，即农民工必须个人承担保费，或部分承担、或全额承担，现行方案大多采用“现收现付、以收定支、收支平衡、略有结余”进行管理，基金积累难以成为个人账户资金划拨。在政府和单位没有为农民工承担应有的责任，又没有其他资金来源渠道，保险费全部由农民工个人承担的情况下，这种个人账户等同于个人存款，以大数法则分摊风险的保险意义将不复存在。即使个人账户采用社会共济原则筹资，在目前农民工工资水平普遍低下的状况下，无论全额或部分承担保费都很难调动农民工的参保热情。

三是农民工享受医疗保险待遇的门槛较高。重庆、南京及北京都设置了农民工大病医疗保险“统筹基金账户”及“大额医疗费互助保险资金”专户，为农民工大病医疗提供可靠的基金保障。依照南京市的规定，对起付标准以上、最高支付限额（暂定为6万元）以下的门诊大病和住院医疗费用，根据费用分段由大病医疗保险基金按50%～80%比例支付，最高支付限额以上、符合规定支付范围的门诊大病和住院医疗费用，由农民工大病医疗互助基金按规定给予定额补助。北京市规定统筹基金年度支付最高数额为5万元，超过此限额时，大额医疗费用互助资金支付70%，年度累计不得超过10万元，其余30%由个人承担。重庆市统筹基金支付限额3万元，大额医疗费互助保险资金支付限额20万元。宁夏回族自治区农民工医疗保险统筹基金支付范围较为狭窄，仅限于住院治疗的医疗费用及急诊抢救留观并收转住院前7日内的医疗费用，不包括门诊特殊病和大额医疗费救助。在医保待遇执行上，除深圳市使用专用《深圳市劳务工医疗保险药品目录》、待遇与连续参加劳务工医疗保险时间挂钩外，其他省份均依照统筹地区基本医疗保险的药品目录、诊疗项目及医疗服务设施范围和支付标准执行，缴费当期享受相关待遇，期间发生费用由社会统筹支付。普遍收入偏低的农民工，往往难以达到享受医疗保险的最低门槛。

四是城镇医疗服务供给与农民工实际需求不匹配。长期以来，我国医疗卫生资源一直采取以城市居民医疗需求为中心的户籍人口管理模式。在跨区域流动农民工已超过1.4亿的今天，这种模式表现出明显的缺陷。正规医疗机构的高额医疗费用与农民工低收入间的矛盾比较突出。2004年卫生部调研结果显示，农民工患病后25.4%的人选择城镇医疗机构就诊，73.2%的人采取从药店买药或服用自带存药的方式。这种事实证明大多数农民工没有真正享受城镇医疗服务。

五是农民工老年医疗保障存在政策缺失。根据国务院研究室课题组调查结果显示，2005年1.2亿城市农民工的平均年龄为28.6岁，且流动性频繁、劳动关系极不稳定。所以我国农民工医疗保险方案很少涉及农民工老年医保的相关问题。大连、天津、沈阳等很多地区规定："农民工达到法定退休年龄时，用人单位不再为其缴纳医疗保险费，农民工本人也不再享受医疗保险待遇"。这意味着当农民工年老后，医疗保险将随用人单位缴费停止而终止，如果没有其他相关政策规定来延缓其医保关系，农民工将重新游离于社会保障网之外。农民工长年从事苦、累、脏、险工作，慢性病或其他高危重病的困扰较城镇职工更为严重，更需要老年医疗保障，尤其在当前农民工逐渐成为城市产业工人主体的形势下，如不能使农民工在年老后享有与城镇职工同等医疗保险待遇，不仅是政府职能的缺失，同时也分裂了劳动者医疗保险制度的统一性。

2.3 农民工工伤保险待遇较低

现行政策规定，凡用人单位注册地与生产经营地不在同一统筹地区的，不论用人单位是否已经办理工伤保险参保手续，其确立劳动关系的农民工，凡未参加工伤保险的，在农民工受到事故伤害或患职业病时，本着方便、就近原则，在生产经营地进行工伤认定和劳动能力鉴定，并按生产经营地的规定依法由用人单位给付工伤保险待遇。一级至四级伤残，农民工可享受一次性工伤待遇，也可选择长期支付的方式。但已按月享受工伤保险长期待遇的，不得再领取一次性工伤保险待遇。农民工工伤保险存在的问题突出表现在四个方面：

一是农民工工伤保险待遇低于城镇职工。《工伤保险条例》规定，职工因工致残被鉴定为一级至四级伤残的，保留劳动关系，退出工作岗位，享受以下待遇：（1）从工伤保险基金按伤残等级支付一次性伤残补助金，标准为：一级伤残为24个月的本人工资，二级伤残为22个月的本人工资，三级伤残为20个月的本人工资，四级伤残为18个月的本人工资。（2）从工伤保险基金按月支付伤残津贴，标准为：一级伤残为本人工资的90%，二级伤残为本人工资的85%，三级伤残为本人工资的80%，四级伤残为本人工资的75%。伤残津贴实际金额低于当地最低工资标准的，由工伤保险基金补足差额。（3）工伤职工达到退休年龄并办理退休手续后，停发伤残津贴，享受基本养老保险待遇。基本养老保险待遇低于伤残津贴的，由工伤保险基金补足差额。职工因工致残被鉴定为一级至四级伤残的，由用人单位和职工个人以伤残津贴为基数，缴纳基本医疗保险费。

一级至四级伤残农民工一次性享受工伤保险待遇的，需由本人提出书面申请，并提交身份证、户口簿原件和复印件，经用人单位或社会保险经办机构同意后方可办理。一次性待遇支付标准按照统筹地区最后一次公布的人口平均预期寿命与伤残农民工发生事故伤害或者被诊断为职业病之日年龄之差和统筹地区上年度职工月平均工资为基数计算。具体标准为：一级，每满一年发给2.2个月；二级，每满一年发给2.0个月；三级，每满一年发给1.8个月；四级，每满一年发给1.6个月；不满一年的按一年计算。一级至二级伤残农民工一次性领取的工伤保险待遇低于60个月的，按60个月计算；三级至四级伤残农民工一次性领取的工伤保险待遇低于50个月的，按50个月计算。患职业病的伤残农民工，一次领取的工伤保险待遇在上述标准的基础上增发30%。

二是发生工伤事故后赔付程序复杂。农民工因工受伤后，首先是工伤的认定和鉴定时间长，其次是裁决和诉讼程序复杂。对农民工工伤案件的处理要经过劳动仲裁委员会裁决，复杂情况下还要司法部门介入。根据现行《工伤保险条例》的规定，工伤认定所有程序走完一遍要花费3年9个月。如此烦琐的程序会使已受到身体伤害的工伤者心力交瘁，权利无法得到保障。

三是需要进一步合理分配基金在预防、补偿、康复上的比例，优化支出结构，尤其要加大预防上的比例。企业与农民工签订劳动合同时，应根据企业和岗位特点进行农民工自我保护方法等特定培训。培训由专人进行、编制教材、制作光盘、发放科普读物与知识手册。

四是按照《工伤保险条例》规定，伤残津贴一次性支付至男60周岁、女55周岁；护理费一次性支付至75周岁。在一次性支付时，并没有考虑到受伤农民工旧伤复发的医疗等问题，使得处理此类案件时，缺少法律依据。

2.4　农民工往往难以达到享受养老保险待遇的条件

目前，我国农民工就业流动比较频繁，就业稳定性差。据农业部调查，农民工在一个地方平均就业时间只有9个多月。在现行城镇职工养老保险制度规定按月享受基本养老金的最低缴费年限为15年，且社会保险关系不能实现转移接续的情况下，多数农民工参保很难达到该年限标准。有的地方还规定退休前5年必须到该地参保，这实际上把农民工的养老问题排除在外。这些规定决定了农民工对这样的社会保险制度缺乏信任，对自己以后能否享受到养老保险待遇心存疑虑和担心。

2.5　农民工综合保险（或类似保险）待遇较低

综合社会保险是将城镇人口社会保险的五个险种（养老、医疗、工伤、失业和生育）简化为老年补贴、工伤（含意外）、医疗三个险种，其缴费率和享受待遇均较前者要低。该制度创新是根据外来务工人员（主要是农民工）流动性和低收入的特点"量身定做"的。

上海市首先为外来农民工单独设计了综合保险制度，此后成都、大连等城市实施了类似的制度。以上海为例，与本市职工的社会保险相比，综合保险待遇低主要表现在：一是保险项目只包括外来从业人员最需要的三个险种（工伤、医疗和养老），没有失业和生育保险。二是综合保险的缴费基数只有本市职工平均工资的60%；缴费比例比本市居民的缴费比例低，只有12.5%，远远低于本市居民的45%（养老+医疗+工伤）。由于缴费比例低，综合保险中除工伤保险待遇与市民相同外，养老待遇大大低于本市居民，医疗待遇只有住院保险待遇，而且缴费时间短（1年以内）的人员其住院保险支付的封顶线要大打折扣。三是养老补贴待遇标准偏低，难以防范老年生活风险。一开始养老补贴仅为每月本人缴费工资的5%，后未提高到职工平均工资的7%，但也仍然只能直接累加计算，没有长期积累的利息，几十年之后退休时的养老待遇十分有限。以上海市2005年平均工资26000元计算，农民工在上海累计工作满15年，其一次性领取的养老补贴总额仅为16000元，对15年后的物价和工资水平来说，这样的养老收入难以为十几年乃至几十年的老年生活提供保障。

2.6　农民工不能享受城镇社会救助与社会福利

由于城乡二元户籍制度，农民工基本被排斥在城镇社会救助与社会福利制度之外，农民工即使遭遇意外伤害或重大疾病生活陷入困境，也难以得到临时性的应急援助。

3 农民工社会保险关系转移政策的局限性

为解决农民工社会保险关系难以转移接续，退保现象比较严重等问题，政府出台了《国务院办公厅关于转发人力资源和社会保障部 财政部〈城镇企业职工基本养老保险关系转移接续暂行办法〉的通知》（国办发［2009］66号）。该文件实施前，农民工社会养老保险关系难以跨统筹地区、跨城乡、跨制度转移，退保现象比较严重，许多人期望通过完善农民工社会保险关系转移政策来解决上述问题。但该文件实施后，农民工社会保险政策依然存在相当的局限性，主要原因在于该政策并没有从根本上调整和改变农民工的社会保险政策，只是调整了相关主体的利益关系。实际上这种期望通过利益调整和技术手段来解决制度缺陷的思路，对农民工和企业的参保行为的影响是有限的。在此重点对上述政策实施中存在的问题和工作思路的局限性进行深入的分析。

3.1 农民工社会保险关系难以跨统筹地区转移

农民工社会保险关系跨地区转移接续，是通过农民工的社会保险关系在国内不同地区之间的正常流转。在养老、医疗、工伤、失业和生育保险中，农民工真正需要转移接续的社会保险关系主要是养老和医疗保险。在此以基本养老保险为例进行分析。农民工社养老保险关系转移接续便携性很差、难以跨统筹地区转移的主要原因有：

一是政策差异性壁垒。由于没有建立全国统一、城乡统一的养老保险制度，我国养老保险制度统筹层次低，依然被分割在2000多个统筹单位。即使目前已经实行省级统筹的地区，其实质只是省级基金调剂，而不是严格的省级统筹，大部分地区仍为市县级统筹。各地由于经济发展状况迥异，农民工参加的基本养老保险的缴费和待遇标准也各不相同。各统筹单位之间政策的差异性，使农民工养老保险关系难以在跨省甚至省内跨地区转移接续。这种政策的差异性，不仅使城镇职工养老保险转移难的问题由来已久，更加大了农民工养老保险关系转移接续的难度。

二是承担责任主体的差异性。从20世纪80年代开始，我国逐步形成了“分灶吃饭”的财政体制，各地在依照某种规则上交给上级（或中央）财政后，所剩财力即用于本地，同时，中央财政通过一定的方式实行转移支付。这样做调动了地方的积极性，促进了经济发展。然而，现行的基本养老保险制度与这样的财政体制并不完全适应。就养老保险基金而言，它由统筹基金和个人账户基金两部分组成，前者由各地统筹，负责基础养老金和过渡性养老金的支付，还要承担按照计发办法所计算养老金低于最低养老金的那部分差额的补差任务。如果统筹基金入不敷出，则由统筹地区同级政府财政“兜底”。这就意味着，统筹地区同级政府对基本养老保险基金负最后的责任。当农民工基本养老保险关系在统筹地区间发生转移的时候，各地区间的利益关系就发生变化，各地政府对养老保险基金的责任也随之发生变化。而现行的财政体制下，利益格局已经形成，对于这种变化，新的调整机制缺失。换言之，地方政府在社会保险制度设计层面已经陷入“困境”，即社保关系转入就意味着承担责任，转出则是转嫁了责任。再加上统筹基金不能跟随关系转移，被转入地就更没有积极性去接收新的社保关系了。这样，就不可能指望某一个或几个地方政府首先站出来矫正制度缺陷，影响本地的利益。因此，各地政府制定了相应的阻碍异地养老保险转入的政策，人为设置参保“门槛”。这是农民工社会保险遭遇“滑铁卢”的深层原因。从某种意义上说，实现农民工社保的转移接续不是“不能”，而是“不为”。

具体到转出地与转入地之间的政策选择而言，一般发达地区农民工工资高，社保、医保缴费的绝对额要大，而贫困地区工资低，保费缴得少，如果原来从贫困地区的参保人员转到发达地区后，直接承认其过去的参保年限，并按照发达地区的标准给其发放社保，该地方的资金就会出现缺口。而贫困地区也不愿接收从发达地区转移过去的农民工，这意味着今后要按发达地区的标准支付养老金。由此造成的后果是各地对农民工社会保险关系设定重重门槛。同时，提高农民工社保统筹层次，也是对各级政府对农民工基本养老保险主体责任的调整，于是一些地方对此很有抵触情绪。

三是技术手段落后，基础工作薄弱。由于“金保工程”依然没有形成一个以中央、省、市三级网络为依托，覆盖全国的完整、高效、务实的网络系统，我国目前的社会保险系统基本上还是各地各自统筹的区域管理系统，业务信息网基本不与其他统筹区域连接，农民工社会保险关系转移更是只能通过多个环节的人工办理，费时费力。农民工社会保险关系在全国转移接续的基本条件还不成熟，各项统计数据的可信度差，影响社会保障的管理和决策。

《国务院办公厅关于转发人力资源和社会保障部　财政部〈城镇企业职工基本养老保险关系转移接续暂行办法〉的通知》（国办发［2009］66号）的实施，标志着包括农民工在内的社会保险关系转移问题已经到了一个全新的阶段。该办法提出按12%的比例部分转移统筹基金，在各种现实的体制约束下以强制性制度变迁的方式，改变了地方政府制度变迁激励的不足，在一定程度上打破了各地的利益分割，增强了制度的便携性，维护了农民工和转入地政府的社会保险权益。这是具有突破意义的变革，是平衡转出地与转入地之间的矛盾，化解各地方政府在养老保险转移接续上存在的利益纷争的有效办法。

但该办法在农民工社会保险关系转移方面取得了一定突破和进展的同时，也存在一定的局限性：

一是中央政府层面依然缺乏一个全国统一、城乡统一的制度安排。该办法取得的主要进展是部分解决了社会保险关系跨地区转移问题，但养老保险制度缴费标准高、缴费年限长、统筹层次低、社会保险关系转移接续难等不适应农民工特点的制度设计内生的缺陷并没有得到弥合，不可能调整不同层级政府之间的财政责任，也不可能解决各地区社会平均工资差距而带来基本养老金缴费和待遇标准的差距问题，是一个权宜色彩十分浓厚、充满妥协意味的方案，是对现行不合理的制度的修补。在短期内必须加快制定社会保险关系城乡之间的衔接办法。从中长期看，在试点地区绝大多数农民工选择参加了新农保制度后，农民工养老保险制度建设思路可能需要与时俱进地进行战略性的调整，彻底弥合制度设计中存在的内生缺陷。

二是没有能够实现统筹基金的全部转移。将 8% 的统筹基金留在转出地，承认转出地既得利益，部分缓解了转出地与转入地之间的利益矛盾和转入地的养老压力。但对绝大多数农民工和转入地而言，这是一种统筹基金的逆向转移，是转出地的“截流自肥”。

三是对退休办理地点的确定做了多方面的限制。《城镇企业职工基本养老保险关系转移接续暂行办法》对退休办理地点确定的原则作了明确的界定，附加了许多限制条件。特别对于年满 50 周岁的男性和年满 40 周岁的女性年龄偏大人员跨地区转移就业，要求建立“临时养老保险缴费账户”，避免其临近退休时出于追求养老金的“趋富效应”（人们会更多地选择经济发达地区和富有的中心城市退休养老）而选择异地就业。对退休地做出限制的做法，不仅与养老保险实现转移接续和建立适应农民工特点养老保险办法的目标背道而驰，而且与推进城镇化、扩内需、调结构等政策目标背道而驰。具体表现在以下几方面：

首先，对退休地的限定也是对劳动力跨地区流动的限制。这虽然在一定程度上有利于农民工就业、生活的稳定和劳动力素质的提高与企业的发展，但对劳动力资源的优化配置和农民工的城镇化也会产生一定的限制。

其次，限制退休地选择中的“趋富效应”也限制了制度的优化。该规定虽然在一定程度上优化了现行制度，但只是对该制度的修补，制度依然缺乏弹性和适应性。现实中，影响劳动者退休地选择的因素很多，主要包括退休金水平高低，退休手续办理便捷程度，养老保险待遇发放充分、及时，生态环境良好，退休收入与当地的生活成本相比更合算等等。其中，退休金水平与当地生活成本之间的比较可能更为关键，因为退休金都将主要用于当地的生活消费。同时，与子女团聚、叶落归根等情感因素也会影响退休地的选择。从理论上来说，养老保险的“趋富效应”是否存在以及在多大程度上存在主要取决于缴费水平与待遇给付之间的联系。《城镇企业职工基本养老保险关系转移接续暂行办法》已经规定了缴费工资指数的计算办法，即参保人员跨省转移接续养老保险关系和资金后，在核定养老保险待遇时，以本人在各参保地的各年度缴费工资和最后办理退休地对应的各年度在岗职工平均工资计算其缴费工资指数。这就使得其缴费与领取的待遇之间建立了有机的联系，其制度门槛并没有降低，所谓的“趋富效应”也难以出现。因此，我们没有必要担心劳动者将纷纷选择在发达地区或中心城市退休，从而给该地带来人口承载和养老保险基金等方面的压力。此外，对退休地的选择和是否会出现“趋富效应”短期内还取决于农民工的就业能力，长期取决于今后全国统一、城乡统一养老保险制度的定位，取决于这一制度适应农民工的特点。

3.2　农民工社会保险关系难以跨城乡转移

在农村养老、医疗等社会保障制度没有建立前，农民工社会保险关系难以跨城乡转移。其代价是农民工此前在异地缴纳的养老保险可能立刻归零。尚在青壮年期的农民工大规模放弃养老保险，给政府留下巨大的社会隐患。这些农民工进入老年期后将无法在社会保险的巨伞覆盖下获得应得的照顾和支撑。

随着新型农村社会养老保险制度、新型合作医疗制度的逐步建立和完善，农民工社会保险关系跨城乡转移虽然成为可能，但由于城乡社会保险制度的保障水平差距比较大，农民工社会保险关系在实现跨城乡转移的过程中，如果转移办法不合理、不可行，个人的社会保险权益也可能会受到不同程度的损失。

只有在经济发展快的地区，特别是随着城镇化的推进和城乡协调的社会保险制度的建立，才可能逐步实现农民工社会保险与城镇职工社会保险制度的接轨和社会保险关系的接续。

3.3 农民工社会保险关系难以跨不同制度模式转移

目前，农民工参加了职工、农村、综合、城镇居民等不同的社会保险制度模式。部分地区为农民工设计不同的社会保险制度，一个重要的出发点就不希望农民工在当地享受社会保险权益。因此，农民工即使在同一地区要实现社会保险关系的跨制度转移，难度也是非常大的。农民工要实现在城乡之间、在不同的统筹地区、不同制度模式之间的转移，其难度就更大。

3.4 农民工退保问题比较普遍

由于现行政策允许农民工退保，结果导致农民工流动时反复参保、退保，有的甚至在同一地区更换工作单位时也先退保、再参保。在农民工集中的广东省，有的地区农民工退保率高达95%以上。退保使农民工只参保、不享受实惠，不仅直接损害农民工享受社会保障的对等权益，而且反过来又影响用人单位的参保积极性。社会保险关系转移接续的制度缺失，使农民工的社会养老保险权益处于流失、受侵以及无法保护状态。从根本上说，农民工退保既不是由于流动性大造成的，也不是因为农民工自身短视，而是制度性缺陷使得原来的农民工社保制度缺乏吸引力，农民工选择“用脚投票”是必然的结果①。

① 本研究调查表明，在农民工参加城镇职工基本养老保险之后，许多农民工在离开务工所在地或用人单位时，往往到当地社会保险经办部门申请退保，领取本人缴纳的养老保险个人账户积累余额。根据调查，共有700名农民工曾经退保，占参保或曾经参保农民工总人数（996人）的70.3%，这意味着在每10个参加过城镇职工基本养老保险的农民工中，就有7个人曾经退保！导致农民工退保的原因是多方面的，从农民工反映的原因来看（最多可选三项），有63.4%的人认为是“养老保险关系无法转移、将来不能享受保险待遇”，有36.1%的人认为是“将来准备回农村养老”，有35%的人认为是“本人年龄与法定退休时间相距很远，不急于参保”，有32.9%的人认为是“退保可以获得一笔现金”，还有19.1%的人认为是“将来依靠子女养老”。由此可见，“养老保险关系无法转移”是造成大量农民工退保的最主要的原因，但并不是唯一的原因，大约有三分之一的农民工是由于一些主观原因而要求退保。大多数农民工参加养老保险之后又在流动就业的过程中选择退保，这将导致他们的养老保险关系中断或最终不够缴费满15年的条件，从而不能在达到法定退休年龄时享受养老保险待遇。

4 农民工社会保障问题形成的深层原因

农民工的参保率低是既成事实，但其对社会保险的需求客观存在，自身也希望参加社会保险，农民工社会保险愿望与现实之间的巨大差距，反映了农民工社会保险制度面临的多方面深层原因。具体分析主要有以下原因：

（一）农民工受制于城乡社会身份壁垒，二元社会结构将农民工划入另册：同工不同保

城乡二元社会结构、一厂两制、同工不同酬和城乡社会保障制度的双轨制是造成农民工同工不同保，甚至缺乏社会保险的宏观制度背景。这一制度背景一方面会进一步强化了农民工的流动性、角色未定性、无组织性、权利意识淡薄、狭隘功利性等弱势特征；另一方面会加大农民工社会保险制度统筹城乡的难度，不利于促进城市化和确保农村剩余劳动力的转移，也不利于给农民工以国民待遇、给企业营造公平竞争的环境。

（二）低端劳动力市场供给远大于需求，收入偏低，处于弱势地位的部分农民工不懂维权、不愿维权、不敢维权

农民工参保不积极，甚至有的农民工反对参保有多重原因：

一是不懂维权。部分农民工社会保障意识比较薄弱，知识欠缺，对社会保障心存疑虑，担心交纳的保险金日后收不回，不愿意参加保险。特别是农民工一般年轻力壮，离开土地来到城镇的动机主要是赚钱，而

对工伤、老年、失业及疾病的忧患意识不很强烈，不太了解①。

二是不愿维权。部分农民工收入偏低，工作灵活性较大，收入不固定，担心各项保险个人的负担过重，不愿意参加缴费标准过高的社会保险。按照现行缴费标准，如果农民工全面参与主要的社会保险项目，单位和个人的缴费率占工资总额的39%。由于部分农民工面临眼前生产生活的需求或困难，难以作出从比较低的收入中拿出钱来投保的决策，更愿意多获得一点现金收入，而不愿缴纳占本人工资收入约11%的社会保险费。事实上，在过高的缴费率和过低的收入水平形成的强烈反差下，许多农民工宁肯相信薪酬“落袋为安”，不愿参加有一定的缴费标准的社会保险，甚至有些农民工将其上升到“挣钱就是硬道理”的高度。2004年，广东外来务工人员的平均收入为750元，仅为广东社会平均工资1852元的40%左右，若其全面参与社会保险，即便养老、失业和医疗保险等总的缴费率为25%（20%的养老保险费，剩下为其他项目保险费），如果按照全社会平均工资缴纳社会保险金，这些非正规就业者需要缴纳463元，即便按照60%的比例缴纳，社会保险金也达到278元。外来人员的基本生活成本在每月500元左右。如果其全面参加社会保险，则最少需要778元的工资收入，这说明一个典型外来务工人员的月收入（750元）无法满足其基本生活和社会保障的需要。非正规就业者按照现行标准缴费的难度很大②。

---

① 在本研究调查的农民工中，有12.5%的人表示对政府制定并实施有关维护农民工合法权益的政策“比较了解”，有33.9%的农民工表示“知道一些”，两项合计占46.4%；还有36.9%的农民工表示“听说过，但不够清楚”；此外，有14.5%的农民工表示“不知道”。由此可见，一方面有许多农民工对有关政策有所了解；另一方面也有不少农民工对有关政策不够清楚。这一调查结果既显示广大农民工对政府出台有关政策比较关注，同时也反映目前在对农民工宣传有关政策方面还做得不够，需要政府部门今后进一步加大有关宣传工作力度。

② 本研究对参加养老保险的农民工的缴费负担统计显示，认为自己每月较费“负担很重”的人占21.8%，认为“负担较重”的人占18.6%，认为“负担一般”的人占49.4%，认为“负担较轻”的人占7.1%，认为“负担很轻”的人占3%。前两项合计占40.4%，后三项合计占59.5%。由此可见，近六成的农民工认为养老保险缴费负担能够承受得起，同时也有超过四成的农民工认为缴费负担过重。需要说明的是，在这次调研中有一部分地区所制定的农民工养老保险政策比较特殊，与全国大多数地方并不相同。譬如，宁波市于2008年1月开始实行《宁波市外来务工人员社会保险暂行办法》，在降低缴费基数和费率的基础上，包括养

三是不敢维权。农民工在农村有承包的土地作为其最后的生存保障，其进入城镇后作为一个群体又具有不稳定性，而且素质偏低，缺乏组织性，遇到利益受损和侵权时，多数选择退避，对组织的依靠性和对自身权益的维护意识远没有产业工人那么强烈，只要能够挣到比在农村多的钱，就达到了农民工的基本意愿。在这种意识下，劳动环境的好坏与否、工资收入的合不合理、劳动权益的保护到不到位等等都不会构成阻碍农民工流动的因素，在相当长的时间内也难以形成有效维护自身权益的利益团体，产生不了如产业工人般的凝聚力和影响力。从目前已经出现的劳动争议情况看，农民工在签订劳动合同时，往往表现出对参加社会保险要求不高，用人单位也没有做到及时告知。但在终止、解除劳动关系时，农民工又提出要求补缴社会保险等要求，就是典型的不敢维权的表现。但随着时代的进步，农民工的维权意识也有所提高①。

（接上页注）老保险在内的五项社会保险费完全由用人单位承担缴费，个人不必缴费，因此，农民工个人没有缴费负担；杭州市按照浙江省政府关于在城镇职工基本养老保险方面对低收入劳动者（包括农民工）实行“低门槛准入、低标准享受”的精神，将农民工参加养老保险的个人缴费费率从原先规定的8%降低到5%。这就造成在被调查的参保农民工中认为养老保险缴费负担能够承受得起的人数所占比例居多，与通常大多数参保人员认为养老保险缴费负担过重的情形不一致。

① 本研究对农民工权益受到侵害后寻求援助的对象进行了调查。如果农民工在城里务工过程中的合法权益受到侵害，他们认为向谁投诉或求助更为可靠呢？从农民工对于这一问题列出的各种答案的选择结果来看（最多可选3种），选择“政府部门”的人数排在第一位，占50.6%，超过半数；其次是选择“报纸、电台、电视台等新闻媒体”的农民工也比较多，占31.7%；排在第三位的是“各级工会”，占22.9%；排在后面的其他对象按农民工选择人数多少排序依次是：“老板或单位领导”（选择人数占21.9%）、“法院”（选择人数占19.1%）、“自家亲属”（选择人数占12.3%）、“好朋友”（选择人数占12.3%）、“老乡”（选择人数占9.7%）、“工友（同事）”（选择人数占8.9%）；此外，还有11.9%的人认为“谁都不可靠，只能靠自己去争”，也有12.2%的人表示“没办法，忍着”。上述调查结果表明，多数农民工认为向政府部门投诉或求助更为可靠，反映了他们对政府部门依法保障农民工权益的信任，这与前面提到对务工所在地政府在保障外来农民工合法权益方面持肯定态度的农民工居多的调查结果是一致的。选择“新闻媒体”的人数排在第二位，反映了新闻舆论在维护农民工合法权益方面也发挥着重要的社会监督与援助作用。选择“工会”的人数排在第三位，一方面显示工会在维护农民工权益方面也具有明显的作用，但另一方面，选择“工会”的人数不足四分之一，也反映了工会在这方面的地位和作用有限，与工会的性质和角色之间还存在一定的差距。

（三）用人单位缴费负担过重，不愿为农民工缴费或尽量少缴费

目前我国农民工所在单位主要集中在建筑、餐饮、服装等技术含量较低的劳动密集型行业。部分企业客观上不具备为农民工参加社会保险“买单”的能力，部分用人单位则主观上不愿为农民工参加社会保险“买单”[①]。企业普遍担心给农民工缴纳保险费会增加成本，加重企业负担，降低企业竞争能力和经济效益，对还没有成为硬任务的农民工社会保险采取能拖则拖的态度，并以各种理由少缴或不缴保险费。尤其是一些目光短浅的个体、私营、股份制企业把股东利益放在首位，为了多赚利润，降低人工成本，都千方百计违规不与职工签订劳动合同、不参加社会保险。其中，有相当部分民营企业、个体工商户业主对社会保险缺乏正确的认识，有些企业则以外来农民工不愿意参加保险为由拒绝参加保险，甚至违反规定不参加保险，或者逃避参保。据专家测算，如果完全建立与城镇职工一样的农民工社会保险制度，企业由此每年要多为每个农民工支付2000～4000元，在现有的成本基础上增加30%～40%；在劳动用工不规范的情况下，由于不必为农民工支付任何社会保险费用，大量招用成本低廉的农民工的企业获得了在市场上竞争的巨大优

---

① 在本研究调查的没有参加城镇职工基本养老保险的577名农民工中，所反映的未参保原因（最多可选三项）比较复杂。其中，有49.4%的人反映“用人单位没给本人办理养老保险”，排在第一位，说明有许多用人单位为降低人工成本而不愿依法为农民工缴纳养老保险费，这是造成农民工没有参加养老保险的最主要的原因。排在第二位的原因是有42.6%的人表示“不知道如何参加”，这反映了有关政策宣传和经办服务工作还做得不够。排在第三位的原因是，有24.8%的人表示“本人只想在城镇暂时打工，将来还会回家乡谋生，而不必参保”。排在第四位的原因是“本人还年轻，暂不考虑遥远的将来养老问题”，有20.6%的人持这种态度。后两类人员都是由于自己对养老保险的认识不足而主动放弃参保的。此外，有16.3%的农民工表示不参保的原因是“养老保险缴费负担重”，有14%的人表示“过去曾经参加，后来因养老保险关系无法跨统筹地区转移而退保”，还有13%的人认为“即使参加，也不可能将来能够达到领取养老金的条件”，这三种原因都与城镇职工基本养老保险制度本身的缺陷有关。另外，还有9.9%的人表示“过去曾经参加，但现已中断缴费”，对于这类中断缴费所产生的问题也应当引起有关部门的关注。此外，统计结果显示，在没有参加城镇养老保险的农民工之中，不同年龄段和受教育程度的农民工对待参保的态度存在显著性差异。35岁以上的人比35岁以下的人、具有初中及以下文化程度的人比具有高中及以上文化程度的人更多地倾向于认为“本人只想在城镇暂时打工，将来还会回家乡谋生，而不必参保”。而35岁以下的人比35岁以上的人更倾向于认为“即使参加，也不可能将来能够达到领取养老金的条件”，年轻人比年长者对养老保险制度更加缺乏信心的现象令人深思。

势。即使企业效益提高了，如果没有外在强大的压力，企业主一般亦难主动地为职工提供社会保障待遇。这种以牺牲农民工的利益为基础的企业竞争力，是不符合社会主义市场经济健康发展的要求的，不能体现现代政府以人为本和尊重保障人权的精神。随着政府职能的转变和社会对人权的日益尊重和保护，通过这种对农民工权益严重侵犯而获得不公平的企业竞争力的现象，应从根本上予以制止。

（四）地方本位主义与既得利益：重扩面、轻实效①

一些地方政府对推进农民工参保也有顾虑，主要担心社保制度的高额缴费会影响本地的投资环境，把好不容易引来的资方吓跑。地方本位主义与既得利益客观上形成了政府不作为的现象。政府不作为有两大原因：（1）担心影响环境竞争力。地方利益是农民工社会保险权益得不到有效保护的首要原因。为了制造“比较优势”，吸引外资，一些地方政府，特别是部分偏远地区政府认为，“搞农民工社会保险制度必然增加企业的人工成本，进而增加投资者开支。在各地社会保险扩面征缴不平衡的情况下，担心本地区搞会影响投资环境，削弱本地招商引资的吸引力”，所以对农民工社会保险权益普遍不重视，甚至加以干预或者有意延缓农民工社会保障制度建设的进程。因此，政府执法力度不够成为一个普遍的现象，甚至存在“出卖劳工的利益向资本献媚”的现象。（2）减轻地方财政负担的现实选择。由于城镇职工社会保险过去没有积累，又没有支付必要的改革成本，为保当期发放，不得不通过扩大覆盖面的方式，将农民工纳入社会保险体系，增加基金收入，并不得不动用本应留作积累的个人账户资金。在社会保险覆盖面窄，统筹层次低，调剂能力弱的情况下，资金缺口主要靠中央财政补助。一旦中央财政不能给予补助，地方财政就不得不承担相应的责任。因此，地方政府即使

① 本研究在对于务工所在地政府是否能够保障外来农民工的合法权益的调查中，有11.4%的农民工认为“完全能够”，有35.4%的农民工认为“还可以”，两者合计为46.8%；同时，有26.5%的农民工对此认为“不一定”；此外，有15.6%的农民工认为“不易做到”，还有8.1%的农民工认为“不能”，后两者合计为23.7%。这表明，对务工所在地政府在保障外来农民工合法权益方面持肯定态度的农民工居多，比持否定态度的农民工人数多一倍。

重视农民工的社会保障制度建设，出于地方利益考虑，也倾向于将农民工纳入城镇职工社会保险体系。

（五）现行社会保障制度及政策存在某些缺陷

现行社会保障制度及政策存在的缺陷突出表现为不适合农民工的特点与需求：

一是城镇职工社会养老保险制度存在明显的制度缺陷，过高的门槛超越了绝大多数农民工和企业的承受能力。长期实施将会使制度面临越来越多的人口、经济和社会等方面的挑战。

二是缺乏促使企业雇主及其从业者参加社会保障体系的强制性制度规范。《中华人民共和国劳动法》是维护劳动者权益的直接依据，其总则第二条规定：在中华人民共和国境内的企业、个体经济组织（以下统称用人单位）和与之形成劳动关系的劳动者，适用本法。国家机关、事业组织、社会团体和与之建立劳动合同关系的劳动者，依照本法执行。由此可见，建立劳动关系是现行法律保障劳动者权益的根本前提。作为城乡二元经济结构发展的产物，农民工虽然已经开始在城市从事非农产业，但其根本身份仍然被定位在“农民”。对于农民工而言，他们感觉自己已不是传统的农民，同时，也不属于“城里人”，这是一种非常尴尬的境遇。对于现行法律政策而言，同样也非常为难。因为农民工仍被定位为农民，他们中绝大多数没有与用人单位建立传统意义上正式职工才能享有的“劳动关系”。所以，劳动法的法律效用无法作用在他们身上。而依劳动法建立的一系列劳动者就业、收入分配、社会保障等劳动者权益保证的政策规定，自然没有把农民工包括在内。制度和政策的缺失，导致农民工权益的侵犯现象的蔓延。部分地区虽有农民工参保方面的规定，但基本上是地方性政策，由于立法层次保障的模糊性而普遍缺乏强制性。

三是制度不适合农民工的特点。长期以来，各地比较重视城镇职工的社会保险，并为之建立了一套相对完善的制度、政策和办法，而在对农民工参保方面缺乏统一的制度，大多数城市虽有农民工参保方面的规定，但基本上是政策，而缺乏支撑其强制性实施的具体办法。现有社会保障机构也难以适应农民工社会保障制度大发展的需要。例如，由于缺乏便于农民工参保、转保、退保、续保的办法，即使是在一个县或市的范围内，外来农民工暂时失业或者频繁变动工作，社会保险部门面对烦琐的手续，普遍穷于应付，有的外来农民工更换新工作后也常常被迫中断参保。

四是城乡社会养老保险制度难以对接。在许多城镇，除本地进入城镇的农民外，大量外来的农民工一般来自不发达地区，其户口所在地的新型农村社会养老保险制度一般没有建立或只是在试点。这样，一旦他们离开其工作的城镇，其养老保险的统筹账户和个人账户都无法转回原籍，其理性的选择就是退保，就是退回土地保障和家庭保障。这样的结果，无论是对城乡社会保障制度的发展，还是对城镇化的推进，都是最不利的结果。国务院新的转移办法出台后，虽然可以避免无保障的状态，城乡养老保险制度面临的可能不仅仅只是衔接问题，而是制度选择和制度创新。

但从上述分析中完全可以得出这样的结论，在国家财力有限的情况下，以现行方式简单地将农民工纳入城镇职工社会保险体系是不现实的。其实际面临的最大难题，不是城镇社会保险制度的封闭性，不是城乡差别，不是外来工和本地人的差别，也不是城乡社会保障制度对接的困难，而是制度门槛过高，制度缺乏弹性和适应性，农民工“进得了却进不起”。部分农民工收入不确定、不稳定，经济承受能力较低，需要具有可灵活操作、方便简易的制度安排和参保办法。换言之，农民工需要适合自己特点的、具有高度弹性和适应性的制度安排。

5　农民工社会养老保险的制度选择与制度定位

5.1　农民工养老保险政策的调整

根据中国的基本国情和农民工实际，《国务院关于解决农民工问题的若干意见》（国发［2006］5号）已经明确提出了要按照“低费率、广覆盖、可转移”要求，制定“能够与现行的养老保险制度衔接的农民工养老保险办法”。但《国务院办公厅关于转发人力资源和社会保障部　财政部〈城镇企业职工基本养老保险关系转移接续暂行办法〉的通知》（国办发［2009］66号）下发实施后，有关部门似乎已经放弃了制定适合农民工特点的养老保险办法的努力。这意味着农民工养老保险政策已经进行了重大的调整。

农民工上述政策的调整，实际上是要根据农民工就业稳定程度和收入高低的差异，由农民工在城保和新农保之间进行灵活自由地选择不同的制度：一是按照统筹城乡的要求，发达地区和部分就业稳定、收入较高的农民工，以加入城镇职工基本养老保险制度为主。二是就业比较灵活、收入较低、难以参加城保的农民工，以选择参加新农保制度为主。

应该承认，放弃建立适合农民工特点的养老保险办法后，养老保险制度建设的格局将发生重大而深刻的变化，养老保险制度将面临更大的不确定性。事实上，在新农保试点地区，由于绝大多数农民工已经或将会选择参加新农保，少部分农民工可能形成双重参保和以参加新农保为主的局面。

5.2 双重参保格局中农民工的制度选择

显然，上述政策选择是以认同城乡二元结构和城乡社会保障二元结构为前提，农民工对不同养老保险制度的选择，不仅会形成新的利益格局，而且将决定我国全国统一、城乡统一养老保险制度的最终定位。其对制度选择和制度定位的影响具体表现在以下几方面：

一是固化城乡二元养老保险制度平台。上述政策调整意味着不再设计出台新的制度，也意味着现有城保和新农保制度的优势、缺陷、发展的机遇和面临的挑战都不会有任何改变。由于城保单位缴费门槛过高、待遇偏低（目标和实际替代率都呈下降格局）的问题并没有真正解决，过高的缴费对就业和企业竞争力的提高必然产生一定的不利影响。在农民工参保过程中占有主导地位的单位缺乏积极性的情况下，农民工依然难以大规模参加城镇职工基本养老保险，更有可能选择参加新农保。根本的原因是现行城镇职工养老保险制度属于收入关联型的制度模式，不完全符合收入和参保能力偏低的农民工，不完全适合劳动力流动越来越快的社会主义市场经济体制，不完全符合党的十七大关于加快建立覆盖城乡居民社会保障体系的政策取向。因此，非普惠型的、不具有覆盖农民工功能的养老保险制度，难以成为我国覆盖农民工养老保险制度的模式选择。

二是固化农民工及输入地和输出的利益格局。在输入地和输出地就业机会不均等情况下，农民工即使参加了城镇职工基本养老保险，单位缴费中的8%留在了就业地，处于相对弱势的农民工可能承担不应该承担的国有企业老年职工的养老保险责任，使农民工有限的养老保险权益部分逆向转移到稳定就业的职工和输入地。农民工社会保险权益转移不充分，会加大农民工养老保险关系跨城乡、跨制度、跨地区转移和接续的难度和可操作性，农民工和输入地养老保险权益可能受到损害。因为，在农民工养老保险制度二元化条件下，现代信息管理系统也难以为复杂、不确定的制度提供有效的技术支撑，农民工的养老保险权益在转移和衔接过程中可能得不到充分的保护。

5.3　农民工的制度选择：中国特色新型养老保险制度

中国政府提出"加快建立覆盖城乡居民的社会保障体系"，标志着中国养老保险制度建设进入了加快建立覆盖城乡居民的有中国特色新型养老保险制度的新阶段。制度建设形势的这一重大深刻变化，意味着农民工养老保险制度应立足于建立普惠型的覆盖城乡居民的新型养老保险制度。

鉴于农民工在统筹城乡养老保险制度建设中的独特地位，以农民工为重点，率先建立普惠型中国特色新型养老保险制度，则既有利于加快农民工养老保险制度建设的进程、保护农民工的养老保险权益，又有利于加快城镇职工养老保险制度向新型养老保险制度的转型和相关政策的完善。

以农民工为重点建立中国特色新型养老保险制度的基本设想是：按照保基本、广覆盖、有弹性、能转移、可持续的要求，建立基础养老金与个人账户相结合的制度模式。基础养老金由中央政府承担责任，个人账户养老保险费由用人单位和个人按城镇居民平均收入的一定比例共同负担，其中，单位缴费不低于10%，个人缴费不低于5%。最低缴费标准以上部分由单位和个人根据承受能力自愿选择。单位和个人的缴费全部进入农民工个人账户，实行完全积累，实账管理。个人账户养老金计发标准的月领取额，为本人个人账户累计储存总额除以计发月数。基础养老金标准全国统一，为每人每月按不低于当地最低生活保障标准起步。基础养老金所需资金由中央财政筹集，列入财政预算。原则上，农民工按规定缴纳养老保险费累计缴费年限满15年，不分男女年满60周岁后开始按月领取养老金。特殊情况下，经县级人力资源和社会保障部门批准，可提前1～5年领取养老金，每提前一年减发1.5%的养老金。鼓励推迟领取，每推迟一年增发1.5%的养老金。参保人员在缴费期间死亡的，其个人账户全部资金一次性退给其法定继承人或指定受益人。参保人员在领取期间死亡的，其个人账户资金的剩余部分，一次性退给其法定继承人或指定受益人。农民工个人账户基金实行专户专管，基金投资管理的具体办法按国务院有关部门规定执行。农民工个人账户原则上不允许退保，但允许其在发生危及生命的重大疾病、绝症难以支付医疗费、部分或全部丧失劳动能力以及遇到其他突发意外事件，造成家庭生活严重困难的，提供有效证明材料，经社会保险管理机构审核，可以借支部分或全部个人账户保险费积累余额。到期确实无力归还借款的，可以按正常退保处理。创新金融，探索通过金融机构用保险证质押贷款的方式，给参保农民工发放小额贷款，解决其生产、生活面临的资金困难，把账户做实做活，增强制度吸引力，支持经济和金融发展。农民工跨区域转移养老保险关系的，个人账户中的资金全部转移。

上述制度建设思路，不是把农民工养老保险制度作为一种过渡性方案，而是作为今后中国养老保险制度改革的目标模式，是将保护农民工养老保险权益与建立有中国特色的新型养老保险制度有机结合起来的理性选择。如此定位的原因在于：

一是农民工是中国最庞大的社会群体之一。新型农村社会养老保险试点经验证明，该制度模式和相关政策措施具备覆盖城乡居民、特别是覆盖城乡低收入居民的功能，能满足不同地区、不同群体、不同单位、甚至是个人在不同时期对养老保险的不同需求，具有广泛的适应性和可推广性，符合中央建立覆盖城乡居民社会养老保险制度建设的政治决策。在绝大多数农民工的基本生活基础依然在农村的情况下，加快建立适合农民工特点的新型养老保险制度，不仅可提高农民工养老保险水平，而且可以达到加快城乡养老保险制度建设的政策目标。即使今后农民工逐步完成了城镇化进程，在制度逐步实现了全国统一、城乡统一的条件下，该制度将有助于提高农民工城镇化的意愿和能力。

二是符合中国国情和农民工特点。农民工建立个人账户，权益明确、成本更低，是最有利于应对老龄化挑战、实现社会保险关系转移、保持国家竞争力、提高制度效率、保证制度的平稳可持续发展且与市场经济体制相适应的最佳选择，也是最符合中国传统文化、社会保障制度建设规律和世界社会保障制度改革发展趋势且易于理解、接受和推行的政策选择。同时，也有利于满足农民工对社会保障的渴求，改变农民工参保率和保障水平普遍偏低的现状，在经济发展与社会保障制度建设之间寻求一个理性的结合点。

三是农民工可以成为制度转型的先行者。社会统筹与个人账户相结合的制度模式随着个人账户做实进程的加快，向中国特色新型养老保险制度模式转型的难度要大大小于提高社会统筹层次。只要通过制度转型逐步实现城乡养老保险制度统一的政策目标明确、措施得当，做实个人账户就意味着“城保”制度已经开始了制度转型和城乡养老保险制度统一的进程。如果积极利用养老金连续调整待遇的机遇，将待遇调整改变为建立基础养老金，既可以达到提高保障水平的目的，又可以加快建立基础养老金与个人账户相结合的中国特色新型养老保险制度的目的。在我国经济处于高速发展时期和人口结构还比较年轻的现阶段，也是实现制度模式转型的最佳时机。在通货膨胀压力较大的情况下，建立新型养老保险制度也是应对通货膨胀、保持社会和谐稳定的最佳政策选择。农民工率先走向市场，完全有必要、有可能先行将农民工纳入新型养老保险制度，并为加快建立覆盖城乡居民的有中国特色的新型养老保险制度奠定基础。我国农村人口和低收入群体占绝大多数的基本国情，决定了我国社会养老保障制度只能也必然选择中国特色的新型养老保险制度模式，并可能走出一条农村包围城市的社会养老保障制度建设和创新之路。新农保制度的快速推进和农民工普遍参加新农保的可能性，已经形成了农民工先行完成制度转型的基本格局。

四是符合社会保障制度建设规律。建立覆盖城乡居民的基础养老金，既可以明确和量化各级各届政府的责任，又可以实现更高层次、更大范围的城乡互济、地区互济和代际互济，制度将更能体现公平、公正、效率和以人为本的科学发展观，是层次更高、功能更强大的新型养老保险制度，也是建立分享经济社会发展成果，实现全体国民生活有保障、有质量、有尊严的有效途径。在人人能享有基础养老金的基础上，建立能适应不同地区、不同单位、不同群体、不同个人能力特点和个性化需求的可选择、有效率、精细化的个人账户，使制度既可根据每个人的风险收益偏好、家庭结构、整个人生的不同的生命周期来进行相应地匹配和安排，实现社会保障资源的最优市场化配置，又能适应人口、经济、社会的可能变革。

五是能更好地保护农民工的养老保险权益。适应市场经济对劳动力自由流动的内在要求，通过建立中国特色新型养老保险管理信息系统，可以为参保人社会保险关系的转移、维护参保人权益提供制度保障和技术支撑。

六是制度更可持续。由于中国特色新型养老保险制度全过程建立了可持续发展的长效机制，具备实现社会保障制度长期稳定运行的功能，如果规模越来越庞大的农民工都纳入该制度，整个制度的可持续发展就有了更扎实的群众基础。

上述有中国特色可覆盖城乡居民的基础养老金与个人账户相结合的新型养老保险制度模式，是建立公平普惠的、覆盖全民的养老保障制度最现实可行的模式选择，也是加快建立农民工养老保险制度、提高农民工养老保障水平，维护农民工权益的最佳政策选择。

第四篇

当前社会保障若干现实问题的思考

导　言

中国社会保障正面临着各种复杂的社会发展形态，本篇就社会保障风险问题、就业问题、老年问题、民生问题、税费改革问题等展开讨论，其中一些问题尽管属于“非主流”问题，但一旦忽略问题的存在，也可能给社会保障的发展带来不利的影响。对当前社会保障若干现实问题的思考，基于以下研究背景而展开。

我国正处于各种风险的频发期，给社会保障带来的影响不断加深，政府社会保障管理的难度也在不断扩大。如金融危机引发的群体型失业、养老金保险政策调整引发的群体型抗议浪潮、拖欠农民工工资引发的突发型暴力事件、重大自然灾害引发的社会保障机制失灵、重大经济事件或重大社会变故引发的社会保障失灵、可能恶性通货膨胀引发的养老金严重缩水、公共卫生事件引发的社会救济基金配置失衡等问题。在社会保障的常态与非常态管理中贯穿风险意识、忧患意识、可持续发展意识，建立社会保障财政危机管理的核心价值观，是引领社会保障管理走向理性化、科学化与可持续发展的必要之路。社会保障常态与非常态风险管理应以中国国情作为研究背景，探讨应对各种社会经济风险、自然灾害下的社会保障功能与政府职能问题，建立有强大财力支持的社会保障应急管理建设平台，促使社会保障事业可持续发展。

肇始于美国次贷危机的全球金融危机正在梯次蔓延，其后果是直接影响经济增长和社会发展，在经济衰退中将不可避免地出现企业倒闭、失业增加，收入降低，消费下降等问题，引起人们的心理和精神震荡，最终结果是影响广大民众的生活质量，严重时可能导致社会危机，影响社会稳定。就业是民生之本，国际劳工组织总干事胡安·索马维亚在国际劳工大会上发表讲话指出："从以往的危机中我们知道，相对于经济的全面恢复，就业率要想恢复到危机前的水平，通常要多花4～5年的时间。这就意味着全世界可能要迎来一场持续6～8年之久的就业和社会保障危机。"[①]"充分就业"是小康社会的重要目标，也是就业工作的最高目标。继中共十六大之后，中共十七大提出了实施扩大就业的发展战略，促进以创业带动就业，实现社会更加充分就业的目标。

10～20年后男性劳动力过剩和"就业性别挤压"可能严重，作为"性别弱势"的女性其生存发展将更加边缘化。[②]在男性占强势的父权社会，女性的社会地位、经济权益与劳动权利均处于被动的不平等势态，性别社会化、性别不平等、性别与性的社会建构等事实上酿成了社会现实中的"两律背反"现象，将直接对人口老龄化与高龄化社会造成生态危机与社会保障的资源危机。实现性别平等不应仅仅是一个政府口号，而更多的是政府与社会要付出实际行动。空巢化现象带来的老年化问题，不仅仅是社会保障养老基金负担的加重，重视女性老年人的情感因素、重视未来2400万光棍的"经济贫困"与"婚姻贫困"问题，解决性别比失调问题，确保一定水平的生育率，建立弹性生育政策都不是简单的说辞，着实需要政府付诸行动了。

社会保障税费改革已是十几年的老话题，财政部部长谢旭人发表署名文章提出，完善社会保障筹资形式要与提高统筹级次相结合，财政部正在研究开征社会保障税。不论是"费"还是"税"，其关键点是要保证社会保险基金筹资的足额到位，例如广东省启动地税全责征收社会保险费改革，避开了"从税派"与"从费派"的无休止之争，踏踏实实加强社会收缴，通过税务渠道，强制性落实省级统筹基金的归位，这是一个硬道理。

政府将以"人为本"作为治政之策，民生问题、民生财政随之成

① 《全球就业危机可能持续6到8年》，《参考消息》2009年6月5日。

② 中国社会科学院：《当代中国社会结构》，中国社会科文献出版社2010年版。

为时政，但如何反映平民百姓生老病死、衣食住行的生存状态，官方统计、社会调查是主要的测量工具，但是人们对官方统计的诟病在于其数十年来的“歌颂文化”而左右了其真实性与反映具体的民意。劳动和社会保障统计工作质量的高低，对政治家施政、理论工作者的学术研究、实际部门的工作指导都不可避免地产生影响。国家计划从 2011 年（“十二五”起始年）起，采用城镇调查失业率作为就业指标并予以公布，同时发布劳动参与率等其他辅助指标，调查失业率大大高于登记失业率，这至少可以说政府务实为民的具体表现。反映民生问题需要的统计数字十分繁杂，官方统计的务实与民间统计、第三方调查的配合，真实反映民生，解决民生之难，这才是“责任政府”的实质所在。

大学生就业难问题的成因十分复杂，就业岗位严重不足、大学生严重的大城市和外企及公务员等情结、用人单位的一些肆意行为、贫困与农村家庭出身的大学生社会网络关系的无助等等因素，致使高校一次性就业率连年下降。金融危机对大学生就业的影响还没有完全见底，出现反复的风险依然存在。我国实施高等教育平民化政策以来，国务院确立了包括毕业生到基层就业、到民营企业就业、自主创业、技能培训、失业登记、临时救助、待就业服务、高校就业指导、发放“失业补助金”以及为大学毕业生提供“廉租房”或“经租房”、为创业的大学生提供小额创业项目等，这些举措或可缓解眼前的压力，但从长远看仍有待于深化教育改革。大学生自主创业的道路尤为艰难，“知识难以改变命运”已成为一个社会现实，使新的“读书无用论”在中国甚嚣尘上。问题在于与高等教育因放宽“入口”而获得规模上的突破相比，与就业这一“出口”相关的产业结构的调整和转型升级却要缓慢且艰难得多。摒弃“闭门造车”的思维，重构需求导向型的教育体制成为当务之急。

本篇第一章、第二章、第三章、第四章、第五章由暨南大学林毓铭撰稿、第六章由暨南大学李莹撰稿。文中不当之处，敬请指正。

1 社会保障常态与非常态管理的风险视域与防范

我国正处在社会转型与体制转轨，机遇与风险并存的社会高风险期，在社会急速变化的过程中，各类社会问题被迅速地集中和放大，蕴含着巨大的各类风险。从 2006 年 1 月国务院颁布《国家突发公共事件总体应急预案》起，就意味着战略性地应对公共危机已被擢升至国家高度。社会经济与政治领域的各类公共危机或突发事件，无一不与社会保障发生密切的关联，加强与完善社会保障应急管理的理念，建立社会保障应急管理体制迫在眉睫。

1.1 社会保障常态与非常态风险管理若处置不当，直接影响社会保障的可持续发展

十六届三中全会通过的《关于完善社会主义市场经济体制的若干问题的决定》提出：逐步建立起“低水平、广覆盖、可持续、严管理的社会保障体系”，在官方文件中，“可持续”一词，首次与社会保障联系在一起。社会保障是一项长期的、复杂的社会工程，面对我国社会发

展的经济态势，树立社会保障可持续发展的思想理念刻不容缓：其一，社会保障制度的设计应该是一种长效设计，其技术要求高，一旦出现偏误，走入死胡同，调头困难。其二，社会保障制度又是一种人性化的制度，联合国在可持续发展新理念中提出了人的全面发展与人的现代化概念，使社会保障的人性化与人的全面发展高度吻合。其三，与生态和自然的可持续发展相类似，社会保障制度的重要实现基础是社会保障资源，包括两种形态：一是制度、政策、技术设计、信息、管理等软资源；二是社会保障基金、硬件设施等硬资源。现代可持续发展思想尤其强调生态可持续、经济可持续与社会可持续三者的协调发展，社会保障制度涉及的人口问题与各种资源的关联度十分密切，又与经济与社会的可持续发展息息相关。

作为市场经济的配套工程，社会保障可持续发展不仅要处理好社会保障资源配置的代际关系，而且要处理好区域配置、阶层配置、城乡配置的关系，满足于应对人口老龄化与高龄化风险、支持工业化与城市化的社会发展目标。建立社会保障可持续发展战略与完善社会保障体系是一致的，同时也要与我国建立全面小康社会的长远目标结合起来。

我国社会保障制度还处于整合期，当我们谈论影响建设全面和谐社会的“三农”问题、贫富悬殊问题、城市化与工业化问题、中间阶层问题、经济二元化问题、拖欠工薪问题等之时，这些焦点问题同时也是社会保障建设进程中的核心命题。社会保障可持续发展，涉及政府信用及政府规制问题，也直接与社会公众的切身利益相关，关系到下一代人社会保障可利用资源的经济有效性问题，制度操作的好坏，会直接影响党和政府的权威。它要求有可持续发展思想理念的政府科学决策的延续，有支持社会保障可持续发展的政策矩阵作后盾，有强大的经济发展与财政实力作支撑。否则，社会保障制度的朝令夕改或是修修补补，只会伤害民众的感情，西方一些国家针对政府社会保障政策改变引起的大规模游行与骚乱应引以为戒。

从可持续发展的视角研究社会保障问题，也许还是一项开创型的工作，人们在研究养老保险基金模式时，已注意到财政或财务的可持续性问题，人们对养老基金积累式的研究，本身就蕴含对未来退休人口可利用养老金资源的可持续发展问题与政府信用的承诺问题。当今社会保障研究还缺少对社会保障技术设计、政策设计、是否适应经济可持续和社会可持续的长效性研究，包括政策设计者在内的对社会保障的预见还处于一种混沌与朦胧的状态，付出了改革成本，但投入与产出不对称，可持续的理念还没有真正进入政策设计者的视线。

可持续发展可归结为三个特征：生态可持续、经济可持续与社会可持续。社会保障制度是集人口、经济与社会为一体的综合制度，也是一个需要长期规划与发展的制度。在当今社会保障理论多元化发展的过程中，经济增长学派和未来学派都从不同角度分析了社会保障与可持续发展三个特征之间的相互关系。客观地说，社会保障制度可持续发展对于实现人口、经济、资源、环境与社会的发展可起到一定的调节作用，这是当代学界对社会保障功能的再认识。如阿伦（Aaron）条件的提出，讨论了小型开放经济条件下代际间帕累托资源最优配置问题，研究了人口增长与工资增长及利率增量之间的关系；斯普里曼（Spreemann）利用无限的交叠世代模型得出结论认为：现在的一代人没有义务为将来各代人的养老金而积累财富；而对基金制来说，勒纳模型对代际转移的养老保险也可以带来启示，下一代人养上一代人，最终可能使下一代人增加债务负担。奥尼尔（O'Neil）提出，可持续发展就是在环境允许的范围内，现在和将来给社会上所有的人提供充足的生活保障。2001年经济与合作发展组织出版的《The Well-being of Nations—The Role of Human and Social Capital》研究了社会资本与人力资本的关系，提出了福利可持续发展问题。上述社会保障可持续性研究正如布伦特兰（Brundtiand）所警示：既要满足当代人基本需求与社会稳定，又不危及后代人满足其需要的能力的发展。世界银行的学者提出的多支柱模式、威林斯基（Wilensky）和莱博克斯基（Leibocksky）提出的补缺模式、德国学者提出的制度模式、20世纪70年代以来西方国家出现的社会保障危机而引发的社会保障水平超度与支出刚性的讨论、第三条道路关于社会保障的政策主张，均包含了预防社会保障财政危机的理论思想。

1.2　针对潜在风险，社会保障常态型风险管理与非常态型应急管理需要提升到战略高度

1.2.1　社会保障财政危机管理的制度基础不扎实

应急管理是社会保障常规性危机管理的重要内容，社会保障责任不明晰，表现在中央政府与地方政府之间、部门与部门之间、政府与企业之间缺乏风险成本分担的法律框架，一些应急性开支没有明确的支付账目。各级政府的财权和事权不统一，日常一些公共服务的项目是中央政府请客，地方政府付账，一定程度上造成地方政府财政赤字。在发生公共风险的情况下，更容易造成“风险大锅饭”，如何分担中央与地方政府各自的风险成本，如失业成本的分摊、养老保险隐性债务的弥补、特大自然灾害成本的分摊等，各级政府谁也不知道在公共危机状态下自己应该承担多大的风险成本。在这些问题不明确的情况下，各个行为主体就会行动迟缓，相互观望。不仅化解公共危机的效率会大大降低，甚至延长危机状态，而且将会使中央财政在公共危机中陷入被动。对社会保障风险的防范旨在使风险成本最小化从而实现社会保障资源价值最大化，我国在应对人口老龄化与高龄化危机带来的社会保障基金短缺风险时，还要谨防通货膨胀带来的养老金与医疗支付额高于预期，尤其需要作好基金储备与制度安排，尽可能做大“基金馅饼”，在社会保障资源总量及其如何分配之间找到适当的动态平衡。

1.2.2　包括社会保障在内的转移支付政策效应偏低

转移支付基金有相当分量的基金属于社会保障基金，调整转移支付制度，是缩小区域间差距最有效的政策。现在转移支付中面临的一个最

重要的问题是转移支付资金被截流，地方政府以各种理由占用资金。大大小小的政策性浪费已经成为行政质量不高和延缓经济社会发展的主要障碍。“2005年，审计署对20个省（区、市）的地方预算进行抽查后发现，中央预算编入地方预算的为3444亿元，约占中央实际转移支付7733亿元的44%。也就是说，中央转移支付中有一半以上没有纳入地方财政预算，脱离了人大的监督，有的甚至脱离了政府的监督。国家审计署审计长李金华表示，中央转移支付从中央部门一直“流”到村庄，渠道很长，这条‘水渠’是要‘渗水’和被‘截流’的，有时候水流到村里面就没了。他强调，这里面有历史遗留问题。要对地方进行规范的转移支付，就必须把中央和地方的事权划分得非常清楚。”① 中国长期存在的二元经济现象，使农村居民较城市居民处于相对的弱势地位，基本上得不到政府转移性支付，在社会保障转移支付中的享有份额也极低。

1.2.3 被社会保障边缘化的失落人群犯罪影响社会稳定

对于城市居民，农民工是以一种不平等的社会身份进入城市的。农民工在就业、子女入学、岗位选择、医疗待遇均处于边缘化，社会福利的享有量极低。他们虽然居住在城市、工作在城市，是城市经济和社会正常运转不可缺少的一员，但在制度上他们从未被城市社会正式接纳，更谈不上拥有与城市居民平等的地位和权利。他们往往只能从事那些城市人不愿从事的工作，特别是劳动强度大、工作环境差或具有危险性的工作，农民工普遍面临着巨大的心理落差，承受着来自城市的被剥夺感。他们被城市排斥在边缘位置上，没有机会进入主体社会，只能在边缘的、违规的亚文化群体中生活。制度性歧视无疑会滋生出社会仇恨，农民工进城务工承受着“背井离乡”的痛苦和对子女的思念，同时还经常遭受歧视，人格尊严易受到创伤。长期工作压力、精神紧张的“叠加效应”，使他们处理问题时易产生暴力行为。十多年以来，农民工犯

① 郭晋晖：《城乡收入差距仍将扩大　收入分配改革再出发》，《第一财经日报》2006年6月26日。

罪比例逐年攀升，在北京市处理的犯罪人员中，外来人口所占的比例，1980年是3.41%，1985年达到9.28%，1988年上升到23.3%。早在1999年，上海进城农民犯罪就占到了全部刑事犯罪的53.43%，广州的这个数字是52.29%，东莞为80.96%。外来人员犯罪比例的提高，是在城市外来人口总量没有明显增加甚至还有下降的情况下发生的。[①]

1.2.4　农民工和大学生就业成为社会难题

全球金融危机正加速从虚拟经济向实体经济、从发达国家向新兴经济体和发展中国家蔓延，对我国经济影响进一步显现，中国经济面临严峻挑战，首当其冲的是就业风险进一步扩大，劳资关系更为紧张，这将严重冲击社会稳定的政治基础。就业是民生之根本，中国国情加之世界金融危机的严重影响，当前农村太高的劳动力剩余率和城镇失业率，将会使大量的城乡居民陷入生活的困境，会使贫富差距越来越大。就业问题不能得到有效解决，只会使其他所有的问题难上加难，“应急”或“突发”事件必然越来越多。保就业就是保民生、保稳定。据学者预测，未来10年中国总体的劳动力供给压力每年平均可能达2500万人左右。即使按现在最好的年份计算，每年平均会形成1000万失业劳动力。10年积累加上现在失业结转的，可能形成1亿以上的城镇失业人口。庞大的失业群体，必将使社会问题集中化、规模化。从这个意义上说，失业可能是中国真正的危机，而“奥肯悖论”现象的存在无疑将加剧这一危机。

2009年中国有610万应届高校毕业生需安排就业，为历年之最，加之往年没有就业和当年毕业需要就业的大学生有900多万。高等教育中“毕业就失业”的问题得不到较好的解决，老百姓会因教育投资得不到回报直接怨恨政府，这种潜在危机是政府万万不可忽视的。广州妇联对中山大学、华南理工大学、华南师范大学、广东外语外贸大学等10所高校大一到大四年级女生进行的广州女大学生价值观问卷调查显

① 令狐冲：《城市化进程中的农民工犯罪问题》，拙风文化网，2005－6－18。

示：近六成女大学生愿嫁富二代。这是对现实的无奈之举，还是高等教育的悲哀，大学生的理想危机来自于过大的就业压力和生存压力，价值观的扭曲似乎理所当然。

由美国金融危机导致的全球经济增速减缓，以及贸易保护主义的抬头，使得海外市场需求大幅下降，中国出口贸易缩减，国内出口企业面临严峻的经营局面。由于出口产业的投资需求降低，进而会影响到中国的经济增长和就业。2009年中国有3000万左右农民工由于此次金融危机失业，另外，还有其他需要就业的劳动者，全部就业压力在5000万左右。而从未来30年看，如果2040年中国城市化水平推进到85%，城市中还要增加4.5亿人口，剩余劳动力转移压力巨大，整个国家就业压力巨大，将是中国长期的、头等重大的经济和社会难题。由于失业增加引起的经济不景气向社会层面蔓延，社会稳定面临挑战。2009年将是各类矛盾碰头叠加的一年。受国际金融危机和全球性经济衰退的影响，由经济纠纷引发的暴力讨债、绑架、哄抢等民事案件转为刑事案件可能更加突出，城市社会治安问题向农村蔓延扩散的趋势可能更加突出。

企业倒闭会伴生债权人讨要欠款、工人讨要工资以及失业工人就业甚至社会稳定等问题，需要政府出面处理解决。全球经济发生重大波动时，很多企业因无法承受冲击而倒闭或破产不再是个案，这需要引起地方政府的重视，并应有处理预案。地方政府应担当起破产倒闭企业清算的责任、化解社会矛盾的责任，采取特殊手段，维护经济和社会的稳定。

1.2.5 企业单位与行政事业单位离退休人员养老金待遇差距过大，工资双轨制造成社会不公

国际社会一种平等主义的观点认为：统一的社保体系要有统一的标准，实行“按需分配”而非按级别、素质等要素分配。在养老金发放问题上，他们认为每个人退休后的养老金应该是一样的数额，如果工作时按要素分配，退休后你不再工作，大家都一样是个老人，凭什么你要比别人领得更多的养老金呢？所以应该“一视同仁”，明确发放社会保

障金的条件是个人无力支付标准生活费用，社会再“雪中送炭”进行差额补助。[①]。我国政策设计上要让全体退休人员享受社会经济发展成果，在企业退休人员养老金调整上虽有所体现，但调整幅度比较有限，并大大滞后于机关事业单位退休人员养老金的增长，使企业退休人员成为一个心理较为失落的群体，物价的上涨严重影响了他们正常的生活质量。

《工人日报》2009年5月27日报道，据一项网络调查显示：九成以上的人担心养老问题，人们对仅靠养老金维持退休后的生活普遍缺乏信心，87%的人养老得“靠自己另外攒钱”，37%的人认为退休后自己生活水平将严重下降。从企业退休职工养老金待遇与机关事业单位退休职工养老金待遇看，身份制带来的差别使前者明显低于后者，成为当前待遇公平的一个突出问题。机关事业单位退休人员享受社会经济发展成果比较明显，一是退休金起点高；二是养老金待遇调整幅度高。企业与机关、事业单位退休干部职工退休金比较，三者在1990年时分别是1607元、1715元、1771元，差距不大。到2005年时，三者分别为8565元、17633元、16147元；从2000年到2005年的6年间，机关、事业单位的退休金年均增长13.07%和11.48%，但是同期企业退休职工的收入年均增长仅有6.92%。[②]“本是同根生，贡献也相同，待遇低三倍，何以论公平”，成为质疑中国养老金政策带有歧视性的一个话题，差距拉大并造成群体性事件增多，这种收入不平等于和谐社会的建设显然是不利的。自2005年起到2007年，国家连续三年提高企业退休人员基本养老金，企业月人均养老金从714元提高到963元，但是企业退休人员养老金的增长仍然远远低于机关事业单位退休人员养老金增长的绝对数水平。

国务院2007年8月1日决定2008～2010年连续三年继续提高企业退休人员基本养老金标准，提高幅度高于前三年的水平，以“进一步缓

① 景天魁：《中国社会保障的理念基础》，http：//www.sociology.cass.cn。

② 徐碧姗：《网友质疑企业退休人员养老金将提高1/3说法》，http：//www.sina.com.cn，2007年3月15日。

解收入差距的矛盾”。这里的调整与“缓解收入差距”的重要命题是：对现有4200多万企业退休人员养老金的调整，以提高较低养老金退休人员和企业高职退休人员的养老金为起点，三年内普遍提高企业退休人员的养老金水平，“缓解收入差距”是要将企业退休人员与机关事业单位退休人员养老金作横向对比，在两者养老金都有所增长的前提下，企业退休人员的养老金增长比率应该高于机关事业单位退休人员的养老金增长比率，否则就不可能“缓解收入差距”。

1.3 社会保障以常态型风险管理为主，尽力减少应急型色彩

就社会保障而言，发生公共风险的主要领域：一是产业结构调整引起的群体性失业，那些在劳动力市场上缺少竞争力的人群，会逐渐被沉淀到社会的底层，形成城市贫困人口，需要失业保险政策和最低生活保险制度与之相对应。目前农民工与大学生这两大群体的就业问题与失业问题存在非常复杂的社会动因，更需要相应的社会保障政策提供防范机制；二是重大的自然灾害，如汶川地震除了造成大量灾民正常的劳动与生活中断、需要社会救济提供物质帮助后，需要安置就业达到数百万人；三是养老金的社会化发放，一旦遭遇养老金支付危机，需要政府充当兜底者的角色，坚持确保养老金足额按时发放不动摇；四是政策性引发的危机，如我国农民工群体性退保问题，虽然这还没有酿成一种重大的社会事件，但是这对农民工的所谓关怀与政府社会保障的诚信蒙上了阴影；五是公共医疗问题，公共卫生问题的预防性尤其需要提前作出应急预案。

对社会保障的危机或危机管理在管理层次上高于日常管理，是管理的最高层次。社会保障财政危机管理要服从于建设小康社会与和谐社会

的发展需要，必须与整个国民经济和社会发展规划结合起来，也必须与国家、地区和部门的危机管理体系相适应。在上述社会保障公共风险防范中，失业问题借助于公共财政与劳动社会保障部门共同应对；重大自然灾害通过年度财政预算由民政部门实行常规管理与应急管理，并辅之以动态调控机制；养老金的社会化发放有“两个确保”政策作背景，近几年已走上了正常发展的轨道，未来应对人口老龄化的养老金支付危机，需要政府作出长期的预算安排与风险防范；社会保障政策不当引发的危机需要进行政策调整，以符合国民心态与现实诉求；医疗保险与公共卫生问题是最复杂的社会层面，具有公共危机普遍存在性、较强的突发性与扩散性、高频发性、社会影响力大等特点，不确定型因素复杂，需要作出特别的应急预案。生存保障是社会稳定的逻辑起点，这是社会管理和社会伦理价值判断的共同结果，社会保障系统选择反映民生生存状况的硬性指标来综合考量社会保障财政危机管理配套能力。

1993 年以来，从政府角度出发，较多地从社会稳定与公共安全角度考虑，整个社会保障制度建设具有明显的应急特征，突出地表现为头痛医头、脚痛医脚，从“三三制”的出台到“两个确保”再到“三条保障线”向“两条保障线”转轨并制，几乎成为整个社会保障制度建设的主线和中央对社会保障宏观调控的主体内容，科学决策手段单一，社会保障体系建设的整体推进步伐参差不齐。

社会保障需要的是常态型的风险管理，忽视常态管理，一旦矛盾堆积，就可能酿成重大的突发事件，如 1998 年全国拖欠养老金达到 500 多亿元，造成了大量的请愿、围堵政府大门现象，最终迫使政府出台“两个确保”政策。社会保障的应急色彩不利于社会保障体系的构建，重视常态管理，强化风险意识，这是未来社会保障管理的方向。

1.4 加强社会保障常态型风险管理与非常态型应急管理，促进社会保障的可持续发展

按照风险管理或应急管理的要求，政府要将社会保障可能面临的各种风险、威胁、危险进行管理。社会保障风险管理工作主要包括三个方面：风险评估——存在什么样的风险、威胁或危险，它们来自何处。风险评价——各种风险、威胁和危险的大小、发生频率与可能性对社会保障的影响有多大。据此排出优先级。风险管理——如何管理各种风险产生的根源，如何在问题出现以前就确定原因解决问题，以消除社会隐患。

1.4.1 强化政府在社会保障常态型风险管理与非常态型应急管理中的责任意识，降低动态风险

国家在社会保障可持续发展中负有不可推卸的责任，社会保障不等同于国家保障，但国家在社会经济发展过程中负有熨平市场失灵的社会保障责任，国家责任不明确，社会保障制度就无从建立，无法实现社会保障的可持续发展。国家责任要明晰，但不是担纲无限责任，国家是社会保险的最后出资人，但需要以社会保险的设计与制度承载为首要前提，并需要国家之外的社会组织与个人来共同承担社会保障的发展重任。超出国家经济所承受能力而不切实际地认为国家要为社会保障支出全额埋单，最终会导致社会保障制度的崩溃。

一般认为，市场经济有两大重要支柱：一是社会保障体系；二是信用体系。中国选择了市场经济的发展道路，要求把建立与完善社会保障

体系作为市场经济一个重要的配套工程。转型过程中政府介入社会保障存在一个适度社会保障水平问题，即以某一国家或地区某一特定时期社会保障支出占该国或该地区 GDP 的百分比来衡量，适度社会保障水平要与社会保障的基本功能相适应，政府介入社会保障的深度则要服从于政府财政收入状况，财政收入增量一般与 GDP 增量成正比关系，适度社会保障水平的约束条件服从于社会保障需求水平与社会保障供给水平两大条件的制约，扩大政府财政预算中社会保障支出的比重就是一个从财务上对政府介入社会保障的供给量的度量。

市场经济改革带给中国的一个重要变化，就是建设一个依法行政、富有效率的有限责任政府，庞大的官僚系统正在朝着“小政府、大社会”的格局发展。有限责任政府的构建决定了中国政府将无法包办全部社会保险事务。如果中国政府要包办社会保险事务，则意味着社会保险管理系统将随着覆盖人数的增加而膨胀，毕竟社会保险不能完全等同于商业保险的大数法则或纯粹风险，这显然与有限责任政府的发展取向相背离。从西方国家社会保障改革的趋势看，政府责任随着市场化程度的提高而干预程度有所减弱，政府偿付责任也随之减弱，政府弱化部分社会保障职能不等于政府在社会保障某些方面的全盘退出，转换政府社会保障职能也包括政府在社会保障的某些方面从主角地位向配角地位的转换。

1.4.2　完善政府在社会保障常态型风险管理与非常态型应急管理的机制建设

中国正处在社会转型与体制转轨，机遇与风险并存的社会高风险期。在社会急速变化的过程中，各类社会问题被迅速地集中和放大，因而蕴涵着巨大的风险。这是当代后发展国家现代化、城市化之路的共性，也是正在进行追赶型、跨越式发展的中国社会不得不面对与思考的问题。中国的社会保障政策应急性色彩比较浓厚，事实上是指政府对社会保障政策制定的科学性与可行性还缺乏思想准备与科学决策，缺少应急预案和应急管理程序，只能是“头痛医头、脚痛医脚”，真正的应急状况下只能依靠财政输血来渡过难关，加强社会保障财政危机管理尤为关键。

（一）社会保障财政危机管理的应急机制

对社会保障风险的识别，一是静态风险，二是动态风险。社会保障制度作为一个长期的系统工程，更大程度上是要预防财务风险，政府介入社会保障要建立常态预算与应急预算，实行预算基金式管理，在性质上，预备费基金属于风险准备金。在当年没有突发性支出的情况下，或者用于突发性支出后的余额，不得用于其他预算开支，应进入预备费基金，不断增加积累额度。应急预算在性质上属于预算，不是在公共风险到来的时候才编制，在形式上也属于滚动预算，每年编制，滚动修改。尤其是随着人口老龄化深度的推进，国家更需要作出应对人口老龄化所需要的养老保险与医疗保险基金的长期预算安排，联系人口周期与经济周期，实行时间上的程序化管理，即：（1）在常态下加强对风险积聚的识别与预防，及时化解公共风险，防止风险累积而转化为社会保障公共危机；（2）在危机阶段及时启动应急反应机制，选择合适的政策组合工具化解危机，尽可能减少危机发生的损失与频度，避免危机升级；（3）总结危机发生的起因，防微杜渐，做好防范下一轮公共危机的制度安排与财政安排。如我国调整企业离退休人员与机关事业单位离退休人员的养老金待遇，这是双轨制带来的传统管理问题，引发的危机是企业离退休人员的强烈不满，影响社会稳定，缩小差距的调整可能使政府陷入了被动的动态调整而难以自拔。

治标还需治本，社会保障的一些突发性事件有可能是社会矛盾长期累积的结果，增强社会保障反应能力需夯实社会保障的基础工作，建立社会保障可持续发展的理念、提高管理能力、完善制度建设。

（1）树立风险意识与忧患意识

中国人民大学社会学系李路路教授曾指出，当代中国社会因巨大的社会变迁正在进入一个“风险社会”甚至是“高风险社会”，这“绝对不是危言耸听”。中国经济与社会发展存在诸多失衡：如城乡居民收入分配的失衡、政府与市场边界的失衡、公共管理与市场化的失衡、投资与消费及外贸间的失衡、垄断国企与竞争性行业的失衡、城市和农村间的失衡、中央政府与地方政府在财权和事权划分上的失衡等。“读书难、看病难、买房难”三难问题要有效解决，若不能开通政府与民众有效的沟通渠道，民众的情绪会演化成“信任危机”，它将影响整个社会形态，居民社会保障预期长期偏低，应该激发政府社会保障部门强烈的风险意识与忧患意识，将社会保障的风险降低到最低程度。

（2）加大社会保障占财政支出的比重与建立分担风险的制度框架

中国“十一五”规划要求在“十一五”规划末期社会保障支出要达到财政预算支出的15%～20%，从资金上奠定了预防社会保障风险的制度框架。与此同时，为了防止“风险大锅饭”、明确风险分担责任，要求在各级财政之间、在政府各个部门之间、在政府与企业、个人之间等等方面构建一个风险分担的制度框架，以减少道德风险和相互之间的推诿与依赖。对政府提供的各项担保、政策承诺进行事前的风险评估，以免政府因财政能力而导致言行不一，损害政府的公信力。为了预防养老保险与医疗保险的支付危机，建立多支柱的养老与医疗保险多支柱体系，这是分担未来风险最有效的良方，多方支撑，政府的社会保障职能才能真正实现。

社会保障经济是一个民生经济，与经济增长和经济发展有着天然的联系，社会保障财政既是经济问题，又是政治问题，一直成为困扰世界大多数国家社会保障发展的瓶颈，提高社会保险各险种的统筹层次是当务之急，它是保证社会保险制度得以可持续发展的关键要素。

国务院明确提出了养老保险将实现全国统筹的目标，其他社会保险险种也将逐步由县市级统筹过渡到省级统筹最终上升到全国统筹。就社会保障财政和保险的大数法则而言，解决长期以来养老保险基金和其他社会保险险种基金“统而不筹”的体制难题，在更高统筹层次上建立各社会保险险种的调剂基金，才能真正体现社会保障的本质，为降低企业和个人社会保险缴费奠定基础，均衡全省统筹范围内企业养老保险费用负担，增强养老保险基金抵御风险能力，提高基金使用效益，确保基本养老金按时足额发放。

（二）政府应急介入社会保障的财政资源配置

（1）应急状态下的财政资源配置工具

由于受经济实力的制约，在危机发生时调集资源的能力和应对危机的机制不健全，资源的有限性和对资源需求的无限性之间的矛盾更加突出。政府介入社会保障的应急机制属于国家应急反应机制的一个重要组成部分，从公共财政而言，要求为及时化解社会保障的公共风险提供财力保障，并辅之以相应的政策和具体措施，从社会保险制度自身财政平衡机制而言，也需要自身的财力系统提供一定的风险预防基金。这两者可以使用的财政或政策工具有：

其一，公共财政应急拨款，包括分割部分国有资产和土地转让。中国为了实施“两个确保”政策，对养老保险的财政补贴有时采用非常规的紧急拨款机制。

其二，动用国务院下属社会保障基金理事会所拥有的基金或国家财政为社会保障长期预算安排的积累基金。国务院社会保障基金理事会所拥有的基金是战略性储备资源，具有在应急状态下动用的政治功能。国家财政为社会保障长期预算安排的积累基金，是出于未来社会人口老龄化为防范养老金支付危机与医疗费支付危机而储备的资源，对中国而言，应该具备这方面的战略思想，并尽早做出预算安排。

其三，动用统筹账户的积累基金。中国社会保障各个项目都有不同程度的滚存结余，截至2007年，全国养老保险基金累计结余7391亿元。① 除了可以满足2～3个月发放的常规性风险基金以外和少量的个人账户“实账”以外，如果实现全国统筹，其余额持续增长可以作为一种应急状态下可以动用的资源。

其四，转移支付。中国经济发展极不平衡，进行区域收入分配调节涉及广义转移支付和政府间转移支付，首先要在中央与地方财政之间合理划分收入分配调节事权，但不可能在全国范围内统一调节标准。为此，收入分配调节的基本事权应按居民属地来划分。考虑到各地社会保

① 详见人力资源和社会保障部网站《2007年劳动和社会保障事业发展统计公报》。

障资源汲取能力的差异，以及改善社会保障资源结构配置的需要，重视对社会保障的转移支付政策，弥补以往在计划经济中遗留的非均衡发展战略带来的后遗症。中央财政向贫困地区划拨社会保障基金或是省级财政向下级财政下拨补助基金，要依据相关的价格、收入指标及各地社会保障制度的运行效率等测定。

其五，实行第三次分配。第三次分配是指在一些社会生活领域里如何让富人多出钱，穷人少出钱，也即实行社会收入的转移支付。鼓励富人捐资建立各种社会基金，资助公益性事业或慈善事业是实现社会收入转移支付的有效途径。在中国，需要动员企业、富人，高效地为社会进行第三次分配，为社会保障提供“最后一道防线”，弥补财政转移支付的不足。现在需要解决的是一些慈善行为的非特定捐赠使捐赠者看不到自己的捐赠对象的生活改善而产生的抵触心理，政府要免除捐款的所得税，为私人捐资的基金会的运作制定完善的法规体系。

其六，发行社会保障公债。在应急状态下，为了弥补社会保障应急基金的不足，发行社会保障公债。

上述应急状态下社会保障资源配置工具可以根据不同的风险状况单独使用或组合使用。国际社会对重大自然灾害的人道性捐赠，也是必不可行的资源配置工具。

（2）社会保障可持续发展的资源配置

社会公共危机是个人、家庭、市场机制本身不能解决的社会问题，需要政府着力动员社会资源和公共力量加以解决，政府应成为公共危机管理的主体。政府的资源配置职能，指的是通过公共部门收支活动以及相应政策的制定、调整和实施，实现对社会现有的人力、物力、财力等社会资源结构与流向的调整与选择，重点是社会保障资源的结构调整问题。

经济发达地区与欠发达地区经济发展的巨大差异，决定了社会保障水平在发达地区与欠发达地区之间严重的非均衡态势，也决定了中国社会保障水平地区差异的个性化与多质态倾向将长期并存。“一体化”是一个抽象的概念，城乡社会保险制度的建立与改革应从实际出发，分别建立与生产力相适应的社会保险模式。差异化发展是为了将来更多范围的制度整合，东部地区带动中、西部地区的发展；城市经济推动乡村经济的发展。逐步调整城乡二元经济结构，使农业人口按照现代化国家的标准下降到30%以下，中国社会保障城乡一体化从整体上说才可得以实现。

我们可以借用Theil提出的熵来研究社会保障水平在不同地区之间的差异：

$$T_{全国} = T_{地区间} + T_{地区内} = \sum_{i=1}^{3} Y_i \log(Y_i / GDP_i) + \sum_{i=1}^{3} Y_i \left[\left(\sum_{j} Y_{ij} \log(Y_{ij} / GDP_{ij}) \right) \right]$$

上式中，T 代表熵，Y_i 为第 i 个地区的社会保障费用支出份额，GDP_i 为第 i 个地区的GDP份额。以Theil表示的各地区之间总差距可以直接分解为组间差距和组内差距，比如我们将社会保障份额与GDP的份额之比分解为东部地区、中部地区与西部地区，了解三大地区差距（组间差距）和各地区内部差距（组内差距）各自的变化趋势及其对总差距的影响。

上式中，$i=1$、2、3时，分别表示东部地区、中部地区与西部地区；j 表示省、直辖市、自治区，ij 分别表示我国东部、中部、西部各自对应的省、直辖市、自治区，Y_i 表示东部、中部地区或是西部地区的社会保障费用支出份额占全国三大地区总额的比重，GDP_i 表示东部地区、中部地区或是西部地区的GDP占全国GDP总额的比重；Y_{ij} 表示某省、直辖市或自治区在相应东部地区、中部地区或是西部地区的社会保障费用支出额在该地区社会保障费用总额中的比重；GDP_{ij} 表示某省、直辖市或自治区的GDP在相应东部地区、中部地区或是西部地区GDP的比重。

为防患于未然，“十一五”期间，中央对社会保障的资源配置作出了重大战略安排：一是中国财政部已提出“让公共财政照耀农村”的新理念，不断加大对农村教育、医疗、卫生、文化等社会事业的投入力度，促进农村的全面发展；二是将市场资源配置与政府资源配置结合起来，改变卫生资源在市场分配上存在的“重大城市轻小城市”、“重城市轻农村”、“重参保人群轻非参保人群”的问题。政府在卫生工作中要加强公共卫生建设，有效应对突发公共卫生事件；三是根据原劳动与社会保障部“十一五”规划，2006年全国新型农村合作医疗试点县（市、区）数量要达到全国县（市、区）总数的40%左右；2007年扩大到60%左右；2008年在全国基本推行；2010年实现新型农村合作医疗制度基本覆盖农村居民。这些立足于长远的社会保障资源配置有利于防范社会保障风险的发生，在建立和谐社会的基础上，释散风险聚集转化为公共危机的发生几率。

（3）社保基金的长期投资的增值效率

2008年，受金融危机等因素的影响，全国社保基金交易类资产公允价值变动额约为-620亿元，权益投资收益额约为-390亿元，投资收益率约为-6%。[①] 中国重要的战略投资者是做实后的个人账户基金和企业年金（2007年底中国3.2万家企业积累了1519亿元企业年金[②]）。社保基金的发展将有利于实现机构投资者作为资本市场主导力量的战略目标。同时，将部分国有股划给社保基金持有，可以避免股权分置改革完成后股权流通量的过快增加，从而缓解市场压力。但是，社保基金持有部分国有股权后，可能会面临股价波动或效益较差的国企破产的风险。据《证券日报》报道，从2003年至今的5年内，养老保险基金名义投资收益率为2.18%，而同期加权通胀率为2.2%，因此，养老基金的实际收益是在贬值缩水。政府应选择专业的机构进行养老金的管理，选择银行作为基金托管人，专业投资机构作为基金投资管理人，个人账户的受托责任和账户的记录由现在的社会保险经办机构来承担，通过专家理财使养老金获得更好的收益，使退休人员获得更好的回报。

通货膨胀问题是养老保险问题的最大威胁，北京嘉讯科博科技发展有限公司理财专家李英伟为普通百姓计算的数字是：如果现在退休，20

① 周雪：《社保基金去年受累股市　成立8年来首现年度亏损》，《第一财经日报》2009年2月24日。

② 详见人力资源和社会保障部网站《2007年劳动和社会保障事业发展统计公报》。

年后的退休生活需要63.5万元，但如果是20年后退休，则需要106.2万元，中高收入阶层需要的养老费用则更高。

因此，社保基金应建立起有效的危机管理制度。将养老金体系改革与资本市场发展协同起来加以推进，设计一揽子政策安排与配套措施，实现资本市场与养老金体系的良性互动发展，但当前中国资本市场建设与基金运营监督体系是一个突出的问题。养老保险个人账户真正做实后，做实后的基金如何增值，这是对中国资本市场与政府管理能力的一个最大的考验。

（4）开源节流，降低危机管理成本

预计到本世纪30年代，中国老龄化将达到高峰，城镇的养老负担系数将大幅提高，医疗费用也随之大大加重。“未富先老”成为社会的隐忧，老龄社会到来意味着今后相当长的一段时间内养老面临的问题严重。与此同时，为了养老保险基金的开源节流，社会保障政策调整可以考虑：其一，降低养老金替代率的改革必须在非透明管理的情况下尽早到位；其二，采取低进低出办法，扩大对非公有制企业的养老保险覆盖面；其三，在实行养老保险全国统筹同时实施中央转移支付确保养老金发放情况下，要与地方养老保险业绩管理挂钩，促进地方养老保险绩效管理最优化；其四，加快收入工资化、工资货币化改革，规范工资管理体制，减少社会保障税在目前对富裕者阶层的累退性，扩大社会保障工薪税的税基；其五，在中国人口老龄化趋近中强度时期及所面临的高龄化风险，适当延迟退休年龄，即可增加养老保险费的收入，又可减少养老金的支出。

1.4.3 做好社会保障的各种应急预案工作，确保社会稳定和社会保障事业的健康发展

转轨时期社会经济所具有的过渡色彩和诸多不稳定与不平衡因素，加剧了社会经济运行中的公共风险，增加了公共危机发生的可能性。我国正处在经济体制和经济增长方式双重转轨的特殊时期，同样存在大量的诱发社会保障危机的潜在的制度及非制度因素。在既定的制度安排

下，风险日益集中在社会经济活动的某些环节上，一旦受外部因素的作用或内部风险累积超过一定的限度，就可能爆发危机，增加社会保障的支付风险。

（一）将预防社会保障危机纳入国家应急预案的法制化轨道

2006 年 1 月 8 日，国务院发布了《国家突发公共事件总体应急预案》，中国应急预案框架体系初步形成。编制总体预案的目的是为了提高政府保障公共安全和处置突发公共事件的能力，最大限度地预防和减少突发公共事件及其造成的损害，保障公众的生命财产安全，维护国家安全和社会稳定，促进经济社会全面、协调、可持续发展。在公共事件中，相当部分属于社会保障的主体内容，构建社会保障应急预案，一则保证公共财政在危急状态下保障社会保障应急基金的供给，建立公共危机的快速反应机制；二则在常规状态下为预防社会保障财政危机的发生制定长期的反危机战略和应急计划，实行权责发生制的政府会计，建立政府财务报告制度，全面反映政府的或有负债及未来支出责任。

从常态型风险管理看，为了应对人口老龄化与高龄化带来的威胁、应对未来通货膨胀对养老保险带来的威胁，政府应作好以下工作：

（1）适度调整计划生育政策，应对人口老龄化与高龄化危机

20 世纪 70 年代，中国政府果断决定将计划生育定为基本国策。30 多年来，中国少生了 4 亿多人，使中国“13 亿人口日”和世界“60 亿人口日”的到来都推迟了 4 年。国家统计局 2008 年底发布的报告显示，由于实施计划生育政策，中国人口自然增长率由 1978 年的 12‰下降到 2008 年的 5.2‰。中国人口占世界人口的比重由 1980 年的 22.2% 下降到 2007 年的 20.1%。中国人口再生产类型完成了由“高出生、低死亡、高自然增长”的传统模式向“低出生、低死亡、低自然增长”的现代模式转变。这一历史性转变仅仅用了不到 30 年的时间，而发达国家通常需要上百年。但是，由于计划生育政策的影响，我国人口红利期将于 2015 年左右结束，老年化程度大大超过社会承受力，人均抚养比将创历史纪录，人们的生育愿望将随着生育价值观念的变化而递减，未来政府使尽一切鼓励措施都将难以提高生育率。

根据日本第一生命经济研究所的研究显示，当老年人口比率上升1%，总生产力就会减少0.11%，到2050年日本占全世界经济总量的比率将由目前的8%下滑至4%。人口老龄化与高龄化危机，将使日本经济遭受重创。中国计划生育政策带来的另一个问题是性别比例严重失衡，伦敦大学高级研究员海斯克斯研究报告显示：中国20岁以下男性比女性多3200万，农村女性嫁到城市比例加大。允许头胎是女儿的夫妇生第二胎的省份，性别比例失衡更加严重，甚至达到了143:100，选择性堕胎是主要原因。另据一些专家估计，现在每年才出生600多万女孩。假如等到20多年后才停止计划生育政策，每年人口自然死亡2500万人，这600万妇女怎么能生育2500万孩子来维持人口平衡？显然，中国政府对计划生育政策的终止执行期应该有所警惕，或是最近或是不远的将来，适度放宽计划生育政策，出台鼓励生育女孩的政策，减少人口红利期结束而带来的负面影响。

（2）尽早为应对养老保险与医疗保险危机积累财政基金

从世界范围看，人口老龄化常常被看作是改革的一个主要动力。决策者所面临的养老金困境既包括人口统计因素，也包括工资因素。人口统计因素是指挣工资者与退休者比例的下降，其原因在于生育能力的下降，再加上长期的退休年龄的推迟与人均寿命的提高。工资因素指的是真正工资的缓慢增长。我国参保人数2001年以来的平均增速为4.04%，已低于离退休职工人数的平均增速6.64%。人口老龄化直接威胁养老保险的可持续发展。养老保险的“隐性债务”是指国家对已退休和行将退休职工的隐含债务的补偿问题，我国这一数值达数万亿元，但中央财政对这一历史负债迟迟未能进行补偿。使“统账结合”的养老保险制度在运行过程中，至2008年底累积了1.4万亿元的空账。我国的养老保险制度还面临大量人口提前退休而减少养老保险费缴付、欠缴情况较为严重、失业问题长期羁绊我国的发展、工资增长长期滞后于GDP的增长而影响养老保险费的增加、资本市场不完善造成养老保险基金增值困难、通货膨胀威胁日渐加大、信用缺失冒领养老金等问题对养老保险制度运行带来的冲击，这些制约因素对养老保险造成的影响将是长期的。因此，以下三点是政府必须重视的问题：

其一，中国政府应尽早解决好社会转型后积累的养老保险转制成本问题，中央财政应作好预算安排。

其二，测算应对人口老龄化与高龄化所必需的养老保险基金积累率，中央政府与地方政府应每年在财政上有所安排。

其三，改革养老保险制度，对缴费满15年可以终身领取养老金、大量人员内退减少养老保险缴费而并没真正空出劳动岗位、退休年龄的改革、养老保险多支柱体系建设等内容进行测算或调整。

未来应对人口老龄化与高龄化的医疗保险的支付危机，需要政府做出长期的预算安排与风险防范，以符合国民心态与现实诉求；医疗保险与公共卫生问题是最复杂的社会层面，具有公共危机普遍存在性、较强的突发性与扩散性、高频发性、社会影响力大等特点，不确定型因素复杂，需要作出特别的应急预案。我国公共卫生资源投入方面的严重短缺，以及与经济发展不平衡相一致的卫生医疗资源的不平衡，要求政府建立专门的公共医疗危机处理基金，从中央到地方，要加大财政年度预算的预备费份额，并建立逐年积累机制，以促进公共医疗应急机制基金的积累与增值。对社会医疗保险制度而言，也要在社会统筹医疗基金中建立相应的应对突发性医疗事件的应急基金，从多个层面建立有充分基金保障的覆盖城乡的突发公共卫生事件应急反应体系，保障医疗保险与公共防疫的可持续发展。具体的危机管理与可持续发展指标为：

①制度设计的可持续性指标：考察统筹账户与个人账户记账比例的适度性、统筹账户基金的供给与需求比、个人账户的综合积累率、进入统筹账户的人数占参保人数比率、个人医疗费用负担指数、缴费率或欠缴率。

②覆盖人口广泛性指标：城镇从业人员医疗保险覆盖率、农村合作医疗保险覆盖率、医疗保险省级或市级统筹区域覆盖率、医疗保险救助人口比率。

③患病率和医治及时性指标：某病发生率、某病患病患、某病病死率、治愈率、好转率、病情延误率、症状反应率。

④费用支出合理性指标：大型医疗设备检查合理率、非正常增长医疗费用所占比率、费用总额预算超标率、每千人拥有医护人员数的合理性。

⑤政府管理的可控性指标：政府采购医疗费用节约率、药品定价执行情况、对公立医院的财政性补偿到位率及其增长、财政预算中公共医疗基金支出比率。

（二）就业安全是中国当前最大的社会问题，建立失业应急预案不能迟疑

实施充分就业政策是政府常态型风险管理的重要内容，但一旦发生重大的经济危机、重大自然灾害的情况下，就业安全就可能上升为非常态型应急管理的范畴。如四川大地震主要地震重灾区涉及近900万的就业人口，其中城镇就业人数约为250万，乡村就业人数约为650万人，造成了短期内严重的就业压力与社会动荡。2007年起始的金融危机为我们敲响了警钟，一旦经济形势恶化，将对充分就业、社会保障和劳动维权带来严峻的挑战。企业倒闭将由个案转向爆发期，政府应加以重视，甚至出台紧急预案。

建立失业预警制度，是对可能出现的较大规模经济形势恶化造成的失业，采取预防、调节和控制的重要措施。这对于政府从宏观上把握失业波动状况，制定相应的宏观调控政策，保证社会保障体系的良性运行以及社会经济的可持续发展具有重要的现实意义。建立失业预警制度的目的，使各地能够对失业调控目标进行有效监控，以确保各级政府失业调控目标的实现，保持就业局势稳定和社会经济的发展。建立失业预警机制，当失业率等指标达到或超过一定幅度影响就业局势稳定和社会经济协调发展时，即发出预警报告，并启动应急预案；当应急政策措施生效，失业率等指标回归调控范围内时，警报解除。失业预警制度由失业预警监测指标、失业动态监测、失业信息统计调查、失业预警线及警报级别设定、失业应急预案等部分组成。

设立失业预警线，原则上依据失业预警监测指标数据及动态监测行业、企业情况划分为三级：Ⅰ级警报（特重）、Ⅱ级警报（严重）、

Ⅲ级警报（一般）。失业预警监测指标达到规定数值时启动相应级别“警报”。根据经济社会发展对失业的影响力和承受力，也可以将失业警戒梯次分为“绿色安全”、“黄色警戒”、“橙色警戒”和“红色警戒”四个区域，当失业预报情况出现红色警戒后，如山东省潍坊市政府规定：出现红色警戒后将制定出台政策规章或法规，严禁企业进行大规模裁员和违规裁员，对生产经营出现困难的企业，通过采取适当缩短工时，降低工资等措施，避免规模裁员；生产经营正常企业在失业预警期间，不得裁减职工，不得随意解除职工劳动合同，企业一次性裁员超过一定数量和比例的，裁员方案应征求企业工会或全体职工的意见，报当地劳动保障部门审核并经同级人民政府批准后执行。

（三）建立防范各类突发事件的干预机制

干预管理和危机管理都是面对事件的积极措施，可以不出现多余成本；而应急管理是灾难性事件管理的高级阶段，它是在已经造成的损失和灾难后果基础上的管理。政府承担着界定和保护产权、改革和创新制度、维持经济秩序、提供公共物品等职能，由于这些职能多不具备排他性，在成本一定的情况下，政府可以采取市场管制、交通管制、价格管制、通讯管制和新闻管制等有效治理工具，规范和约束组织或个人的行为。实施风险消除、风险置换、风险隔离、风险分散、风险延缓、风险补偿、个人保护等措施来减少公共政策或现行方案的负效应。这些措施事实都可以有效地降低社会保障的被动成本。我们通常可以采取以下四种干预模型。

（1）干预事件的影响突然开始，长期持续下去

设干预对因变量的影响是固定的，从某一时刻 T 开始，但影响的程度是未知的，即因变量的大小是未知的，这种影响的干预模型可写为：

$$X_t = \omega S_t^T$$

式中：ω 表示干预影响强度的未知参数。X_t 不平稳时可以通过差分化为平稳序列，则干预模型可调整为：

$$(1 - B)X_t = \omega S_t^T$$

其中，B 为后移算子。现在规定一个所谓“后移算子”B，B 作用

于一个变量 x 上时，是将它变成前一个时间步长的 x 值。即有：$Bx(t)=x(t-1)$。

如果干预事件要滞后若干个时期才产生影响，如 b 个时期，那么干预模型可进一步调整为：

$$X_t = \omega B^b S_t^T$$

（2）干预事件的影响逐渐开始，长期持续下去

有时候干预事件突然发生，并不能立刻产生完全的影响，而是随着时间的推移，逐渐地感到这种影响的存在。这种形式的最简单情形的模型方程为：

$$X_t = \frac{\omega B}{1-\delta B} S_t^T, 0 < \delta < 1$$

一般的模型是：

$$X_t = \frac{\omega B^b}{1-\delta_1 B \cdots - \delta_r B^r} S_t^T, 0 < \delta < 1$$

（3）干预事件突然开始，产生暂时的影响

这类干预现象可以用数学模型描述如下：

$$X_t = \frac{\omega B^b}{1-\delta B} P_t^T, 0 < \delta < 1$$

当 $\delta=0$ 时，干预的影响只存在一个时期；当 $\delta=1$ 时，干预的影响将长期存在。

（4）干预事件逐渐开始，产生暂时的影响

干预的影响逐渐增加，在某个时刻到达高峰，然后又逐渐减弱以至消失。这类干预现象可用以下模型描述：

$$X_t = \frac{\omega_0}{1-\delta_1 B \cdots - \delta_r B^r} P_t^T$$

从上述四种干预模型的形式可以看出，当选择恰当的干预变量之后，干预模型可以较好地反映经济变量的波动情况，干预模型将干预因素体现在干预变量中，可以较好地解决这一问题。经济与社会中各种可能引发社会动荡的事件，通过有效的政策干预与社会规制加以化解，事实上就为降低社会保障的成本支出创造了可能。

2 金融危机背景下的就业安全与政策矩阵

马克思在《资本论》第三卷对虚拟资本做过精辟论述，深刻分析了虚拟资本的属性，虚拟资本的扩大和减少及其与实体资本运行的关系，天才地预见了虚拟资本发展对金融及经济危机的巨大影响。全球金融危机正加速从虚拟经济向实体经济、从发达国家向新兴经济体和发展中国家蔓延，对中国经济影响进一步显现，中国经济面临严峻挑战，首当其冲的是就业风险进一步扩大，劳资关系更为紧张，这将严重冲击社会稳定的政治基础。就业是民生之根本，中国国情加之世界金融危机的严重影响，当前农村太高的劳动力剩余率和城镇失业率，将会使大量的城乡居民陷入生活的困境，会使贫富差距越来越大，就业问题不能得到有效解决，只会使其他所有的问题难上加难，“应急”或“突发”事件必然越来越多。保就业就是保民生、保稳定。

2.1 奥肯定律为何在中国水土不服

美国著名的经济学家阿瑟·奥肯发现了周期波动中经济增长率和失业率之间的经验关系，即当实际 GDP 增长相对于潜在 GDP 增长（美国一般将之定义为3%）下降2%时，失业率上升大约1%；当实际GDP增长相对于潜在GDP增长上升2%时，失业率下降大约1%，这条经验法则以其发现者为名，称之为奥肯定律。

失业率变动百分比＝－0.5×（实际GDP变动百分比－3%）

奥肯定律的一个重要结论是：为防止失业率上升，实际GDP增长必须与潜在GDP增长同样快。如果想要使失业率下降，实际GDP增长必须快于潜在GDP增长。阿瑟·奥肯提出："劳动力需求的水平，在动态意义上主要决定于经济增长。经济增长速度快，对劳动力的需求量相对较大，就业岗位增加，就业水平高，失业率低；经济增长速度慢，对劳动力的需求量相对较少，就业水平低，失业率高。"

比较中美两国经济增长变动百分比与失业率变动百分比之间的关系，美国这两个指标之间成反比，即经济增长率越高，失业变动百分比越低；而中国经济增长率与失业率变动百分比之间没有明显的相关关系，两指标之间呈现不规则变动。

多年来，中国以自然失业率为主，周期性失业率次之。自然失业率是指在没有货币干扰的情况下，让商品市场和劳动市场的自发供求力量发挥作用时应有的处于均衡状态的失业率。正如弗里德曼所说："在任何时候，都存在着与实际工资率结构相适应的某种均衡失业水平"，这种处于均衡状态的失业率，就是自然失业率。周期性失业是由于整个经济周期波动造成劳动力总需求不足产生的失业。马克思揭示了"可变资本相对量递减的规律"。"一方面，在积累进程中形成的追加资本，同它自己的量比较起来，会越来越少地吸引工人。另一方面，周期地按新的构成再生产出来的旧资本，会越来越多地排斥它以前所雇用的工人"。马克思认为，技术进步对就业既有可能产生挤出效应，也有可能带来创造效应；在生产使用价值总量不变的情况下，技术进步有可能引起单个企业或部门就业量的相对甚至绝对减少，但从全社会来说，则取决于技术进步对就业的创造效应与挤出效应的比较；在生产的使用价值总量增长的情况下，技术进步对就业绝对量的影响取决于使用价值量的增加所引起的就业增加。

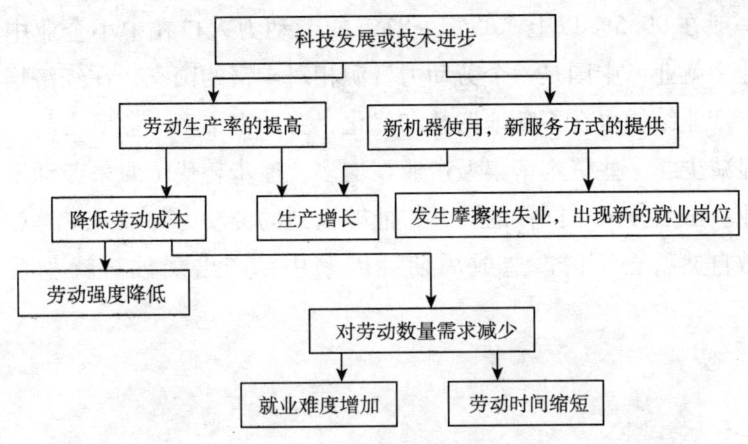

图 2－1　科技发展或技术进步的双重影响

改革开放三十年来，中国经济高速增长，但失业率不但没有下降，反而随之升高。这一“双高”现象从 20 世纪 80 年代以来就已经显现，出现了“奥肯悖论”。科技进步与就业增长的关系如何，失业率上升现象是技术进步与机器减少了就业吗？事实上，科技进步一方面可能在短期内带来劳动力总量的相对过剩：高新技术、自动化技术使以往许多需要大量人力，且效益又不高的行业为生产效率较高的机器所取代，从而使部分隐性失业显性化，加大了就业压力。科学技术发展也使大量劳动知识技术水平相对滞后的劳动者，难以在短期内寻求到适应科技发展的新岗位，这样就势必造成了劳动力总量的相对过剩。但另一方面科技进步促进生产率的提高的同时，创新了许多新的就业岗位，创造了全新的产业群落，无疑会拉动产业对劳动力的需求。尤其随着数字技术、生物工程、纳米技术、核技术等尖端科技的迅猛发展，促成了一大批诸如以 IT、通信、高分子生物制药和纳米材料等为主要生产载体的新兴产业。这些高科技产业除了本身提供数量可观的岗位吸收大量员工外，更重要的是由其带来的联动就业效应，拉动了就业链的提升。

在当代全球化发展的新时代，资本主义国家的中小企业并没有像马克思的预言那样完全被大资本和大企业消灭殆尽，相反获得了前所未有的新发展。从市场经济国家的普遍格局来看，中小企业在全部企业中的比例一般在 99.5% 以上，65% ~81% 的劳动力人口在中小企业中和第三产业中就业。中国是一个劳动力资源相对丰富的国家，在经济增长的同时，产业结构也在不断地调整和优化，劳动密集型产业所占的比例却在明显减少。一些资本密集型产业在增多，逐步替代了原来劳动密集型的工业。虽然投入了同样的资金，能够吸纳的劳动力却减少了，就业弹性系数自然就会下降。造成周期性因素中，产出乘数与就业系数不一致。

2.2 在“双保”的前提下首先要保就业

在金融危机肇始地的美国，政府是挺身而出，大力救市，中国政府更不能袖手旁观。企业倒闭会伴生债权人讨要欠款、工人讨要工资以及失业工人就业甚至社会稳定等问题，需要政府出面处理解决。全球经济发生重大波动时，很多企业因无法承受冲击而倒闭或破产不再是个案，这需要引起地方政府的重视，并应有处理预案。地方政府应担当起破产倒闭企业清算的责任、化解社会矛盾的责任，采取特殊手段，维护经济和社会的稳定。从中国的现实来看，单纯从 GDP 的增长着眼并不必然保证就业增长目标的实现。保增长不是仅仅为了维持某一水平的 GDP 增长率，而其内涵是保持就业的稳定和有所增加。把保增长的目标明确定为保就业而不是 GDP 增长率，对于民生具有重要意义。

在金融危机下，中国企业尤其是中小企业、外向型企业遭遇重重困难，由美国金融危机导致的全球经济增速减缓，以及贸易保护主义的抬头，使得海外市场需求大幅下降，中国出口贸易缩减，国内出口企业面临严峻的经营局面。由于出口产业的投资需求降低，进而会影响到中国的经济增长和就业。中国海关总署公布的数据显示，2008 年前三季度中国累计实现贸易顺差1809.91亿美元，较上年同期下降2.6%；11月出口额较上年同期下滑2.2%，为2001年6月以来出口额首次出现下降；与10月份增长19.2%和2007年增长近26%的强劲势头构成了鲜明反差。这意味着需求萎缩已经影响到中国的出口，国内经济的疲软态势逐渐显现。2008年以来，沿海地区一些劳动密集型企业经营陷入困难，甚至有相当数量的中小企业倒闭。企业面临原材料涨价、人民币升值、节能减排、出口减少等压力，无力消化劳动力成本的上升。

企业面临的困境包括四个方面：其一，竞争（包括企业和外贸部门的竞争）太激烈，价格已经被压到最低点，利润空间极端狭小，承受不起必要的调整。中国进入周期性与结构性双重调整的时期，再加上受外部金融危机影响，“共振”加重了对企业的冲击力。企业间存在大量三角债，比如出口企业拖欠上游供货方的货款，供货方又拖欠着材料商的费用，一些企业甚至以应收账款作抵押向银行借款，倘若某一个环节出现问题，就会引发整个产业链的生存危机。其二，处于下游的劳动密集型企业正处在前所未有的艰难之际，表现为激烈的竞争使其不能涨价，只好挤压利润，“不搞技术改造等死、搞了技术改造找死”始终是相当一批企业的魔咒。其三，2009年，中国国务院发出《关于做好当前经济形势下就业工作的通知》，明确规定，规范企业裁员行为，切实保障劳动者合法权益。企业需要裁减人员20人以上，或者裁减不足20人但占企业职工总数10%以上，需提前30日向工会或者全体职工说明情况，听取工会或者职工意见后，向当地人力资源社会保障行政部门报告裁减人员方案。事实上，在金融危机的背景下企业裁员有其合理性，当企业生产能力过剩、订单减少的时候，企业就应该裁员，否则无法降低运营成本，难逃破产的命运。政府行政干预有时并非起到好的结果，反而增加了企业的经营难度。

一些中小企业（劳动密集型企业）倒闭的原因，一是在实施以“两防”（防通胀、防过热）为目标，并强调“有保有压”的宏观经济调控中，中小企业难以从“保”的措施中受惠，而在“压”的措施中却常常首当其冲；二是劳动密集型中小企业处于高度竞争环境，面对国际原油和其他原材料价格上涨推动的 PPI 提高，无法通过涨价释放成本压力，利润被大大挤压，结果是那些处在边缘上的企业便难以为继；三是那些长期以来只是靠压低工资和违背劳动力市场规制以维持生存，而在经营上并不具备可持续的竞争优势的企业，在劳动力供求关系改变和劳动力市场制度日益健全的条件下，被淘汰出局在所难免。

由于位于产业链条下端的制造业中小企业面临的竞争异常激烈，是价格的接受者而不是决定者，因此他们承受的生产成本上涨压力无法通过提高价格得以消化。虽然在过去几年中，面对能源、原材料价格和工资的上涨，制造业企业通过提高中间投入品使用的技术效率，以及提高劳动生产率，在很大程度上化解了生产成本上升的压力。但是，面对当前国内外的周期性冲击因素，相当多的中小企业已经难以自救。要想使中小企业摆脱困境，需要运用金融手段和减税手段给予特殊的支持。既然这类企业是保增长和保就业的关键，的确需要国家向企业适当让利，金融支持以及减税应该是最有效、时机最合适且激励相容的政策手段。

2.3　建立失业预案与保就业的政策选择

一旦经济形势恶化，将对充分就业、社会保障和劳动维权带来严峻的挑战。企业倒闭将由个案转向爆发期，政府应加以重视，甚至出台紧急预案。

建立失业预警制度，是对可能出现的较大规模经济形势恶化造成的失业采取预防、调节和控制的重要措施。这对于政府从宏观上把握失业波动状况，制定相应的宏观调控政策，保证社会保障体系的良性运行以及社会经济的可持续发展具有重要的现实意义。建立失业预警制度的目的，使各地能够对失业调控目标进行有效监控，以确保各级政府失业调控目标的实现，保持就业局势稳定和社会经济的发展。建立失业预警机制，当失业率等指标达到或超过一定幅度影响就业局势稳定和社会经济协调发展时，即发出预警报告，并启动应急预案；当应急政策措施生效，失业率等指标回归调控范围内时，警报解除。失业预警制度由失业预警监测指标、失业动态监测、失业信息统计调查、失业预警线及警报级别设定、失业应急预案等部分组成。

设立失业预警线，原则上依据失业预警监测指标数据及动态监测行业、企业情况划分为三级：Ⅰ级警报（特重）、Ⅱ级警报（严重）、Ⅲ级警报（一般）。失业预警监测指标达到规定数值时启动相应级别"警报"。根据经济社会发展对失业的影响力和承受力，也可以将失业警戒梯次分为"绿色安全"、"黄色警戒"、"橙色警戒"和"红色警戒"四个区域，当失业预报情况出现红色警戒后，如山东省潍坊市政府规定：出现红色警戒后将制定出台政策规章或法规，严禁企业进行大规模裁员和违规裁员，对生产经营出现困难的企业，通过采取适当缩短工时，降低工资等措施，避免规模裁员；生产经营正常企业在失业预警期间，不得裁减职工，不得随意解除职工劳动合同，企业一次性裁员超过一定数量和比例的，裁员方案应征求企业工会或全体职工的意见，报当地劳动保障部门审核并经同级人民政府批准后执行。

具体的保就业政策措施包括：

1. 失业应急预案启动后，有关部门根据失业程度分别对就业、产业和公共投资政策进行相应调整。

2. 财政部门按规定从失业保险基金、促进就业专项资金中及时调剂资金，用于突发失业事件时人员安置、失业保险待遇发放和落实各项促进就业政策等所需资金。

3. 劳动保障部门对集中产生的大量失业人员，开展积极、主动的就业服务工作，加强职业指导，转变就业观念，通过落实就业援助等扶持政策，帮助就业困难对象尽快实现就业再就业，对经多次求职仍未实现就业的，给予公益性岗位托底安置。

4. 政府投资开发的公益性岗位和城建、园林、绿化、交通协管、小区治安、小区物业、家政服务、托老托幼、机关后勤服务等社会化服务岗位纳入统筹管理，用于安置失业人员再就业。

5. 实行空岗报告制度，有针对性地选择缺工企业与关闭破产或裁员企业进行对接，为即将失业的人员提供及时的转岗机会。

6. 积极开展创业带动就业工作，通过创业培训、项目选择、开业指导、推荐贷款、落实补贴、跟踪服务等“一条龙”服务，让更多劳动者通过创业培训成功创业，从而带动更多的失业人员就业再就业。

7. 从国民待遇上善待农民工、善待城镇贫困人群，完善社会保障制度。

8. 切实做好失业统计工作与失业人员的民情民意调查，着力寻求外来务工人员产生焦虑、畏惧、暴躁等情绪的原因，解决具体的现实问题是关键。

9. 健全劳动保障监察体系和劳动争议调解仲裁机制，依法维护劳动者合法权益。

10. 职业技能培训注重实效，尤其要做好就业预期工作，规避再就业风险。

2.4 构建中小企业政策矩阵，促进中小企业可持续发展

综合统计数据资料，中小企业使用 20% 的金融资源，却创造了 60% 的 GDP、75% 的城镇就业，如果中小企业裁员 10%，中国将新增加 3000 万失业人口。中小企业还贡献了 60% 的出口和 60% 的税收、65% 的发明专利，80% 以上的新产品开发都是中小企业完成的。这些数据说明，每一单位投入，中小企业创造的就业是大型企业的 8 倍至 10 倍，创造的 GDP 是大型企业的 4~6 倍。

为应对金融危机，扶持中小企业发展，将充分就业作为政府的第一

要务，运用情景——应对理论，要求决策者在对常态与非常态状况下的突发事件进行决策管理时，能够快速、准确认识、判别和分析突发事件应急管理不同阶段的情景及其变化，据此做出科学有效的应对决策，进行有效的风险管理或应急管理（如图2－2所示）。就业管理非常复杂，扶持中小企业需要建立完善的政策矩阵，本节仅对就业管理中的政策矩阵作一阐述，以实现中小企业就业从量到质的扩张。

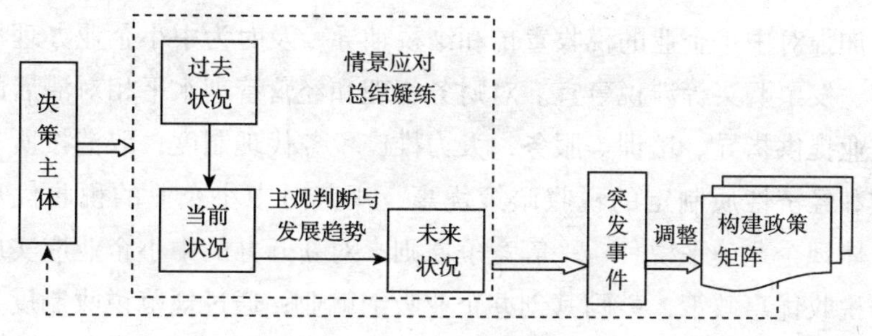

图2－2　仿真与反馈

（一）宏观经济政策

经济增长不等于就业增长，而要在经济结构调整、产业结构调整中促进就业。中国经济正处于经济转型升级的关节点，以劳动密集和简单加工为特征的低端产业，正面临生产要素成本上升、产业竞争力下降的压力，市场经济优胜劣汰的规律客观上要求这些产业转移升级。在这过程中，政府要顺势而为，实行政策引导，中小企业的发展应该走向劳动密集型驱动＋技术驱动＋生产率驱动的道路，后两种驱动有可能与前一种驱动产生矛盾，但从中长期看，它事实上可以创造性地增加新的劳动就业岗位。

（二）财政政策

包括：为中小企业提供贴息贷款或低息贷款，对于生产“精、尖、特、优”高质产品的中小企业设立专项扶持资金；采取财政补贴手段引导与规范对中小企业投资，启动民间投资。对用自有资金创建中小企业，和对现有中小企业增加投资的企业和个人进行补贴。对成果突出的科研开发项目支出进行补助，以鼓励中小企业技术创新，推动科技进步；制定对中小企业实行积极扶持的产品目录，通过多种措施帮助中小企业尽可能多地获得政府购买份额，保证优质中小企业获得政府订单；发挥财政杠杆作用，完善针对中小企业的社会化服务体系，提供创业辅导、企业诊断、信息咨询、市场营销、贷款担保、产权交易、技术支持、人才引进、人员培训、对外合作和法律咨询等服务。

（三）税收政策

加强对中小企业的税收宣传和纳税辅导，及时为中小企业办理税务登记、发票购买等涉税事宜。对财务管理和经营管理水平相对滞后的中小企业提供指导、培训等服务，大力推广税务代理制度；取消按所有制性质和经济性质制定的税收政策优惠，规范对中小企业的税收优惠政策，体现企业公平税负、平等竞争原则，对新开办的中小企业应实施一定的税收优惠政策，鼓励其创办企业吸纳就业；通过规范税收制度，在清理不合理收费项目的基础上费改税，使不同所有制、不同规模的企业的负担稳定在合理的水平上，适度向中小企业倾斜。逐步建立公共部门产品与服务的定价听证制度，降低登记和最低注册资金的标准，从根本上解决减轻中小企业负担问题，逐步剥离目前由企业承担的一些公共事务与社会职责。

（四）金融政策

加快创业板市场建设，完善中小企业上市育成机制，扩大中小企业上市规模，增加直接融资；建立和健全中小企业融资服务平台、信用评价制度及信用担保体系，增强中小企业的获贷能力。鼓励民间资本进入金融行业，形成竞争机制，从根本上解决中小企业融资与发展的困难。要建立中小企业的信用担保体系，由政府对中小企业进行部分或者全部信用担保。除了财政担保外，发展民间担保机构，靠商业化的运作为中小企业提供担保，通过商业信用保险机制，建立再担保体系，来分散担保公司的风险。

（五）社会保障政策

人力资源和社会保障部、财政部、国家税务总局联合下发了《关于采取积极措施减轻企业负担稳定就业局势的通知》，其中提出的“五缓四减三补两协商”政策，要在金融危机的情景下执行，努力形成失业补偿、就业服务和就业培训的整合系统。社会保障政策要加强情景仿真模拟，建立失业预警平台与应急体系建设，出台失业预案，认真应对城镇困难就业人员、资源枯竭型城市成建制失业、特大自然灾害引发的大面积失业、高危暴露人群的就业问题，形成失业救济、就业培训、帮助就业和完善社保的联动机制。

（六）科技创新政策

中小企业由于面临巨大的竞争压力，其组织结构安排灵活，富有弹性，在创新效率和周期上明显优于大企业，存在创新求存的动力机制。国家发改委等制定的《关于支持中小企业技术创新的若干政策》，在激励企业自主创新、加强投融资对技术创新的支持、建立技术创新服务体系、健全保障措施四个方面进行了详细的阐述。

（七）劳动政策

在金融危机的特殊时期，要认真处理新《劳动合同法》和国务院2009年出台的《关于做好当前经济形势下就业工作的通知》所发生的条款性冲突，对于特殊时期困难中小企业经过多方努力因有利于企业提高经济效益而不得不实行裁员的，引导其依法和合理裁员，并切实做好停产、倒闭中小企业职工安置工作。劳动监督要围绕就业稳定性指数、工作质量指数、福利和保障指数、职业发展指数四个重要的劳动监测指标进行管理。对于涉及劳资关系的最低工资制度、欠薪问题、正常工资增长、劳动安全等引起的劳动争议与纠纷，要认真引导进行理性与合理维权，加强NGO的法律援助，保护弱者利益。

3 “两律背反”现象与未来的养老之重

“两律背反”现象是对两种统计规律相反运动的描述，一是指男性大于女性的婚配年龄差按照传统惯性与现代社会趋势在继续拉大；二是指女性平均预期寿命高于男性的年龄差同样也在拉大。这两种结果的反向运动造成老年空巢家庭的增多，给家庭情感的延续与社会和谐及社会保障都将带来负面影响。实现性别平等，抓住妇女劳动就业率这一核心指标，才能有效地缓解“两律背反”现象。

3.1 “两律背反”现象的统计描述与产生的原因

根据美国人口咨询局与世界人口数据表资料，从世界平均水平来看，女性预期寿命比男性高 4 岁左右，其中发达地区女性预期寿命比男性高 7 岁左右，欠发达地区女性预期寿命比男性高 3 岁左右。一般来说，人口的平均寿命越长，男女性别差异越大。[①] 也就是说，经济水平

① 黄荣清、庄亚儿：《人口死亡水平的国际比较》，《人口学刊》2004 年第 6 期。

越发达、人口的总体平均预期寿命越长，女性平均预期寿命高于男性的趋势越明显。联合国人口司经济社会事务部发布的资料也可以说明这个问题，如表3-1所示。

表3-1　男女人口配偶、在业及期望寿命比较表

地　区	有配偶人口比重（男/女）	2000年在业人口比重（男/女）	2000~2005年60岁期望寿命（男/女）
世界	78/44	40/15	17/20
发达地区	79/44	21/15	18/23
欠发达地区	77/44	50/19	16/19
最不发达地区	85/40	74/42	15/16
非洲	86/40	66/33	15/17
亚洲	76/45	48/19	17/20
欧洲	79/42	16/7	17/22
拉丁美洲和加勒比地区	76/43	47/12	18/21
南美洲	76/45	23/13	20/24
大洋洲	74/49	22/8	19/24

资料来源：根据联合国人口司经济社会事务部人口老龄化（2002年）资料整理。

表3-1中：（1）有配偶人口比重，男性比重大体在74%~86%之间，女性比重大体在40%~49%之间，女性丧偶比例大大高于男性，反映了全世界一个普遍现象，婚配平均年龄男性高于女性造成了这一结果。（2）在业人口比重，不发达地区女性就业比例大大高于发达地区女性就业比例。（3）发达地区与最不发达地区60岁男女期望寿命相比，发达地区男性的期望寿命比女性短5年，最不发达地区男性的期望寿命仅比女性短1年，而欠发达地区男性的期望寿命比女性短3年，居于中间值。上述资料还显示：无论是男性还是女性人口，丧偶率均随着年龄的增长而增长。然而，多数男性老人有配偶，甚至在75岁以上人口中有配偶的男性老人数量超过鳏夫人数。男性老人较女性老人更可能有配偶。

据计算，我国人口男性预期寿命在1982～1983年为63.49岁，女性为66.77岁，1990年为66.35岁，女性为69.43岁，1999～2000年男性为68.82岁，女性为71.95岁，我国女性平均预期寿命同样高于男性3.12岁左右。但现代都市平均寿命的性别差异高于全国平均水平，据北京市普查资料，女性预期寿命比男性大6.5岁。

中国传统的婚姻模式是男大女小，中国社会科学院进行的一项调查表明，1987年丈夫大于妻子两岁的比例最高，达46.1%。进入20世纪90年代，男大女5岁的比例最高，达48.44%。据世纪佳缘联手与MSN合作的交友频道一起开展了“中国白领婚姻交友网上调查”，作为客观因素之一的年龄，在当下已经不仅仅是数字的意义，更多的包含了阅历、经济状况等附加值，对于双方的年龄差距，69.7%的人认为相差不超过5岁最合适，11.9%的人认为可以相差5至10岁，其中选择相差5至10岁的女性占男性的两倍，另外还有18.3%的人认为年龄差距无所谓。①

在我国的许多城市征婚广告中，女性离异者参与征婚占了绝大部分比例，离异年龄越大，对男性的征婚年龄尺度放得越宽，40岁以上的离异女性，相当部分将男性的征婚年龄放宽到60岁以上有的甚至无年龄限制。与此同时，“老妻少夫”的现象也越来越常见。

未来社会，男性与女性的婚配年龄有可能还要继续拉大，而女性平均预期寿命高于男性的年龄差同样还在延续。这一“两律背反”现象的存在，在人口老龄化与高龄化时期，致使老年家庭中仅留下老年女性的空巢家庭的比例大量增加，呈现了老年型空巢家庭中单身女性多于男性的倾向与特征。

按照统计规律与从生物角度出发，女性预期寿命大于男性预期寿命的差异会随着经济的增长与人口总体预期寿命的延长而进一步拉大，这是由错综复杂的因素造成的。承受着社会发展的压力与对女性性别歧视现象的蔓延，女性也大都愿意找一个比自己大和比自己成熟

① 《中国白领婚姻交友调查报告发布》，http：//www.sina.com.cn，2006年9月14日。

的男人，更有经济上的安全感，寻找成熟男人的社会共识在女性中越来越强烈，这种“两律背反现象”一时无法改变。在现代社会，一般而言，在世界各国，就业的性别歧视非常明显，是造成女性弱势的重要原因。

女性的弱势与某些边缘化因素使她们更需要从经济上、精神上与安全感上寻求年长于自己的成熟与成功的男性。主要表现为：妇女地位在社会转型期有所下降，在经济领域表现得较为明显，如性别分化出现，女性职业结构相对下沉，女性因为性别在就业、再就业中受到歧视的现象较男性突出，有的单位和部门在招工中存在的招男不招女的问题，下岗女工转岗困难，女性失业严重或是比男性提前5年以上内退，女性就业边缘化等，妇女角色冲突越来越大；在二元劳动力市场中，一方面女性多数被挤到次级劳动力市场，另一方面也引起了女性劳动力群体内部的分化，女工权益被侵害，同工不同酬的现象普遍存在，女职工劳动保护出现滑落，劳动力的竞争使部分妇女成为制度改革的牺牲品，一些女性仍然生存在二元结构的复杂因果链条之中，经历着现代化进程中的多重文化对她们的影响。男女两性在工作职位和晋升机会上存在的差异直接影响到他们之间收入的差异，所获得的社会保障和职工福利的差异，实质上反映了妇女的社会地位与男性所存在的差异。扎巴尔扎和阿鲁费特根据奥克塞卡在1973年所作的论证，认为在英国工资差别可以分为两个部分：一部分取决于不同的特征（$X^m - X^f$）的劳动报酬；另一部分取决于某种特征（$a - b$）的劳动报酬。具体如下式所示：

$$w^m - w^f = a(X^m - X^f) + X^f(a - b)$$

式中：w^m 代表男性的工资；w^f 代表女性的工资，两者分别取决于受教育年限、工作经验、健康条件之类的特征。a，和 b 是系数。$a(X^m - X^f)$ 表示由于男女两性身心条件不同所形成的工资差别，即便毫无个人偏好的影响，按照平等的原则按劳付酬，这种工资差别也无法消除。$X^f(a - b)$ 是由于不公平的劳动评价所形成的工资差别，这种差别就要归因于性别歧视。[1] 在中国，测算资料可以大体反映上述现象：（1）就业稳定性指数：男性合同制工的比例高于女性5个百分点，女性临时工、试用工、学徒工的比例高于男性8个百分点。（2）工作质量指数：男性和女性的平均收入分别是7434.10元和4552.73元，男性是女性的1.63倍。（3）福利和保障指数：男性平均享受各类福利待遇的比例是44.58%，女性是42.28%。（4）职业发展指数：男性处于领导地位的比例是79%，女性是21%。[2] 就是在一部分女大学生中，面临严峻的就业形势，也流露出一种“找（学）得好不如嫁得好”、“找个成功男人，至少可以少奋斗十年”的思想观，她们的婚姻观念变得更为现实。未来的社会阶层结构、消费结构、组织结构等都将更为男性所主导，两性间不和谐问题会凸显出来。其中婚配问题影响生育资源和生育机会的合理配置，有可能诱致“人口生态链”断裂，无疑会给社会关系和民族延续造成极大障碍，成为影响大国崛起的另一个不利因素。[3]

3.2 追求家庭情感仍呈社会的主流，但因“两律背反”现象会带来更多的情感缺憾

随着人口平均预期寿命的不断延长与现代婚姻观念的延续，“两律背反”现象会导致更多的老年型空巢家庭问题。但从现代婚姻家庭关系看，社会发展促进了婚姻家庭伦理道德建设的进步，家庭关系的轴心已

① 石红梅：《我国女性就业与家务时间配置的影响因素分析》，《中共福建省委党校学报》2006年第6期。

② 李军峰：《就业质量的性别比较分析》，《市场与人口分析》2003年第6期，第1～7页。

③ 中国社会科学院：《当代中国社会结构》，中国社会科文献出版社2010年版。

由纵向的代际关系转为横向的夫妻关系，夫妻平等的现代性别平等观念已经被人们普遍接受，人们对妇女的社会角色和男性的家庭角色都表现出了极大的认同。由于独生子女政策的影响与条件的限制，老年人对子女的依赖变得无奈，导致了空巢家庭比率的快速增长。老年夫妻的亲密关系逐渐由亲情关系转向更高的责任形态，老人们表现了更加追求自身美满婚姻的情感中心取向。在老年家庭中，个性得到张扬，个体的价值被尊重，他们更重视追求婚姻家庭生活的高质量，“白头偕老”、“相伴永远”的婚前许诺随着老年人年龄的增长变成更多的期盼，“老伴”的概念更清晰和亲切，追求家庭完美情感仍呈社会的主流。传统的以家庭为本的婚姻观让位于以个人感情幸福美满为本的独立自主婚姻观，情感的满足成为婚姻的第一要素。

从现实看，男性与女性均进入老年或是男性进入老年、女性仍为中年之后，男性先行因健康、体弱等原因较多地享受到了年轻于自己的老伴的关照，在情感上与精力上更多的女性在老年家庭中是对男性更多的付出。而当老年型空巢家庭出现后，老年女性的情感饱受打击，留给她们的是过早失去老伴的孤独，以老年情感为中心的婚姻质量出现严重的缺憾与贫乏，期望与现实产生偏离，失偶的伤痛与情感真空影响老年女性生活的质量，与现实的美满家庭形态处于一种不相吻合的状态。

据英国广播公司报道，英国国家统计局公布的数据表明，喜欢选择年龄比自己小的男性作为结婚对象的英国妇女越来越多，从 1963 年至今，这个数据已经增长了两倍多。这项数据显示，与比自己小 6 岁的男子成婚的女性的比例已经从 1963 年的 3% 上升至目前的 7%，与比自己年轻的男性成婚的女性的总体比例已从 15% 升至 26%。中国社科院新书《当代中国社会结构》指出：到 2020 年，我国可婚男性将过剩 2400 万。很有可能出现“姐弟婚姻”等错位性的婚姻。[①] 当我国一些媒体有意或无意地策划“姐弟恋”的命题时，并没有得到社会大众太多的认可，男性大众所谓的“我会失去自我”与女性大众“缺乏安全感”之

① 中国社会科学院：《当代中国社会结构》，中国社会科文献出版社 2010 年版。

说，个中因素十分复杂，反映出要冲破观念阻力还存在太多的思想禁锢。这一于家庭未来可持续发展与社会养老绝对有利的“良策”，具体到个体，更会成为一道难以逾越的精神鸿沟。姐弟恋里的女性基本上都很自信、很独立也都很有个性，她们不需要依靠男性的辅助就有很好的收入，她们的美更多源自内在而非外表，她们崇尚自我，更多的是自立自强。

适当调适男女年龄婚配的差距，不归于社会政策的范畴，却要适当向人们传达这一信息，使更多的男性增强对婚姻的未来责任，也使更多的女性更理智地考虑自己未来家庭情感的可持续性，更不要给自己的人生留下悔恨。按照社会分层理论，现代女性或职业女性易于突破世袭观念的束缚，她们重视个人成就超过了对情感的寄托，对“传宗接代”及“无后为大”的观念已经改变。现代男性对现代女性的观念也有所改变，而大多数的普通女性却难以超越传统。中国社会中，“姐弟恋”在很大程度上还无法与“兄妹恋”分庭抗礼，在中国城市，老年妇女收入低于贫困线的占 41%，而男性只有 4%。除了女性在经济地位与社会地位上的弱势之外，事实上女性在生理上比男性提前成熟不再是一个理由。提高妇女的经济地位和社会地位，解决女性边缘化现象，家庭的传统地位发生一定的变化与实现性别平等，相信会有更多的男性与女性会理性地思考婚姻的开始与婚姻的未来。随着社会的进步，女性思想的解放、经济的独立，愿越来越多的“姐弟恋”成为现实，成为我们社会生活中另一道别样的风景，为了家庭的长久幸福，也为了社会的和谐与减轻未来社会养老的压力。

3.3 “两律背反”现象与中国社会保障的未来之重

“两律背反”现象带来的社会综合症值得重视，现在社会上老年心理障碍和精神障碍发病率呈上升趋势，即便是丰厚的生活也难以弥补这种精神的空虚与心理创伤，主要原因是老年类型空巢家庭的不适应感与孤独感，出门一把锁，进门一盏灯，成为空巢家庭的真实写照。

建设和谐社会，家庭亲情是社会和谐的单元和基础，对于计划生育型空巢家庭来说，需要在当今社会构建更强调亲情的孝道文化来弥补独生子女政策带来的负面影响；对于“两律背反”类型的空巢家庭而言，需要社会的力量构建公民服务的制度基础，通过个人行为、社会组织行为共同维系中华民族的优良传统。

老龄化加重了社会负担，也使世界各国的社会保障系统面临困境，从养老保险这个角度而言，政府与社会发放的养老金津贴中，单身老人家庭与有配偶的老人家庭相比，政府对前者的负担要重的多。

独居老年人在经济支持、健康医疗、日常照料和精神慰藉等方面面临的问题比夫妇同居老年人更为严峻。即使在许多空巢老年人总体看来有优势的方面，诸如年龄构成较轻、文化程度较高、经济收入水平较高等，独居老年人的境况也不容乐观，独居老年人相对于其他老年人明显处于劣势。有专家表示，由于人口预期寿命的延长和生育率的下降，“空巢”现象将日益突出。大量减少单身家庭或“两律背反”型的空巢家庭，可以大大节约政府公共养老金支出，对于渡过世界性的人口老龄化与高龄化双重危机具有重大的现实价值。

在家庭生命周期理论中，“空巢期”一般被看作是家庭生命周期发展的最后一个阶段，中国人口老龄化与经济发展水平不相匹配，80 岁以上的高龄老人则更是以每年 5.4% 的速度增长，我国要为“高龄空巢”做好准备。以上海为例，早在 2000 年上海市第五次人口普查资料中，65 岁及以上老年人口中的总人口比例达到 11.5%，已远远超过联合国定义的老龄化社会 7% 的标准。人口的过快老化与高龄化会削弱经济增长的驱动力。我国以政府为主导的基本养老保险还存在巨大的隐性债务，一方面城市与农村空巢家庭不断增多，另一方面中国社会还未给老年人安享晚年生活提供足够的空间，养老福利院数量与老年人口相比，还远远不能满足老年人的养老需求，老龄产业化进程也十分缓慢，应对老龄化挑战的经济储备与社会储备严重不足。据有关部门统计，目前居住在设施比较齐全的养老院的老人不足一百万，占老年人口总数的比例相当低。一些设施条件较好的养老院，入住率也只在30%左右。在进入中度人口老龄化社会之后，由于“两律背反”现象的影响，以老年女性比例为主的空巢家庭会以更快的速度增长，同时受实行多年的独生子女政策对老龄化社会的负面影响，使依靠子女赡养变得不太现实，空巢家庭出现后，会有更多的老年女性为了摆脱失去老伴的孤独，成为依附于社会机构的养老一族。当然，这种家庭情感的缺失是难以弥补的心痛，也会造成社会养老与医疗费用的财政压力。建立一套科学的社会保障体系，保障空巢家庭老人有一个幸福的晚年和丰富多彩的精神世界，是建设社会主义和谐社会的重要内容。

3.4 解套“两律背反”现象，需要政府与社会采取积极行动

中国的劳动参与率在全世界范围内都处于最高之列，特别是女性劳动参与率更是大大超过其他国家和地区。但随着进入社会经济转型期时间的推进与劳动力优化重组、优胜劣汰改革的进行，中国女性的劳动就业率与收入和男性相比均出现了下降的趋势。据国家统计局城调队2003年对17个省市的调查，1998~2002年间，仅中国城镇失业者的性别构成中，男性失业率为8.21%，女性失业率为12.67%。[①] 女性的内退年龄比男性普遍要早5年左右。由于女性失业率增加、收入下降，使得经济转型期的女性地位不升反降。要防治“两律背反”型空巢家庭的综合症，关键要素之一是要解决性别平等问题，增强女性自立、自

① 石红梅：《我国女性就业与家务时间配置的影响因素分析》，《中共福建省委党校学报》，2006年第6期。

强、自主的意识，解除其对男性经济上与精神上的依附。

3.4.1　从完善社会保障制度入手，保障女性的平等权益

针对女性特殊的社会保险政策是生育保险政策，1995 年世界妇女大会在北京召开，对世界范围内的女工生育保险改革作了充分的肯定，也促进了我国生育保险改革的进程。国务院发布了《中国妇女发展纲要(2001 ~2010 年)》，提出 2010 年城镇职工生育保险覆盖面达到 90% 的目标要求。但是时至今日，这一“小险种”并没有真正在全国普遍得到落实，许多城市强制征收“四金”并没有将生育保险金包括在内。这一政策的缺乏直接造成了女性在就业与再就业、收入分配等方面处于不平等甚至被歧视的地位。完善生育保险政策，针对各地改革发展不平衡的现状，对滞后地区采取“大险”带“小险”、“小险互带”等共同方式推动生育保险。充分利用医疗保险的医疗服务管理措施和手段，需要积极探索与医疗保险统一管理的生育保险医疗服务管理模式应是未来改革的重点。

国外许多妇女从事季节性就业、居家就业、阶段性或是协议性的弹性就业。对于我国大多数仍具“相夫教子”传统文化理念的女性而言，对于弹性就业是可以接受的，依据家庭的个性特点，在家庭内部绝非排斥男性弹性就业、女性事业为重的相机抉择。建立适应季节性就业、居家就业、阶段性或是协议性的弹性就业的社会保障制度，一是要建立起一个向所有劳动者开放的能够抵御企业破产以及工作变动风险、可转移权益的社会保障制度；二是要完善弹性就业的管理与技术机制。使更多的家庭达到足以降低家庭成员外出工作必要性的收入水平，利用收入分配政策与社会保障政策降低女性对男性的经济依赖，通过规则明确、信息透明的社会保险制度，解除弹性就业人员的后顾之忧。弹性就业的管理与技术要考虑本单位人员匹配、用工要求并结合劳动政策实行动态管理，保障正规或非正规部门弹性就业人员的就业权利与经济上的合法权益。

3.4.2　要在各个方面实现真正的男女平等，核心指标是关注女性劳动参与率

第一次世界大战后，从世界范围看，以男性社会为主体，社会保障

系统的主要对象是男性，而作为女性只能享受由其丈夫派生出来的权益，20世纪70年代后随着女性劳动参与率的上升，男女平等的原则在一些国家的立法得到了实质性的确立。中国国务院发布的《中国妇女发展纲要》（2001～2010）制定的总目标提出：贯彻男女平等的基本国策，推动妇女充分参与经济和社会发展，使男女平等在政治、经济、文化、社会和家庭生活等领域进一步得到实现。保障妇女获得平等的就业机会和分享经济资源的权利，提高妇女的经济地位；保障妇女的各项政治权利，提高妇女参与国家和社会事务管理及决策的水平；保障妇女获得平等的受教育机会，普遍提高妇女受教育程度和终身教育水平；保障妇女享有基本的卫生保健服务，提高妇女的健康水平和预期寿命；保障妇女获得平等的法律保护，维护妇女的合法权益；优化妇女发展的社会环境和生态环境，提高妇女生活质量，促进妇女事业的持续发展。[①] 客观地说，这一纲要是同世界妇女福利改革同步的，但具体实施过程中局限于各种经济与政治权利及传统文化的博弈，很难得到全面落实。

由于劳动力市场上女性普遍文化水平较低、技能素质较差，加上本身柔弱性与体能上的不足，在减员增效的竞争中难免处于下风。在当今劳动力严重供大于求的情况下，女性就业与再就业面临难题，具体表现为：失业下岗女职工急增，失业周期延长；女性就业不充分，受歧视现象较为普遍；社会保障机制相对滞后，非正规就业法规不健全，加之女性家务负担过重决定了女性在就业市场上的劣势。市场经济的理念需要增强人们尤其是社会女性的独立意识，然而残酷的社会现实不得不使许多女性在婚姻选择上更钟情在生理年龄上与事业年龄上更成熟的男性，以提高经济上的依赖性与婚姻的稳定性。

妇女仅仅享受社会保障的派生权益显然无法改变女性的地位，也只会使“两律背反”现象更为突出。不断上升的——通常是永久性的——妇女劳动力参与率，自然会改善她们在社会保障体系中的权利与地位。[②]

---

① 参见国务院2001年5月22日发布的《中国妇女发展纲要》（2001～2010年）。

② 达尔默·D. 霍斯金斯等编，侯宝琴译：《21世纪的社会保障》，中国劳动社会保障出版社2004年版，第241页。

也会直接改善女性在家庭中的经济地位与从属地位。世界各国越来越多的妇女加入到劳动大军中，保罗·皮尔逊指出：展望未来，妇女在经济上的自主权越来越大，有时能够减少她们对国家财政援助的依赖。同时，妇女进入有偿劳动力市场可以为税收收入提供急需的税源，加强这种趋势这对于维持福利制度长期的财政平衡至关重要。妇女参与劳动力市场的水平仍然相对较低的那些国家，特别是“保守型”或“欧洲大陆型”福利国家，福利制度的财政基础显得岌岌可危。①

在我国，只有高度重视女性的就业率这一核心指标，女性的社会保障与医疗保健、女性受教育的机会、减少女性相对贫困的机会、增加分享经济资源的机会、参与社会经济管理的机会等问题都会迎刃而解。但要破解女性就业遭遇社会歧视这一难题，需要政府、企业与社会共同关注，更需要女性在提高自身的素质与社会需求的落差方面下工夫。

在政府保障女性劳动权益与社会保障权益方面，一些国家的经验可以借鉴。奥地利、比利时、德国和意大利等国家，将妇女花在养育孩子上的时间计入养老金计算工龄，作为维持妇女养老金水平的一种强制手段，从而提高了妇女的权益；大多数工业化国家，已将妇女的退休年龄提高到与男性一致；瑞士和列支敦士登，夫妻养老金制度被取消，取而代之的是夫妻双方各自独立的权利；以色列老年保障项目下的无工作妻子的养老金补助已被这些妇女的个人福利权利所代替；加拿大的普通养老金项目和澳大利亚的收入补助项目也都采取了福利权利个性化原则。我国政府在与《中国妇女发展纲要》相配套的针对女性的社会保障措施与政策方面还不完善，需要从个性发展与真正保障妇女在各方面的权益方面做细做实。作为官方社团的妇联还缺少政治权威，没有作为强势的政府介入，妇女的地位很难得到改观。欧盟国家的指导纲要撤销了直接性别歧视案件起诉人的举证责任，进一步维护这类歧视受害人的利益，这一经验值到我国司法界在劳动执法与婚姻法中借鉴。

保障妇女权益，政府与社会的另一重大职能是监督，《中国妇女发

① 达尔默.D. 霍斯金斯等编，侯宝琴译：《21 世纪的社会保障》，中国劳动社会保障出版社 2004 年版，第 241 页。

展纲要》规定，统计监测组由国家统计局牵头，相关部门共同组成，负责制定《中国妇女发展纲要》分性别的统计监测指标体系，提出监测的重点指标；确定监测方法，收集监测数据，建立和完善分性别数据库；向国务院妇女儿童工作委员会提交全国的妇女状况统计监测报告；指导各地区做好实施《中国妇女发展纲要》的统计监测工作。要做好监测工作，就必须细化统计指标，要从传统文化体制下的“歌颂统计”向反映妇女在社会生活中所遭遇的不公正社会待遇、劳动与收入歧视、提升歧视、教育歧视、社会保障歧视、家庭歧视等方面建立统计监测分类指标体系转轨，充分利用有效的统计信息，监测针对妇女的劳动保障法律、法规、政策的贯彻执行情况，为科学决策提供全面、准确、及时的统计信息支持，强化政府的有关职能，动员全社会的力量，为妇女的进步与发展创造更好的社会环境。同时，鼓励妇女在参与经济和社会发展的过程中争取自身的进步与发展。

3.4.3 提高妇女地位有利于为男性释压，也有利于缩短男女平均寿命增大的落差

在“男主外女主内”的家庭经济模式中，男人是家庭的支柱，他应该满足妻子和孩子的经济需求。男性在外的打拼，实际上成为男性寿命较女性缩短的一个重要原因，经济发达国家与经济发达城市，与经济非发达国家与经济非发达城市相比，男性的平均寿命普遍短于女性。“为什么女性平均寿命会高于男性，在机理上实际尚不很清楚。从生理上说，是由于女性分泌的雌性荷尔蒙，有助于推迟人的动脉硬化，器官老化，并防止某些癌病的发生。从社会原因上说，一些容易发生事故，死亡风险较大的工作：如采石采矿、一些特殊的化工行业，高空作业大多有男性来承担，一些容易患职业病并严重影响健康的职业，如长期从事采石采矿的人往往患矽肺病，通常也由男性承担；另外，外出工作的男性比女性多，长期离开家庭独身在外，生活不规律，容易导致神经衰弱的神经系统疾病和胃溃疡、十二指肠溃疡等消化系统疾病。除此之外，如有抽烟、酗酒等不良生活习惯的人，男性也比女性多。这一些都

可能是导致男性平均寿命低于女性的原因。”① 笔者认为，“男主外女主内”的家庭模式，男性承受了巨大的养家糊口的经济与社会压力，加之男性缺乏较女性健康的生活方式与交流方式。“三个女人一台戏”，是女性宣泄心理情感、释散心理郁闷、有利于身心健康的生活方式，而“男儿有泪不轻弹”的所谓男人气质往往是男性缺乏情感交流、造成心理亚健康的一种生活形态。

当今时代竞争越来越激烈，男性在社会与家庭中所承受的心理负荷已接近临界点。男权至上、男性全面包容一切的传统定式已被打破，更多的男性从内心世界里渴望自己的另一半能与自己共同承担各种压力。从全社会而言，为男性减压的有效手段是解放妇女的生产力，让女性共同参与社会，实现性别平等。做到这两点，才能真正解“两律背反”现象之惑。

在世界各国包括中国在内，妻子的工资是唯一生活来源的情况并不少见，妻子的身份再也不是依赖和附属的同义词，妇女职业活动的拓展甚至可以使家庭成员的责任和作用发生逆转，为家庭妇女提供风险保护的理念已经被为无工作能力的存活一方提供风险保护的理念所代替。20世纪70年代妇女运动之后，一些西方国家，由于在离婚、家庭暴力和强奸方面的立法，以及税收和养老金等经济问题，男性支配女性的合法性正在减弱。一些国家开始修改法律，在同等条件下给予鳏夫同等的抚恤金的权利，这种制度设计为男女平等参与社会提供了契机。“两律背反”现象有可能在改变婚姻观念、增加妇女劳动权益、提高男性的健康观与幸福观等方面共同作用下得以缓解，从而减少老年型空巢（单亲）家庭比例，减少老龄化社会社会保障的压力，提高家庭情感系数。

---

① 黄荣清、庄亚儿：《人口死亡水平的国际比较》，《人口学刊》2004年第6期。

4 大力改进民生统计 促进民生调查

民生牵涉就业、教育、分配、社保、稳定五大问题，关于民生问题的官方统计存在较多缺陷，需要进行统计体制的改革。同时，将民生的官方统计与民意调查有机地结合起来，优势互补，可以较为真实地反映中国民生问题的全貌，有利于政府宏观决策，真正实现“以人为本”的核心价值观。所谓民生，从人权角度看，就是人的全部生存权和普遍发展权，要求把老百姓关注的就业、教育、分配、社保、稳定五大现实问题抓紧抓好。中国官方关于民生方面的统计资料主要来源于人力资源和社会保障部、民政部、财政部、全国总工会等主管部门或是对民生要负政府之责的职能部门。其中，人力资源和社会保障部与国家统计局发布的《劳动和社会保障事业发展统计公报》是最权威的官方民生数据。本部分较多的以《劳动和社会保障事业发展统计公报》为分析对象，探讨基于民生问题的官方统计改革与民意调查的融合问题，以提高政府执政绩效。

4.1 现行官方民生统计工作中的缺陷与不足

官方的劳动与社会保障统计以民生为统计对象，是对劳动和社会保障现象数量和质量方面的全过程描述，要求从定性和定量方面入手，研究劳动与社会保障的统计规律，探究其数量特征，总结政策的实施效果，从而有针对性的调整劳动和社会保障的公共政策，以便政府做出正确的策略调整。

我国开展劳动和社会保障专项统计的历史较短，原劳动和社会保障部（或现人力资源和社会保障部）与国家统计局每年公布的《劳动和社会保障事业发展统计公报》和阶段性《劳动保障事业计划执行情况通报》，是较全面反映我国劳动与社会保障工作的官方统计，具有一定的权威性，已基本实现统计体系、统计方法、统计手段和统计内容的四大转变，主要包括劳动就业、社会保险、劳动关系、工资分配、劳动法制与监察、金保工程等内容。对于人们认识劳动与社会保障工作的现状具有很强的引导作用，使中国国民的民生问题在官方统计中有了一个基本的轮廓。但相对于不断发展的劳动与社会保障改革而言，还存在以下缺陷：

其一，未能伴随劳动与社会保障改革的要求动态调整统计指标，多年来的统计指标基本上属于没有太大变化的常规统计，新增指标太少，如2006年1月起实施养老保险新政后，统计工作应跟踪养老保险个人账户由“空账”向“实账”转化的动态数据，我们却难以从统计报告中获得这样重要的数据。

其二，缺少劳动与社会保障工作负面信息的统计，劳动与社会保障统计监督的功能没有发挥出来，如劳动工作中存在许多违反劳动法的不当行为，我们难以从官方统计中获得有关农民工、妇女、新就业大学生群体所受工资歧视和劳动歧视的统计信息、难以获知社会保障工作中有关道德风险、逆向选择方面的负面数据。管理指标多，服务指标少，与国际社会倡导的社会保障现代服务意识有一定的差距。

其三，停留在劳动与社会保障工作表面现象的数据多，但数据挖掘方面的统计信息偏少，如我们简单地统计了民政部门养老院数量增加了多少比例，但办院的效率如养老院工作人员的人均负担人数下降却不在统计中反映出来，效率统计的缺失，不符合当今国际社会社会保障改革全面提升服务质量的要求。官方的登记失业率不到调查失业率的一半，登记失业率的局限性，无法反映老百姓的真实失业状况。“被就业”一词成为老百姓对官方就业统计数字的网上流行语。城镇居民收入统计口径有缺陷。2009 年 7 月，国家统计局公布在岗职工平均工资和城镇居民人均可支配收入同比增速都在 10% 以上，引发了网民“收入被增长”的议论。[①]

其四，官方统计围绕劳动与社会保障规划或政府工作而进行，现有指标几乎均是清一色地单纯反映劳动和社会保障事业的增加指标，忽视了增长中的绩效问题，如官方统计中仅统计当年参加社会保险的增加人数，并不意味着实际工作中覆盖率指标上升，前者是绝对指标而后者是相对指标，有可能两个指标正反不一致，社会保险欠缴率指标如何，也没在官方统计中反映。单纯的反映工作成绩的数量统计掩盖了改革发展中的一些深层次的矛盾，不利于培育劳动与社会保障工作者的忧患意识与社会责任意识。

4.2 改进统计观念，建立为民生服务的统计管理体制与工作机制

一位哲人所言：学者不能离开统计而研究；政治家不能离开统计而施政；事业家不能离开统计而执业。可见，劳动和社会保障统计工作质量的高低，对政治家施政、理论工作者的学术研究、实际部门的工作指导都不可避免地产生影响。要实施劳动和社会保障统计管理体制改革，不断提高我国劳动保障统计数据的准确性，我国应加强对劳动保障统计的管理，真实反映民生问题，在改进和完善定期统计报表制度的同时，

---

① 邢利宇：《政协委员揭秘中国统计数据失实原因》，中国新闻网，2010 年 3 月 8 日。

建立起经常性的专题调查制度，及时掌握我国劳动和社会保障中心工作急需的数据，积极推进开展统计试点，鼓励统计创新，研究建立劳动就业统计监测体系，逐步实现统计数据来源渠道的多元化，以不断提高我国劳动保障统计的效率和质量。

4.2.1　完善与改革政府统计指标，统计部门要勇于服务和敢于揭短

在劳动统计中，目前的官方统计中限于劳动就业与劳动培训人次的增长、劳动关系争议与结案、劳动违法查处等情况的统计，这些统计仅是反映劳动工作的现状，而不是劳动工作的全部。在现实的劳动工作中，劳动力市场的供给统计与需求统计，是数以千万计求职者最需要的官方统计，它可以大大降低求职者的求职成本，由于缺乏官方权威性统计，一些不实求职信息的泛滥，造成了劳动力市场的无序流动；我国劳动力市场的歧视现象非常普遍，劳动统计中对劳动歧视现象缺少应有的统计监督，表现在歧视性统计指标的缺乏，工资歧视、性别歧视、身份歧视、职业歧视、就业歧视现象难以在官方统计中反映，有歧视性偏好的企业不能列入官方统计的黑名单，使这些企业长期以来在劳动用工上为所欲为；劳动和社会保障部出台了最低工资制度，一些乡镇政府为了保持当地所谓劳动力低成本的比较优势，不愿意提高当地最低工资标准，担心失去当地低廉劳动力成本优势而使招商引资受挫，地方政府官员甚至与投资商串谋，打压工资正常增长。

官方统计中即使有工资统计，对政府官员与雇主的串谋却未能在工资统计中披露；官方劳动统计中偏重就业统计、劳动培训统计，但失业统计数字偏少，失业周期、重复失业率、培训后就业上岗率等指标难以在官方统计中体现，事实上还是一种只重表面不看实效的官本位统计行为，官方公布的城镇登记失业率与真实的失业率有很大的差距，用“下岗”、提前十多年“内退”的变相失业来混淆与真实失业的界限事实上是不明智的政治治理行为。高校一次性就业率有很大的水分，但我国的官方统计中却迟迟未对这一重要的指标予以统计规范，不利于高等教育

的健康发展与专业调整；劳动关系是劳动统计中最复杂的问题，在劳动力买方市场中，劳动者缺乏基本的话语权，劳资纠纷、劳动关系调解和仲裁、集体谈判等统计指标体系基本上没有建立起来，劳动者权益保护机制因此受到限制。

社会保障统计中的因素更加错综复杂，在社会保险统计中，官方统计主要是两大统计：一是社会保险参保人群的增长率指标；二是各类保险基金的收入、支出与滚存积累。这样简单的官方统计显然不能满足政府决策与理论研究的需要，最大的不足是只统计社会保险的工作成就而不敢揭短。例如，官方统计中仅报告参加基本养老保险的农民工人数及其增长，但农民工大量退保人数与退保率指标却没有在官方统计中反映；官方统计中养老保险基金累计结存数年年有所增长，各级财政对养老保险的补贴也是年年上新台阶，一般的老百姓无法弄懂为什么结存增长与补贴增加的奥秘，而官方统计之外关于养老保险“空账”率每年以1000 亿元的速度增长，2008 底达到 1.4 万亿元，与官方统计巨额的养老保险基金累计积存对比更是一头雾水；医疗保险、养老保险基金发放、城市居民最低生活保障、隐性就业、失地农民的土地补偿中均有许多的道德风险问题，官方的诚信统计监督指标未能建立起来，缺乏这一重要指标体系监控，会严重浪费我国稀缺的社会保障资源，造成社会保障资源配置的无端浪费。

完善政府劳动和社会保障统计，强化服务职能，敢于披露劳动和社会保障工作中的深层次矛盾，是现代统计转型中统计工作者不可推脱的责任，让政府决策部门在完善的统计数据中把握劳动和社会保障工作中深层次的矛盾与问题，让普通百姓读懂统计数字，让统计数据更加贴近民生，更加贴近百姓生活，培育公民的忧患意识与社会责任意识，这是政府统计创新的历史使命。

4.2.2 统计数据来源渠道“多元化”，更需要科学规范的统计方法

除了官方统计之外，国外一些针对中国的研究机构、国内一些研究

机构和学者，也经常发布一些统计数据，如在反映中国贫富差距的问题上，官方统计数据与国内外一些研究机构的统计数据相差甚远。如2007年国民经济研究所王小鲁研究员在一项研究报告中指出：目前城镇最高与最低收入10%家庭间的人均收入差距约为31倍，而不是官方统计显示的9倍。城乡合计，全国最高与最低收入10%家庭间的人均收入差距约55倍，而不是按官方统计数据推算的21倍。按照目前的城乡居民人均收入来推算，我国居民收入只有8万多亿元，占GDP或国民总收入的47%，远远低于世界大多数国家（例如美国是73%），而且也低于国家统计局资金流量表里住户部门可支配收入占GDP的比重。这些都说明一部分居民、特别是高收入居民中存在大量隐性收入。① 北京师范大学收入分配与贫困研究中心主任李实等于1988年、1995年、2002年、2007年进行了四次全国范围内的大型居民收入调查：从1988年至2007年，收入最高10%人群和收入最低10%人群的收入差距，从7.3倍上升到23倍。② 波士顿咨询公司指出，相对于发达国家，中国百万富翁的集中度更高。在中国，0.4%的家庭占有70%的国民财富；而在日本、澳大利亚等成熟市场，一般是5%的家庭控制国家50%的财富。③ 国内外研究机构的统计数据与官方统计数据的严重不一致，也许是其中存在统计计算口径与计算方法不一致的原因，但这种明显差异也给政府社会保障再分配带来了难题。

针对社会保障中占有重要地位的政府转移支出，官方评估与理论研究者的评价也不一致，学者认为：在制度和监督问题没有解决的情况下，由政府部门掌控大量资源进行转移支付，还有可能进一步导致公共资源流失和逆向再分配，恶化收入分配格局。④ 黄祖辉等在《我国居民

---

① 邢利宇：《政协委员揭秘中国统计数据失实原因》，中国新闻网，2010年3月8日。

② 璩静、秦亚洲、姚润丰：《学者调查称中国不同群体收入最高相差23倍》，新华网，2009年12月28日。

③ 参见波士顿咨询公司发布的《2006全球财富报告》，中国财经网，2006年10月18日。

④ 杨磊：《1.8万亿元灰色收入之谜城镇人均收入差距31倍》，《中国经营报》，2007年6月16日。

收入不平等问题：基于转移性收入角度的分析》一文中，利用GE指数抽样计算得出结论为：以2001年的样本数据为例，在农村居民人均转移收入中，最高是福建省，人均270.07元，最低的是新疆，人均21.22元，两者相差12.7倍。在城镇居民人均转移性收入中，最高的是上海市，人均4791.53元，最低的是山东省，人均为918.25元，两者相差5.2倍。城镇居民最高人均转移收入是农村居民人均最低转移收入的226倍。[①] 分析认为，我国长期存在的二元经济现象，使农村居民较城市居民处于相对的弱势地位，基本上得不到政府转移性支付，在社会保障转移支付中的享有份额也极低，农村进城务工农民在就业、子女入学、岗位选择、医疗待遇等方面均处于边缘化，社会福利的享有量极低。而官方的财政统计中往往将政府转移支付作一个减少贫富差距的重要政策和政绩来加以统计，由于官方统计与理论研究工作者的统计视角不一致，对社会保障中转移支付的作用也就得出了两种截然不同的结论。全国总工会曾经进行的关于离退休职工养老基金足额定时发放的统计调查，也曾与原劳动和社会保障部关于离退休职工养老金实现了99%以上的足额发放有较大的差距；在真实失业率的统计中，也存在多种统计结论，官方统计、国内研究机构统计与国外研究机构的估计严重背离，主要是失业率的概念与统计口径存在严重分歧造成的，这不利于国际对比，更不利于我国宏观政策中以就业作为民生问题的重要考量。

劳动和社会保障统计来源渠道的多元化是为了弥补官方统计的不足，但分散型统计管理体制也要避免多头统计带来的数据混乱问题。在统计管理方面，国家应通过立法的形式发布统计标准，确保统计口径的一致性。对于大型而又有较大影响力的国内外社会调查机构，其大型劳动和社会保障调查提纲应报经国家统计部门审批，实行统计调查许可证制度，主要是就调查统计指标的统计方法、计算口径要和国家立法的统计标准一致，同类现象同类统计指标数据不一，应经过统计仲裁后才能向社会发布，以便统计信息的使用者做出正确判断。

---

① 黄祖辉等：《我国居民收入不平等问题：基于转移性收入角度的分析》，《管理世界》2003年第3期。

劳动和社会保障统计关系到民生问题，与人民的切身利益密切相关，是老百姓最关注的指标。长期以来，人们对劳动和社会保障的预期偏低，劳动关系复杂、劳资纠纷不断，社会保障的信访率占据首位。来自于官方的统计数字与一些研究机构、民意调查机构的数字相差很大，与国外关于中国的一些研究数据也有相当大的距离，数据的混乱会直接影响政府的决策，也会影响人们对劳动和社会保障工作的主观判断，影响对民生问题的基本判断，尤其是报喜不报忧的统计文化，会使人们对劳动和社会保障统计工作失去信任。如我国失业率统计与国外失业率计算口径的不一致、绝对贫困标准与联合国绝对贫困标准大相径庭、只统计政府公共卫生投资绝对数增长而不披露中国公共卫生投资在世界排名倒数前十的事实，实际上会混淆决策者的视线，看不到自身的差距，不利于提升就业率与加快政府的扶贫步伐，老百姓对“医改基本不成功”的一致责难，其实也对我国卫生统计工作提出了挑战，如果较早地建立起一整套反映国情民意的公共卫生监测指标，至少可以对我国二十多年来的医疗体制改革起警戒作用而不至于现在推倒重来。

4.3　官方统计与民意调查的融合

劳动和社会保障统计与其他统计较大的区别是个性化差异较大，民生问题突出，如社会保险接续问题、企业离退休者的养老金计发的差异性问题、劳动关系转移问题等等。全面报表无法进行个性化统计，需要通过抽样调查、典型调查等多种统计调查方法了解民意，民意调查成为影响劳动和社会保障决策重要的不可或缺的要素。作为民生问题，民意的合理表达与诉求，可以使决策体制渗透公共精神和人文情怀。劳动和社会保障民意调查可以弥补政府官方统计的缺陷，将具体的民生问题通过民意调查反馈于决策系统，通过统计工具，有助于政府部门调整劳动政策与社会保障政策。公共决策的过程不可避免地会出现不同利益主体的相互博弈，在这一过程中，公共决策要主动回应民意，才能与民意形成良性互动，最终均衡各方利益，产生积极影响。

民意调查可以为劳动和社会保障管理工作提供重要的决策参考与监督机制。如美国、英国和加拿大之间，爱尔兰和英国之间达成了社会保障机构侦破预防欺诈行为的相互协作协议；一些社会保障机构还积极鼓励公众以举报的方式和民意调查加入到打击社会保障福利金欺诈的队伍中来，设立专门的举报电话，并承诺快速处理举报案件；社会保障机构还启动了与其他公共部门的信息互换项目，比如与人口统计部门的交流可以减少发生社会保障受益人死亡后还在继续领取养老金的事情，以减少社会保障基金的损失。

我国应设立官方统计、民意调查统计、研究机构为一体的劳动和社会保障统计体制，官方包括涉足劳动和社会保障事业的多个部门在就业再就业、社保体系建设和维护广大劳动者合法权益、劳动保障法规执行、政策落实、目标计划完成、岗位需求、技能培训、工资指导价位等方面，及时提供信息反馈，通过开展统计分析及时发现问题和提出对策，促进我国劳动保障工作不断改进和加强，建立劳动和社会保障各部门之间的统计通用平台，为广大劳动者和用人单位提供了大量的统计信息服务。理论研究机构应根据劳动和社会保障改革要求，在统计数据挖掘、开发派生统计信息方面做文章，以“揭短”为主；民意调查应以了解最基层、最现实的民意信息为主，促使政府的劳动和社会保障决策始终把百姓利益放在首位，使决策的出发点遵循公正、公平、公开的原则，通过民意调查与统计，改进政府劳动和社会保障工作，以“金保”工程为信息平台，提高公众服务效率，形成常规的民意测验和民意测验发布机制，具有重要的意义。

民生问题解决的好不好，老百姓最有发言权，作为民生问题，民意调查是最好的诉求工具，其中最直观的就是老百姓的生活满意度，将老百姓的疾苦直接通过民意调查反映出来，有助于政府克服官方统计的不足，宏观统计与民意的综合，才能真正展现中国民生问题的概貌。例如，通过民意调查了解贫困人群的生存状况，“物以类聚、人以群分”，我们利用非概率抽样中的滚雪球办法，可以通过贫困人群的集群了解最贫困家庭最真实的生存状况；网络舆情，是民意心态的一种基本反映，尽管良莠不齐，但对于政府决策而言，是必不可少的参考，针对“医改基本不成功”后的新医改方案，在网上广泛征求网民意见，其中非常多的民意诉求与有真知灼见的建议为完善新医改方案提供了有益的参考。

民意采集和研究机构包括：（1）政府部门自有的民意研究机构，如统计部门的社会民意调查研究中心；（2）高等院校的民意研究机构，如中国人民大学舆论研究中心；（3）独立的民意调查机构，如零点研究咨询集团。政府部门的民意研究机构，掌控大规模数据采集的能力较强，但中立性较差，往往摆脱不了“自己为自己调查”的质疑和民众对其的排斥心理；高等院校的民意研究机构，具有良好的理论基础及方法上的严谨性，但大规模的数据采集能力不足；独立的民意调查机构，具有较好的中立性和较高的民众信任度。

随着民主进程的进一步发展，民众介入公共话题的能力、介入民意调查反映自身诉求的愿望会越来越强烈，从关注事后评估转向政策制定前的民意研究，具有更重要的实际价值。老百姓要理解官方施政的复杂性，官方也需要加倍接近与了解老百姓的疾苦，作为民生问题，官方的民生统计源于官方的统计体制，将第三方调查或是官方、高校和民间组织的民意调查结合在一起，相容性与互补性相得益彰，作为当前政府以民生为本的施政理念，反映真实是主基调，民意调查的方法比较复杂，问卷调查的信度与效度即效果主要受到三类因素的制约：人的特征、情境的因素以及测量工具本身的特点。这三种因素还会发生多种交互作用，影响答卷的方式和结果，信度和效度检验是基本要求。

不论是讨论民生政府还是讨论民生政策，扩大社会保障覆盖面，对社会保障基金的使用要广泛地利用民意调查这一利器，袁岳、范文在《我们离民生政府还有多远》一文中指出：依靠老的利益保障机制想事做事，则民生政策很可能被利用成为某些利益集团尤其是基层权势集团更容易得利的政策，民生政府也恰可以部分演变为腐败政府。[①] 法院判决一些意图享受低保的家庭假离婚，往往将孩子判给无工作的一方，使这些“离婚不离家、离家不离床”的假离婚家庭既享受低保又有一份工资收入；城乡低保制度中的“关系保”与“人情保”等问题，低保制度中对领取农村居民最低生活保障的家计调查也因一些灰色性现象难以理清原委，按农村家庭计算人均收入使家庭的概念抽象化；我国冒领和骗领养老金、低保金与医保金的现象较为严重，事实上是许多政策的灰色型造成的，定点医院的手术定价多年不变，对定点医院的结算使医院亏损，院方只好伪造假住院和假病历与政府博弈；一些地方送温暖工程非制度性使用失业保险基金，使参保职工的产权受到侵犯；这些民生性政府的财政投入是有限的基金，尤其需要加强民意监督。

4.4　民意调查最应注意的调查误差问题

民意调查有一系列的调查方法，如问卷设计方法、抽样方法、检验方法、分析方法等，限于篇幅，本节仅对调查误差作一阐述。民生问题进行民意抽样调查，系统误差在抽样过程之内和过程之外都可能发生，人们的主观映像、视觉刺激、情感波动、生理反应等因素随时都可能对调研结果产生影响。过程之内的系统误差是由于有悖于抽样基本原理，多级混合型抽样可相应减少抽样过程之内的系统误差，不对抽样过程结果构成主要影响。而抽样过程之外的误差可产生于抽样过程的各个环节，包括调查者、被调查者，也包括无应答及数据处理过程中工作失误造成的系统误差，使对社会保障的评价准确度可能由此降低。为了谨防民意调查中的调查误差，尤其是应避免以下问题：

① 袁岳、范文：《我们离民生政府还有多远》，《零点研究》2007年第4期。

（1）度量误差。民意调查问卷为多维度问卷，如果问卷各类量表中正向或逆向题偏多，容易造成分值的极端值偏多造成评价偏差。过多的问卷项目会使答卷人疲劳、焦虑、注意力下降，使问卷结果（特别是后半部分问卷）质量大受影响。

（2）暗示效应。调查者在所调查民意问题上未保持中立的态度，借助动作、语气对被调查者做出某些倾向性的暗示而产生诱导效应。

（3）近因印象。被调查者对民生政策的近期运行效果或个人获益记忆犹新，对过去时期印象模糊，以近因印象取代对整个时期的全程评价。

（4）感情取向。对正在实施的民生政策，满足了被调查者的利益欲望，价值取向有所满足，他们评价的强度可能偏高；反之，则偏低。这种感情效应造成的极端倾向在排序法、量表法中表现得尤为明显。

（5）从众心理。对政治参与性的民生命题，一些回答存在顾忌心理，过于谨慎，表现为人云亦云、权宜服从或假服从。许多问卷调查是以团体方式进行，受调查对象有机会相互讨论或启发，使问卷结果严重雷同，克服的方法是一方面说明问卷回答要求和规则，另一方面加强控制现场。

（6）晕轮效应。要求对全部民生问题（就业、教育、分配、社保、稳定）做出综合性评价时，一些回答者的心理重心偏向于问题的个别特征，形成以偏概全的心理倾向，是回答者对所调查问题掌握信息不足情况下做出总体判断的结果。

（7）意识扼抑性偏差。回答者以审视的目光评判所调查的民生问题，主观上带有倾向性见解，对调查缺乏热情而表现为敷衍性。

（8）抵触性心理。抵触性心理表现为回答者心理结构的失衡，以下 6 种情况可能引发被调查者的抵触心理：①认为民生调查目的不明确、指标设计不合理、或是概念模糊、调查事物类属边界不准确而拒绝作答或敷衍作答；②认为某些问题是对个人隐私的侵犯或与自身的伦理观念和价值观念发生冲突，产生心理抗衡，甚至出现逆反心态；③认为无偿调查，得不偿失而缺乏合作意识；④调查内容自己不熟悉，自己也没有表达意见的愿望而随意作答；⑤被调查者正好出现生理疲劳或心理疲劳，反应迟缓、听觉灵敏度下降，造成访谈效率下降；⑥调查者表现为居高临下的姿态，缺乏平易近人之感，或是访谈技巧与措辞影响第一印象，使回答者从心理上敬而远之。

（9）传导偏差。调查者本身未经严格培训或自身素质问题，把握不准调查技术与调查标准，造成偏差。尤其是大型民生调查，更容易造成地区性或区域性特征偏差。

（10）随机性偏差。若调查中应答部分和无应答部分在分布上不是随机的，而是存在系统偏差。即应答部分和无应答部分的统计量期望值不一致，以应答部分推断总体参数就会带来系统偏差。

规模较大的民生问题的民意抽样调查，系统误差比抽样误差更大，成为影响调查质量的主要问题，要从调查的方案设计、组织设计、技术手段、信息流程等各个环节弥补抽样过程的制度缺陷与技术缺陷，提高对民生问题调查的可信度与有效度，谨防系统误差影响民意调查质量。

5 “从税派”与“从费派”之间的折中方案

实施地税部门全责征收社保费，是征管模式的一个重大变革，不仅能发挥税务部门执法刚性的征收优势，对社会保障部门和劳动部门全方位、全身心地提高社会保障服务绩效、细化社会保障管理和降低社会保障行政管理成本更是一场革命。新征管模式中“全责”一词赋予了“地税征收、社保发放、财政监管”这一新型社保管理体制更积极的意义。

5.1 国际社会社会保险税费改革经历的几个阶段与我国的税费改革

国际上社会保险费或税的发展，经历了三个阶段：在第二次世界大战之前，几乎所有建立了现代社保制度的国家效法的是德国的俾斯麦模式，采取的都是征收社会保险费，社保实施现收现付模式，具有强烈的行业和职业性质；美国于1930年代率先实行“费改税”。从1946年至20世纪80年代初，英国普享型的贝弗里奇模式风靡全球，北欧等许多国家都进行了彻底的费税改革，把社保费改成了社保税。世界范围内70%的国家都开征了社会保障税，其中一些国家如德国、法国、荷兰等社会保障税成为头号税种。从20世纪80年代初开始，由于石油危机、私有化浪潮和全球化浪涛等原因，世界范围内又掀起了一个社会保障税改费的国际潮流。这些国家既包括意大利、德国等发达国家，又包括俄罗斯等转型国家，还包括拉丁美洲等十几个发展中国家。此外，美国、西班牙、葡萄牙、日本和韩国等一些国家的学者和政府也正在探讨税改费的可行性。①

我国理论界一直存在“从税派”和“从费派”之争，主要争论焦点围绕社会保障具有公共物品的公共特性、个人账户的私有产权特性不便收税、费改税与当前“统账结合”的制度相冲突等而展开。税费改革，是指在对现有的政府收费进行清理整顿的基础上，用税收取代一些具有税收特征的收费，通过进一步深化财税体制改革，初步建立起以税收为主，少量的、必要的政府收费为辅的政府收入体系，其实质是为规范政府收入机制而必须采取的一项重大改革举措。实务界社会保险费改税的呼声历经十数年，一种观点认为：如果社保资金筹集由“费”变“税”，则意味着社会保障资金筹集来源扩大，资金支出要同步纳入财政支出范畴，并将打破各省的“各自为政”形成全国统筹。但真正的社会保险费改税并没有实质上的进展或未成正果。旧的征收模式为地税部门代收代缴，在征缴范围、征缴率以及征收主体上没有具体的规定，因此，在社会保险费具体征缴过程中，存在双主体的问题，多头征缴问题严重。而且由于社保部门负责社会保险费的核定管理，地税部门只负责社会保险费的征收，税务机关往往会因社会保险费登记资料不实、扩面虚假等原因造成费源管理混乱、欠费数据不实，致使社会保险费无法做到应收尽收。历史上曾出现了四川省社会保险费税务代征运行了9个月又重归社会保障部门征收的案例。从1998年开始，我国社会保险费实行“财政监督、地税征收、社保发放”模式，先后有20多个省、自

① 刘泉：《社会保障费与税孰优孰劣？费改税非国际大趋势》，《人民日报海外版》2007年2月14日第5版。

治区、直辖市地税部门开始负责征收社会保险费，且基本按照税收征管的模式进行。但从总体上看，由于经济发展不平衡和我国社会保障管理体制改革的滞后等原因，我国社会保险费税收征管模式并不是真正意义上的“费改税”。只能说是“费的性质、税的运作”。新征收模式改革为“地税全责征收社保费”，在广东、宁夏等省市自治区相继展开。不论是费还是税，不宜回避的是如何给予公众一笔明明白白的财政账。

鲁全在《开征“社会保障税”的时机远未成熟》一文中提出：我国现行的社会保险制度模式，决定了当前应采取社会保险费而非社会保险税。首先，社会保险税与“福利国家”模式相适应，要求全民参加社会保险，政府成为责任主体，参保人权利义务对应关系比较模糊；社会保险费与保险模式相适应，不以全民参保为基础，劳资双方是责任主体，权利义务对应关系比较明确。我国现行的社保制度并未覆盖全体国民，通过建立缴费与待遇之间明确的对应关系，使参保者的权利与义务相结合。如果开征社会保障税，则抹杀了参保者权利与义务的对应关系，不利于进一步扩大社会保险覆盖面。其次，社会保险税与政府主要责任相适应，一旦开征社会保障税，政府便必须从社会保险制度的后台走向前台，承担社会保险制度运行、资金缺口的全部责任，反而会给政府带来潜在的财政压力。尤其是在医疗保险领域，一旦开征社会保障税，医疗保险部门和卫生部门将不再具有适当控制医疗费用增长的动力，不利于医疗资源的合理和高效配置。最后，在现行制度框架下开征社会保障税，会提高行政成本，甚至损害公民社会保障权益。研究数据表明，由于税务部门对企业劳动者状况并不熟悉，因此部分省份由税务部门代替社会保险部门征收之后，征收率出现下降趋势。与此同时，一旦由税务部门征收，则增加了社会保险部门与税务部门之间不必要的协调成本，在实践中，甚至已经出现因为两部门之间未能有效协调，而导致个人账户记账不清等损害参保人利益的问题。①

---

① 鲁全：《开征“社会保障税”的时机远未成熟》，《新京报》2010 年 4 月 6 日。

5.2 地税全责征收社保费没有触动社会保障的现有体制

“地税全责征收社保费”，按照业内人士的解释，“地税全责征收社保费”，就是社保部门将社保费的申报、核定环节移交地税部门负责，由地税部门全面负责社保费征缴环节中的缴费登记、申报、审核（核定)、征收、追欠、查处和划解基金专户等相关工作，并将征收数据准确、及时传递给社会保险经办机构记账。

也有人认为：在现行制度框架下开征社会保障税，会增加社会保险部门与税务部门之间不必要的协调成本，在实践中，甚至已经出现因为两部门之间未能有效协调，而导致个人账户记账不清等损害参保人利益的问题。[①] 地税全责征收社保费，其中两个关键词：一是“全责”；二是“社保费”，责任主体是地税。这就告诉人们，社会保险费由地税部门“全责”征收不再是过去简单的“代征代收”，其实质内容的改变就是全面提高征收质量和确保稳步提高保费收入、规范社会保险费从缴费登记到划解基金账户的全流程程序管理、收支分离实现多方参与的相互制衡机制以保证老百姓的“活命钱”不受侵占。第二个关键词“社保费”而不是“社保税”，不仅避开了“从税派”与“从费派”之争，避开了学界关于国际社会20世纪80年代后又逐步回复到社会保障税改费的国际潮流之说。

费改税后，税率自然走向统一，我国经济发展极不平衡，统一税率难上加难，这是一些学者呼吁社会保险费改税应该缓行的原因之一。地税全责征收社保费而不是全责征收社保税，没有触及费改税这一敏感的

① 鲁全:《开征“社会保障税”的时机远未成熟》,《新京报》2010 年4 月6 日。

神经。“费的性质、税的运作”，使社会统筹与个人账户相结合的养老与医疗保险制度照常运行、个人账户的特点继续保持与做实个人账户的改革继续稳步推进、现收现付基础上部分积累制的社会保险基金筹集模式仍是改革方向。社会保障部门与地税部门携手合作，打造了一个事权与责权明晰、主体与辅体互为交融的责任边界。这种改革模式符合我国的基本国情，主要是基于现行社会保险费征缴不力、社会保障管理体制滞后等原因的一种理性改革，以此为契机，亟须树立公民的社会保障理念与加强政府与民众的宪政理念。

5.3　地税全责征收社保费对民生和社会保障财政的影响

建设和谐社会的核心指标就是社会保障覆盖面，这对于构造社会公平与公正有着重大的意义和影响。地税全责征收社保费，实施的是“税务部门征收、社保部门发放、财政部门管理、审计部门监督”的多方参与模式与管理体制，事实上就是围绕不断扩大社会保障覆盖面这一核心指标服务的。

我国进入了一个“以人为本”的治政阶段，民生问题成为党和政府的重大要务，民生财政成为当今改革的重要理念。我国“费的性质、税的运作”是根据当前建设和谐社会需要的理性改革，有助于改变过去由社会保障部门征收社会保险费而出现的恶意欠缴或是催缴不力的问题，管理就是服务，让社会保障部门从繁重的收费事务中解脱出来，解决社会保障行政效率低下的问题，强化社会保障部门的公共服务绩效，履行政府社会保障职能，建立以社会保障受益人为中心的各种服务体系。地税部门成为社保费的征收责任主体，恰恰是提高了社会保障这一公共产品的政府元素，有利于发挥专业队伍的优势，降低社会保障的行政管理成本，为老百姓谋益。

社会保障制度得以运行的核心是基金问题，社保费稳定增长是社会保障制度可持续发展的关键。一组数据显示，从1995年到2004年，全国应征收养老保险金66100亿元，实际征收20880亿元，累计流失养老保险基金45000亿元，流失率为69%。其中在2004年应征收养老金11879亿元，实际征收仅有3585亿元，流失8294亿元。[①]国务院1999年颁发的《社会保险费征缴暂行条例》中明确规定：社会保障基金可以由地税机关征收。这就为社保费移交税务部门征收奠定了坚实的法律基础。地方税务机构有着多年征收社会保障费的经验积累，拥有遍及全国、组织严密的征收机构和一支专业较强、素质较高、善打硬仗的征收队伍，保证了社会保险费征收规模的稳定增长。例如广州市2009年10月1日起执行地税全责征收社保费实施办法，明确了地方税务机关、劳动保障部门、社会保险经办机构的责任分工体系，对全方位提高社会保障服务质量将起到关键作用。充分利用广州市地税部门多年来逐步建立的立体性、全方位的税收监管网络，将加强对参保单位缴纳社会保障费的征收管理和缴费检查，可以有效防止申报不实和逃、避费现象，做大做实做强社会保险基金，在切实保证社会保障覆盖面稳步拓宽的同时，保证老百姓在养老、医疗等社会保险险种中受益和待遇得以增长，这就是最大的社会民生问题。

5.4 促进社会保险统筹层次的提高是“地税全责任征收社保费”的最大亮点

财政部部长谢旭人在2010年4月6日《经济参考报》发表署名

① 李伟、陈筱莹：《代表刘江龙：建议将社会保险费改为社会保障税》，《重庆日报》2010年3月4日。

文章《坚定不移深化财税体制改革》，文中提到，完善社会保障筹资形式与提高统筹级次相结合，研究开征社会保障税。社会保障经济是一个民生经济，与经济增长和经济发展有着天然的联系，社会保障财政既是经济问题，又是政治问题，一直成为困扰世界大多数国家社会保障发展的瓶颈，提高社会保险各险种的统筹层次是当务之急，它是保证社会保险制度得以可持续发展的关键要素。

原劳动和社会保障部提出2009年实现养老保险省级统筹的目标，事实上我国已实现省级统筹的省份，还不能定性为真正的省级统筹，表现为省级调剂基金不畅。其主要矛盾在于：一是地区间人均工资与赡养比例不一造成的养老保险基金的存量有别，形成省内劳动人口结构相对年轻、覆盖面较小且经济发展水平较低的地区补贴劳动人口结构老化、覆盖面较大且经济发展水平较高的地区；二是未能在政策上明确各级政府在养老保险上应该承担的具体责任，形成企业依赖政府，下级财政依赖上级财政，省级财政依赖中央财政的局面；三是“分灶吃饭”财政体制制约了统筹层次的提高。[①] 一位劳动和社会保障部官员在接受《第一财经日报》采访时一语道破天机：现在建立省级统筹比较大的困难是省级地方政府的阻力。因为在哪一级统筹就要哪一级财政负责，在中央还没有下定决心的时候，省级财政不愿意主动担此责任。

国务院已经明确提出了养老保险将实现全国统筹的目标，其他社会保险险种也将逐步由县市级统筹过渡到省级统筹最终上升到全国统筹。例如广东省出台了《关于强化社会保险费地税全责征收促进省级统筹的通知》，要求从2009年1月1日起，各级地方税务机关在社会保险费征收环节，按省政府规定的比例直接将应上解的省级养老保险调剂金划入省级社会保障基金财政专户。《广东省企业职工基本养老保险省级统筹实施方案》规定：从2009年1月1日起，省级养老保险调剂金上缴比例统一调整为企业养老保险单位缴费的9%。根据养

① 林毓铭：《完善养老保险省级统筹管理体制的思考》，《市场与人口分析》2007年第5期。

老保险省级统筹发展需要，省政府将适时调整上缴比例。广东省《社会保险费地税全责征收实施办法（暂行）》同时规定：地方税务机关全责征收社会保险费后，按照省政府规定的比例，将应上解的企业职工基本养老保险省级调剂金划入省级社会保障基金财政专户，并及时通知同级社会保险经办机构。其他险种的省级调剂金划解工作仍暂按现行办法执行。

就社会保障财政和保险的大数法则而言，解决长期以来养老保险基金和其他社会保险险种基金“统而不筹”的体制难题，在更高统筹层次上建立各社会保险险种的调剂基金，才能真正体现社会保障的本质，为降低企业和个人社会保险缴费奠定基础，均衡统筹范围内企业养老保险费用负担，增强养老保险基金抵御风险能力，提高基金使用效益，确保基本养老金按时足额发放。通过地税全责征收社保费这一平台，社会保险费的费款征收工作与费款发放管理工作的完全分离，实现了养老保险等险种调剂基金的硬着陆，最终受益的是企业和参保人。

6　高校毕业生就业促进系统的构建

6.1　高校毕业生就业困难突显，亟须构建就业促进系统

6.1.1　高校毕业生就业面临巨大压力

我国高校招生增长较快，2006 年全国高校毕业生为 410 万人，2007 年为 495 万，2008 年达到 559 万，2009 年则高达 610 万。据教育部统计，截至 2009 年 9 月 1 日，高校毕业生的就业率为 74%，比上年同期略高。[①] 今后两年内高校毕业生还将以每年 50 万的速度递增。由于解决国有企业下岗失业人员历史遗留问题的任务仍然很重，新成长劳动力已进入高峰期，特别是高校毕业生近年增量多、压力大，加之留学生回国潮、农民务工城市化、新兴产业兴起等因素的影响，整个就业市场需求岗位的总体状况相对趋紧。

2010 年我国将进入后金融危机时代，全国将有 630 万普通高校毕业生需要就业，毕业生将面临更为严峻的就业压力。高等教育中“毕业

① 刘声：《今年就业形势比预期好　大学生就业好于去年》，《中国青年报》2009 年 10 月 24 日。

就失业”的问题已引发严重的社会焦虑症，老百姓会因教育投资得不到回报直接怨恨政府，这种潜在危机是政府万万不可忽视的。培养一个大学生需要国家与家庭付出大量的教育资源，大学生不能顺利就业也是教育资源的极大浪费。这种人力资源与教育资源的浪费，它既会对大学生本人的性格培养与个人发展造成不利的影响，也将对社会稳定造成潜在的风险。

6.1.2　高校毕业生就业困难原因分析

（一）高校毕业生就业困难的结构性因素

高校就业难，整体而言是一种结构性难题：一是大学生的就业预期与就业倾向引起的就业难，重眼前、轻长远，重城市、轻农村，重就业、轻创业现象较为普遍；二是就业岗位选择的问题，而就业岗位又与经济结构和产业结构紧密联系，经济结构与产业结构调整不力，直接影响大学生就业；三是高校专业结构总是滞后于社会发展，而所谓热门或冷门专业，在市场的需求转换中变化比较快。

麦可思调查的上海2008届本科各专业大类毕业生中，学管理学、文学、理学的毕业半年后就业率最高，均为94%；法学最低，为88%。上海市2008届本科毕业生毕业半年后失业量最多的5个专业失业人数占了本科失业量的34.8%，而这5个专业在高考志愿填报时却往往是热门专业：国际经济与贸易、计算机科学与技术、法学、金融学、英语。①

高校专业设置有较大盲目性，专业趋同现象十分严重，造成供给严重大于需求。一些高校仍然沿袭传统的应试教育的教学方式，学生实践机会严重不足，而用人单位对应聘者的实际操作能力、适应工作环境变化的能力提出了越来越高的要求。加上经济社会转轨、产业结构调整、高校扩招以及专业设置滞后等原因，不少学校专业划分过细，难以跟上市场变化的步伐，或是培养出来的学生理论功底不系统，应有的动手能

① 《2009年上海市大学毕业生就业报告》，http：//www.sina.com.cn，2009年10月24日。

力不强，造成毕业生就业能力不足，培养出来的一些学生高分低能，无法适应市场的需要。

（二）高校实施创业带动就业战略存在困境

我国实施高等教育平民化政策以来，国务院确立了包括毕业生到基层就业、到民营企业就业、自主创业、技能培训、失业登记、临时救助、待就业服务、高校就业指导等各个方面的优惠政策。但在我国教育体系中，高校毕业生就业难的原因之一是大学生创业难。主要存在以下三个突出问题：

其一，大学生在学期间实训机会太少，传道授业的传统教育模式仍居主流，工科专业、医学类专业好于理科专业和文科专业，但与国外相比，仍存在很大的差距。许多高校四年级的所谓实习安排事实上名存实亡，甚至比不上20世纪80年代中前期实习计划与实习安排井然有序。

其二，大学课程教育设置存在问题，与日本大学生三年级开始到公司实习相比，我国高校二年级刚刚完成教育部规定的大量的刚性必修课程，三年级才刚刚开始接触一年专业教育，四年级又不得不为寻找工作而到处奔波和为撰写毕业论文放弃实习机会。

其三，大学教育几乎成为大学独立的行为，新增专业基本上没有严格的论证，专业雷同、没有特色；高校与企业或公司的关系松散，产学研一体化的立体教育没有真正得到落实；因实习经费不足、实习生安排难等问题，大学生脱离社会、脱离企业，游离于经济建设主战场之外。

高校毕业生的就业问题不仅仅是劳动力资源配置的市场行为，更是关系到我国转变经济发展方式、推动产业结构优化升级以及发展民生、建设和谐社会与教育兴国的重大战略问题。因此，应建立一个有效的就业促进系统，促进高校毕业生顺利就业，从而促进我国各项经济、政治目标的实现。

6.2 一般系统结构理论基本原理及其在构建就业促进系统中的应用

一般系统结构理论是在一般系统理论基础上发展起来的一门理论。20世纪40年代，著名生物学家 V. L. Bertalanffy（贝塔朗菲）创立了一般系统论，研究不同学科领域中研究的各种不同系统所服从的共同原理与规律。著名学者贝塔朗菲博尔丁（K. E. Boulding）、克立尔（G. J. Klir）、麦萨洛维奇（M. D. Mesarovic）和乌约莫夫（A. H. yeMoB）等人对这一理论进行了研究和发展。在此基础上，国内一些知名学者如林福永、吴健中等对系统理论作了进一步发展和补充，提出和发展了一种面向问题、数学表达的一般系统论——一般系统结构理论，把一般系统论发展到了具有精确的理论内容并且能够有效解决实际系统问题的高度。①

一般系统结构理论认为一切系统问题实质上都是关于系统环境、结构、状态和行为，以及它们的关系及规律的问题。该理论强调在一定的环境中，系统的行为（功能）是由系统结构决定和支配的。该理论还提出了揭示关联的新概念——关系 $R_{ij}(t)$ 和关系环，认为系统结构 $R_{zd}(t)$、系统状态 $S_z(t)$ 和系统行为 $H_z(t)$ 的变化是由系统支配层次 H_d 上的关系环引起和支配的。

一般系统结构理论提出了以下一般管理模型。

定理1：设在环境 $E(S)$ 中，$S \in B$，管理对象 $Z(n)$ 在 t 时刻具有某一层次 H_d 上的系统结构 $R_{zd}(t)$、系统状态 $S_z(t)$ 和系统行为 $H_z(t)$，如图6-1所示，那么，当且仅当对于层次 H_d 上的每一部分 $e(p) \in$

① 林福永、何敏：《一般系统结构理论》，《系统科学与工程研究》2000年10月。

$Z(n)$，它的状态 s_p 仅是系统环境 $E(S)$ 以及与它存在关系的部分 $e(p_i) \in Z(n)(i = 1,2,\cdots,k;k \geqslant 0)$ 的状态 s_{pi} 的函数（如图 6－2 所示），即：

$$s_p(t) = \phi_p(S(t),s_{p1}(t),\cdots,s_{pi}(t),\cdots,s_{pk}(t)) \quad (6.1)$$

时，恒有：

$$\psi_1(S,R(t),R_{zd}(t)) = 0 \quad (6.2)$$

$$\psi_2(S,R_{zd}(t),S_z(t)) = 0 \quad (6.3)$$

$$\psi_3(S,R_{zd}(t),H_z(t)) = 0 \quad (6.4)$$

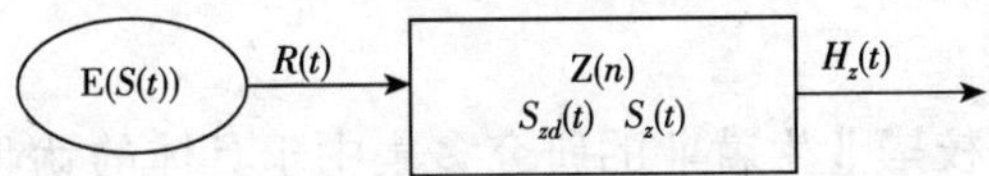

图 6－1　管理对象 Z(n)

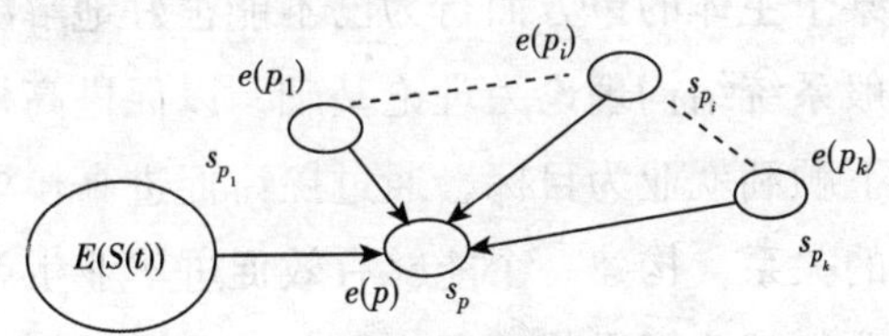

图 6－2　部分 e(p) 及其关系

式中，S 和 B 分别表示在 t 时刻系统环境 $E(S)$ 的状态和状态空间；$R(t)$ 表示在 t 时刻系统环境 $E(S)$ 与系统 $Z(n)$ 间的关系。这时，系统结构层次 H_d 称为系统支配层次。

定理 2：设在环境 $E(S)$ 中，$S \in B$，管理对象 $Z(n)$ 在 t 时刻具有系统支配层次 H_d 上的系统结构 $R_{zd}(t) = \{R_{ij}(t)/f_{ij}(s_i(t), R_{ij}(t), s_j(t)) = 0; 1 \leqslant i,j \leqslant n; n \geqslant 2\}$，并且关系环数为零，即 $\theta_d = 0$，那么，对于任一关系 $R_{ij}(t) \in R_{zd}(t)$，恒有：

$$R_{ij}(t) = \phi_{ij}(S) \quad (6.5)$$

$$S_z(t) = \varphi_2(S) \quad (6.6)$$

$$H_z(t) = \varphi_3(S) \tag{6.7}$$

式中，S 和 B 分别表示在 t 时刻系统环境 $E(S)$ 的状态和状态空间；$R(t)$ 表示在 t 时刻系统环境 $E(S)$ 与系统 $Z(n)$ 间的关系。

根据上述模型，系统结构理论揭示了管理的系统原理和方法：通过研究和揭示管理对象的环境、支配层次上的系统结构、系统状态和系统行为，以及它们之间的关系及规律，用于指导合理建立和控制管理对象支配层次以及管理对象支配层次上的系统结构以达到预定的管理目标，如在给定的环境中改善管理对象的系统状态或系统行为，或者在环境发生变化的情况下使管理对象的系统状态或系统行为保持稳定不变等。①

目前关于高校毕业生就业的研究多集中于具体的就业行为或扶持措施方面，缺乏对整个就业系统进行系统的、宏观的研究。而高校毕业生就业是一个复杂的系统工程，无论是政府、高校、用人单位，还是毕业生个人，仅依靠某个主体的单方面行为已不能很好地解决毕业生的就业问题。本章以一般系统结构理论为理论基础，以促进高校毕业生在当前严峻的经济环境下顺利就业为目标，通过探讨促进高校毕业生就业的各个要素及其之间的关系，构建一个能够有效促进毕业生就业的系统，以期为研究高校毕业生就业提供新的理论视角以及为就业主体采取切实可行的促进就业措施提供有益参考。

6.3　高校毕业生就业促进系统要素分析

高校毕业生就业促进系统 $Z(n)$ 指以高校毕业生就业为管理对象，通过一系列的结构安排，实现促进高校毕业生顺利就业功能的复杂系

① 林福永：《一般系统结构理论》，暨南大学出版社1998年版，第139—140页。

统。系统是由若干相互关联的部分或子系统构成的整体。通过建立系统的支配层次，以及控制和优化支配层次上的系统结构是管理系统和改善系统功能的途径。因此，为实现高校毕业生就业促进系统的功能，必须建立这一系统的结构，确定其支配层次并对其结构进行控制和优化。

高校毕业生就业促进系统应包含以下内容：

6.3.1 政策支持子系统

目前对就业系统的研究多立足于就业行为本身，而把政策视为环境的组成部分。系统环境 $E(S)$ 是指与系统 $Z(n)$ 存在关系的系统外部部分的集合。系统环境 $E(S)$ 与系统 $Z(n)$ 的“边界”是相对的。当系统边界扩大时，部分环境便包含在系统之中，成为系统的组成部分。就业促进系统与一般就业系统的区别在于其以促进就业为系统的构建目标。因此，支持高校毕业生就业的政策法规和扶持措施在该系统中不再视为系统环境，而被纳入该系统内部。根据一般系统结构理论系统结构决定系统行为或功能的思想，就业促进系统将政府部门的促进就业的法律、法规、政策以及扶持就业的措施划入系统之内，不再将其视为外部环境，因为一旦视为环境，其为不变的参数，不利于讨论政府行为对高校毕业生就业的影响。如此划分可以有效分析政府政策支持作为子系统与其他就业子系统的相互关系，便于及时对政府的政策或扶持措施进行修正，以更好达到的效果。

因此，就业促进系统的环境 $E(S)$ 可以定义为一定时期既定的经济、社会环境，政策支持则成为该系统的子系统，与其他子系统共同作用以实现整个就业促进系统的功能。

6.3.2 就业促进实施子系统

就业促进实施子系统指对高校毕业生就业的各项工作具体实施的子系统，是就业促进系统的核心部分。其包括：

（一）信息平台系统

一个综合的信息平台系统可以集中就业的各方面信息，包括毕业生信息，就业指、导信息，用人单位的反馈、评价信息等。信息平台的构建是毕业生择业、就业，用人单位选人用人，双方良性互动的基础，也是促进高校办学改革，提升高等教育水平的基本信息来源。构建一个动态化、定量化、系统化的就业信息化平台系统已成为当前大学生就业工作的当务之急。①

（二）就业指导系统

就业指导系统是就业实施子系统的核心。毕业生由于知识、能力的不足，就业过程中需要各方面的指导，高校应建立全过程的就业指导系统，通过专业教育、开展职业生涯规划教育及各种形式的就业教育，帮助他们掌握知识，提高综合素质，树立正确的择业观念，了解就业政策和求职技巧，培养就业所需的素质和能力，最终顺利就业。

（三）就业评价系统

就业评价是在广泛收集信息的基础上，对涉及毕业生就业的行为及其效应进行价值判断的行为。以往以就业率为评价指标的单一的评价体系已不能满足实践的要求。系统的就业工作需要综合有效的评价，并根据评价的结果对各主体的进行调整。就业评价对高校调整专业结构，提高办学质量，重视就业工作具有特别重要的意义。

（四）就业反馈系统

毕业生就业反馈系统的功能在于为高校和社会搭建信息交流的桥梁。通过就业反馈系统，用人单位及时将毕业生就业状况、工作绩效等情况反馈给高校，高校利用反馈信息对自身的招生、教学行为等进行调整。系统化的就业反馈机制，利于实现社会评价的连续性、制度化和规范化，将为高校人才培养进行综合评价提供有力支持，促进高校采取更为有效的促进毕业生就业的措施。

---

① 范重庆：《大学生就业信息化平台系统研究》，《中国大学生就业》2007年第14期。

6.3.3　就业保障子系统

就业保障子系统是毕业生就业促进系统的支柱，它从权利保障、福利保障和失业保障等方面为毕业生顺利就业提供有利条件和利益保护。

（一）权利保障

高校毕业生由于缺乏工作技能和社会经验，在就业市场中属于弱势群体。一方面他们在就业过程中经常在学校、学历、专业以及性别等方面受到差别性、歧视性对待，其公平就业的权利无法得到保障。另一方面，由于毕业生与用人单位间信息不对称，且自我保护能力较弱，因而劳动权益容易受到侵害。这些成为阻碍毕业生顺利就业的重要障碍。因此，有必要建立高校毕业生就业权利保障体系，为其就业营造公平、良好的宏观环境。

（二）福利保障

目前，我国东西部地区及国家机关、事业单位与企业等不同性质用人单位间的福利差距相当大，在经济萧条、金融危机的社会环境下，毕业生更加倾向于选择经济条件好的地区的国家机关、事业单位就业，严重限制了择业范围。另外，我国社会保障制度缺乏对于自主创业大学生的相关保障，不能消除自主就业后顾之忧，限制了毕业身自主创业的积极性。因此，构建高校毕业生就业福利保障体系，缩小不同地区间，不同组织间的福利差距，为自主创业大学生提供养老、医疗社会保障等，有利于拓宽毕业生择业范围，促进其就业。

（三）失业保障

随着市场经济的深入发展和毕业生资源市场化配置的全面推行，高校毕业生失业现象将在我国长期存在。[①] 失业保障是高校毕业生就业保障的重要组成部分。对短期失业的毕业生进行失业登记，为其提供失业保险、失业救济等保障是促使其更好就业的重要途径。

---

① 汪青雨、何晖、徐艳红：《大学生就业保障机制的构建思路与对策》，《内蒙古农业大学学报（社会科学版）》2007 年第 6 期。

6.4 高校毕业生就业促进系统模型分析

6.4.1 高校毕业生就业促进系统模型

根据一般系统结构理论，高校毕业生就业促进系统描述为：在一定的社会经济环境 $E(S)$ 中，$S \in B$，就业促进系统 $Z(n)$ 在 t 时刻具有某一层次 H_d 上的就业促进系统结构 $R_{zd}(t)$、就业促进系统状态 $S_z(t)$ 和系统行为 $H_z(t)$。如图6－3所示。

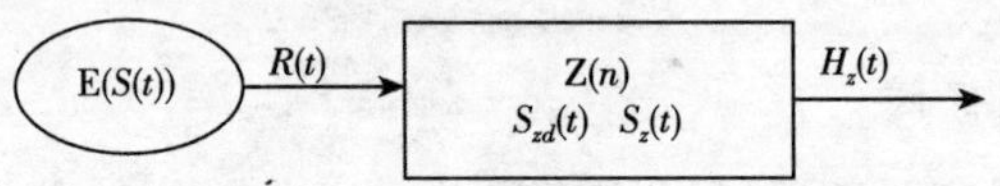

图6－3 就业促进系统 Z(n)

一般系统结构理论强调系统的结构决定系统行为（功能）。在设定一定的系统环境的条件下，实现或者改善管理对象的系统状态或系统行为的唯一途径是，自觉建立管理对象的支配层次，以及控制和优化支配层次上的系统结构。基于上述对促进高校毕业生就业的要素的分析，为实现该系统促进就业的功能，该系统的系统结构设计如图6－4所示。

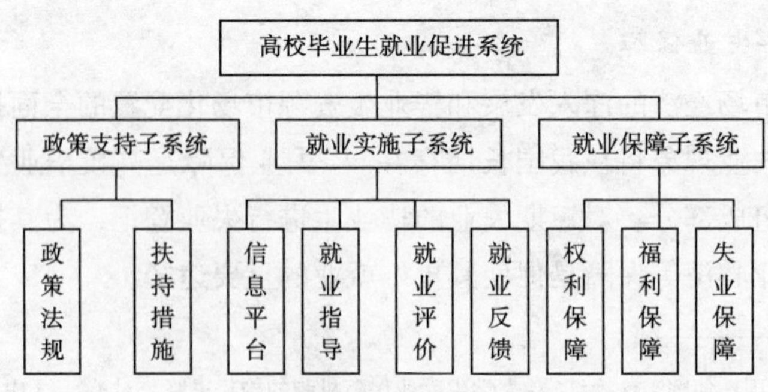

图6－4 系统结构

6.4.2　高校毕业生就业促进系统的关系环

关系环 $Y(t)$ 指一系列关系 $j(t)$ 的集合。一般系统结构理论是通过对系统各个层次的关系环进行分析来解析系统的运作及功能的实现的。当系统 $Z(n)$ 的 n 个不同部分或子系统都形成关系环时，它的关系环数具有最大值 X_{max}，本文重点讨论对实现系统功能具有关键作用的关系环。

系统结构具有层次性决定了关系环也具有层次性。在高校毕业生促进系统中，政策支持系统，就业实施系统和就业保障系统三个子系统之间的关系形成第一层次的关系环，如图 6－5 所示。

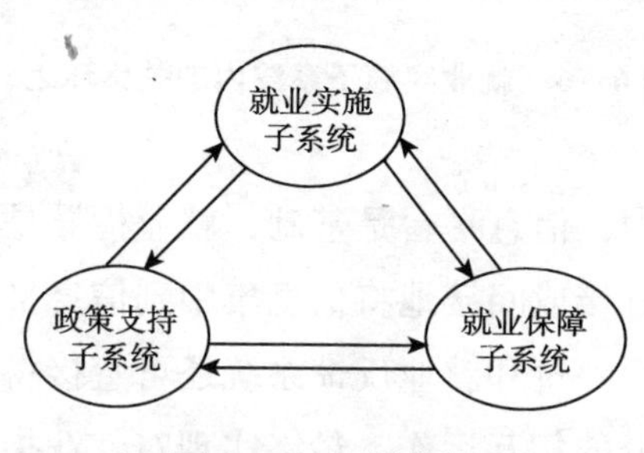

图 6－5　环状结构

在这一层次的关系环中，各子系统两两相关，相互影响，相互作用。其中最重要的关系环是：就业实施子系统作为核心，政策支持子系统与就业保障子系统分别与其进行互动运行，通过实施子系统的有效运作达到促进高校毕业生顺利就业的目的（功能）。一方面，政策支持子系统的运作与就业实施子系统形成互动，政府促进就业的政策法规的发布和具体扶持措施的实施，都会对就业实施子系统的运行带来不同程度的帮助和支持，同样的，实施子系统的就业结果反馈给政策支持子系统，从而引起政府政策法规或者扶持措施的调整。另一方面，就业保障子系统与就业实施子系统形成互动，就业保障的力度决定就业实施子系统的运行效果，同样的，就业实施子系统的运行结果决定采取何种保障措施以及保障到何种程度。

在各子系统项下，分别存在着第二层次的系统结构和关系环。这一层次的系统结构应是就业促进系统的支配层次。这一层次的各个子系统内部都存在互相作用、相辅相成的关系集合。政策支持子系统和就业保障子系统内的关系环较为简单，它们内部形成相互作用、相互补充的关系。就业实施子系统是就业促进系统的核心子系统，其内部关系环较为复杂，其内部最重要的关系环如图 6－6 所示。

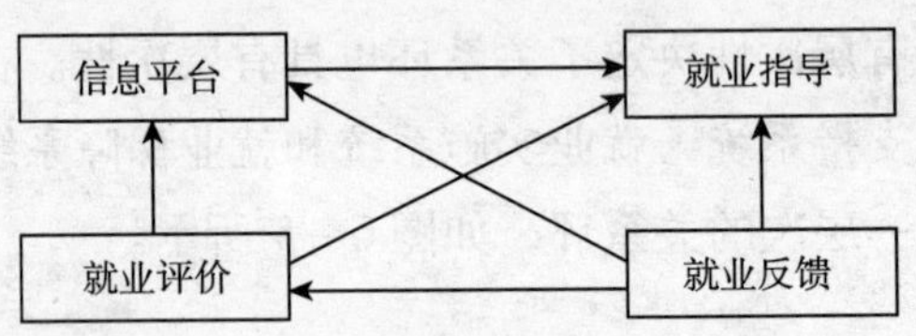

图 6－6　就业实施子系统内部关系环之一

在这个关系环中，信息平台是基础，就业指导是核心。就业评价系统与就业反馈系统直接或间接地将信息集中到信息平台，为就业指导提供有效的信息。就业评价和就业反馈系统还可直接将信息传递给就业指导系统。通过各部分的相互运作，最终实现对就业指导系统的完善，提高毕业生就业指导的质量，促进毕业生顺利就业。

6.5　高校毕业生就业促进系统功能的实现

根据一般系统结构理论，在一定的系统环境 $E(S)$ 中，系统结构 $R_{zd}(t)$、系统状态 $S_z(t)$ 和系统行为 $H_z(t)$ 的变化是由系统支配层次 H_d 上的关系环引起和支配的。因此就业促进系统的功能的实现，需要通过完善系统各个层次特别是支配层次上的关系环来完成。

具体而言，就业促进系统的各主体采用有效的措施，形成有利于发挥就业促进系统作用的关系环，实现该系统的功能。

6.5.1　政府充分发挥支持和保障作用

政府在就业促进系统中是政策支持子系统和就业保障子系统的主体，其为毕业生就业提供的政策支持和保障，直接影响到就业实施子系统的运作。因此要充分发挥政府的支持和保障作用，保证政策支持子系统和就业保障子系统内部形成有效关系环，在各自良性运行的基础上，促进就业实施子系统的运作，实现就业促进系统的功能。

第一，国家实施以促进就业为目标的经济政策，政府通过努力发展经济，调整产业结构，尤其是建立高新技术产业，提高产业水平，来增加对大学毕业生的吸纳能力。第二，政府要对高校毕业生的就业提供政策支持和引导。如为提供毕业生就业专用经费，为毕业生就业提供优惠政策，协调各部门和用人单位关系，组织面向毕业生的专场招聘会等。第三，政府要在宏观上对高校办学进行引导，加强人才预测和对专业设置的调整，使高校的就业指导形成长效机制。第四，要大力促进高校毕业生以创业带动就业的工作机制。政府应鼓励发展一批经营较为成熟、社会责任感强的企业作为创业见习基地和创业孵化基地，为大学生提供创业实践和指导。积极发动社会各类优质培训资源开展创业培训。进一步加大对高校毕业生创业企业的资金支持，完善创业风险的规避机制。第五，政府要在社会保障制度、户籍制度、就业制度等多方面提供更多支持与保护。一是完善有关人才及劳动法律法规，保护毕业生合法权益，促进公平就业；二是缩小地区间、部门间的福利差距，为自主创业大学生提供福利保障，扩大毕业生择业范围，减少自主就业的后顾之忧；三是建立和完善失业毕业生救济制度，向暂未就业毕业生或失业毕业生提供就业指导、咨询、服务、推荐就业及失业毕业生组织、人事关系的管理、失业救济金的发放等，促使其更好就业。

6.5.2　高校确保就业实施子系统的有效运行

就业实施子系统是就业促进系统的核心，而高校是就业实施子系统的落脚点。高校切实做好各项就业工作，才能在实施子系统内形成有效的关系环，从而保证就业实施子系统的有效运作。

第一，高校应加快信息化建设，打造动态的、定量的、系统的信息平台，为就业实施系统的其他部分提供有效的信息支持，从而将毕业生就业工作推向较高的管理和服务层次。第二，促进就业指导工作向专业化、正规化迈进。就业实施子系统是就业促进系统的核心，就业指导是核心中的核心。一要建立全过程就业指导的观念和工作体系，将就业指导贯穿于学生从入学到毕业的全过程，针对不同时期的特点进行职业生涯设计、学业指导和心理健康指导和教育，择业指导、升学指导和创业指导。二要把高校毕业生就业指导作为一门学科加以建设。把就业指导课程纳入教学计划，加强就业指导学科的理论和实践研究，建设符合我国国情、适应当代大学生特点的高校就业指导理论体系。尤其要强调创业教育，增强学生创业意识，提升其就业与创业能力。三要建立一支高素质的就业指导专兼职人员队伍，建立科学有效的工作机制，保证就业工作的顺利进行。第三，构建功能性就业评价体系。高校通过构建由毕业生就业质量评价、就业指导工作系统评价和综合建设的有效指导性评价组成的功能性评价体系，不再以单一的就业率作为就业工作的评价指标。[①] 而是对毕业生的就业质量、就业指导工作的综合开展和效果，以及高校关于就业工作的软硬件简述进行综合评价。新的综合评价模式，有利于高校教学和就业指导的改革，从深层推进就业工作的改革和发展。第四，构建毕业生就业反馈系统，通过人才市场、用人单位提供和反馈的信息构建毕业生就业反馈信息库，积累数据，为定期抽样检查提供条件，使就业评价成为动态的、连续的、制度化和规范化。

6.5.3 用人单位积极参与

用人单位在就业促进实施系统中的作用主要为反馈和配合。作为反馈系统的主要主体，用人单位应及时将用人要求、用人质量等信息及时反馈给高校，以便高校及时调整人才培养方案及就业指导措施。另外，

① 南峰、丁玉伟：《高校毕业生就业评价系统的新思考》，《唐山学院学报》2008年3月。

用人单位要转变用人观念，改变唯经验论、唯学历论，制定合理选人标准。用人单位还可积极与学校联合办学，设立奖学金，培养与挑选人才，同时让学生有更多的实践机会，减少工作后的培训成本，实现高校与用人单位的双赢，促进毕业生顺利就业。

6.5.4　毕业生由受体向主体转变

毕业生作为整个就业促进系统服务对象，应由受体向主体转变，积极参与整个系统的运作，转被动为主动，吸收系统的能量，发挥系统的功能，才能真正达到促进其顺利就业的目的。毕业生的积极参与是整个就业促进系统功能实现的落脚点。只有毕业生积极参与每个关系环，实现各个层次的子系统的顺利运作，才能实现整个就业促进系统的功能。因此，高校毕业生面对严峻的就业形势，应立足现实、转变观念，利用国家促进就业的政策支持和保障政策，接受科学的就业指导，调整就业期望值，适时就业或者大胆实践，勇于创业，从而实现自己的就业目标。

参 考 文 献

罗伯特·霍尔茨曼、约瑟夫·E. 斯蒂格利茨编:《21 世纪可持续发展的养老金制度》，胡劲松等译，中国劳动社会保障出版社 2004 年版。

林毓铭著:《社会保障与政府职能研究》，人民出版社 2008 年版。

国家计委等:《中国 21 世纪议程——中国 21 世纪人口、环境与发展白皮书》，中国环境出版社 1994 年版。

林毓铭著:《社会保障可持续发展论纲》，华龄出版社 2005 年版。

林毓铭主编:《应急管理定量分析方法》，暨南大学出版社 2010 年版。

马克思:《资本论》第 3 卷，人民出版社 1975 年版。

汝信、陆学世、李培林:《2008 年中国社会形势分析与预测》，社会科学文献出版社 2008 年版。

林福永:《一般系统结构理论》，暨南大学出版社 1998 年版。

蔡昉:《为什么“奥肯定律”在中国失灵》，《宏观经济研究》2007 年第 1 期。

时寒冰:《不公平待遇才是中小企业的真正杀手》，《社会观察》2009 年第 4 期。

L. V. Bertalanffy, *General System Theory-Foundations, Development, Applications*(Revised Edition), New York: George Braziller, Inc., 1973.

林毓铭:《大学生失业的政府保障模式与市场保障模式》，《高等教育研究》2007 年第 8 期。

林毓铭:《大学生起薪工资走低现象的经济学分析——兼论政府社会保障职能》,《教育与经济》2006 年第 2 期。

林毓铭:《关注就业：高等教育深化过程的核心问题》,《高等教育研究》2002 年第 5 期。

林福永、何敏：《一般系统结构理论》，《系统科学与工程研究》2000 年第 10 期。

方耀楣、朱文娅:《CAS 视野下大学生就业系统的构建》,《高等工程教育研究》2009 年第 4 期。

范重庆:《大学生就业信息化平台系统研究》，《中国大学生就业》2007 年第 14 期。

南峰、丁玉伟:《高校毕业生就业评价系统的新思考》,《唐山学院学报》2008 年第 3 期。

肖甦浅:《谈俄罗斯高校毕业生就业的管理系统》，《外国教育研究》2007 年第 7 期。

汪青雨、何晖、徐艳红：《大学生就业保障机制的构建思路与对策》,《内蒙古农业大学学报（社会科学版)》2007 年第 6 期。

韩晓霞:《高等院校全过程就业指导研究》,《中国成人教育》2009 年第 22 期。

第五篇

农村家庭健康状况影响因素与促进机制研究

1 绪 论

本章旨在交代研究背景、研究现状、研究问题提出等内容，通过交代背景来提出研究问题的必要性，通过梳理国内外已有研究文献来考察该问题及其相关问题的研究程度并借鉴相应的研究经验，此外，本章还将交代研究目的、数据、方法、路径、基本内容、研究创新点、研究难点等问题。本章各节内容的安排是为了说明问题研究的必要性、已有研究的程度，并交代本研究的一些前提事项。①

1.1 研究背景、问题提出及研究现状

1.1.1 研究背景

（一）健康与医疗问题是世界性难题

（1）健康及其重要性

健康是人类社会追求的根本目标之一，也是其他社会目标发展所依

① 此部分内容中部分文字参考了作者已经发表的论文：胡宏伟、石静：《农村家庭健康的影响因素与全面促进——基于线性与U型关系的考察》，《山西财经大学学报》2009年第12期，第23～31页；邓大松、石静、胡宏伟：《农户健康、保险决策与家庭资产规模——基于交互分析与二元逻辑斯蒂回归方法》，《西北大学学报》2009年第5期，第139～147页；邓大松、石静：《基于固定资产和教育程度的农户家庭健康分析》，《陕西行政学院学报》2009年第2期，第10～13页；石静、胡宏伟：《经济增长、医疗保健体系与国民健康——基于1991—2006年中国数据的分析》，《西北人口》2010年第1期，第1～7页。

赖的保障，所以，健康的极端重要性体现在其目的性和工具性两个方面，即既是人类追求的根本目标，又是人类社会稳定发展的保证。健康问题非常重要，但健康却又往往难以界定、评估和生产。世界卫生组织曾将健康定义为人在身体上、精神上、社会适应上的一种完好的状态，而不仅仅是没有疾病和虚弱。① 可见，健康的含义已经远远超过了单纯的不生病或者不存在伤残抑或病态，健康的外延已经发展到了更大的范围，即健康既包括身体层面，也包括精神层面，既包括实际损害，也包括无法度量的损害，既是有限可列举的，又是无限不可穷尽的。就健康的确切定义或者具体范围而言，世界各国学术界、政府和社会公众对其都是莫衷一是，很难得到一个获得广泛认同的结论。但是，即使健康仍旧是如此的“难以琢磨和难以度量”，健康的重要意义确实是毋庸讳言的。

健康是人类的一项基本权利和人权，或者说，健康权是一项基本人权。② 也正是因为健康如此重要，健康已经被普遍看做是人类的一项基本权利，而且，健康权利被置于人类社会最终发展目标的高度，足以证明其极端重要性。③ 而且，人类社会各个国家为了促进健康社会的普遍实现，特别注重医疗卫生服务的公平享有，并将公平的医疗卫生服务，尤其是公平的初级卫生保健作为实现人类健康权利，尤其是实现健康公平权利的重要途径。④

（2）世界范围内的健康难题

健康问题虽然极为重要，人类社会为了追求健康也付出了极大的努力和代价，并且也取得了一定的成就，但是，健康问题，尤其是健康不公平的问题仍旧在全世界范围内存在，而且，部分国家和地区健康风险严峻、改善程度有限、进步速度放缓，这一问题开始呈现不断扩展的趋势。⑤

---

① 张凤林：《人力资本理论及其应用研究》，商务印书馆2007年版，第116页。

② 韩子荣：《中国城乡卫生服务公平性研究》，中国社会科学出版社2009年版，第28页。

③ 杜乐勋、张文鸣：《中国医疗卫生发展报告》，社会科学文献出版社2007年版，第70页。

④ 郑大喜：《试论制度安排与健康公平的实现》，《中国医院管理》2007年第1期，第5~8页。

⑤ 世界卫生组织：《2008年世界卫生报告：初级卫生保健——过去重要现在更重要》，Geneva：WHO Press，2008，第1~113页。

健康问题从来都是世界性的。虽然，在最近若干年人类社会的总体健康状况在不断改善，但是，应该看到，仍有部分国家和地区存在严重的健康和医疗问题。如表1－1所示，在世界范围内存在广泛的医疗费用不平等，在人均卫生费用方面，在美洲、欧洲的人均医疗卫生费用都超过了1000美元，而在最穷困的非洲地区，儿童死亡率较高的地区，其人均卫生费用仅有约24美元，健康支出存在天壤之别。

表1－1　世界主要地区医疗卫生费用（1997年）

地区	国家数	总费用（百万美元）	占世界卫生费用比例	占世界人口比例	人均卫生费用（美元）
AFR—D	26	6461	0.3%	4.7%	24
AFR—E	20	14097	0.6%	5.4%	45
AMR—A	3	1143480	44.9%	5.4%	3652
AMR—B	27	75895	3.0%	7.3%	180
AMR—D	5	5312	0.2%	1.0%	94
EMR—B	13	25247	1.0%	2.3%	193
EMR—D	9	12965	0.5%	5.7%	39
EUR—A	26	766765	30.1%	7.0%	1876
EUR—B	19	26232	1.0%	3.9%	115
EUR—C	6	28897	1.1%	4.0%	125
SEA—B	3	12637	0.5%	4.8%	45
SEA—D	7	29208	1.1%	20.3%	25
WPR—A	5	339450	13.4%	2.6%	2235
WPR—B	22	59407	2.3%	25.6%	40
合计	191	2546054	100%	100%	438

注：1. WHO, NHA-2000Data Files for Expenditure on Health, UN for Population;

2. A、B、C、D、E分别代表儿童和成人的不同死亡率，儿童对应的分别为非常低、低、低、高、高，成年人对应的分别为非常低、低、高、高、非常高；Afr（非洲）、Amr（美洲）、Sear（东南亚）、Eur（欧洲）、Emr（动地中海）、Wpr（西太平洋）；

3. 以国际货币基金组织汇率计算。

资料来源：转引自彭现美：《健康投资绩效研究》，合肥工业大学出版社2006年版，第40页。

也正是由于在基本医疗卫生支出方面存在的天壤之别，世界范围内的健康状况也存在极端失衡的局面。由图1－1可以看到，世界上经济最不发达国家国民的寿命仅有约50岁，这一健康水平仅相当于新中国建立前的水平。部分落后国家的国民健康状况远落后于发达国家，甚至这种差距随着经济发展差距的拉大而愈发无法弥合，世界范围内的穷国与富国的健康差距日益明显，健康不公平现象严重并有日益加深的趋势。

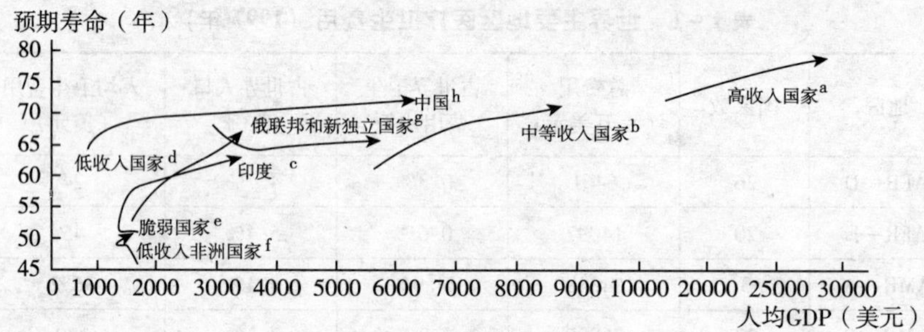

图1－1　1975～2005年间133个国家的人均GDP和出生时期望寿命趋势图（按1975年的各国GDP值分组）

资料来源：世界卫生组织《2008年世界卫生报告：初级卫生保健——过去重要现在更重要》，Geneva：WHO Press，2008，第5页。

（二）中国存在经济增长与健康发展的不一致性

1949年新中国成立以来，中国经济社会发展取得了长足发展，国民医疗卫生状况和健康水平也有了很大改善。建国以后，为了配合经济恢复和社会稳定的需要，国家逐步建立了公费医疗、劳保医疗、农村合作医疗三大医疗保险体系，同时，还在城乡建立了社会救助体系。这一整个医疗卫生服务和保障体系极大地保障了国民的健康和医疗卫生服务基本需求，满足了建国之初保护和再生产劳动力的需要，也有利于稳定社会秩序，为经济恢复发展和社会政治改革奠定了基础。

新中国的经济和社会发展，尤其是基本医疗卫生和保障事业的发展极大地改善了城乡医疗卫生状况恶化的困境，使中国国民健康状况得到了迅速改善，而覆盖城乡的医疗卫生服务系统和保障体系也使新中国的医疗卫生水平取得了举世瞩目的成就。就国民预期寿命而言，新中国成立前，中国国民预期寿命仅有约36岁左右，而20世纪80年代，中国国民预期寿命已经达到了约68岁，当前，这一数字已经远超过70岁；另一方面，婴儿死亡率，新中国成立前，这一数字约为200‰，而20世纪80年代，这一数字已经降到了34‰左右，当前，已经20‰以下，这一降低速度是惊人的。由表1-2可见，中国卫生总费用、政府预算卫生支出、人均GDP、人均卫生人员和技术人员等指标变化明显，可见，中国在医疗卫生支出和健康投入方面的力度不断加大，而总体上，中国国民的健康水平也是不断改善的。

表1-2　1991~2006年中国卫生支出、健康与经济状况

年份	卫生总费用（亿元）	5岁以下儿童死亡率（‰）	人均GDP（元）	婴儿死亡率（‰）	人均卫生人员和技术人员
1991	886.39	61.00	1892.76	50.2	77.79204
1992	1089.36	57.40	2311.09	46.7	78.63919
1993	1368.48	53.10	2998.36	43.6	78.74383
1994	1748.84	49.60	4044.00	39.9	79.3177
1995	2142.33	44.50	5045.73	36.4	79.50975
1996	2696.22	45.00	5845.89	36	79.50753
1997	3183.11	42.30	6420.18	33.1	80.19333
1998	3664.52	42.00	6796.03	33.2	79.82785
1999	4031.00	41.40	7158.50	33.3	79.7284
2000	4565.43	39.70	7857.68	32.2	79.54545
2001	5025.93	35.90	8621.71	30	79.07129
2002	5790.03	34.90	9398.05	29.2	74.01819
2003	6584.10	29.90	10541.97	25.5	74.14284
2004	7590.28	25.00	12335.58	21.5	75.00305
2006	9807.32	20.60	16084.00	17.2	77.92933
2005	8659.92	22.50	14103.33	19.0	75.61441

注：CPI指数1978年为100。

资料来源：数据根据《中国卫生统计年鉴》（2008）、《中国统计年鉴》（2007）整理。

但是，可以明显看出的是，在中国，经济增长与国民健康改善程度之间存在不一致性。虽然，总体上经济增长与国民健康改善方向上一致，基本上呈正相关关系，但是，如果测算改善程度，可以发现，经济增长与国民健康改善之间存在显著的不一致性，即国民健康改善程度的速度落后于经济增长的速度，而且，这种差距在近些年来有扩大的趋势。国内外部分学者的研究也证实了这一点。王绍光（2003）将中国和可类比国家的健康和经济增长状况进行了对比，发现中国国民健康的改善程度显著落后于其他国家，这种增长速度的落后还有进一步扩大的趋势。他将人均寿命作为例子，认为全世界不论何种收入水平的国家，其国民健康的改善程度都在整个20世纪后20年都是相当大的（世界平均增长4岁，高收入国家4岁，低收入国家5岁），而中国国民预期寿命的增长幅度在这个20年中增长确实是非常有限的，低于2岁。[①] 而张晓波（2002）的研究则集中于中印两个在国家规模、经济发展水平等方面较为类似的两个国家的对比，他研究发现，虽然，当前中国国民健康（以婴儿死亡率为标准）远优于印度，但是，根据印度改善的速度来看，印度国民健康改善的追赶速度是惊人的，甚至在今后几十年就有可能超越中国，可见，相对而言，中国国民健康的现状和改善速度都是较为有限的。[②]

当然，造成这种滞后的原因非常多，但大多数学者都认为政府在医疗卫生方面发挥作用的不足是造成国民健康改善程度滞后的主要原因，这种政府的“缺位”实质上就造成了这样一个事实：医疗卫生支出和花费不断攀升的事实发生的同时，由于政府支出和社会支出的降低或者居于不高的比例水平，国民个人医疗卫生支出比例不断升高，国民个人医疗卫生支出负担程度也不断抬高，国民个人健康状况越发没有保障。

---

① 王绍光：《中国公共卫生的危机与转机》，《比较》2003年第6期，http://www.med8th.com/humed/2/20031015zgggws.htm。

② 张晓波：《健康不平等及其成因》，《经济学（季刊）》2002年第2期，第417～434页。

表 1－3　世界各国卫生支出主体结构比较（2000 年）

单位：%

国别（或类型）	卫生总费用占 GDP 比重	个人负担比重	政府负担比重
中国	5.3	60.6	39.4
发达国家	8.5	27.0	73.0
转型国家	5.3	30.0	70.0
最不发达国家	4.4	40.7	59.3
其他发展中国家	5.6	42.8	57.2
世界平均	5.7	38.2	61.8

资料来源：王绍光：《中国公共卫生的危机与转机》，转引自韩子荣：《中国城乡卫生服务公平性研究》，中国社会科学出版社 2009 年版，第 84 页。

这种滞后于经济增长速度的健康改善（甚至局部时间和地区出现了恶化）是不符合国家发展和社会发展的需要的，而且，在医疗领域过度市场化的错误指引下，中国医疗卫生领域进行了一系列改革，市场化增强了医疗机构和药品生产流通单位作为市场竞争主体所具有的利润驱动性，而国家在医药卫生费用方面的缺位也进一步迫使医药机构通过盈利方式来弥补自身运营所需要的成本。这种主动与被动的力量结合在一起，就成为了推动中国医疗卫生机构行为和目标的强大动力，而原有附着在非市场机制之上的种种医药和医疗保障机制也随之瓦解甚至消亡，这使得在中国出现了波及城乡的“看病贵、看病难”问题，中国国民“因病致贫、因病返贫”问题也随之加剧，中国部分时间、部分地区内甚至出现了卫生和国民健康的倒退现象。夏洛特·卡耶（1998）认为中国农村尤其是一些偏远不发达的农村地区存在健康状况的急剧恶化（20 世纪后 20 年），由于传统农村合作医疗的瓦解或形同虚设，原有的基于计划和集体基础之上的农村医疗卫生不再像以往那样发挥巨大作用，农村的一些疾病无法得到有效的医治，而健康风险也无法通过原有的分担机制而化解，而农村公共卫生状况由于投入不断降低而不断恶化，部分农村地区甚至一些已经消失多年的地方病和传染病又死灰复燃，农村健康状况处于非常危险的境地。[①] 而SARS事件的大规模爆发及其所造成的影响也再次证明了中国公共卫生和国民健康风险应急机制的缺欠，中国医疗卫生与健康的问题具有一定的普遍性，虽然农村地区可能相对更为严重。

（三）中国农村健康问题严重

健康状况改善滞后于国家经济增长速度的问题虽然广泛存在，但在农村，这一问题显得更加突出。

（1）城乡卫生投入和资源配置差异显著

根据第三次国家卫生服务调查的权威数据（2005）发现，在中国，城乡之间在医疗卫生投入方面存在显著的不平等。对比人均医疗卫生支出的金额，可以发现，城市居民人均医疗卫生投入普遍高于农村。城市人均医疗卫生支出金额为459元，而农村仅有229元，前者几乎是后者的两倍。不仅在绝对量上前者优于后者，在相对量上，农村居民的医疗卫生负担与城市居民相比也更加处于劣势：城市人均卫生支出占人均支出的比重仅为9.3%，而农村这一比例则高达12.9%，显然，农村居民的医疗卫生负担远高于城市居民，医疗卫生支出给农村家庭带来的冲击也必然远高于城市。

不仅如此，不同类型（贫富程度）的农村地区在上述两个方面的衡量中还呈现显著差异，越贫困的农村，农村居民医疗卫生支出占个人人均支出的比重越高：从一类农村到四类农村，这一比例从12.0%增加到了13.8%，上升了1个多百分点。如果将不同城市和农村联合起来看，从大城市、中城市一直到四类农村，这一相对比例基本上呈现上升的趋势。可见，在医疗卫生费用负担方面，农村远高于城市，同时，贫困农村远高于富裕农村。

① 夏洛特·卡耶：《进入廿一世纪的中国农村：农村卫生制度的瘫痪》，《神州展望》1998年第8期，第36～43页。

表1-4　2003年中国城乡不同区域人均卫生支出的比例

项　目	城市合计	农村合计	大城市	中城市	小城市	一类农村	二类农村	三类农村	四类农村
人均年收入（元）	6565	2175	8292	6607	4589	3163	2187	1938	1187
人均年支出（元）	4934	1781	6297	4791	3524	2466	1763	1666	1039
人均医疗卫生支出（元）	459	229	598	392	359	297	222	228	144
人均卫生支出比重（%）	9.3	12.9	9.5	8.2	10.2	12.0	12.6	13.7	13.8

资料来源：卫生部统计信息中心编：《第三次国家卫生服务调查分析报告》，中国协和医科大学出版社2004年版，第12~15页。

对比历年的数据可以发现，这种城乡差异不仅仅是典型调查年份的问题，而是一个持续性的现象，从20世纪90年代至今，这种城乡健康投入的差异就一直存在，而且，不论从绝对量还是从相对比例上看，这种差异都呈现总体扩大的趋势。

表1-5　中国城乡居民年均医疗保健支出差异

单位：元

年份	城镇居民		农村居民	
	人均年消费性支出	人均医疗保健支出	人均年消费性支出	人均医疗保健支出
1990	1278.9	25.7	374.7	19.0
1995	3537.6	110.1	859.4	42.5
1998	4331.6	205.2	1590.3	68.1
1999	4651.9	245.6	1577.4	70.0
2000	4998.0	318.1	1670.1	87.6
2001	5309.0	343.3	1741.1	96.6
2002	6029.9	430.1	1834.3	103.9
2003	6510.9	476.0	1943.3	115.8

注：1. 本表按当年价格计算；

2. 部分地区系2002年数字。

资料来源：《中国卫生统计年鉴》，2004转引自刘金伟：《当代中国农村卫生公平问题研究》，社会科学文献出版社2009年版，第77页。

第一，绝对量上的差距。1990年城市居民人均医疗卫生支出25.7

元，农村居民人均卫生支出为 19.0 元，二者绝对差距达到了 6.7 元，而到了 2003 年，城市人均医疗卫生支出 476.0 元，农村为人均 115.8 元，二者绝对差距达到了 360.2 元，绝对差距大为扩大，即使扣除物价因素，这种差异还是非常明显的。

第二，与消费支出相对比例上的差距。绝对数值反映了人均医疗卫生投入的绝对差距，而医疗卫生负担是否会在对城乡居民之间又会产生怎样的差异呢？计算城乡居民人均医疗保健支出与人均年消费支出如图 1－2 所示，可见，1998 年以前，农村人均医疗保健支出占消费支出的比例都高于城市，而 1998 年之后，城市居民医疗保健负担程度超过了农村居民，截止到 2003 年，城市为 7.31%，农村为 5.96%，二者之差约为 1.35 个百分点；而 1990 年，农村为 5.07%，而城市仅为 2.01%，二者差距高达 3.06 个百分点。综上可见，1998 年以前，农村医疗保健支出占总消费支出的比例都远高于城市，1998 年以后，城市和农村居民人均医疗保健支出占人均消费支出的百分比均大幅提高，但农村居民在大部分年份中相应的百分比都在 5% 以上，虽然，2000 年之后城市居民人均医疗保健支出占消费支出的比例高于农村居民，但不论如何，农村居民医疗保健负担支出比例比较高。

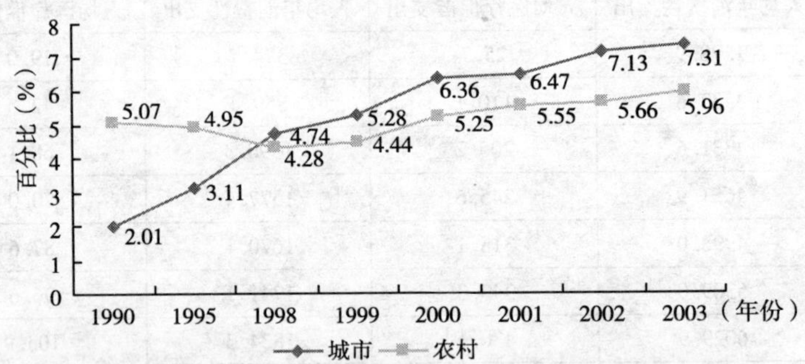

图 1－2　中国城乡人均医疗保健支出占消费支出的百分比

资料来源：1. 数据根据《中国卫生统计年鉴》（2008）、《中国统计年鉴》（2007）整理。
注：CPI 指数 1978 年为 100。

第三，绝对量比重的相对差距。为了更好的比较城乡医疗保健支出的差距，计算农村与城市人均医疗保健支出的比值，这个相对比值的时间趋势可以看出，农村居民人均医疗保健支出占城市人均医疗保健支出的比例是不断降低的，从 73.93% 下降到了 24.33%，百分比下降了近 50 个百分点。从图 1－3 可以看出，在医疗卫生保健费用投入方面，城乡之间存在显著差距，而且，这种差距有日益扩大的趋势。结合图1－2的分析结论，可以看出，虽然城乡居民的医疗保健消费支出负担比例差异在 2000 年前后出现了变化，城市居民医疗保健支出负担比例可能还高于农村，但是，从绝对的医疗消费来看，农村居民的医疗消费和投入却是远低于城市的，而且，这种下降的趋势还在继续。

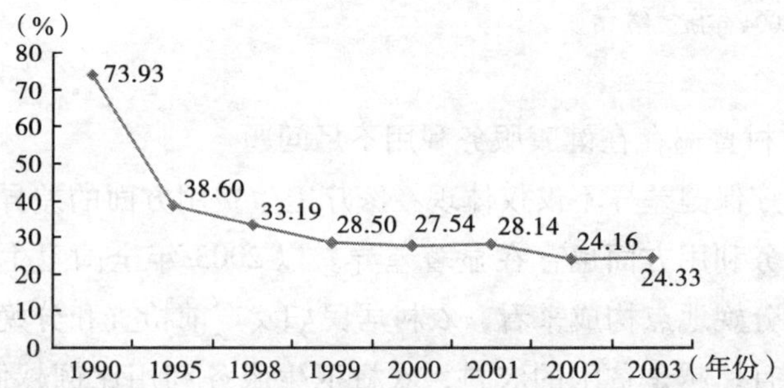

图 1－3　中国农村医疗保健支出占城市居民医疗保健支出百分比

资料来源：1. 数据根据《中国卫生统计年鉴》(2008)、《中国统计年鉴》(2007) 整理。
注：CPI 指数 1978 年为 100。

(2) 农村居民缺乏有效的健康保障体系

医疗保障尤其是医疗保险体系是重要的疾病风险分担方式，将所有参保人群置于一个统一的风险池内，利用大数法则，在更大群体和更长时间段内分散非正态、随机发生的疾病风险，尤其是在医疗卫生费用价格高昂、诊疗成本都比较高的情况下，医疗保障方式就显得更为重要了。但是，在城乡之间，存在显著的医疗保障覆盖差异，农村地区各类医疗保险的覆盖率都低于城市，而农村越是贫困，相应的医疗保险覆盖率就越低，城市越大，城市医疗保障的覆盖率就越高，从大城市到四类农村地区，各类医疗保险的覆盖率基本上都呈现比例不断降低的状况。

表1-6 2003年调查地区居民医疗保障制度构成

单位:%

医疗保障	城市小计	大	中	小	农村小计	一类	二类	三类	四类
城镇基本医疗保险	30.4	37.6	41.1	13.2	1.5	1.9	1.3	1.5	1.2
大病医疗保险	1.8	3.6	0.6	0.8	0.1	0.4	0.1	0.1	0.0
公费医疗	4.0	6.7	3.9	1.1	0.2	0.4	0.2	0.2	0.1
劳保医疗	4.6	5.0	5.0	3.8	0.1	0.2	0.2	0.1	0.0
合作医疗	6.6	0.1	0.0	19.6	9.5	17.6	6.1	0.7	24.3
其他社会医疗保险	2.2	3.7	1.0	1.6	1.2	2.9	0.6	0.8	0.3
商业医疗保险	5.6	4.8	7.3	5.0	8.3	8.9	10.9	7.9	3.2
无医疗保险	44.8	38.5	41.2	55.0	79.0	67.8	80.7	88.6	70.8

资料来源：卫生部统计信息中心编：《第三次国家卫生服务调查分析报告》，中国协和医科大学出版社2004年版，第16页。

（3）农村普遍存在健康服务利用不足问题

城乡医疗保健差异不仅仅体现在医疗卫生费用方面的差异，即使在医疗卫生服务利用方面也存在显著差异。以2003年全国卫生普查妇女产前检查、分娩地点构成来看，农村居民妇女产前检查和分娩比例远低于城市，而且，越是贫困的农村，农村卫生服务利用比例越低于城市，这种差异是显著且趋势明显的。

表1-7 2003年城乡妇女产前检查、分娩地点构成情况

单位:%

指　标	城市	农村	一类农村	二类农村	三类农村	四类农村
儿童计划免疫建卡率产前检查率	94.7	87.3	96.1	89.7	83.2	82.2
产前检查率	96.4	85.6	95.3	92.5	86.8	63.2
孕早期检查率	69.9	54.7	65	58.9	49.1	43.4
分娩地点构成						
医院	53.3	24.5	45.4	24.8	20.5	9.7
妇幼机构	31.9	10.2	15.8	12.1	8.3	5
卫生院	7.5	27.3	28.3	39.1	27.1	9.3
卫生室/社区站	1.4	3.1	0.9	2.5	5.6	1.4

续表 1－7

指　标	城市	农村	一类农村	二类农村	三类农村	四类农村
家中	4.2	33.9	9.1	20.8	36.8	73.9
途中	—	0.3	0.1	0.1	0.4	0.3

资料来源：卫生部统计信息中心编《第三次国家卫生服务调查分析报告》，中国协和医科大学出版社 2004 年版，第 90～91 页。

（4）贫困已经成为农村地区就医的主要障碍

那么，既然医疗卫生投入、卫生服务利用以及医疗保障覆盖范围都会影响农村居民最后的健康状况，那么，对于患病后无法获得医治的城乡居民之中，农村居民放弃治疗或者无法得到治疗的主要原因是什么呢？由表 1－8 可见，在农村，患病者自我感觉病情不重和经济困难是造成城乡居民两周患病却放弃治疗的主要原因。对于农村地区来说，除了一类农村居民大部分因为自我感觉病情较轻而放弃两周治疗外，二类、三类、四类农村地区居民两周患病却放弃治疗的主要原因都是贫困，四类农村地区因为经济困难而放弃疾病治疗的比例高达 49.1%，近一半，而因为自已感觉患病较轻而放弃治疗的比例为 24.6%。这充分表明贫困已经成为了中国农村地区患病而放弃治疗的主要原因，这也从另外一个角度证明了农村居民广泛陷于“贫困—疾病”恶性循环。

表 1－8　2003 年调查地区两周患病未治疗原因构成

项目	城市合计	农村合计	大城市	中城市	小城市	一类农村	二类农村	三类农村	四类农村
自患病轻	40.7	40.4	38.6	46.2	39.6	51.6	47.1	38.0	24.6
经济困难	36.4	38.6	30.8	32.7	47.0	29.2	33.9	41.2	49.1
无有效措施	12.0	8.8	15.6	14.0	5.7	12.0	9.5	8.3	5.6
无时间	1.9	5.5	3.4	1.2	0.4	2.5	3.6	5.1	12.2
交通不便	—	0.8	—	—	—	0.2	0.3	0.8	2.6
其他	8.9	5.9	11.5	5.8	7.4	4.6	5.5	6.6	6.0

资料来源：卫生部统计信息中心编：《第三次国家卫生服务调查分析报告》，中国协和医科大学出版社 2004 年版，第 37 页。

1.1.2 问题提出

（一）概念的界定

（1）家庭

首先需要对家庭等基本概念进行界定。家庭是基本的社会组织，人类社会最基本的载体。在《辞海》中，家庭被定义为“以婚姻和血缘关系为基础的一种社会生活组织形式”，即家庭连接纽带和组成基础包括两类，婚姻和血缘关系，同时，家庭是一种社会组织，这种社会组织是社会生活运行的基础。[①] 约翰·伊特韦尔等（1996）则认为家庭是“生产与分配的主要力量”，可以说，家庭在整个社会经济运行中充当基础地位，是整个社会经济运行的载体和基础，也是市场经济和社会组织的基本组织和主要参与者，而且，从经济生产活动来看待家庭，家庭具备投资和消费的基本经济特征。[②]

结合已有研究，可以对家庭的特征和功能进行归纳和分类：第一，家庭是基本的社会组织，是人类社会的主要组织载体；第二，家庭是人类生产和再生产的载体；第三，家庭是社会经济的基本参加者，家庭具有消费和投资的经济特征；第四，家庭还是人社会化的基本组织，是人社会化的基本依据；第五，家庭还具有“爱抚”、“快乐”、“抚慰”的精神需要的功能；第六，家庭是人类分散风险的基本形式，通过婚姻、血缘和其他方式组成的家庭能够在更大范围内、更长时期内（包括两代或多代人之间的跨期分散风险）分散个人遭遇的各类风险，包括疾病、养老和灾难等各类风险；第七，家庭在参与经济活动的时候，因为特有的长期博弈性质，使得成员之间存在天然的信赖感，这种家庭纽带降低了交易成本，这也是家庭替代其他组织进行各类经济交易和活动低成本甚至零成本的根本原因。

---

① 辞海编辑委员会：《辞海》（中册），上海辞书出版社1979年版，第2341页。

② 约翰·伊特韦尔、默里·米尔盖特、彼得·纽曼：《新帕尔格雷夫经济学大辞典》（第二卷），经济科学出版社1996年版，第301页。

（2）家庭健康

在生命意义上或自然因素两个方面而言，健康往往指的是个体有机体的运行状况，既包括身体方面，也包括精神层面。而就一个家庭而言，家庭健康指的是家庭的整体健康状况，实质是家庭中所有成员健康状况的总和，其衡量指标也是考虑家庭每个社会成员健康状况下的全体家庭成员的综合评价。

（3）家庭健康的度量

家庭健康的度量不同于个人健康状况的度量，直接使用度量个体健康状况的指标如健康调整的生命年（health-adjusted life years，HALY）、质量调整的生命年（quality-adjusted life years，QALY）、伤残调整的生命年（disability-adjusted life years，DALY）、QWB（Quality of Well Being Indes，生存质量指数）等指标会存在不适应。通常，在公共卫生、卫生经济学领域，衡量家庭健康的主要标准包括家庭两周患病率、家庭年（或半年）患大病率等指标。本研究就是用上述两个指标来衡量农村家庭健康状况。

（4）农村家庭健康

农村家庭健康指的是农村居民家庭的总体健康状况，专指农村地区而言，是一个存在地域限定的概念，其衡量也使用两周患病率、年患大病率衡量较为适宜。

（二）中国农村家庭健康状况研究的必要性和重要性

（1）农村健康问题值得关注

如上文所述，中国农村居民健康状况并不好，甚至令人堪忧，尤其是农村传统合作医疗制度瓦解以后，农村居民失去了最为基础的医疗保障，基本上完全暴露于疾病风险之下，加之农村基层医疗卫生状况恶化，特别是传统农村三级医疗卫生服务体系的过度市场化改造，都导致了农村居民健康状况更加糟糕，甚至出现了“看病贵、看病难”的“中国病”。

当前，中国的城市化率约40%，约有六成的国民居住在农村，这部分居民大部分覆盖在农村医疗卫生保健体系之下，中国农村医疗卫生状况遭遇“中国病”，农村居民无法幸免，所以，不论是从群体规模，还是从问题的严重性和紧迫性而言，中国农村居民的健康状况都更加值得关注。

（2）农村家庭健康问题值得研究

农村居民健康问题非常值得关注，社会各界包括学术界都将这一问题作为“三农”问题的核心问题之一来关注（详见研究现状的综述部分）。但是，概括起来，现有的研究大都集中在农村居民个体健康状况或者是医疗卫生费用、资源投入状况等方面，从公平性视角出发进行研究的比较多，而以家庭为单位来研究健康的文献相对较少。

另一方面，研究家庭的健康状况有着非比寻常的必要性。家庭是经济社会生活的最基本组织单位，是农村社会生产组织、投资消费、社会组织参与的最基本主体，是农村社会的细胞，这一点在20世纪80年代家庭联产承包责任制之后更加被凸显了出来，原先被打碎而分散进入合作社的经济生活权利被重新组织了起来，家庭恢复了作为最基本的生活、生产、消费、投资和社会参与的主体功能。在这个过程中，尤其是在传统基于合作社的农村合作医疗制度瓦解以后，健康投资和消费也更加成为了家庭投资和消费的主要内容，所以，农村居民个体在医疗卫生保健方面的投资和消费，以及消费的科学性、合理性，都受到了家庭经济实力、科学决策等方面的制约，个人健康是结果，而家庭在医疗保健方面的投入是前提和基础。比如，一个穷困的家庭中，每个家庭成员的健康投资尤其是医疗卫生保健方面的投入都会因为家庭穷困而受到制约，家庭成员的营养状况和健康状况低于其他相对富裕家庭的可能性比较大；再如，一个家庭缺乏健康投资决策可能不是因为贫困，而是因为缺乏保健意识和科学决策而不重视或者放弃了医疗保健服务甚至医治，家庭的健康观念、科学决策水平都明显制约每个家庭成员的健康状况。

同样，作为一个重要的主体，家庭在农村健康整体状况方面存在显而易见的代表性，衡量家庭健康状况也是衡量农村总体健康状况的重要指标之一。家庭中患病的比例和患病的严重程度也能够反映家庭农村社会总体的健康状况。

综上所述，家庭作为农村社会经济生活的一个基本细胞而应受到重视，家庭健康状况是家庭生产、生活、投资、消费等各项功能组合作用下的最终结果，而且，家庭健康状况也能从总体上反映整个社会生活的健康状况。所以，衡量家庭健康状况并用其来反映农村的健康状况有其必要性和重要意义，研究农村家庭健康状况对于当前关注农村整个健康状况而言是非常必要的。本研究关注农村家庭健康状况，选取相应指标，衡量农村家庭健康的总体状况及其分布，并根据回归等分析方法，判断农村各类家庭特征状况对农村家庭健康的最终影响方向、显著性和幅度。

1.1.3　研究现状

本小节将对国内外相关文献进行梳理，主要涵盖健康、疾病风险、中国医疗卫生问题、中国农村医疗卫生与健康、中国农村农户健康、家庭健康与贫困等内容，本研究将这些内容归类为相应的主题进行总结和梳理。

（一）　健康与疾病风险

随着人们对健康认识的加深，健康这个概念的内涵和外延及其表现形式都不断地变化和扩展，尤其是健康不再简单的指身体有机体的患病和活动状况，健康概念已经扩展到了精神领域，被认为是一种完美状态。Collins 等（1980）把健康看做是人类社会发展的根本目标和最终需求之一，并且认为健康是人类社会存在和发展的关键问题。[①] 孟庆跃、严非（2005）也认为健康对人类社会具有决定性的意义，为了获取良好的健康状况，人类社会应当将医疗卫生资源更为合理和公平的分配到国民，因为获取必要的医疗卫生服务是实现健康的必要条件。[②] 其他对健康积极作用的研究也都对健康进行了类似的评价，如 Grossman

---

① Collins E., Klein R., (1980), "Equity and NHS: Self-reported Morbidity, Access, and Primary Care", *Britain Medicine Journal*, Vol. 281, No. 6248, pp. 1111 – 1115.

② 孟庆跃、严非：《中国城市卫生服务公平与效率评价研究》，山东大学出版社 2005 年版，第 2 ~ 3 页。

(1972)、Barer (1994)、刘仲翔 (2006)、杜乐勋等 (2007)、郑大喜 (2007)、赵忠 (2006)、魏众 (2004) 等等。①

阿玛蒂亚·森对健康的研究具有开创性意义，他将健康看作是人类实现自由发展的重要内容，是“可行能力”(capability) 的重要内容，保证健康才能够在更大程度上保证社会居民具备“可行能力”并实现能力集的重要内容，森强调健康作为基本功能的基础性特征，如果健康状况不佳，并且可能存在贫困或是其他社会经济原因，就会导致民众无法享有健康等自由权利，这实际上是对个人可行能力的一种剥夺，国家应当把实现健康等基本权利的公平性作为一个重要的目标，而不仅仅将健康人力资本看作是经济增长的手段。② Barro (1997)、Bloom 等 (2001) 等都利用跨国数据进行了健康对经济增长作用的研究，类似的还有 Bhargava 等 (2001) 利用成活率作为衡量健康的一个重要指标，并分析这个指标对于经济发展的极端重要性，而且，特别对于低收入国家，他们还特别分析了这种作用机制的重要性。③ 张车伟 (2003)、魏众 (2004) 分别研究了在一个更为宏观的视角下，利用宏观经济增长和效率命题考察健康的重要作用，这些研究加深了国内关于健康对经济增长影响的认识。④ 此外，还有部分研究也具有一定的代表性和积极意

---

① 参见 Grossman Michael, (1972), “On the Concept of Health Capital and the Demand for Health”, *The Journal of Political Economics*, Vol. 80, No. 2, pp. 223-255; Barer M1, Marmor TR editors, *Why are Some People Health and Others Not? The Determinats of Health of Populations*, New York: Aldine de Gruyter, 1994, 16:35-43; 刘仲翔：《健康责任与健康公平》，《甘肃社会科学》2006年第4期，第110~113页；杜乐勋、张文鸣：《中国医疗卫生发展报告》，社会科学文献出版社2007年版，第70页；郑大喜：《试论制度安排与健康公平的实现》，《中国医院管理》2007年第1期，第5~8页；赵忠：《我国农村人口的健康状况及影响因素》，《管理世界》2006年第3期，第78~85页；魏众：《健康对非农就业及其工资决定的影响》，《经济研究》2004年第2期，第64~74页。

② 阿玛蒂亚·森：《以自由看待发展》，任赜译，中国人民大学出版社2002年版，第62~63页。

③ Alok Bhargava, Dean Jamison, Lawrence Lau an Christopher Murray, “Modeling the Effects of Health on Economic Growth”, *Journal of Health Economics*, 2001, Vol. 20, pp. 423-440.

④ 张车伟：《人力资本回报率变化与收入差距：“马太效应”及其政策涵义》，《经济研究》2006年第12期，第59~70页；魏众：《健康对非农就业及其工资决定的影响》，《经济研究》2004年第2期，第64~74页。

义，如 Luft. H.（1975）、Haddad 和 Bouis（1991）、Glick 和 Sahn（1998）、樊明（1998）等的研究。①

健康是人类生存和赖以存在的基础，是人类所追求的目标。Michael Grossman（1972）指出，健康是人类所追求的，人类对健康有着必要的需求，而这种对健康的需求促使人们投资于健康，而健康是一种人力资本，他构建了一个健康需求的模型，旨在通过模型阐述健康模型产生健康时间的过程，人出生时既有一定的健康存量，并随着年龄的上涨而不断折旧，而健康投资也会增加或减少健康存量，并且，他的研究发现了教育对健康的重要意义，还发现了健康投资"影子价格"会同时降低健康需求和增加对医疗服务的需求量。② 程晓明、罗五金（2003）认为人们投资于健康可能源于对不健康状况的"厌恶"，当人们处于不健康状态时，人们会觉得难受，人们会通过增加医疗卫生服务消费等方式来投资于健康，并希望获得一定程度的健康存量的增加。③

此外，健康对于社会的全面发展也具有重要意义，特别是健康对于贫困等社会状况的影响关注比较多。Frank（1994）对健康状况与贫困状况的相关性进行了研究，发现二者是密切相关的，不健康与贫困之间往往是相伴相随的。④ Van Doorslaer（1997）的研究也证明了这一点，其计量研究进一步推进了人们对于健康状态和贫困关系的

---

① Berkowitz, M., Johnson, W.（1970），"Health and Labor Force Participation", *Journal of Human Resources*, Vol. 5, No. 3, pp. 271-297; Peter Glick, David E Sahn（1998），"Health and Productivity in a Heterogeneous Urban Labour Market", *Applied Economics*, 30. pp. 203-206; Luft, H., "The Impact of Poor Health on Earnings," *Review of Economics and Statistics*, 1957, pp. 43-47; Haddad, L., Bouis, H., "The Impact of Nutritional Status on Agricultural Productivity: Wage Evidence From the Philippines", *Oxford Bullentin of Economic and Statistics*, 1991, Vol. 53, pp. 45-68；樊明：《健康经济学：健康对劳动市场表现的影响》，社会科学文献出版社 2002 年版，第 1～210 页。

② Grossman Michael（1972），"On the Concept of Health Capital and the Demand for Health", *The Journal of Political Economics*, Vol. 80, No. 2, pp. 223-255.

③ 程晓明、罗五金：《卫生经济学》，人民卫生出版社 2003 年版，第 24 页。

④ Frank C. H., Evans R. G., "Heterogeities in Health Status and the Determinants of Population Health", In: Evans R. G., 1994. 9: 30-60。

理解和研究。① Schultz 等（1996）对健康的理解扩展到了传统简单认识之外，在人力资本的视角下，他们实证分析了不健康特别是患病状态对于个体收入的损失程度。② Morduch（1999）的研究也进一步扩展了关于健康与保险决策的认识，一般而言，健康状况较好会降低人们对于健康保险的需求，即使是风险规避者也会选择降低保险需求的数量，反之，个体则会加大对健康保险的需求量，而这种需求的变化与健康保险发展的需要恰好相反，所以，政府承担一定的健康保险筹资责任，尤其是对于贫困家庭和群体而言，显得尤为必要。③

在西方，不少学者尝试通过一些主观或者客观的指标来衡量健康状况，在健康度量方面取得了一定成绩。保罗·J. 费尔德斯坦（1998）认为健康概念重要但却难以度量，如何判断、界定并衡量健康的程度是一个困难，现存的各类标准都存在种种不足，找到一个全面衡量健康的指标是非常困难的。④ Berkowitz 等（1970）根据研究的需要创造了一系列估计健康的指标变量，其中包括如坐、立、行等一系列基本的日常活动，将这些日常活动的状况有机组合设定出一定的功能限制健康指标。⑤ 此外，还有一些学者研究主观健康指标和客观健康指标在研究健康结论方面存在的差异。Maddox 等（1973）对自评健康状况指标进行了分析，对比了自评健康指标与客观健康指标的异同。⑥ 还有 Ferro（1980）等也对健康的主客观指标进行了比较，并发现主观自评健康指

① Eddy Van Doorslaer, Wagstaff, A., Bleichrodt, H. (1997), "Income-related inequalities in health: *Some international comparisons*", *Journal of Health Economics*, Vol. 16, No. 1, pp. 93-112.

② Schultz T. and Tansel A. (1996), "Wage and Labor Supply Effects of Illness in Cote D' Ivoire and Ghana: In-strument Variables Estimating for Day Disabled", *Journal of Development Economics*, Vol. 53, No. 2, pp. 251-286.

③ Morduch, J. (1999), "Between the Market and State: Can Informal Insurance Patch the Safety Net". The World Bank Research Observer, Vol. 14, pp. 187-207.

④ 保罗·J. 菲尔德斯坦著：《卫生保健经济学》，费朝辉等译，经济科学出版社 1998 年版，第16页。

⑤ Berkowitz, M., Johnson, W. (1970), "Health and Labor Force Participation", *Journal of Human Resources*, Vol. 5, No. 3, pp. 271-297.

⑥ Maddox, G., Douglas E., (1973), "Self-Assessment of Health: A Longitudinal Study of Elderly Subjects", *Journal of Health and Social Behavior*, Vol. 14, No. 1, pp. 87-93.

标与客观健康指标差异并不显著。[①] 当然，也有不同的研究结论，Anderson等（1984）研究发现主客观健康指标之间存在一定差异，会对研究结论产生明显的影响。[②] Bartel 等（1979）还进一步指出了健康主观指标的弊端，这种不足可能与个人内心对个人健康的判断显著相关，并显著受到现实境况的影响。[③]

健康状况的衡量可以从多个方面进行，包括死亡、疾病、疾病负担等方面加以衡量，而健康的影响因素也是多方面的，包括营养、行为、环境、经济状况、法律等多个方面，而健康之所以如此受到重视，主要是因为健康会对家庭、社会经济发展等产生影响，促进健康资本积累对于经济发展、社会稳定等都具有重要意义。[④]

家庭在健康实现和促进的过程中的经济作用历来受到学者的重视，不少国内外学者对家庭作为基本的医疗保险分散机制作了积极的肯定和评价。Adam Wagstaff（2007）研究了越南家庭在大病冲击下的表现，发现健康冲击给家庭都带来了很大影响，在一定程度上改变了家庭的消费模式和支出结构，而且，这种影响还有一定的持续性。[⑤]

（二）中国农村医疗卫生问题与改革

中国农村地区医疗卫生现状、问题与改革对策一直是国内外学术界关注的焦点之一。王绍光（2003）对中国公共卫生状况进行了全面系统的总结，尤其对改革开放以来，中国公共卫生经费的额度、中国国民健康改善状况以及疾病状况等进行了全面分析，认为中国国民健康虽取得了巨大成就，但仍存有三大方面的问题：第一，国民健康未能得到有

---

① Ferro, K. F.（1980），"Self-Ratings of Health among the Old and the Old-Old", *Journal of Health and Social Behavior*, Vol. 21, No. 4, pp. 377-383.

② Anderson, K. H., Burkhauser, R. V.（1984），"The Importance of the Measure of Health in Empirical Estimates of the Labor Supply of Older Men", *Economics Letters*, Vol. 16, No. 4, pp. 375-380.

③ Bartel, A., Taubman, P.（1979），"Health and Labor Market Success: the Role of Various Diseases", *The Review of Economics and Statistics*, Vol. 61, No. 1, pp. 1-8.

④ 彭现美：《健康投资绩效研究》，合肥工业大学出版社 2006 年版，第 1 页。

⑤ Adam Wagstaff(2007)," The economic consequences of health shocks: evidence from Vietnam", *Health Economics*, Vol. 26, No. 1, pp. 82-100.

效改善，国民健康改善程度滞后于同等发展国家，尤其是关键健康指标的进步速度是比较缓慢的；第二，部分地区在计划经济时期已经被彻底控制的传染病和地方病死灰复燃，农村整体卫生环境改善有限，部分地区甚至有恶化趋势；第三，公共卫生系统绩效比较低，这制约了公共卫生投入的作用发挥，还影响了整个国民经济社会的安全运行，造成了国民安全感下降等问题，还有损于中国国际形象。①

部分学者的研究工作与王绍光的研究在方向上具有一定程度的一致性。王延中（2006）也认为中国过去的医疗卫生工作曾经取得辉煌成就，并且，在极其有限的资源条件下最大限度地实现了国民健康的改善，尤其是农村地区使用非常少的资源，取得了健康等方面非常大的改进，但是，他也坦言中国 20 世纪 30 年代以来在医疗卫生领域的一系列改革在一定程度上过度的推崇市场化，将市场化的精神贯穿到了整个医疗卫生体系改革中，加之医疗保障制度不完备，城乡居民直接裸露于“看病贵、看病难”的问题之下，在现有改革思路，尤其是市场化、医疗机构盈利驱动的背景下进行小修小补的改革都不会从根本上改善医疗卫生系统的状况，效率提高是非常有限的。② 丁汉生等（1994）对中国医疗卫生资源的分布进行了分析，以医院床位和卫生人员为统计标准，发现中国医疗卫生资源分布存在不公平性，而且，这种不公平性变化不大，相对于床位而言，医生人力资源的分布更加不公平。③ 与其类似，龚向光等（2005）也进行了卫生资源分布的研究，研究结论进一步比较了中国东、中、西三个区域卫生资源分布的差异和公平性，并以医生、病床等作为标准对卫生资源分布进行了细致描述和比较。④ 部分学

---

① 王绍光：《中国公共卫生的危机与转机》，《比较》2003 年第 6 期，http://www.med8th.com/humed/2/20031015zgggws.htm。

② 王延中：《转型时期的卫生问题与健康公平》，《医院领导决策参考》2006 年第 4 期，第 56～63 页。

③ 丁汉生、胡善联：《我国卫生资源分布的公平性研究》，《中国卫生事业管理》1994 年第 2 期，第 105～108 页。

④ 龚向光、胡善联：《卫生资源配置的公平性分析》，《中华医院管理杂志》2005 年第 2 期，第 73 页。

者还对典型地区进行了调查研究，通过对第一手数据的分析来衡量和评估特定地区医疗卫生资源分布的状况，如朱伟（2001）、孟玮（2003）、李晓燕（2009）等的研究。[①]

为了探求医疗卫生资源分布、利用方面存在问题的原因，很多学者从国民个体或者宏观资源配置等角度进行了研究分析。孟庆跃、严非（2005）发现就城市居民个体而言，经济因素是限制其利用卫生资源、医疗服务的重要原因，如果一个家庭是贫困户，那么，这个家庭在利用医疗卫生服务方面就可能明显处于劣势，甚至会出现“有病不医”的问题，更为严重的是，由于不健康与贫困之间的互生关系，很多城市贫困家庭可能会陷于“贫困——不健康”的恶性循环。[②] 平新乔（2003）分析了中国不同地区农村居民在医疗保健支出方面的差异和造成这种差异的原因，结果显示，收入水平、医疗保险、医疗卫生服务价格等多个因素分别影响农民的医疗保健支出行为，但在不同地区影响因素及其影响程度是有差异的。[③] 欧阳志刚（2007）[④] 和林相森、艾春荣（2009）[⑤] 的研究相对而言是具有一定宏观积极意义的，两者都关注中国总体上的医疗卫生服务利用行为，分别使用时间序列数据和 CHNS 数据进行研究，研究结果再次证明了医疗卫生服务利用行为受经济收入等因素的影响，当然，在研究城乡差异时的结论后者的研究不同于其他同类研究的结论，值得关注。

---

① 朱伟：《河南农村地区卫生服务公平性研究》，《卫生经济研究》2001 年第 1 期，第 27～29 页；孟玮：《湖南省洞庭湖再去卫生服务公平性研究》，《中国卫生事业管理》2003 年第 3 期，第 138～140 页；李晓燕：《从健康水平、服务利用和筹资视角看新农合制度公平性》，《中国人口科学》2009 年第 3 期，第 96～102 页。

② 孟庆跃、严非：《中国城市卫生服务公平与效率评价研究》，山东大学出版社 2005 年版，第 70～74 页。

③ 平新乔：《从中国农民医疗保健支出看农村医疗保健融资机制的选择》，《管理世界》2003 年第 11 期，第 2～13 页。

④ 欧阳志刚：《农民医疗卫生支出影响因素的综列协整分析》，《世界经济》2007 年第 9 期，第 47～55 页。

⑤ 林相森、艾春荣：《对中国医疗服务利用不平等问题的实证检验》，《中国人口科学》2009 年第 3 期，第 86～95 页。

这种医疗卫生服务利用以及卫生服务资源配置的差异和不平等都会在最终结果上影响城乡居民尤其是农村居民的健康状况。胡琳琳（2005）就根据中国的数据对中国国民健康的不平等进行了分析，发现这种不平等广泛地存在于国家的不同地区，包括城乡之间，这种健康结果的差异是与社会经济因素密切相关的，可以说，收入差异和贫困问题也会影响不同地区国民健康结果产出的差异。① 冷明祥、赵俊、唐晓东（2008）也分析了中国健康结果不公平的问题，他们认为表面上看这是看病“贵”和“难”的问题，而实质上这是健康权利保障的问题，医疗卫生服务的分配不是促进了健康，而是降低了健康，同时，他们认为中国医疗卫生领域的改革就是要促进国民健康的普遍改善和健康公平性的提升。② 郭清等（2005）的研究也认为医疗卫生资源配置的不公平实际上加大了健康结果产出不公平的可能性，贫困家庭在患病率等指标方面均高于富裕家庭，而贫困家庭更可能出现未就诊、未住院等问题，所以，贫困并因贫困而无法获得基本的医疗卫生资源和服务是健康结果产出出现如此大的差异的重要原因之一。③ 郑大喜（2007）则将中国国民健康的不公平归结为过度市场化改革所造成的后果，认为医疗卫生领域是无法实现充分信息和充分竞争的，而将市场原则过度的引入医疗卫生领域改革的后果将是造成医疗机构的利润驱动，这将有损于整个医疗卫生系统的公平性，而国民健康产出的恶化也成为必然结果。④

针对医疗卫生领域存在的问题，尤其是农村地区存在的医疗卫生和健康产出的问题，不少地方政府在20世纪末开始了的医疗卫生改革以及一些医疗保障制度的尝试，尤其是一些特定的合作项目，在借鉴和吸

① 胡琳琳：《我国与收入相关的健康不平等实证研究》，《卫生经济研究》2005年第12页，第13~16页。

② 冷明祥、赵俊、唐晓东等：《试论以健康公平为核心价值构建基本医疗卫生制度》，《中国医院管理》2008年第6期，第8~11页。

③ 郭清、马海燕、汪胜等：《下岗和在岗职工家庭健康公平的比较研究》，《中国卫生经济》2005年第4页，第12~14页

④ 郑大喜：《试论制度安排与健康公平的实现》，《中国医院管理》2007年第1期，第5~8页。

收外国经验的基础上对本地区的卫生筹资、医疗保险制度等问题进行了改革，也取得了一定成果，并积累了有益的经验。[①] 府采芹（2006）认为只有通过调整医疗卫生服务资源和服务的配置方向和结构才能改变城乡之间、地区之间存在的卫生资源分布不公平的问题，而针对当前中国农村地区医疗卫生状况较差、贫困人群面临医疗卫生服务利用低下等问题，应当由政府将公共卫生资源有计划的向农村地区、贫困地区和贫困人群倾斜，而部分典型地区的成功经验可以作为全国其他地区效仿和学习的经验基础。[②] 李强（2006）、郑大喜（2007）的研究也关注了这一点，并且，两个人都认为当前农村地区公共卫生和医疗卫生服务利用等方面的问题都需要通过改变公共政策和制度安排来进行改革，完善资源配置方式、调整卫生资源结构、提高医疗卫生资源绩效等一系列改革措施都非常有必要，而国家加大对公共卫生支出、加大对贫困弱势群体的帮助以及完善医疗保障制度都对应对中国当前存在的健康不公平和医疗卫生难题具有积极意义。[③④]

（三）农村健康风险与家庭

农村家庭与健康风险的研究在近些年日益增多，尤其是将家庭做一种风险分散和应对机制的经济研究不断推进了家庭在农村健康风险方面的认识。Dercon 和 Krishnan（2000）认为家庭是有许多家庭成员联合组成，这样的一个成员组合有助于家庭成员之间通过互助共济来分散风险，将家庭所遭遇到的各类风险最大程度的分散，在家庭成员之间和不同时期进行分散。[⑤] 刘祚祥（2008）对农户健康风险进行了综合评述，

---

① 张继伟：《卫生筹资与健康公平研讨会在京举行》，《中国卫生经济》2007 年第 7 期，第 52 页。

② 府采芹：《关注弱势人群促进健康公平——建设健康城市的一项重要目标》，《苏南科技开发》2006 年第 12 期，第 16 ~ 17 页。

③ 李强：《健康公平与和谐社会》，《卫生经济研究》2006 年第 5 期，第 3 ~ 6 页。

④ 郑大喜：《试论制度安排与健康公平的实现》，《中国医院管理》2007 年第 1 期，第 5 ~ 8 页。

⑤ Dercon, Krishnan, (2000), "In Sickness and In Health: Risk Sharing within Households in Rural Ethiopia", *Journal of Political Economy*, Vol. 108, No. 4, pp. 668-727.

对国内外相关研究进行了较为系统的阐述和评价，肯定了一系列观念，包括健康是基本人权，“市场无法决定生死”等观点，同时，他还对部分农户健康的实证研究进行了评述，这个研究是较为全面的。[①] 陈玉宇、行伟波（2006）认为在生命周期的框架模型下，研究了家庭作为一个统一的风险分担单位在应对外在健康风险冲击时所发挥的作用，通过家庭成员之间在同一时期和不同时期跨期消费平滑的作用机制。[②]

由于农村地区医疗卫生问题日益成为学者研究的热点和社会关注的焦点问题，国内很多学者也开始关注农村农户家庭健康的状况。高梦滔等（2006）分析了大病对农户收入的影响，并且，还分析了与村级民主建设的关系，研究发现大病对农户家庭收入的影响非常大而且长远，在疾病冲击的12年内，农户的平均收入都会降低，约16.7%，而民主选举等对村民的健康也有一定的促进作用。[③] 马敬东、张亮（2005）研究了农村地区贫困家庭健康与家庭贫困状况的关系，认为现有大部分是依靠家庭作为分散健康风险的主要机制，这种具有分割特点的医疗保险和医疗救助制度，无法有效的统一发挥医疗保险抗击风险的作用，需要建立一个更为广泛的健康保健框架，在更大程度上来全面分散疾病风险。[④] 赵忠（2006）也分析了和考察了诸如家庭规模、文化程度等因素对农民个人健康的影响，他的研究中使用了QWB等客观指标。[⑤] 姚洋、高梦滔（2007）还发现了农村患病率与收入之间的非线性关系，认为，中国农村存在着收入增长相伴随的健康改进的“U”型曲线，即健康的

---

① 刘祚祥：《农户的健康风险分担与新型农村合作医疗研究述评》，《经济评论》2008年第4期，第142～158页。

② 陈玉宇、行伟波：《消费平滑、风险分担与完全保险》，《经济学季刊》2006年第10期，第253～272页。

③ 高梦滔、甘立、徐立新、姚洋：《健康风险冲击下的农户收入能力与村级民主》，《中国人口科学》2006年第1期，第21～32页。

④ 马敬东、张亮：《农村贫困家庭健康风险及其干预策略》，《中国初级卫生保健》2005年第5期，第35～36页。

⑤ 赵忠：《我国农村人口的健康状况及影响因素》，《管理世界》2006年第3期，第78～85页。

改进可能是随着农户收入增长而先改善后又恶化的。[①] 樊桦（2003）的研究也证明了姚洋等的结论，农户的经济状况是影响农户健康和医疗保险投资决策的重要原因。[②]

1.2　研究目的、意义、数据与方法

本节主要交代研究的目的和意义等内容，还将对分析所使用的数据来源和数据特征进行描述，此外，本节还将对研究使用的方法、研究的路径进行说明。

1.2.1　研究目的与意义

（一）研究目的

本研究的目的是在对典型调研数据分析的基础上，估计和描述农村家庭健康状况，分析影响农村家庭健康状况的原因，并在分析结论的基础上提出促进农村家庭健康的若干建议。

（二）研究意义

（1）对农村健康问题提供新的关注角度

“三农”问题在很长历史时期内都将是中国的关键问题。作为“三农”问题的重要内容，农民和农村问题至关紧要，而由于医疗卫生和健康的特殊性，中国农村和农民在医疗卫生资源获取与利用、健康结果等方面历来都是社会各界关注的热点问题。近些年来，包括农村合作医疗在内的各类有关农村医疗卫生和健康的研究可谓汗牛充栋，极大地丰富了社会各界对该问题的了解。

---

① 姚洋、高梦滔：《健康、村庄民主和农村发展》，北京大学出版社2007年版，第24页。

② 樊桦：《农户合作医疗需求分析》，中国社会科学院博士论文，2003年，第1～95页。

但是，农村健康的衡量以往大多是以农村居民个体或者农村整体宏观作为研究对象的，以家庭作为研究对象的有，但是相对较少。如上文对家庭的界定部分所述，家庭是一个特殊的组织，是社会的基本组成单位，而且，由于家庭是最基本的消费和投资主体，家庭投入的资源和决策在农村家庭健康方面的意义就更为重要了。所以，将农村家庭作为研究对象，实际上可能比以个人为研究对象分析健康状况更为合理和可解释，这一点在分析家庭健康状况的影响因素时显得更为明显。

（2）有助于了解农村家庭健康的状况和影响因素

本研究关注农村健康有两个落脚点，一个是农村家庭健康的基本状况，另一个是农村家庭健康的影响因素，在典型数据分析基础上的研究结论比简单的理论分析或者政策分析更有现实意义。

（3）将扩展关于改善农村健康的对策范围

现有研究大都将改革医疗卫生体系，尤其是医疗卫生资源配置和促进公平利用来作为改革农村健康问题的主要途径，也有从健康筹资等方面入手来研究这一问题的，还有一些研究者从改革经济分配、较少贫困的角度来提出对策，都具有一定的现实意义。本研究在分析农村家庭健康的影响因素的基础上，判定影响农村家庭健康的各类因素，并在此基础上提出一个更为全面的对策体系，既包括医疗卫生资源配置，也包括医疗卫生服务利用，还包括改善收入分配、促进收入增长、基础教育、健康意识教育等各个方面。

（4）为制定促进农村农户家庭健康的政策奠定基础

当前，党和国家已经将促进农村居民的健康和医疗消费作为了改革的重要内容，并且在全国大力推行新型农村合作医疗制度和农村医疗卫生系统改造工作，这些都很好的切入了农村医疗健康问题，并且取得了积极成效。本研究的分析结论和提出的对策性思考，将有助于对农村健康和医疗卫生问题的进一步思考，也会在一定意义上为党和国家在该问题上制定更多科学合理的政策措施奠定决策基础。

1.2.2　研究数据与方法

（一）研究数据

本研究数据是中国典型农村地区的调查数据，数据是由武汉大学社会保障研究中心 2007 年组织调查研究而获取的，该项调查覆盖了全国 10 个省份，包括 30 多个县市的农村地区。调查遵循分层随机抽样原则，根据各地区的经济社会发展状况，考虑人口结构，在典型地区和农村的抽取上尽量做到随机性。问卷调查内容涵盖了农户基本状况、经济活动和收入状况、养老保险、医疗保险和健康状况、贫困状况等内容，基本上覆盖了农村社会民生的主要内容。问卷共发送 5000 份，回收 4365 份，排除有缺损值的样本，并根据需要进行典型变量的筛选，最终筛选了有效问卷 2098 份。

（二）研究方法

本研究是典型的实证研究，同时，研究也注重理论基础和前期研究文献的考察和比较分析，概括而言，本研究主要使用了三种研究方法。

一是文献研究法。文献研究是课题研究的重要前期基础。主要收集国内外有关健康、家庭健康的理论及法律、法规，为研究奠定理论支撑和资料准备。

二是规范分析与实证分析相结合的方法。运用经济学、统计理学、计量经济学等学科知识，运用归纳法和演绎法，分析中国农村家庭健康状况及其影响因素。

三是典型案例分析及调研法。使用典型地区的调研数据，着重对农村家庭健康状况，尤其是家庭两周患病率和家庭年患大病率进行状况描述和影响因素分析。

2　农村家庭健康状况描述与比较分析

本章旨在对农村家庭健康状况和其他方面的基本状况进行描述，并且，比较不同经济社会状况的家庭之间的健康结果之间是否有显著差异，本章分为三节，第一节是对数据进行描述性分析，第二节是对不同经济社会经济状况农村家庭的健康结果进行比较分析，第三节是对上述分析结论进行归纳和总结。①

2.1　数据基本描述分析

2.1.1　变量选取与说明

变量选取对于实证分析非常重要，选取何种变量需要由研究的目的

① 此部分内容中部分文字参考了作者已经发表的论文，胡宏伟、石静：《农村家庭健康的影响因素与全面促进——基于线性与U型关系的考察》，《山西财经大学学报》2009年第12期，第23~31页；邓大松、石静、胡宏伟：《农户健康、保险决策与家庭资产规模——基于交互分析与二元逻辑斯蒂回归方法》，《西北大学学报》2009年第5期，第139~147页；邓大松、石静：《基于固定资产和教育程度的农户家庭健康分析》，《陕西行政学院学报》2009年第2期，第10~13页；石静、胡宏伟：《经济增长、医疗保健体系与国民健康——基于1991—2006年中国数据的分析》，《西北人口》2010年第1期，第1~7页。

和路径所决定，同时，变量选取又会受到数据样本状况的限制，所以，变量选取是在既定的数据中最大限度、最大有效的选取有用的变量。

本研究的分析对象是农村家庭健康状况，所以，家庭健康状况就成为了本研究选取的因变量。但是，衡量家庭健康状况的指标非常多，各种指标之间也是各有所长，从何种角度进行选取和度量非常重要。结合研究需要和数据状况，本研究选取家庭两周是否患病和年是否患大病作为衡量家庭健康状况的主要标准。

在可能影响家庭健康的变量选取方面，即选取自变量，本研究综合理论依据和现实经验，全面考察家庭规模、家庭经济状况、家庭资产状况、家庭生活质量、家庭卫生保健支出、家庭决策科学性等因素，还会考察医疗卫生保障系统的影响，将选取反映医疗卫生资源配置覆盖可及性的最近医疗点距离和反映健康风险分担制度的医疗保障制度参与两个变量。

本研究选取的因变量和自变量列表见下表。需要说明的是，为了更加全面的分析家庭的作用，尤其是家庭的经济社会功能在影响农户家庭健康方面的作用，本研究在一些自变量处理上分别选取了家庭总额和人均值两个指标来反映，如自变量中既选取了反映家庭总量的家庭食物支出，也选取了反应人均值的人均食物支出，这两个指标都将在研究中用来体现家庭的生活质量。

表2－1　变量的选取及类型

变量类别	指标内涵	变量操作化
因变量	家庭健康	去年家庭是否有患大病、近两周内家庭有无患病
自变量	家庭决策科学性	户主教育程度
	家庭规模	家庭人口数
	家庭土地	人均耕地数量/家庭耕地数量
	家庭富裕程度	人均家庭耐用品价值/家庭耐用品价值
		主观家庭富裕程度
	家庭生活质量	人均家庭食物支出/家庭食物支出
	家庭医疗保健投资	人均家庭医疗支出/家庭医疗支出

续表 2-1

变量类别	指标内涵	变量操作化
自变量	医疗服务可及性	最近医疗点距离
	医疗制度保障	是否参加了新农合

注：因变量和自变量是针对本部分第三章回归分析的，在本章中，因变量是交互分析的被影响变量，而自变量是影响变量，详见回归结果。

2.1.2 描述分析结果

对纳入分析的变量进行描述性分析，分析结果见表2-2。接下来，本研究将重点对家庭健康和家庭社会经济状况进行描述性分析。

（一）家庭健康状况描述

分别使用近两周家庭有无患病和去年家庭年是否患大病进行统计分析，结果发现，农村家庭健康状况并不令人满意。

（1）家庭年患大病比例较高。虽然，是否患病是一个定性的变量指标，仅反映是或否的定性问题，但是，和其他的家庭健康指标一样，是否患病也能够较为有效的反映出家庭的总体健康状况。描述结果显示，约一半的家庭去年曾有家庭成员患过大病，这个比例是相当高的，也就是说，在农村有将近一半的家庭每年都会受到大病的冲击，而且，其中部分家庭的冲击可能十分剧烈，因为家庭成员中患大病的人数可能不止一个，而且，家庭成员大病的持续时间可能不止一年，也就是说存在部分农村家庭长期受到大病的持续冲击。

（2）家庭近两周患病比例较高。虽然，与家庭年患大病比例相比，农村家庭近两周内患病的比例要低很多，约有26.7%，但是，如果单独来考察两周患病的比例，这意味着近两周内有四分之一的农村家庭其成员中可能有人患病，这个比例还是比较高的。

所以，综合来看，农村家庭健康状况并不好，年患大病和近两周患病状况都比较高，农村家庭健康状况令人堪忧。

（二）家庭社会经济状况描述

本研究将家庭社会经济状况分为三大类，其中包括家庭经济状况、家庭医疗保健状况和家庭科学决策状况，每一类下面又包括一个或多个变量来从不同角度加以反映，下文将逐次进行描述分析。

表 2－2

变量类型	变量名	变量类型	变量取值	人数（人）	分布（%）或均值
因变量	去年家庭是否有患大病	定类	有	1030	49. 1
			无	1066	50. 9
			Total	2096	100
	近两周内家庭有无患病	定类	有	548	26. 7
			无	1053	73. 3
			Total	2051	100
自变量	户主教育程度	定序	文盲	176	8. 4
			小学	590	28. 3
			初中	860	41. 2
			高中中专	3208	15. 7
			大专及以上	133	6. 4
			Total	2087	100
	家庭规模（人）	定距		2098	4. 1
	家庭耕地数量（亩）	定距		2094	2. 7
	人均家庭耕地数量（亩）	定距		2094	0. 7
	家庭耐用品价值（元）	定距		2003	9656. 7
	人均家庭耐用品价值（元）	定距		2003	2449. 2
	主观家庭富裕程度	定序	非常贫穷	108	5. 2
			比较贫穷	375	18. 1
			一般	1405	67. 6
			比较富裕	173	8. 3
			非常富裕	16	0. 8
			Total	2077	100
	家庭医疗支出（元）	定距	2098	1312. 8	
	人均家庭医疗支出（元）	定距	2098	331. 0	
	家庭食物支出（元）	定距	2098	4313. 3	
	人均家庭食物支出（元）	定距	2098	1099. 6	
	家庭离最近医疗点距离（公里）	定序	0～2	1191	57. 8
			2～5	590	28. 6
			5～10	166	8. 1
			10～20	79	3. 8
			20 以上	35	1. 7
			Total	2061	100

续表2-2

变量类型	变量名	变量类型	变量取值	人数（人）	分布（%）或均值
自变量	是否参加了新农合	定类	无	208	15.1
			是	1169	84.9
			Total	1377	100

（1）家庭决策科学性描述

如前文中曾经提到，家庭之所以特殊，其总体健康状况值得关注和研究，其中一个重要的原因就是家庭是一个基本的投资和生产单位，并负责家庭成员的生活组织，所以，家庭在经济社会生活中是一个最基本的主体和参加者。那么，既然家庭是一个不断做出各种决策的主体组织，其决策的科学性如何保证又如何衡量呢?

为了反映家庭决策的科学性，不少学者提出了各种各样的代表指标变量，但是，总的来看，使用教育程度来代表家庭决策科学性的做法较为普遍。鉴于户主在家庭决策中的重要作用，本研究使用家庭户主受教育程度来代表家庭决策的科学程度，家庭户主的文化程度越高，一般而言，家庭作出决策的科学性可能也会越高。

描述性分析显示，家庭户主受教育程度大都集中在小学和初中，其中初中文化程度的比例最高，达到41.2%，其次是小学文化程度，占28.3%，这表明农村家庭中户主的文化程度大都集中在初中和高中两个阶段。值得注意的是，有8.4%的户主其受教育程度是文盲，调研中我们也发现，这类家庭的家庭成员相应的文化程度也都不高（从概率上讲），家庭日常决策和在是否接受高等教育、是否会进行生产投资（如投资果树、大棚等，购买新式农机具等）等关键问题上的决策都倾向于保守或盲目，家庭决策的科学性从概率上（不是绝对）确实低于户主受教育程度较高的家庭。另一个值得注意的现象是，有6.4%的农村家庭户主获得了大专及以上的受教育程度，这是令人兴奋的，农村居民中接受高等教育可以看做是农村文化程度迈向高层次的一个方向标，而且，只有一部分农村居民具有较高的文化程度，才能够在农业生产、科技致富等方面推进家庭和农村整体经济发展，这也是新型农民的发展需要。

（2）家庭规模

家庭是一个生产和消费的共同体，也是一个风险分散机制，当家庭总体或部分成员面临一个健康冲击时，可以在家庭成员之间有效地分散这些风险，家庭还可以在不同代际之间分散风险。所以，家庭的规模对于家庭生产能力和消费状况都会产生影响，并且，也会影响家庭分散风险的能力。所以，家庭规模对家庭健康状况的影响是显而易见的，这一点在农村家庭关系中体现的相对更为明显。

描述分析发现，户均家庭规模是 4.1 人，即调查样本中农村家庭平均成员数为 4.1 人，这一发现是与农村大部分核心家庭生养两个孩子的家庭结构基本一致的。为了更为深入的反应农村家庭在家庭规模上的分布，对家庭规模进行分组描述，描述结果见表 2－3。与上文分析一样，表 2－3 的描述结果也反映了大部分农村家庭规模集中在 3～5 人，约占总体的 55.05%，超过了一般，此外，是 0～3 人，有超过三成农村家庭其家庭规模为 1～3 人之间。当然，在农村仍有部分家庭规模较大，家庭规模在 5 人以上的比例达到 13.01%，特别是 8 人以上的家庭占农村家庭总量的 0.29%。

表 2－3　农村家庭规模分组分布

分组（人）	频率（人）	百分比（%）
0～3	670	31.94
3～5	1155	55.05
5～8	267	12.73
8 以上	6	0.29
Total	2098	100

注：1. 0～3 人即取值为 0、1、2、3 人；3～5 人即取值为 4、5 人，其他分组方式类似；2. 本章其他表格基本与此表同。

（3）土地数量

在农村，农村家庭最主要的生产资料就是土地，一般而言，土地数量的多寡往往会决定家庭粮食等主要农作物的产出数量，并最终决定家庭的贫富程度和生活质量，即使当前不少农村家庭中务工收入已经成为了主要收入来源，土地的作用也不可忽视。对于一个普通的农村家庭而言，土地意味着全家人主要的粮食来源，也是全家人的重要生产资料，更为重要的是，土地还是农村居民的保障，发挥着诸如“养老保障”、“失业保障”的作用。所以，土地数量是家庭经济状况的重要衡量指标，这个指标在一个维度上反映家庭的经济状况，并会影响家庭生产消费和生活质量，也必将影响家庭的总体健康状况。①

为了全面反映家庭土地数量的多寡，本研究分别选取了家庭总体土地数量和人均家庭土地数量两个指标进行描述性分析。描述分析显示，家庭户均土地数量为2.7亩，人均家庭土地数量为0.7亩。

对家庭土地数量和人均土地数量进行分组描述分析，结果见表2－4和表2－5。描述分析发现，大部分家庭土地数量为2亩及以下，约占总体的41.60%；其次是3～5亩，这部分家庭占总体的比例约为30.90%；然后是家庭土地数量在2～3亩的，约占总体的21.87%。家庭土地在5亩以上的家庭在总体中所占比例较低，仅为5.64%。而人均家庭土地数量也表明中国农村人均土地数量并不高。大部分家庭人均土地数量为1.3亩以下，0.8～1.3亩的家庭相对比例最高，约占总体的32.52%；其次是0.5～0.8亩人均土地数量的家庭，约占总体的比例为23.69%；人均家庭土地在0～0.3亩的家庭相对比例也较高，超过了总体的两成。

表2－4　农村家庭土地数量分组

分组（亩）	频数（人）	百分比（%）
0～2	871	41.60
2～3	458	21.87

① 当然，不同地区土地数量的经济含义是不同的，如平原和山区，这两类地区农村家庭拥有土地数量不太具有可比性。但是，土地生产功能是无法回避的，这也是为什么往往平原地区农村家庭拥有的粮食和农作物产出数量要高于山区的原因。所以，本研究使用土地数量来作为家庭经济状况的一个重要衡量指标是有合理性的。

续表 2－4

分组（亩）	频数（人）	百分比（%）
3～5	647	30.90
5 以上	118	5.64
Total	2094	100

表 2－5 农村人均家庭土地数量分组

分组（亩）	频数（人）	百分比（%）
0～0.3	452	21.59
0.3～0.5	334	15.95
0.5～0.8	496	23.69
0.8～1.3	681	32.52
1.3 以上	131	6.26
Total	2094	100

（4）家庭耐用品价值

如何衡量一个家庭的富裕程度并不容易，因为家庭富裕程度衡量的指标有很多，用不同指标衡量的结果可能会有所差异。在已有的研究中，衡量家庭富裕程度往往采用家庭年收入、家庭存款等指标，而且，大体上可以分为存量和流量两个方面。本研究认为家庭耐用品价值也是一个很好的衡量指标。家庭耐用品价值符合农村的特点，因为，在农村，不能甚至无法完全的用年收入来衡量家庭的富裕程度，农村家庭很多收入是实物形式，而且，很多支出也是实物形式，这给使用家庭收入或净收入等指标衡量农村家庭富裕程度带来了困难。已有研究和调查中的发现都表明，农村家庭的耐用品价值与农村家庭的富裕程度显著呈正相关关系，而且，在农村，耐用品价值往往能够更具体的体现一个家庭的生活质量水平和生产能力，这一方面是简单的家庭收入指标无法做到的。

描述分析发现，农村家庭耐用品价值均值为 9656.7 元，不到 1 万元，这表明农村家庭耐用品价值并不算高，人均家庭耐用品价值为

2449.2 元，不足 2500 元，相对而言，农村人均耐用品价值数额是比较低的，这也基本上反映了实际的家庭耐用品价值数额状况。

对家庭和家庭人均耐用品价值进行分组描述分析，结果见表 2－6 和表 2－7。描述分析发现，农村家庭中家庭耐用品价值在 3000～8000 元的比例相对最高，约占总体的 33.25%；其次是家庭耐用品价值在 1000～3000 元的家庭，约占总体的 24.01%；最贫困的家庭，即家庭耐用品价值在 0～1000 元之间的家庭，其相对比例约占总体的 12.83%；最富裕的家庭，家庭耐用品价值在 12000 元以上的，约占总体的 18.62%。研究表明，大部分农村家庭的家庭耐用品价值位于 8000 元以下，不足 10000 元，这也说明总体上农村家庭还是较为贫困的。而平均家庭耐用品价值的分布也大致相反，所不同的是，最贫困组的比例大为提高了。人均家庭耐用品价值在 0～500 元的家庭约占总体的比例为 23.56%，约占四分之一，这说明，农村非常穷困的家庭比例并不低；其次，约七成的农村家庭人均家庭耐用品价值在 2000 元以下，大部分农村家庭是比较贫困的；值得注意的是，有 2.75% 的农村家庭其人均家庭耐用品价值在 10000 元以上，这部分家庭是农村中的富裕群体，但是，所占比例是非常小的。

表 2－6　农村家庭耐用品价值分组

分组（元）	频数（人）	百分比（%）
0～1000	257	12.83
1000～3000	481	24.01
3000～8000	666	33.25
8000～12000	226	11.28
12000 以上	373	18.62
Total	2003	100

表 2－7　农村家庭人均耐用品价值分组

分组（元）	频数（人）	百分比（%）
0～500	472	23.56

续表 2－7

分组（元）	频数（人）	百分比（%）
500～1000	417	20.82
1000～2000	513	25.61
2000～4000	314	15.68
4000～10000	232	11.58
10000 以上	55	2.75
Total	2003	100

（5）主观家庭富裕程度

为了弥补家庭资产衡量家庭富裕程度存在的不足，同时，也是为了考虑个体家庭在当地农村中的相对经济地位，本研究同样适用了主观自评家庭富裕程度这个变量指标。应该看到，这个变量是非常重要的，尤其是对于本研究中度量家庭富裕程度较为困难的情况而言：第一，相对富裕程度，尤其是主观的相对富裕程度能够较好的反应个体家庭相对于本社区内其他农村家庭的经济状况，具有较好的比较性，而且，现代经济学也认为比较是效用的重要来源、幸福感来源于比较优势的论点。第二，正如前文所述，农村家庭财富的度量是非常困难的，任何指标的适用恐怕都是相对的，总有可能出现度量上的“遗漏”与错误，所以，使用主观相对富裕程度变量能够通过被调查人的主观心理评价来反映家庭在地区经济状况中的相对位置。当然，主观家庭富裕程度也存在问题，如可能受到被调查者心理因素影响较大，两个同等富裕程度的家庭可能其成员在自评家庭富裕程度时不一致，此外，主观家庭富裕程度也没有完全解决不同区域同额耐用品价值反映不同富裕程度的问题，因为各个地区之间可能存在价格指数的差异。所以，没有“完美”的指标，只有相对较优的指标，将多个指标混合使用不失为弥补各个指标相对缺陷的一个好的方式。

描述分析结果显示，绝大对数农村居民对自己家庭的评述是“一般”和“比较贫困”，两项百分比分别为 67.6%、18.1%，这也表明，对于农村居民而言，通过在经济社会现实中进行比较（比较是多方面的，可能与本社区其他家庭比较，也可能与城市居民家庭比较），大多数农村家庭并不会认为自己家庭会处于富裕或者比较富裕的状态，而是更多的认为自己的家庭富裕程度仅处于一般，甚至比较贫困。这既与农村财富分布的结构基本一致，也与大部分农村居民的主观心态认知相一致。

（6）家庭食物支出

家庭富裕程度仅反映家庭占有财富的绝对或者相对地位，而不能从深入反映家庭具体的生活质量的高低。为了度量和反映家庭生活质量状况，本研究使用了家庭食物支出和人均家庭食物支出两个变量来加以反映。之所以选择食物支出这个变量，是因为食物支出在农村家庭的地位具有特殊性，农村居民家庭经济状况改善以后往往首先改善家庭的生活质量，特别是增加食物支出，包括肉类、水产等，而且，虽然一些研究也反映了部分农村家庭富裕之后增加了烟、酒等不健康的支出，但是，食物支出应当是家庭财富改善之后的首选支出方向，而且，食物支出直接关系到家庭成员的营养和生活质量。

描述性分析显示，家庭户均食物支出为4313.3元，人均家庭支出为1099.6元，计算以后，家庭月均食物支出仅为259.44元，家庭日均食物支出仅为11.82元；另一方面，人均月食物支出仅为91.63元，人均食物日支出为3.01元，可见，总体来看，家庭总体和家庭个人食物支出并不高，农村居民生活质量水平还是比较低的。

进一步对农村家庭年食物支出、人均家庭年均食物支出进行分组描述，结果见表2-8和表2-9。结果显示，农村家庭年食物支出大都集中在5000元以下，占总体的73.55%，超过七成；有19.16%的农村家庭年食物支出在1000元以下，家庭月均食物支出不足100元，这些家庭是极其贫困的，其生活质量也是很低的；此外，值得注意的是，有3.1%的家庭年食物支出超过了13000元，除去家庭规模因素，这些家庭一般而言都是相对较为富裕且生活质量较高的。人均家庭年食物支出的描述结果也基本上与家庭年食物支出类似，人均年食物支出1500元以下的约占总体的77.98%，这个比例是很高的；另一方面，家庭人均年食物支出3000元以下的家庭占总体的94.52%。可见，在农村，农村家庭人均食物支出月不足300元，这比例接近95%，农村居民食物支出并不高，生活质量可想而知并不高。当然，也有约5.48%的家庭人均年家庭食物支出超过了3000元，这部分农村居民的生活质量相对较高。

表2－8　农村家庭年食物支出分组

分组（元）	频数（人）	百分比（%）
0～1000	402	19.16
1000～3000	592	28.22
3000～5000	549	26.17
5000～8000	281	13.39
8000～13000	209	9.96
13000以上	65	3.10
Total	2098	100

表2－9　农村家庭人均年食物支出分组

分组（元）	频数（人）	百分比（%）
0～300	378	18.02
300～800	626	29.84
800～1500	632	30.12
1500～3000	347	16.54
3000以上	115	5.48
Total	2098	100

（7）家庭医疗支出

健康既是消费品，又是投资品，而且，健康的生产本身就需要投资，其中医疗保健支出是非常重要的方面。[①] 一般而言，家庭医疗保健

① 张凤林：《人力资本理论及其应用研究》，商务印书馆2007年版，第222～265页。

支出的额度往往对个人和家庭的健康状况存在直接影响，家庭和个人在医疗保健支出的额度反映家庭对家庭成员健康的关心，同时，也表明家庭在医疗保健方面的投资程度。当然，需要说明，一些研究已经发现家庭医疗保健支出虽然反映了家庭在医疗保健方面的投资，但是，在农村，家庭医疗保健支出具有“被动性”，即这种医疗保健投资不是积极主动的，不是出于预防和增进健康，而是出于患病后“被动”的需要；更为严重的是，很可能不是健康状况取决于医疗保健投资，而可能恰恰相反，即健康状况决定医疗保健投资水平，这种状况在农村可能较为普遍。[①] 但是，鉴于没有其他更好的变量指标来反映农村家庭和个人在健康方面的投资，而且，医疗保健投资确实对健康改善存在直接效果，所以，本研究仍选用了家庭和人均医疗保健支出作为衡量医疗保健投资的重要指标。

描述结果显示，家庭年医疗保健支出为1312.8元，家庭人均年医疗保健支出为331元，相对于食物而言，在家庭支出中所占比例是相对较低的。进一步对农村家庭和人均年医疗保健支出进行分组，发现超过60%的农村家庭年医疗保健投资在800元以下，其中，在300元以下的农村家庭约占总体的40.13%，可见，总体上农村家庭医疗保健投资额度是不高的。而另一方面，有2.57%的农村家庭年医疗保健支出超过了8000元，在调查中发现，这部分家庭中往往有人患大病而导致如此高的医疗保健支出，这也说明了医疗保健支出的“被动性”。另一方面，年人均医疗保健支出在200元以下的农村家庭约占总体的63.01%，超过了六成，而年人均医疗保健支出在400元以下的农村家庭约占总体的80.31%。这也表明，农村人均医疗保健支出额度并不高。

---

① 胡宏伟、石静：《农村家庭健康的影响因素与全面促进——基于线性与U型关系的考察》，《山西财经大学学报》2009年第12期，第23～31页；邓大松、石静、胡宏伟：《农户健康、保险决策与家庭资产规模——基于交互分析与二元逻辑斯蒂回归方法》，《西北大学学报》2009年第5期，第139～147页。

表 2－10　农村家庭年医疗保健支出分组

分组（元）	频数（人）	百分比（%）
0～300	842	40.13
300～800	443	21.12
800～1500	351	16.73
1500～3000	277	13.20
3000～8000	131	6.24
8000 以上	54	2.57
Total	2098	100

表 2－11　农村家庭年人均医疗保健支出分组

分组（元）	频数（人）	百分比（%）
0～50	656	31.27
50～100	282	13.44
100～200	384	18.30
200～400	363	17.30
400～800	222	10.58
800～1500	112	5.34
1500～3000	53	2.53
3000 以上	26	1.24
Total	2098	100

（8）距离最近医疗点距离

医疗卫生资源覆盖范围及其分布的公平性也是影响整体农村健康状况的重要因素，作为衡量医疗卫生服务系统覆盖范围和地理位置可及性的重要指标，距离最近医疗点的距离成为衡量农村家庭医疗卫生可及性的重要指标。一般而言，农村家庭离医疗机构距离越远，其进行医疗和保健消费的成本越高，医疗保健服务的可及性越低，农村家庭的健康状况也会因此而受到影响。

描述性分析显示，57.8%的农村家庭距离最近医疗点的距离在 2 公里以内，超过85%的农村家庭距离最近医疗点距离不超过5公里。这表明，在中国农村，基本医疗机构的覆盖范围是比较广且较为公平的，大部分农村家庭都能够在一定距离内接收到必要的医疗卫生服务。需要关注的是，有1.7%的农村家庭距离最近医疗点的距离超过了20公里，可以想见，这些家庭的就医，尤其是日常的基本医疗服务是非常不方便的，农村基层的医疗卫生体系在覆盖范围上仍有进一步扩展的空间和必要。

（9）参加新农合状况

作为家庭之外而又基于家庭基础之上的合作医疗制度是农村地区最基本的医疗卫生保障制度，新型农村合作医疗制度是当前农村居民对抗疾病风险、改善健康水平的重要制度保证，合作医疗的覆盖范围体现了医疗保险的保障范围，这也是卫生和医疗保险公平分配的重要内容。描述结果显示，大部分农村家庭都已经加入了新型农村合作医疗制度，但仍有约15.1%的农村家庭没有参加新型农村合作医疗制度，农村合作医疗保险的覆盖范围需要进一步扩大。

2.1.3　描述分析结论

对上文描述分析进行总结，可以得出如下研究结果：

第一，农村家庭健康状况令人堪忧。

描述性分析的家庭年是否患大病和近两周是否有人患病两个指标都显示农村家庭健康状况无法令人满意，以家庭为单位进行衡量，农村居民健康状况是令人堪忧的。这说明，虽然党和国家已经加大投入力度，支持重建农村合作医疗制度，并且，新型农村合作医疗制度建设和农村医疗卫生事业也取得了一定程度的发展和进步，但是，农村医疗卫生和健康状况仍是滞后于社会和群众需要的，总体而言，农村健康状况是令人堪忧的。

第二，农村家庭户主文化程度总体较低。

作为体现农户家庭决策科学性的代理指标，农村家庭户主文化程度描述分析显示，农村家庭户主文化程度普遍偏低，这表明在农村，大部分家庭的决策是缺乏文化水平强有力支持的，在一定的概率上，大量文化水平较低的家庭户主会制约家庭在医疗保健决策方面的科学性，同时，这些户主可能也缺乏必要的医疗保健知识。

第三，农村家庭规模多为3～5人。

描述新分析显示，大量农村家庭的家庭规模在3～5人左右，大规模的农村家庭比例较之以前传统家庭大为降低，而3～4人的核心家庭规模在农村越来越多，家庭规模小型化、核心化是必然的趋势。

第四，农村家庭和人均土地数量并不算多。

与经验相符，描述分析发现大量农村家庭总量和人均土地数量并不算高，大多数农村家庭人均土地面积低于1.3亩，这也表明，虽然中国是一个农业大国，但是，中国农村家庭所有的土地无论从绝对量上还是相对量上都不算高。

第五，农村家庭资产总额和人均指标都偏低。

作为衡量农村家庭富裕程度的重要经济指标，家庭耐用品价值和人均家庭耐用品价值的描述性分析都显示，在农村，大量农村家庭的耐用品价值额度比较低，不论从绝对量还是从相对量上，水平都是比较低的。这也说明，中国农村家庭总体上还是比较贫穷的。

第六，农村家庭主观富裕程度并不高。

作为一个主观指标，主观自评家庭富裕程度提供了家庭耐用品价值等经济指标无法提供的丰富信息，同时，也存在可能受个人主观心理状态影响的风险。描述分析显示，大部分农村家庭自评本家庭富裕状态属于相对贫困或者一般，这也与经济指标的描述分析结果相仿。

第七，农村家庭食物支出总体水平不高。

作为反映农户生活质量的重要指标，农村家庭食物支出总额和人均值描述分析显示，大部分农村家庭的食物支出水平并不高，这在总量和人均量上结果基本上一致。

第八，农村家庭医疗保健支出水平有限。

作为代表农村家庭医疗保健投资的重要变量，农村家庭年度医疗保健支出描述分析显示，大部分农村家庭医疗保健支出在总额和人均量上都是不高的，这表明这部分家庭医疗保健投资水平有限。小部分家庭医疗支出总额和人均额都很高，可能是与这些家庭中有成员遭遇了大病冲击有关系。

第九，农村家庭初级医疗保健机构基本覆盖所辖范围。

作为衡量农村医疗卫生可及性的重要指标，农村家庭距离最近医疗点距离变量描述结果显示，绝大部分农村家庭距离最近医疗点距离较近，这表明总体上农村医疗卫生初级服务体系覆盖范围较好。当然，仍有小部分农村家庭医疗卫生可及性较差，距离最近医疗点距离较远。

第十，农村家庭参加合作医疗状况较好。

作为衡量医疗保险体系的重要代理变量，农村家庭参加新型农村合作医疗制度比例的描述结果显示，在农村，绝大部分家庭已经参加了新型农村合作医疗制度，这表明农村医疗保障体系覆盖范围较广、覆盖率较高、可及性较好。但仍有部分农村家庭未能参加新型农村合作医疗制度，新型农村合作医疗制度覆盖范围仍有待于进一步扩展。

2.2 不同规模与经济状况的家庭健康状况比较

为了更加深入对农村家庭健康状况进行了解，特别是对不同家庭状况的农村的家庭健康状况进行比较，本研究使用交互分析方法对不同家庭状况的健康状况进行比较。本节和下一节分别从家庭规模、经济状况、医疗卫生状况和家庭决策等角度作为切入点，对分布在不同水平上的家庭健康状况进行比较。这既是为了了解不同状况的家庭是否存在健康程度上的差别，也是为了筛选相关变量，为了下一章回归分析做好相关变量的筛选准备。

2.2.1 不同规模的家庭健康状况比较

将不同家庭规模的家庭根据分组进行比较，旨在发现不同家庭规模的家庭在健康状况方面是否存在显著差别，被影响变量是家庭近两周是否有人患小病和去年是否有人患大病。交互分析结果显示，不同规模的家庭在家庭健康状况方面差异显著，显著程度均小于0.05，这表明两个变量存在相关性，而且，至少存在家庭规模影响家庭健康水平的可能性。①

从患大病来看，随着家庭规模的上升，家庭去年患大病的可能性不断提升，从46.72%升高到了66.67%，8人以上规模的家庭去年超过6成都有成员患了大病。从经验来看，这似乎不存在某种因果关系，很可能是由于家庭规模和家庭富裕程度存在负的相关性，即往往穷困的家庭倾向于多生育子女，这种估计是有现实依据的。当然，在一定的经济富裕水平上，家庭规模越大，家庭分散风险的能力相对也会提高，家庭应对疾病风险的能力可能也会越强。所以，到底家庭规模与家庭患病状况呈何种关系，应当是不确定的，取决于两个方向上的相关性的绝对值大小的差异。而近两周是否有家庭成员患小病就证明了这一点，交互分析结果中的患病比例呈现先升后降的特点，8人以上家庭患小病的比例最低，仅为20%，这也从某种意义上，虽然不是绝对正确，证明了上文关于家庭规模与患病率关系不确定的猜测和估计。

表2－12　家庭规模与家庭健康状况交互分析

单位:%

	家庭规模分组（人）	有	无	Total	备　注
两周患小病	0～3	25.26	74.74	100	N＝2051　χ^2＝8.070　P＝0.045
	3～5	25.95	74.05	100	
	5～8	33.98	66.02	100	
	8以上	20.00	80.00	100	
	Total	26.72	73.28	100	

① 当然，需要说明，这种相关并不一定是“真相关”，很有可能是“伪相关”，存在这样的可能，即两个变量的相关是由第三个变量作用而出现的。伪相关将有害于对变量的分析尤其是对变量关系的判断。但是，作为简单的列明和比较，交互分析还是能够发挥基本的说明作用的。

续表 2－12

	家庭规模分组（人）	有	无	Total	备注
有无患大病	3～5	48.74	51.26	100	N＝2096　χ^2＝8.258　P＝0.041
	5～8	56.55	43.45	100	
	8 以上	66.67	33.33	100	
	Total	49.14	50.86	100	

2.2.2 不同富裕程度的家庭健康状况比较

为了全面的对不同富裕程度的家庭在健康方面进行比较，本研究将土地数量、耐用品价值、主观富裕程度等指标均与家庭健康状况进行交互分析，被影响变量也分别为两周是否患小病和去年是否患大病两个反映家庭健康状况的指标。交互分析结果见表 2－13 和表 2－14。

表 2－13　不同富裕程度家庭两周患病状况比较

单位：%

	分组	有	无	Total	备注
家庭耕地数分组（亩）	0～2	29.11	70.89	100	N＝2047　χ^2＝4.917　P＝0.178
	2～3	24.94	75.06	100	
	3～5	24.45	75.55	100	
	5 以上	27.59	72.41	100	
	Total	26.67	73.33	100	
人均耕地数量分组（亩）	0～0.3	31.74	68.26	100	N＝2047　χ^2＝12.051　P＝0.017
	0.3～0.5	26.22	73.78	100	
	0.5～0.8	27.89	72.11	100	
	0.8～1.3	22.52	77.48	100	
	1.3 以上	27.48	72.52	100	
	Total	26.67	73.33	100	

续表 2－13

	分组	有	无	Total	备注
家庭耐用品价值（元）	0～1000	36.40	63.60	100	N＝1962 χ^2 ＝32.400 P＝0.000
	1000～3000	31.21	68.79	100	
	3000～8000	22.97	77.03	100	
	8000～12000	24.43	75.57	100	
	12000 以上	19.35	80.65	100	
	Total	26.15	73.85	100	
人均耐用品价值（元）	0～500	35.36	64.64	100	N＝1962 χ^2 ＝39.126 P＝0.000
	500～1000	28.64	71.36	100	
	1000～2000	23.47	76.53	100	
	2000～4000	21.71	78.29	100	
	4000～10000	16.09	83.91	100	
	10000 以上	21.82	78.18	100	
	Total	26.15	73.85	100	
主观家庭富裕程度	非常贫困	41.35	58.65	100	N＝2034 χ^2 ＝33.556 P＝0.000
	比较贫困	35.15	64.85	100	
	一般	23.64	76.36	100	
	比较富裕	24.40	75.60	100	
	很富裕	12.50	87.50	100	
	Total	26.60	73.40	100	

表 2－14 不同富裕程度家庭年患大病状况比较

单位:%

	分组	无人	有人	Total	备注
家庭耕地数分组（亩）	0～2	54.14	45.86	100	N＝2092 χ^2 ＝10.105 P＝0.018
	2～3	51.75	48.25	100	
	3～5	46.90	53.10	100	
	5 以上	44.07	55.93	100	
	Total	50.81	49.19	100	

续表 2-14

	分组	无人	有人	Total	备注
人均耕地数量分组（亩）	0~0.3	51.77	48.23	100	N=2092 χ^2 =9.228 P=0.056
	0.3~0.5	56.16	43.84	100	
	0.5~0.8	49.40	50.60	100	
	0.8~1.3	50.44	49.56	100	
	1.3以上	41.22	58.78	100	
	Total	50.81	49.19	100	
家庭耐用品价值（元）	0~1000	41.80	58.20	100	N=2001 χ^2 =32.673 P=0.000
	1000~3000	44.79	55.21	100	
	3000~8000	54.20	45.80	100	
	8000~12000	47.79	52.21	100	
	12000以上	60.32	39.68	100	
	Total	50.77	49.23	100	
人均耐用品价值（元）	0~500	41.83	58.17	100	N=2001 χ^2 =32.002 P=0.000
	500~1000	50.24	49.76	100	
	1000~2000	51.07	48.93	100	
	2000~4000	51.27	48.73	100	
	4000~10000	65.52	34.48	100	
	10000以上	63.64	36.36	100	
	Total	50.77	49.23	100	
主观家庭富裕程度	非常贫困	39.81	60.19	100	N=2075 χ^2 =16.470 P=0.000
	比较贫困	44.53	55.47	100	
	一般	53.74	46.26	100	
主观家庭富裕程度	比较富裕	49.13	50.87	100	N=2075 χ^2 =16.470 P=0.000
	很富裕	43.75	56.25	100	
	Total	50.89	49.11	100	

从交互分析可以看出，总体上，家庭富裕程度显著影响家庭健康状况，各项指标的交互分析结果都非常显著。

第一，家庭土地数量显著影响家庭健康状况。

在农村，土地数量往往与家庭生产经营能力密切相关，是农村家庭最重要的生产资料，家庭土地数量也往往与家庭富裕程度密切相关。结合上述交互分析结果可以看出，家庭土地数量总体上显著影响家庭健康状况，不论是健康指标以家庭是否两周患小病还是以家庭去年患大病为标准，交互分析结果都是显著的。值得注意的是，以家庭去年是否有人患大病为例，随着家庭人均土地数量上升，家庭去年患大病比例总体上是升高的，当然，其中存在不同方向的波动，增大了判断趋势的难度。所以，虽然家庭土地数量总体上存在显著影响家庭健康状况的可能性，但是，这种影响的方向性是很难判断的。

第二，家庭耐用品价值显著影响家庭健康。

交互分析结果显示，不论是以两周患小病还是以年患大病为指标，家庭耐用价值总额和人均值都显著影响家庭健康状况，而且，总体上，这种影响可能是积极的。从趋势来看，家庭耐用价值总额和人均值对相应患病可能性的影响都是下降，即家庭耐用品价值越高，家庭越富有，家庭健康状况可能越好，家庭患病的概率可能会更低。

第三，家庭主观富裕程度也显著影响家庭健康状况。

交互分析结果显示，家庭主观富裕程度显著影响家庭健康状况，但是，这种影响的方向很可能不是直线型的，根据交互的结果可以看出，随着自评家庭富裕程度的提高，家庭相应的患病概率先下降、后上升，呈现“U”型。这一发现与以往部分学者的研究相类似（见文献综述部分）。当然，是否经济因素会实质上造成这种健康状况的变化趋势需要进一步研究确认。

2.2.3　不同生活水平的家庭健康状况比较

使用家庭和家庭人均食物支出水平作为家庭生活质量的代理变量，以家庭两周是否患病和年是否患大病为被影响变量，交互分析结果见表2－15和表2－16。

表2－15　不同生活质量家庭两周患病状况比较

单位：%

	分组	有	无	Total	备　注
家庭上年食物支出（元）	0～1000	33.93	66.07	100	N＝2051　χ^2＝16.696　P＝0.005
	1000～3000	27.62	72.38	100	
	3000～5000	23.02	76.98	100	
	5000～8000	25.27	74.73	100	
	8000～13000	22.33	77.67	100	
	13000以上	26.56	73.44	100	
	Total	26.72	73.28	100	
人均家庭食物支出（元）	0～300	34.35	65.65	100	N＝2051　χ^2＝16.605　P＝0.002
	300～800	27.80	72.20	100	
	800～1500	23.68	76.32	100	
	1500～3000	23.55	76.45	100	
	3000以上	23.01	76.99	100	
	Total	26.72	73.28	100	

表2－16　不同生活质量家庭两周患病状况比较

单位：%

	分组	无人	有人	Total	备　注
家庭上年食物支出（元）	0～1000	40.90	59.10	100	N＝2096　χ^2＝25.054　P＝0.000
	1000～3000	49.92	50.08	100	
	3000～5000	54.83	45.17	100	
	5000～8000	52.67	47.33	100	
	8000～13000	57.89	42.11	100	
	13000以上	56.92	43.08	100	
	Total	50.86	49.14	100	

续表 2-16

	分组	无人	有人	Total	备注
人均家庭食物支出（元）	0~300	41.91	58.09	100	N=2096 χ^2=28.863 P=0.000
	300~800	47.68	52.32	100	
	800~1500	53.32	46.68	100	
	1500~3000	58.50	41.50	100	
	3000以上	60.87	39.13	100	
	Total	50.86	49.14	100	

上述交互分析结果显示，家庭上年食物支出显著影响家庭患大病和两周患病的可能性，而且，这种影响是显著的。结合两个影响变量和两个被影响变量的交互分析结果，总体上可以基本判定食物支出对两周患病和患大病的影响可能存在两种可能：第一，家庭生活质量越高，家庭两周患病和患大病可能性越低，即家庭生活质量越高，家庭成员患病的可能性越低，家庭健康状况可能更好。第二，家庭生活质量在水平较低的时候，对家庭健康可能存在正向影响，之后，这种影响力减弱，甚至可能出现负向影响，即家庭食物支出也存在对家庭患病可能性影响为“U”型的可能性。这种影响的具体宏观趋势还需要回归分析进一步确认。

2.3　不同医疗卫生与决策状况的家庭健康水平比较

2.3.1　不同医疗保健投资水平的家庭健康状况比较

一般而言，家庭医疗保健支出反映家庭医疗保健投资水平，同时，家庭医疗保健支出也可能反映家庭疾病的状况。交互结果显示，家庭年医疗支出总额和人均数额与家庭患大病和两周患病状况显著相关，而且，根据趋势判断，随着家庭和人均医疗支出额度的增加，家庭患病状况有不断恶化的可能。这一发现也表明，农村的“被动”性医疗保健投资可能是造成农村家庭医疗支出的重要原因。

表 2－17　不同医疗保健投资家庭两周患病状况比较

单位：%

	分组	有	无	Total	备　份
家庭年医疗支出（元）	0～300	14.89	85.11	100	N＝2051　χ^2 ＝139.788　P＝0.000
	300～800	27.27	72.73	100	
	800～1500	30.61	69.39	100	
	1500～3000	42.44	57.56	100	
	3000～8000	49.61	50.39	100	
	8000 以上	45.28	54.72	100	
	Total	26.72	73.28	100	
人均家庭年医疗支出（元）	0～50	13.57	86.43	100	N＝2051　χ^2 ＝104.280　P＝0.000
	50～100	23.19	76.81	100	
	100～200	27.08	72.92	100	
	200～400	32.30	67.70	100	
	400～800	39.53	60.47	100	
	800～1500	50.00	50.00	100	
	1500～3000	47.17	52.83	100	
	3000 以上	60.00	40.00	100	
	Total	26.72	73.28	100	

表 2－18　不同医疗保健投资家庭患大病状况比较

单位：%

	分组	无人	有人	Total	备　份
家庭年医疗支出（元）	0～300	59.74	40.26	100	N＝2096　χ^2 ＝104.280　P＝0.000
	300～800	55.20	44.80	100	
	800～1500	49.43	50.57	100	

续表 2-18

	分组	无人	有人	Total	备　份
家庭年医疗支出（元）	1500~3000	35.02	64.98	100	N=2096　χ^2=104.280　P=0.000
	3000~8000	22.90	77.10	100	
	8000 以上	35.19	64.81	100	
	Total	50.86	49.14	100	
人均家庭年医疗支出（元）	0~50	60.67	39.33	100	N=2096　χ^2=103.677　P=0.000
	50~100	55.32	44.68	100	
	100~200	51.44	48.56	100	
	200~400	51.93	48.07	100	
	400~800	35.14	64.86	100	
	800~1500	23.21	76.79	100	
	1500~3000	37.74	62.26	100	
	3000 以上	11.54	88.46	100	
	Total	50.86	49.14	100	

2.3.2　不同医疗保健可及性的家庭健康状况比较

作为家庭医疗保健可及性的重要考察变量，本研究将家庭距离最近医疗点距离和是否参加新农合作为两个重要的考察变量纳入交互分析，分析结果见下面内容。

（一）医疗卫生距离可及性与农村家庭健康状况

距家庭最近医疗点距离反映初级医疗卫生体系的覆盖状况，距离远近反映医疗卫生服务在距离上的可及性。离家庭最近医疗点距离与家庭患病状况交互分析结果见表 2-19。交互分析结果显示，家庭最近医疗点距离显著影响家庭健康状况，而且，前者对后者存在一种直线的正向影响，即家庭离最近医疗点距离越远，家庭的健康状况可能越差，其两周患病和年患大病的可能性也越高，这种影响趋势基本上是呈直线上升趋势的。

表2-19　不同医疗保健投资家庭患病状况比较

单位:%

	不同医疗距离（公里）	有	无	Total	备　注
两周患小病	0~2	25.36	74.64	100	N=2037　χ^2=14.137　P=0.007
	2~5	26.50	73.50	100	
	5~10	28.48	71.52	100	
	10~20	35.90	64.10	100	
	20以上	50.00	50.00	100	
	Total	26.76	73.24	100	
有无患大病	0~2	46.64	53.36	100	N=2060　χ^2=14.517　P=0.006
	2~5	52.88	47.12	100	
	5~10	53.61	46.39	100	
	10~20	56.96	43.04	100	
	20以上	68.57	31.43	100	
	Total	49.76	50.24	100	

（二）医疗保障覆盖与农村家庭健康状况

在农村，新型农村合作医疗制度已经成为了最基本的医疗保健制度，也是农村居民对抗疾病风险、促进健康效应的主要制度保障。以农村居民家庭是否参加了新农合为影响变量，以家庭患病状况为被影响变量，进行交互分析，结果如表2-20所示。

交互结果显示，是否参加新农合可能对家庭两周患小病状况影响不显著，参加和没有参加新农合的家庭在两周患小病方面没有明显的差异，相对比例比较接近。而是否参加新农合与家庭年患大病状况显著相关，参加新农合的农村家庭患大病率的可能性为50.37%，显著高于没有参加新农合的家庭（42.81%），这种差别非常显著，表明，参加新农合的状况可能与家庭年患大病状况存在相关性。

表 2－20　不同医疗保障覆盖状况家庭患病状况比较

单位:%

	是否参加了新农合	有	无	Total	备　注
两周患小病	否	27.30	72.70	100	N＝2047　χ^2 ＝0.061　P＝0.804
	是	26.62	73.38	100	
	Total	26.72	73.28	100	
有无患大病	否	42.81	57.19	100	N＝2092　χ^2 ＝6.300　P＝0.012
	是	50.37	49.63	100	
	Total	49.19	50.81	100	

2.3.3　不同家庭决策科学性的家庭健康状况比较

使用家庭户主程度代表家庭决策的科学性，并使之与家庭患病状况进行交互分析，分析结果见下表。交互分析结果显示，没有显著影响家庭两周患病状况，不同户主文化程度的家庭在两周患病状况方面不存在显著的差异。而另一方面，户主文化程度显著影响家庭患大病状况，二者相关性显著，总体上，随着户主受教育程度的提高，家庭患大病的可能性也在不断降低，二者存在负方向相关性的可能，也说明，存在户主文化程度有降低家庭患病状况、促进家庭健康状况的可能性。

表 2－21　不同户主文化程度家庭患病状况比较

单位:%

	户主文化程度	有	无	Total	备　份
两周患小病	文盲	27.91	72.09	100	N＝2040　χ^2 ＝0.576　P＝0.966
	小学	26.56	73.44	100	
	初中	26.67	73.33	100	
	高中、中专、技校	25.16	74.84	100	
	大专及以上	27.69	72.31	100	
	Total	26.57	73.43	100	

续表2-21

	户主文化程度	有	无	Total	备份
有无患大病	文盲	52.84	47.16	100	N=2085 χ^2=12.396 P=0.015
	小学	45.67	54.33	100	
	初中	50.76	49.24	100	
	高中、中专、技校	53.35	46.65	100	
	大专及以上	39.10	60.90	100	
	Total	49.16	50.84	100	

3　农村家庭健康状况影响因素分析

本章旨在通过对典型数据的回归分析，考察影响农村家庭健康状况的变量，判断那些变量会实质上对农村家庭健康状况产生影响，并测定这种影响的方向、幅度和显著性。本章主要包括三节，第一节是以两周患病状况作为家庭健康状况的代理变量进行回归分析，第二节是以家庭患大病状况作为代理变量进行回归分析，第三节是在上述两节研究结论的基础上对研究的发现进行归纳和总结。因为选取的家庭健康变量是二元选择变量，无法使用线性回归模型，否则会发生估计的偏误，所以，本研究使用二元逻辑斯蒂回归（Binary Logistic Regression）方法进行家庭健康影响因素的回归分析。①

① 本章内容中部分文字参考了作者已经发表的论文，胡宏伟、石静：《农村家庭健康的影响因素与全面促进——基于线性与U型关系的考察》，《山西财经大学学报》2009年第12期，第23～31页；邓大松、石静、胡宏伟：《农户健康、保险决策与家庭资产规模——基于交互分析与二元逻辑斯蒂回归方法》，《西北大学学报》2009年第5期，第139～147页；邓大松、石静：《基于固定资产和教育程度的农户家庭健康分析》，《陕西行政学院学报》2009年第2期，第10～13页；石静、胡宏伟：《经济增长、医疗保健体系与国民健康——基于1991—2006年中国数据的分析》，《西北人口》2010年第1期，第1～7页。

3.1 基于两周患病状况的家庭健康状况影响因素分析

3.1.1 基于家庭总体状况的估计

根据研究需要和前文交互分析结果，同时考虑经验认识，将可能与家庭健康相关并产生影响的变量纳入回归分析。此处回归着重于家庭总体健康状况对家庭健康状况的影响，对家庭耐用品价值、家庭医疗支出等变量不使用其人均数值，这样的考察主要是基于家庭是一个经济和社会基本单位，具有消费、投资、生产等决策的功能，家庭作为一个整体来考虑，还是基于家庭是一个风险共担单位的考虑，家庭成员之间可以共享家庭资源，并且互相帮助，人均资源占有量相同的不同家庭，规模大的家庭占有的资源总量相对要比规模小的家庭占有的多，其风险共担和互助共济能力也会相对比较高。这是本研究首先以家庭总体状况为考察对象进行家庭健康分析的主要原因，当然，下一个部分将会利用人均量进行分析，二者结合起来，可以更为全面的对家庭健康状况影响过程中各经济社会变量的影响机制和结果。

如表3－1所示，回归结果显示，家庭规模、家庭土地数量、主观家庭富裕程度、家庭医疗支出、最近医疗点距离等变量均是影响显著的。

（1）家庭户主文化程度对家庭健康的影响

回归结果显示，家庭户主文化程度对家庭健康状况的影响是不显著的，回归结果没有通过显著性检验。这似乎说明，家庭户主文化程度可能会影响家庭的各种决策，但现有回归结果并没有表明这种影响是通过显著性的。

（2）家庭规模对家庭健康状况的影响

回归结果显示，家庭规模对家庭健康状况存在显著影响，而且，这种影响是正向的，即家庭规模越大，家庭健康状况可能相对更加不好。这与研究预期是不一致的，但这样的结果可能是由于家庭健康设定指标所导致的，主要是家庭规模越大，即使家庭成员个体患病概率相同，由于本研究中因变量指标选取的是否有家庭成员患病（两周患病或年患大病），这种因变量指标必然导致家庭规模较大的患病的可能性相对较高。

（3）家庭土地对家庭健康状况的影响

家庭土地数量代表家庭富裕程度，家庭土地数量对家庭健康状况的影响方向是负的，即家庭土地数量越多，家庭总体的患病可能性相对较低，家庭总体的健康状况可能更好。

（4）家庭耐用品价值与家庭健康状况

回归结果显示，家庭耐用品价值对家庭健康状况的影响是负的，影响是显著的，表明家庭耐用品价值对家庭健康的影响是显著为正的，家庭耐用品价值越高，家庭越富裕，家庭患病的可能性越低，总体而言，家庭健康状况也越好。

（5）家庭主观富裕程度与家庭健康状况

回归结果显示，家庭主观富裕程度对家庭健康状况存在显著影响，总体而言，家庭富裕程度越高，家庭患病的可能性也就越低，家庭健康状况也就相对更好。这与家庭耐用品价值变量的估计基本一致。

（6）家庭食物支出与家庭健康状况

回归结果显示，作为家庭生活质量的主要代理变量，家庭食物支出额度越高，表明家庭生活质量越高，而回归结果表明，家庭食物支出对家庭患病可能性的影响是显著为负的，即家庭食物支出额度越高，家庭健康状况就越好，总体上家庭患病的可能性也就越低。

（7）家庭医疗支出与家庭健康状况

回归结果显示，家庭医疗支出额度越高，家庭患病的可能性就越大，家庭总体的健康状况可能也就越差，这种影响是显著的。造成这种结果的原因可能是农村医疗支出的“被动性”导致的，即农村居民往往在患病后才会去医治，所以，医疗支出额度与患病状况存在正向相关的可能性。

（8）最近医疗点距离与家庭健康状况

作为家庭医疗卫生可及性在地理距离方面的重要代理变量，家庭距离最近医疗点的距离变量回归结果显著为正，这表明距离最近医疗点的距离越远，家庭患病的可能性越高，家庭的健康状况可能也就越差。这反映了医疗保健体系覆盖范围扩大的必要性。

（9）参加新农合与家庭健康状况

回归结果显示，是否参加新农合对农村家庭患病状况的影响为负但却不显著，即参加新型农村合作医疗制度所带来的对家庭健康的促进程度可能为正，但却未能通过显著性检验。

表3－1　家庭两周患病状况影响因素分析（家庭总体状况）

	B	Exp（B）	B	Exp（B）
户主文化程度	0.009	1.009	0.030	1.030
家庭规模	0.135 **	1.145	0.089 **	1.093
家庭土地数量	－0.067 **	0.935	－0.056 *	0.946
家庭耐用品价值	－0.000 **	1.000	0.000 ***	1.000
主观家庭富裕程度	－0.332 ***	0.717	－0.267 ***	0.766
家庭食物支出	－0.000	1.000	－0.000 *	1.000
家庭医疗支出			0.000 ***	1.000
最近医疗点距离			0.115 **	1.122
是否参加新农合			－0.095	0.910
Constant	－0.316	0.729	－0.671 *	0.511
Fit	－2LL＝2154.491 Model X^2＝48.634 df＝6 sig＝0.000 Nagelkerke R^2＝0.037		－2LL＝2089.822 Model X^2＝133.303 df＝9 sig＝0.000 Nagelkerke R^2＝0.084	

注：1. *、**、*** 分别代表0.1、0.05、0.001三个程度上的显著水平，下文同；

2. 部分回归结果非常微弱，数值接近0，其Exp（B）也接近于1，由于小数点后仅有三位，为了好的反应自变量的影响方向，回归结果注明了正负号，下文同。

3.1.2　基于家庭平均状况的估计

为了进一步对家庭各中经济社会状况影响家庭健康进行深入考察，选取家庭人均经济指标纳入回归分析，以期对上文回归分析进行补充和深化。

回归结果显示，与上文家庭总量指标回归结果基本一致，通过显著性检验的变量基本上未变，且方向上也惊人的一致，所不同的是家庭土地规模对家庭健康状况的影响变得不显著了，而家庭人均食物支出对家庭健康状况的影响变得不稳定了。反映家庭经状况的变量，如人均土地数量、人均耐用品价值、主观富裕程度三个变量的回归结果均为负值，表明家庭经济状况越好，家庭患病的可能性也就越低，家庭总体健康状况也就越好。而且，家庭人均医疗支出和家庭距离最近医疗点的距离也是与上文回归结果一致，表明，家庭医疗支出与患病可能性之间存在显著的正向关系，而家庭离最近医疗点的距离的回归结果也反映了家庭医疗卫生服务体系可及性越好，家庭总体健康状况可能会越好。

表 3－2　家庭两周患病状况影响因素分析（家庭人均状况）

	B	Exp（B）	B	Exp（B）
户主文化程度	0.006	1.006	0.027	1.028
家庭规模	0.046	1.047	0.062	1.064
人均土地数量	－0.305＊＊	0.737	－0.230＊	0.795
人均耐用品价值	－0.000＊＊	1.000	－0.000＊＊	1.000
主观家庭富裕程度	－0.329＊＊＊	0.719	－0.260＊＊	0.771
人均食物支出	－0.000	1.000	－0.000＊	1.000
人均医疗支出			0.001＊＊＊	1.001
最近医疗点距离			0.111＊	1.118
是否参加新农合			－0.102	0.903
Constant	0.082	1.085	－0.592	0.553

续表 3－2

	B	Exp（B）	B	Exp（B）
Fit	－2LL＝2154.382 Model X^2＝48.743 df＝6 sig＝0.000 Nagelkerke R^2＝0.037		－2LL＝2081.133 Model X^2＝121.922 df＝9 sig＝0.090 Nagelkerke R^2＝0.084	

3.1.3 添加平方项和交互项的估计结果

部分有关健康的研究中揭示了部分变量对健康的影响可能不是绝对的线性，即可能不是严格的线性为正或者线性为负，这种影响可能是“U”型关系，这种关系可能存在于农村家庭健康方面。为了验证在农村家庭健康的影响因素方面是否存在可能具有非直线型影响的变量，本研究将部分经济变量的平方项也纳入了回归分析。同时，为了考察部分变量之间是否存在联合作用，即是否可能联合对家庭健康状况产生影响，本研究将部分经济社会变量的交互项也放入了回归分析。回归中各类自变量分别采用家庭总体和家庭人均两个层面的变量，回归结果见下列表格。将两个回归结果结合起来看，发现家庭总额和人均经济社会变量对家庭健康状况的影响惊人的一致，两者基本上结论是一样的。

（1）家庭富裕程度对家庭健康的影响

加入家庭富裕程度代表变量家庭和家庭人均耐用品价值的平方项后，回归结果显示，家庭和人均家庭耐用品价值对家庭患病状况的影响可能是“U”型的，即在家庭耐用品价值较低的层次，随着家庭耐用品价值的提升，农村居民家庭的患病状况首先是下降，之后又上升，即健康状况先变好、后变差，是一个倒“U”型。这一回归结果充分表明，家庭耐用品价值对家庭健康的影响是非直线型的，而是倒“U”型的，而且，整个结果都是非常显著的。

（2）家庭生活质量对家庭健康的影响

同样，在回归过程中加入反映家庭生活质量的家庭食物支出的平方项，回归结果也呈现了与家庭耐用品价值同样的结果，即不论是家庭和人均家庭食物支出，其回归结果都是负的，而其平方项的回归结果都是正的，且均通过了显著性检验。这说明，随着农村居民家庭生活质量的改善，家庭患病状况先下降、后上升，而家庭健康状况则是先上升、后下降，也是呈现倒“U”形状。

(3) 家庭医疗支出对家庭健康的影响

回归结果显示，不论是家庭总体的还是家庭人均的医疗支出，其平方项加入回归结果后并没有影响非平方项的方向和显著程度，而平方项的回归结果也是正向显著的，这表明，对于家庭和人均家庭医疗支出来说，医疗支出与家庭健康状况是显著呈负相关关系的，即医疗支出与家庭患病状况的正向关系非常显著且非常稳定。

(4) 家庭决策与家庭富裕程度的交互项对家庭健康的影响

为了更为全面的反应变量之间可能存在的对家庭健康状况的联合影响，本研究加入了若干经济变量的联合项。反映家庭决策科学性的家庭户主文化程度与家庭耐用品价值的乘积项纳入回归方程后显示其结果为负，这表明，文化程度和家庭财富的乘积项对家庭健康产生影响，一个户主文化程度高的家庭，如果其家庭较为富有，那么，这个家庭的患病状况是很低的，这个家庭的健康状况将是很好的。这个结果说明，家庭户主文化程度和家庭财富不仅单独对家庭健康状况有促进作用，而且，他们也联合发挥作用，而且，这种联合的作用是为正的，不过，这种正向作用的显著性没有通过检验。

为了进一步进行检验，回归模型中还加入了家庭户主文化程度与家庭主观富裕程度的乘积项，回归结果也进一步证明了上文的研究结论，即家庭户主文化程度和家庭主观富裕程度的乘积项对家庭健康也有促进作用，如果一个贫困的家庭，其户主文化程度也十分低，那么，这个家庭很可能会遭遇疾病的冲击，其健康状况将受到影响，而当户主文化程度较高时，将会改善家庭的健康状况，家庭患病的可能性会在一定程度上降低，家庭的健康状况会在一定程度上改善。

(5) 医疗卫生服务可及性与医疗保障的交互项对家庭健康的影响

医疗卫生服务、医疗保障制度被认为是促进人类社会健康的两个重要内容。前文回归结果已经表明，医疗卫生服务和医疗卫生保障制度可能都会对家庭健康有所促进（回归结果虽然有的并不显著，但回归系数的方向基本都是一致的）。按照经验和理论的认识，医疗卫生服务和医疗保障应当是共同影响农村居民健康的，而且，作为医疗卫生可及性的重要内容，两者应当是联合发挥作用的，在回归模型中加入两个变量的交互项就是为了验证是否存在这种“联合效应”，并且发现这种联合效应的方向。

回归结果显示，医疗卫生服务和医疗保障对家庭健康存在显著的联合性影响，两者共同对家庭健康状况存在显著的正向促进作用，对家庭患病可能性存在显著的降低作用。也就是说，如果一个家庭距离最近医疗点很远，即使这个家庭参加了新型农村合作医疗制度，也不能有效改善家庭健康状况，家庭患病状况不会由此而降低。另一方面，如果一个家庭距离医疗点的距离很近，而且加入了新型农村合作医疗制度，这个家庭的健康状况可能会因此而得到改善。这也充分说明了改善和促进农村健康，需要共同提高医疗卫生服务的可及性和医疗保障覆盖范围，这样才能有效地帮助农村家庭对抗疾病风险，促进农村家庭健康的普遍提高。

（6）食物支出和医疗支出的乘积项对家庭健康的影响

回归结果显示，代表家庭生活质量和家庭医疗投资的医疗支出的乘积项对家庭健康状况的影响没有通过显著性检验，两者可能不存在会对家庭健康存在实质影响的可能性。

（7）其他自变量与家庭健康

在加入了部分经济变量的叫互相和平方项后，一些其他自变量的回归结果也基本保持了不大的变化，结果基本上与原来结果一致。

回归结果显示，家庭户主文化程度没有通过显著性检验，这说明，在独立作用方面，家庭户主文化程度对健康的改进是不明显的。

回归结果显示，家庭规模对家庭健康的影响是不显著的，虽然部分回归结果通过了显著性检验，但是，总的来看，这种显著性是不稳定的，随着平方项和交互项的加入而变得不显著了。

家庭主观富裕程度对家庭健康的影响仍然是显著的，在总体上，家庭富裕是对家庭健康有促进作用的，家庭越富裕，家庭患病的可能性也会越低。这一结果具有较好的稳定性。

家庭土地数量也代表家庭财富和生产能力，与上文回归结果一致，家庭土地数量也对家庭健康状况存在正向的促进作用，存在显著降低家庭患病的可能性。

是否参加了新型农村合作医疗制度变量对家庭健康状况的影响并不显著，方向也不稳定，这说明，在独立层面上，参加合作医疗制度并不会显著的降低家庭患病可能性，也不会显著促进家庭健康状况的改善。

表 3－3　家庭两周患病状况影响因素分析（家庭总体状况、加交互项和平方项）

	模型 1	模型 2	模型 3	模型 4
户主文化程度	0.009	0.030	0.031	0.218
家庭规模	0.135 **	0.089 **	0.073	0.072
家庭土地数量	－0.067 **	－0.056 *	－0.058 *	－0.061 *
家庭耐用品价值	－0.000 **	－0.000 ***	－0.000 **	－0.000 **
主观家庭富裕程度	－0.332 ***	－0.267 ***	－0.270 ***	－0.021
家庭食物支出	－0.000	－0.000 *	－0.000 **	－0.000 **
家庭医疗支出		0.000 ***	0.000 ***	0.000 ***
最近医疗点距离		0.115 **	0.109 *	0.357 **
是否参加新农合		－0.095	－0.112	0.392
家庭耐用品价值平方			0.000	0.000
家庭食物支出平方			0.000 *	0.000 **
家庭医疗支出平方			0.000 ***	0.000 ***
户主文化×家庭耐用品价值				－0.000
户主文化×主观家庭富裕程度				－0.090
食物支出×医疗支出				0.000

续表 3－3

	模型 1	模型 2	模型 3	模型 4
最近医疗点距离×新农合				－0.289 *
Constant	－0.316	－0.671 *	－0.603 *	－1.535 **
Fit	－2LL ＝2154.491 Model X^2 ＝48.634 df＝6 sig ＝0.000 Nagelkerke R^2 ＝0.037	－2LL ＝2089.822 Model X^2 ＝133.303 df＝9 sig ＝0.000 Nagelkerke R^2 ＝0.084	－2LL ＝2049.332 Model X^2 ＝153.803 df＝12 sig ＝0.000 Nagelkerke R^2 ＝0.113	－2LL ＝2043.598 Model X^2 ＝159.527 df＝16 sig ＝0.000 Nagelkerke R^2 ＝0.117

表 3－4 家庭两周患病状况影响因素分析（家庭人均状况、加交互项和平方项）

	模型 1	模型 2	模型 3	模型 4
户主文化程度	0.006	0.027	0.029	0.174
家庭规模	0.046	0.062	0.058	0.052
人均土地数量	－0.305 **	－0.230 *	－0.217	－0.228
人均耐用品价值	－0.000 **	－0.000 **	－0.000 **	－0.000 **
主观家庭富裕程度	－0.329 ***	－0.260 **	－0.272 ***	－0.085
人均食物支出	－0.000	－0.000 *	－0.000 *	－0.000 *
人均医疗支出		0.001 ***	0.002 ***	0.002 ***
最近医疗点距离		0.111 *	0.101 *	0.353 **
是否参加新农合		－0.102	－0.110	0.409
人均耐用品价值平方			0.000	0.000
人均食物支出平方			0.000	0.000
人均医疗支出平方			0.000 ***	0.000 ***
户主文化×人均耐用品价值				－0.000
户主文化×主观富裕程度				－0.068

续表 3-4

	模型 1	模型 2	模型 3	模型 4
人均食物支出×人均医疗支出				0.000
最近医疗点距离×新农合				-0.293*
Constant	0.082	-0.592	-0.671*	-1.450**
Fit	-2LL =2154.382 Model X^2 =48.743 df=6 sig =0.000 Nagelkerke R^2 =0.037	-2LL =2081.133 Model X^2 =121.922 df=9 sig =0.090 Nagelkerke R^2 =0.084	-2LL =2045.297 Model X^2 =157.828 df=12 sig =0.000 Nagelkerke R^2 =0.115	-2LL =2040.846 Model X^2 =162.279 df=16 sig =0.000 Nagelkerke R^2 =0.119

3.2　基于患大病状况的家庭健康状况影响因素分析

为了进一步检验上一节中的分析结论是否正确且具有稳定性，本研究在此节进一步采用家庭年患大病可能性作为因变量来考察家庭各方面社会经济状况对家庭健康的影响。

3.2.1　基于家庭总体状况的估计

与上文研究方法和顺序类似，本研究也分别将家庭总量和人均量纳入回归分析，来考察各方面的社会经济因素是否对家庭患大病可能性具有稳定的影响。

回归结果基本与上一节的发现一致：第一，家庭户主文化程度对家庭健康的影响没有通过显著性检验，这表明家庭户主文化程度虽然能够代表一个家庭在生产、消费和社会参与等方面决策的科学程度，但是，这个变量并未能独立的对家庭健康状况产生显著影响。第二，家庭规模对家庭健康的影响缺乏稳定性，与上文后来的发现相类似，家庭规模作为家庭互助共担能力大小的代表指标，在实质上发挥着分散家庭成员风险冲击的功能，但由于本研究因变量设置的是家庭中是否有成员全年患过大病，所以，规模较大的家庭相应的患病可能性也会比较大，当然，回归结果显示，虽然方向上其是正的，但没有通过显著性检验。第三，家庭土地数量对家庭健康的影响不显著，这一点与上文回归结果的发现不大一致，家庭土地数量对家庭患大病率的影响变得不再显著了。第四，家庭耐用品价值和家庭主观富裕程度两个代表家庭富裕程度的变量回归结构表明，家庭富有将对家庭健康状况存在正向影响，家庭越富有，家庭成员患病的可能性越低，家庭健康的可能性就会增大。第五，家庭生活质量越高，家庭患病的可能性就越低，家庭健康的可能性就越高，这与上文研究结论一致。第六，家庭医疗支出与家庭患病状况存在显著的正向相关关系，这也与上文研究结论一致，这种状况的出现主要是由于农村居民在医疗消费方面的“被动性”所导致的。第七，最近医疗点距离回归结果也与上文一致，如果一个家庭距离医疗点很远，这个家庭健康状况不好的概率就大为增加，这一研究结论也再次证明了医疗卫生保健服务可及性的重要性。第八，是否参加新农合不会单独的对家庭健康状况产生显著影响，这也说明，仅靠合作医疗制度是无法促进家庭健康状况的，家庭健康促进是一个综合因素共同作用的结果。

表3-5　家庭患大病状况影响因素分析（家庭总体状况）

	B	Exp（B）	B	Exp（B）
户主文化程度	0.016	1.016	0.040	1.041
家庭规模	0.104**	1.109	0.045	1.046
家庭土地数量	0.045	1.046	0.064**	1.066
家庭耐用品价值	-0.000**	1.000	-0.000**	1.000

续表 3 - 5

	B	Exp (B)	B	Exp (B)
主观家庭富裕程度	-0.127 *	0.881	-0.067	0.935
家庭食物支出	-0.000 **	1.000	-0.000 ***	1.000
家庭医疗支出			0.000 ***	1.000
最近医疗点距离			0.155 **	1.168
是否参加新农合			0.154	1.167
Constant	0.010	1.010	-0.607 **	0.545
Fit	$-2LL = 2663.019$ Model $X^2 = 37.431$ df = 6 sig = 0.000 Nagelkerke $R^2 = 0.025$		$-2LL = 2579.224$ Model $X^2 = 121.226$ df = 9 sig = 0.000 Nagelkerke $R^2 = 0.080$	

3.2.2　基于家庭平均状况的估计

使用平均家庭经济变量进行进一步的研究，发现研究结论基本上与上文一致，此处便不再赘述。唯一需要说明的差别，就是在这个回归结果中，家庭规模变量对家庭健康的影响变得显著了，当然，这个显著程度是非常低的，本研究将进一步加入平方项、交互项等一系列其他变量进行补充研究。

表 3 - 6　家庭患大病状况影响因素分析（家庭人均状况）

	B	Exp (B)	B	Exp (B)
户主文化程度	0.017	1.018	0.041	1.042
家庭规模	0.064 *	1.067	0.071 *	1.074
人均土地数量	0.159	1.172	0.250 **	1.284
人均耐用品价值	-0.000 **	1.000	-0.000 **	1.000
主观家庭富裕程度	-0.111	0.895	-0.049	0.952
人均食物支出	-0.000 ***	1.000	-0.000 ***	1.000
人均医疗支出			0.001 ***	1.001

续表3－6

	B	Exp（B）	B	Exp（B）
最近医疗点距离			0.147**	1.158
是否参加新农合			0.134	1.144
Constant	0.183	1.200	－0.735**	0.480
Fit	－2LL＝2655.727 Model X^2＝44.723 df＝6 sig＝0.000 Nagelkerke R^2＝0.030		－2LL＝2562.232 Model X^2＝138.218 df＝9 sig＝0.000 Nagelkerke R^2＝0.091	

3.2.3 添加平方项和交互项的估计结果

对家庭患大病状况的影响因素进行进一步的分析，在回归结果加入平方项和交互项，所得到的回归结果基本与两周患病状况的回归结果一致。

（1）家庭富裕程度对农村家庭健康的影响方向为倒“U”型

与上文以家庭两周患病状况为因变量，把家庭和家庭人均耐用品价值作为衡量家庭财富的自变量纳入回归模型，发现家庭和人均家庭耐用品价值对家庭健康的影响在方向上却是非直线型，而是倒“U”型，对家庭患病状况的影响是“U”型，而且，这种影响方向是非常显著的，并具有较好的稳定性。

（2）家庭生活质量对家庭健康状况的影响方向为倒“U”型

同样与上文回归结果相似，家庭生活质量，家庭和人均家庭食物支出平方项纳入回归模型后，发现家庭和人均家庭食物支出对家庭健康的影响是倒“U”型的，对家庭患大病状况的影响是“U”型的，即随着家庭生活质量的提高，家庭患病率先下降，之后又会上升，家庭生活质量提高对家庭健康的影响并非是显著的直线型。

（3）家庭和人均医疗支出与家庭患病状况的关系是正向的

同样与上文回归结果一致，家庭和人均家庭医疗支出与家庭患病状况的关系是正向的，家庭医疗支出不论总额还是人均额度越高，家庭的健康状况可能越差，反之，家庭的健康状况可能越好。

（4）医疗卫生可及性对家庭健康的影响是积极的

回归结果显示，家庭距离租金医疗点及其平方项的回归结果都是显著为正，其距离对家庭患病状况的影响是显著为正的，即家庭医疗卫生保健体系可及性越差，家庭患病的可能性也就会越低。这一点发现与上文是完全一致的。

与上文相同的还有，家庭是否参加合作医疗对家庭健康状况的影响是不显著的，家庭参加合作医疗制度与没有参加合作医疗制度在家庭健康产出的结果，即患病可能性方面的差异是不显著的。

（5）户主文化程度和家庭财富的交互作用对家庭健康状况存在促进作用

与上文类似，反映家庭决策科学性的户主文化程度，与反映家庭财富的家庭耐用品价值和主观家庭富裕程度，两者的交互项对家庭健康的影响方向是正的，即对家庭患病状况的影响方向是负的，当然，也与上文研究结果一致，这两者的回归结果没有通过显著性检验。

（6）医疗保健体系与医疗保障体系的交互作用对家庭健康的影响是正的

回归结果显示，医疗保健体系可及性与医疗保障制度覆盖之间的交互项对家庭患病状况的影响作用是负的，对家庭健康状况是有显著的促进作用的，这也说明了提高农村基层医疗保健体系和保障体系覆盖范围和可及性的必要性，这也与上文结果一致。

（7）户主文化程度、家庭规模、家庭土地数量等变量单独影响不显著

同样与上文回归结果相一致，户主文化程度、家庭规模、家庭土地数量三个变量独立对家庭健康的影响是不显著的，即三个变量对家庭患病状况的影响没有通过显著性检验，没有确凿证据说明这三个变量对家庭健康的影响是显著或稳定的。

表 3－7　家庭患大病状况影响因素分析（家庭总体状况、加交互项和平方项）

	模型 1	模型 2	模型 3	模型 4
户主文化程度	0.016	0.040	0.038	－0.111
家庭规模	0.104 **	0.045	0.044	0.047
家庭土地数量	0.045	0.064 **	0.062 **	0.062 **
家庭耐用品价值	－0.000 **	－0.000 **	－0.000 **	－0.000 **
主观家庭富裕程度	－0.127 *	－0.067	－0.054	－0.164
家庭食物支出	－0.000 **	－0.000 ***	－0.000 ***	－0.000 ***
家庭医疗支出		0.000 ***	0.000 ***	0.000 ***
最近医疗点距离		0.155 **	0.153 **	0.480 **
是否参加新农合		0.154	0.145	0.762 **
家庭耐用品价值平方			0.000 **	0.000
家庭食物支出平方			0.000 **	0.000 **
家庭医疗支出平方			0.000 ***	0.000 ***
户主文化×家庭耐用品价值				－0.000
户主文化×主观家庭富裕程度				－0.038
食物支出×医疗支出				－0.000
最近医疗点距离×新农合				－0.372 **
Constant	0.010	－0.607 * *	－0.519 *	－0.659
Fit	－2LL ＝2663.019 Model X^2 ＝37.431 df＝6 sig ＝0.000 Nagelkerke R^2 ＝0.025	－2LL ＝2579.224 Model X^2 ＝121.226 df＝9 sig ＝0.000 Nagelkerke R^2 ＝0.080	－2LL ＝2557.097 Model X^2 ＝143.353 df＝12 sig ＝0.000 Nagelkerke R^2 ＝0.095	－2LL ＝2549.345 Model X^2 ＝151.105 df＝16 sig ＝0.000 Nagelkerke R^2 ＝0.100

表 3－8　家庭患大病状况影响因素分析（家庭人均状况、加交互项和平方项）

	模型 1	模型 2	模型 3	模型 4
户主文化程度	0.017	0.041	0.041	－0.104
家庭规模	0.064 *	0.071 *	0.068 *	0.069 *
人均土地数量	0.159	0.250 **	0.254 **	0.254 **
人均耐用品价值	－0.000 **	－0.000 **	－0.000 **	－0.000 **
主观家庭富裕程度	－0.111	－0.049	－0.035	－0.132
人均食物支出	－0.000 ***	－0.000 ***	－0.000 ***	－0.000 ***
人均医疗支出		0.001 ***	0.001 ***	0.001 ***
最近医疗点距离		0.147 **	0.146 **	0.477 **
是否参加新农合		0.134	0.129	0.766 **
人均耐用品价值平方			0.000 **	0.000
人均食物支出平方			0.000	0.000
人均医疗支出平方			0.000 ***	0.000 ***
户主文化×人均耐用品价值				－0.000
户主文化×主观富裕程度				－0.033
人均食物支出×人均医疗支出				0.000
最近医疗点距离×新农合				－0.379 **
Constant	0.183	－0.735 **	－0.744 **	－0.879
Fit	－2LL =2655.727 Model X^2 =44.723 df =6 sig =0.000 Nagelkerke R^2 =0.030	－2LL =2562.232 Model X^2 =138.218 df =9 sig =0.000 Nagelkerke R^2 =0.091	－2LL =2550.921 Model X^2 =149.529 df =12 sig =0.000 Nagelkerke R^2 =0.099	－2LL =2542.103 Model X^2 =158.347 df =16 sig =0.000 Nagelkerke R^2 =0.104

3.3 家庭健康状况影响因素分析结论

前面两节的回归结果取得了一定发现，这些发现有些与经验和理论预期一致，有些突破了既往经验认识的范围，本节主要将对上述研究结论做一个总结，并简单论述这些发现对中国农村医疗卫生建设和改革提供的可能启示。

3.3.1 影响家庭健康的关键因素

（1）家庭经济因素变量显著影响家庭健康状况

对上文有关经济变量的影响作用加以总结，可以发现，反映家庭财富的变量，如家庭和人均家庭耐用品价值、家庭主观富裕程度等变量对家庭健康的影响是显著而且非常稳定的，此外，反映家庭生活质量的家庭和人均家庭食物支出对家庭健康也会产生稳定和显著的影响。就经济变量在回归结果中的稳定性和显著性来说，经济变量作为影响家庭健康状况的重要作用是需要得到关注的。

（2）医疗卫生保健体系和卫生保障制度对家庭健康影响显著

回归结果也解释了农村医疗卫生可及性对于农村家庭健康状况影响的稳定性和显著性，提高农村医疗卫生保健体系的可及性对降低家庭患病概率是存在显著影响的，而且，这种影响不论以何种指标为健康的度量指标都具有很好的稳定性。另一方面，虽然，新型农村合作医疗制度对家庭健康的影响没有通过显著性检验，但是，医疗卫生保健可及性和医疗保障制度的交叉项，即最近医疗点距离与参加新农合的乘积项对家庭健康的影响也是显著为正的，一个家庭其医疗卫生可及性和医疗保障制度覆盖都较好，其家庭患病的概率会大为降低，其健康状况会大为改善。所以，在农村家庭健康的影响因素中，农村医疗卫生服务体系可及性和农村医疗保障体系都非常重要。

(3) 部分经济社会因素可能对家庭健康存在显著的联合影响

研究发现，虽然，家庭户主文化程度可能不会独立的、显著的影响农村家庭健康，但是，农户家庭文化程度和家庭富裕程度变量的乘积项都对家庭健康状况产生影响，虽然影响的显著性不足，但是，这种影响的方向是非常稳定的，即都存在降低家庭患病的可能性，都有可能促进家庭健康状况。此外，上文已经说明，最近医疗点距离和参加新农合状况的乘积项对家庭健康的影响是显著为正的，且非常稳定。

3.3.2　关键影响因素的非直线型作用

(1) 家庭财富状况对家庭健康存在显著的倒“U”型影响

本研究的一个重要的成果就是发现和证明了家庭财富、家庭生活质量虽然在总体上会对家庭健康状况有促进作用，会对家庭患病状况有负向作用，但是，这宗影响具体而言并非是严格的直线型，而是非直线型。家庭财富不论是以家庭和人均耐用品价值为衡量单位都发现其对家庭健康的影响方向是倒“U”型的，即对影响家庭患病状况方面的影响是“U”型的。

(2) 家庭生活质量对家庭健康存在显著的倒“U”型影响

与家庭富裕程度相类似，家庭生活质量对家庭健康的影响也并非是严格的直线型，而是非直线型的，具体考察可以发现，这种影响是显著为倒“U”型的，即家庭食物支出和人均家庭食物支出对家庭健康的影响都是倒“U”型的，对家庭患病状况的影响都是“U”型的。

3.3.3　研究结论的启示

本研究所取得的一些发现有一定的现实和理论意义，特别对于加强和改善农村家庭健康状况有积极的意义。

(1) 改善农村家庭健康状况应该提高农村经济生活的质量和水平

上文研究结果已经表明，家庭健康状况的改善和患病状况的降低，不能简单的依靠家庭土地和人口规模，这些变量都是影响不显著或者不稳定的。这个发现的含义在于，提高和改善农村家庭健康不能指望农民拥有更多的土地，或者农村家庭规模变得更低，因为，虽然从理论上说，增加土地和增加人口能够在更大范围内分散风险，能够为家庭聚集更多财富和能力，但是，实际上，农村家庭健康状况的改善可能完全与家庭到底有多少口人没有关系，家庭人口多、共担风险的风险池大，也并不能说明家庭对对抗风险的能力就强，土地多、人口多仅能让家庭共济、分担的范围变大，却并不一定会让家庭对抗风险的实际能力变强，更无法使家庭健康状况变得更好。而进一步，家庭健康状况的改善总体上还是需要不断的发展农村经济、增加农民家庭收入，不断的改善和提高农村家庭的生活质量，这些对于农村家庭健康的改善是具有积极而持久的意义，也是农村家庭健康改善、患病概率降低最主要、最扎实的基础。在改善和提高农村家庭健康方面，财富具有决定意义。

（2）改善农村家庭健康状况应关注财富和生活质量的非直线型影响

既然农村家庭财富增长、生活质量提高会总体上促进家庭健康的改善，那么，是否可以认为只要农村经济发展、农民收入增加、农民家庭生活质量提高，农村家庭的健康状况就会自动提高呢？农村家庭的患病状况就会自动降低呢？

答案是否定的。本研究的一个积极意义就是发现了家庭财富增长、生活质量提高可能对农村家庭健康的影响方向不是严格的直线型，而是倒“U”型，即在财富增长、生活质量改善的初始阶段，家庭患病状况会降低，家庭健康状况会改善，但是，当财富增长、生活改善到了一定阶段，家庭患病状况可能会进一步恶化，家庭健康状况会降低。所以，家庭财富增长、家庭生活质量提高不会自动的、更不会持续的促进家庭健康。就其原因，可能是部分农村家庭在财富增长后，生活质量提高，同时也增加了一些不健康产品的消费，如烟、酒等，这可能会恶化农村居民的健康状况。而结合已有研究和实际经验来看，这一发现是符合事实的，结果具有很好的解释性。

(3) 改善农村家庭健康状况应关注基层医疗卫生和保障制度的可及性

最近医疗点距离和新农合乘积项的影响显著表明改善农村家庭健康状况一定要注重二者的积极作用，尤其是注重二者的联合作用。如果农村医疗保障制度覆盖范围不高，简单提高医疗卫生服务体系可及性的意义恐怕是不大的；另一方面，如果农村医疗卫生服务体系可及性比较低，简单的通过扩大新型农村合作医疗制度的覆盖面来提高农村健康状况的成效也是不大的。应当将二者统一起来，在提高医疗卫生服务体系可及性的同时，大力扩展新型农村合作医疗制度的覆盖范围，发挥二者的积极组合作用，这也证明了改进农村健康、解决中国农村医疗卫生问题是一个综合性的复杂体制改革过程，单兵突进是无法达到预期效果的，改革需要整体、宏观、协调推进。

(4) 改善农村家庭健康状况应该注重提高农村家庭医疗保健投资意识

家庭财富和家庭生活质量对家庭健康倒“U”型影响的存在说明简单依靠财富增长、生活质量改善是无法真正有效促进家庭健康的，甚至还会发生负作用。究其原因，就在于农村家庭医疗保健知识缺乏、健康保健意识差，对食物和消费缺乏健康观念，可以想象，如果增加的财富投资到提高教育、医疗保健等方面，是不可能出现降低家庭健康状况的可能性的，而正是由于部分农村家庭将增加的财富部分用于了烟、酒等不健康的消费，加之其他一些不健康的消费习惯，农村家庭健康才有可能出现了随财富增长的倒退。所以，提高农村健康还应该在增加财富、提高生活质量的同时，不断提高医疗保健意识、实践健康的生活方式。

(5) 改善农村家庭健康状况应该提高农村家庭成员文化程度

家庭文化程度虽然没有独立显著的影响家庭健康，但是，其与家庭财富影响的方向上，都已经表明了，家庭户主文化程度可能通过影响家庭的一些消费决策而影响家庭状况。所以，提高家庭户主和其他家庭成员的文化程度有非常重要的意义，因为，当所有家庭成员都可能并尽可能科学的进行各种判断和决策的时候，家庭的生产、消费和社会参与等方面的决策的科学性都会大为提高，家庭健康的改善也就成了应有之义。所以，针对所有国民，包括农村居民在内的普遍的文化程度提高，包括义务教育、扫盲工作以及职业教育和其他非正规形式教育的国民教育体系的重要性非常大。

4 农村家庭健康促进机制思考

本章旨在前面章节分析结论的基础上提出促进农村家庭健康的一些对策性思考。根据前文的研究结论，本研究提出了四个方面的对策性建议：第一节主要是加大农村医疗卫生服务体系建设力度；第二节主要是大力完善农村健康医疗保障体系；第三节主要是提高农村居民收入，提高公平分配水平；第四节主要是加大基础教育和健康教育的投入力度。①

4.1 大力加强农村医疗卫生服务体系建设

医疗卫生服务体系是整个社会医疗卫生保证的主要物质载体，是所有医疗和健康服务，包括医疗保障体制赖以存在和发展的基础，一个全

① 本章内容中部分文字参考了作者已经发表的论文，胡宏伟、石静：《农村家庭健康的影响因素与全面促进——基于线性与U型关系的考察》，《山西财经大学学报》2009年第12期，第23~31页；邓大松、石静、胡宏伟：《农户健康、保险决策与家庭资产规模——基于交互分析与二元逻辑斯蒂回归方法》，《西北大学学报》2009年第5期，第139~147页；邓大松、石静：《基于固定资产和教育程度的农户家庭健康分析》，《陕西行政学院学报》2009年第2期，第10~13页；石静、胡宏伟：《经济增长、医疗保健体系与国民健康——基于1991—2006年中国数据的分析》，《西北人口》2010年第1期，第1~7页。

面、发达、公平的医疗卫生服务体系将极大的促进城乡居民的健康状况。

4.1.1 加大对农村医疗卫生资源的配置力度

中国农村医疗卫生与健康状况不佳的重要原因就是中国医疗卫生服务体系运行的绩效太低，其中最重要的是政府财政对医疗卫生资源总体性投入过少；另一方面是医疗卫生资源配置不公平，这种投入少和不公平在城乡医疗卫生资源配置方面有大量证据。

第一，中国政府财政对医疗卫生领域整体投入不高，政府未能有效担负医疗卫生服务投入的责任。如表 4－1 所示，中国医疗卫生投入中政府的投入比例是相当低的，这样直接导致了政府在整个医疗卫生投入中比例不断降低、个人医疗支出占卫生总经费支出比例不断提高的问题。

表 4－1　世界各国卫生支出主体结构比较（2000 年）

单位：%

国别（或类型）	卫生总费用占 GDP 比重	个人负担比重	政府负担比重
中国	5.3	60.6	39.4
发达国家	8.5	27.0	73.0
转型国家	5.3	30.0	70.0
最不发达国家	4.4	40.7	59.3
其他发展中国家	5.6	42.8	57.2
世界平均	5.7	38.2	61.8

资料来源：王绍光：《中国公共卫生的危机与转机》，转引自韩子荣：《中国城乡卫生服务公平性研究》，中国社会科学出版社 2009 年版，第 84 页。

第二，中国医疗卫生政府财政投入公平性很差。政府财政对卫生投入的总量不仅低，而且，公平性也非常差，这种差别充分体现在城乡之间、地区之间，这种投入上的差异，也直接导致了各个地方医疗卫生资源状况的差异。

表4－2　市、县医疗机构财政补助收入比较

单位：亿元

年份	医疗卫生机构财政补贴收入额度	市医疗卫生机构财政补贴收入			县医疗卫生机构财政补贴收入		
		数额	占医疗卫生机构财政补贴收入的比重（%）	占市医疗卫生机构收入的比重（%）	数额	占医疗卫生机构财政补贴收入的比重（%）	占县医疗卫生机构收入的比重（%）
2002	422.09	279.5	66.22	9.08	142.57	33.78	12.57
2004	532.45	366.9	68.91	8.38	166.55	31.09	18.80

资料来源：韩子荣：《中国城乡卫生服务公平性研究》，中国社会科学出版社2009年版，第85页。

第三，城乡之间医疗卫生资源配置差别显著。整个医疗卫生资源的配置在城乡之间是严重失衡的，造成上述问题的原因是多方面的，但这种城乡医疗卫生资源失衡的局面是显然不如和中国农村居民占人口绝大多数的现实需要的，是违背公平原则的。中国2002年医疗卫生条件最好的北京每千人病床数为6.31，最差的是贵州，每千人病床数为1.50，二者相差4.2倍；而这一差距在1982年时仅有3.1倍。更为严重的是，城乡卫生经济的直接差距非常大，2000年，中国卫生总费用为4763.97亿元，而农村卫生经费仅为1073.6亿元，占总经费的22.5%，而农村居民占全国总人口的63.8%，这种配置的公平性差异是极为显著的，占全国人口三分之二的农村居民仅占不到四分之一的卫生资源。①

所以，综上所述，提高中国医疗卫生资源配置的公平性，尤其是提高城乡之间医疗卫生资源配置的公平性已经刻不容缓。应当从如下几个方面大力促进城乡医疗卫生资源配置的公平性。

第一，加大政府财政对医疗卫生投入的比例。各级政府应当不断加大对医疗卫生的财政投入力度，通过加大卫生投入来弥补医疗卫生机构

① 葛延风：《中国医改：问题、根源、出路》，中国发展出版社2007年版，第64~65页。

的成本支出，并配以其他措施来降低医疗卫生机构的过度市场化，降低其利润追求的动机。各级政府应明确卫生支出在政府预算中的比例，并根据经济发展状况逐年调整提高，至少保证政府增加的卫生投入不低于经济增长速度和财政增长速度。

第二，加大财政对农村和偏远地区的投入比例。在增大政府财政资金总体投入的同时，还应在投入的方向上予以偏移，逐步加大对农村和偏远地区的财政卫生投入力度，逐步改变城乡医疗卫生投入差别过大的问题，特别要注重对农村贫困地区支持和投入力度，确保地方农村居民能够获得基本的医疗卫生服务。

第三，加大中央政府、省级政府向地方政府专项医疗卫生投入转移力度。财政分税制改革是导致地方财权与事权不匹配的重要原因，在分税制的基础上，还应加大上级政府，尤其是中央政府对省级和地方政府的转移支付力度，通过这种方式，逐步满足地方政府日益增大的事权，实现财权与事权的匹配。同时，这样做也有助于地方政府加大对当地医疗卫生的投入力度，这对于贫困地区和基层意义更为重大。

第四，将实现卫生资源配置基本公平作为中国医疗改革和建设的目标之一。应当将实现城乡基本医疗卫生资源配置的基本公平作为当前中国医疗卫生改革的重要目标之一，将其纳入中国医疗改革的实施方案中加以贯彻。将基本医疗卫生资源配置公平纳入医疗改革目标是推动中国医疗卫生改革的重要内容。

4.1.2 加大农村基层卫生服务体系建设

在加大对农村医疗卫生资源投入的同时，还应特别注重加强农村三级医疗卫生服务体系的建设，特别要加强对农村基层医疗卫生机构的建设力度。

第一，要加大对三级农村医疗卫生服务体系的建设力度。农村的县、乡、村三级医疗卫生服务体系是农村居民基本和大病医疗卫生服务的主要承载单位，是农村医疗卫生服务体系的核心内容，提高农村地区医疗卫生保健服务和农村居民健康水平比必须要加大对三级医疗卫生服务体系的支持力度，将建设三级医疗卫生服务体系作为提高农村医疗卫生服务质量的主要抓手来看待。

第二，要加大对农村基层医疗卫生服务机构的建设力度。在三级医疗卫生服务体系中，村卫生室作为最基本的医疗卫生机构直接与农村居民打交道，不仅担负着农村居民的日常小病医治工作，还要担负一定的公共卫生和预防防疫工作，村卫生室的卫生服务能力和水平对农村居民健康状况的意义非常重大。所以，应当特别注意加大对村卫生室的投入和建设力度，加强村卫生室的规范性和服务质量建设，可以探索政府资助、上级医疗卫生机构管控等多种方式。

第三，要鼓励民营医疗机构参加医疗服务竞争。民营医疗机构是医疗卫生服务市场的重要参与力量，让民营医疗卫生服务机构进入医疗卫生服务市场，将能够提高农村医疗卫生服务市场的服务能力，同时，还能够激励公立医疗机构的竞争意识，从而促使整个医疗卫生服务体系绩效大大提高。另一方面，由于民营医疗机构的加入丰富了农村居民就医的选择范围，还有助于医疗保险等制度作用的发挥。政府加强对医疗卫生服务市场的规范和管理非常重要。

4.1.3　加大农村公共卫生服务建设

农村公共卫生服务体系的脆弱性在2003年SARS危机中暴露无遗，虽然，之后中国政府加大了对公共卫生服务体系的建设力度，并增大的投入，提高了医疗卫生服务特别是公共卫生服务体系应对危机的反应能力。但是，总体而言，中国公共卫生仍存在体系相对分割、投入不足、投入公平性差等问题。

第一，加大公共卫生投入力度。众所周知，公共卫生投入力度低、投入无法有效满足需要时中国当前公共卫生投入的突出问题，此外，公共卫生投入偏重城市、忽视农村的问题也大大制约了公共卫生的公平性。应当不断加大公共卫生投入力度，将公共卫生作为医疗卫生投入中的重要内容加以强调，将其立为基本医疗卫生的核心内容。中国政府在实现“人人享有基本医疗保健”目标的过程中，实现公共卫生服务的公平享有将是最为基本的，也应是置于优先战略地位的问题，当前，实现公共卫生服务城乡之间、地区之间基本公平将是重要的改革建设目标。

第二，加强公共卫生队伍建设。在大力发展专科性医疗机构的同时，还应当注重公共卫生服务机构人才队伍的建设。由于在市场机制下，普通医疗卫生机构可以通过提供医疗卫生服务的市场行为来实现盈利，并能够有效弥补支出成本。相对而言，公立医疗机构无法有效的弥补其支出成本，其大量服务属于公共产品性质，很难通过市场机制来弥补成本，更无法实现盈利。所以，政府应当加大对公共卫生机构投入的力度，保证公共卫生机构人才队伍的工资和其他费用开支，并通过保证待遇、定向培养等多种方式加大公共卫生人才队伍的建设。

第三，加大应急机制建设。2003 年 SARS 危机对中国农村医疗卫生服务尤其是公共卫生服务体系带来了很大的冲击，同时，也成为了中国政府加大农村共公告卫生服务体系建设的起点。当前，面对重大传染病、恶性病等危害公共安全的危机，政府和公共卫生管理部门应当整体设计、统筹规划、加大投入，进一步完善应急机制建设，提高公共卫生系统的应激性，提高整体的绩效和反应能力。

4.2 着力完善农村健康保障制度体系

在加大医疗卫生资源投入的同时，还应注重通过完善医疗保障制度来增强农村居民分散医疗风险的能力，降低农村居民医疗保健支出的比例，同时，实现人人享有基本医疗保障的目标。

4.2.1 加快推进新农合的全覆盖和进一步完善新农合制度

新型农村合作医疗制度是农村地区农村居民应对疾病风险和健康冲

击最主要的风险分散方式和制度保障，应当在不断扩面的基础上不断提高新型农村合作医疗制度的保障力度。当前，新型农村合作医疗制度已经覆盖了绝大多数农村居民，进一步将一些贫困地区的贫困农村居民纳入到制度覆盖范围中来，是实现制度全面覆盖和制度公平性的重要内容和要求。另一方面，还应看到，当前新型农村合作医疗制度的保障力度还是比较低的，很多地方新型农村合作医疗制度的报销限额仅为1.5万~2万元，是根本无法满足农村居民大病医疗制度的需要的。提高制度保障水平既是农村居民的现实需要，也是制度发展和完善的必然要求，而且，提高保障水平也是解决当前部分地区新型农村合作医疗制度资金沉淀过多、资金效用无法发挥问题的根本出路。各级政府应当在科学测算的基础上，根据当前农村居民疾病谱的变化，不断更新大病报销的范围，逐步将保障报销水平提高到适度合理的水平，并根据经济发展状况和基金使用状况不断加以调整和提高。

4.2.2　进一步完善农村医疗救助制度

针对农村贫困居民的医疗问题，中国采取了对贫困农村居民提供医疗救助的方式来解决这部分人支付和享有基本医疗卫生服务的问题。当前，完善农村医疗救助制度应着重于如下几个方面：

第一，不断提高救助水平，将救助水平与经济发展和合作医疗报销水平结合起来，将财政补贴和农村居民的现实需要结合起来，将医疗救助水平提高到一个适宜的水平也是协调医疗救助和新型农村合作医疗制度两项制度的需要。

第二，不断扩展救助的范围，将贫困和其他困难农村居民都逐步纳入到农村医疗救助的范围中来，应当救助的一定实行救助，保障农村居民享有救助的基本权利。

第三，加强对医疗救助的动态管理，实行多种方式相结合的实时监测，根据救助对象家庭状况的变化，不断调整救助对象范围，使应受救助者得到救助，不应受救助者不能得到救助。

4.2.3 实现新农合、医疗救助及其他医疗保障制度的衔接

不能将新型农村合作医疗制度、农村医疗救助制度和其他农村医疗保障制度分割、孤立起来，而应将这些方面的制度内容有效的组合起来，充分注重各项制度的协调和衔接，有机组合，发挥各项制度的整体效应，通过设计衔接和协调机制，使各项制度组合发挥一加一大于二的效应。当然，具体的衔接和组合机制需要进一步探索。

此外，还应探索城乡之间逐步实现基本医疗卫生保障的衔接、转移接续，甚至实现基本医疗保障的公平享有，实现人人享有基本医疗卫生保障的公平局面，实现全民共同享有的医疗保障制度。

表4－3 面向全民的医疗保障体制框架

	公共卫生保障	基本医疗保障	非基本医疗保障
保障目标	公民基本健康	公民基本健康	公民高水平健康
保障对象	全体国民	全体国民	国民中所有资源参加者
保障内容	预防保健，传染病控制	常见病、多发病诊疗	高水平医疗服务
保障方式	按需求保障	基本药物及诊疗项目保障	费用支出补贴
组织方式	政府组织，全国统一	政府组织，全国统一	商业保险
资金来源	政府财政投入	政府财政投入＋个人少量付费（贫困群体个人付费豁免）	参保人及雇主缴费
服务主体	公共医疗卫生机构	公共医疗卫生机构	公立医疗服务机构商业医疗卫生机构非营利医疗机构

资料来源：葛延风：《中国医改：问题、根源、出路》，中国发展出版社2007年版，第237页。

4.3　完善收入分配体系、提高农村生活质量

本研究已经证明了家庭财富和生活质量对家庭健康状况总体上有显著的正向影响，所以，从根本上讲，缺乏必要的财富增长和生活质量提高，农村家庭健康的改善是没有基础的。改革开放以来，中国经济增长取得了举世瞩目的成就，但同时，发展的不均衡性也日益严重，城乡之间的经济发展和城乡居民的收入差距也不断拉大。部分研究已经表明，中国当前居民收入分配存在着城乡之间不平等问题，同时，城乡各自内部也存在高度的收入分配不公平。①

4.3.1　促进农村经济发展

发展农村经济，发展包括农村和非农产业在农村的发展，将有助于促进农村经济的整体发展。应当鼓励农村居民使用现代农村科学技术，进而对传统农业进行改造，提高农业生产的效率，增加传统农业的效益。应特别注重农村经济结构调整，注重新型农业、现代农业和种植养殖业的发展，实现农村经济发展的多结构模式，不断增强农村经济增长的活力。同时，还应引导农业企业的发展，并使农业企业和农村居民家庭通过签订合作合同等方式协作生产经验，促进农业产业化、市场化的发展，采取“公司＋农户”等合作模式，促进农业发展和农民增收。此外，还应加大对农村基础设施的投入力度，不断改善农村地区包括公路、自来水、学校等公共设施，为农村经济快速发展，乃至农村社会事业整体发展奠定基础。总之，必须通过加大对农村经济产业、基础设施

① 李实等：《中国居民收入分配研究Ⅲ》，北京师范大学出版社2008年版，第1～33页。

投入和引导推进农村经济快速增长，这样农村居民家庭财富增长才将有坚实的基础。

4.3.2 促进收入公平分配

在促进农村居民收入增长的同时，还应加大对农村居民收入分配的关注，大力促进城乡之间和农村居民内部收入差距的缩小。相关研究表明，农村居民收入变差，尤其是中国整体收入分配状况变差的原因既有政府行为的原因，也有市场行为的原因，是政府和市场等多方面因素共同造成的。

表 4－4 收入差距扩大深层次原因的分析框架

<table>
<tr><td rowspan="2"></td><td rowspan="2"></td><td colspan="2">公平的维度</td></tr>
<tr><td>公平</td><td>不公平</td></tr>
<tr><td rowspan="2">政府与市场制的维度</td><td>政府行为（制度、政策）</td><td>在政府部门内部和国有企业引入竞争机制决定职工收入</td><td>（1）城乡之间长期分割的制度与政策
（2）限制生产要素流动的制度和政策
（3）税收对收入再分配的逆向性和类推性
（4）垄断部门利益的保护
（5）公共服务的差别性对待
（6）官员腐败导致的收入差距扩大</td></tr>
<tr><td>市场机制</td><td>（1）市场机制增加了个人教育投资的回报
（2）市场机制增加了对个人能力和机能的回报</td><td>（1）市场扭曲产生的暴富机会
（2）结构调整造成部分人群收入下降
（3）资本与劳动收入的失衡</td></tr>
</table>

资料来源：李实等：《中国居民收入分配研究Ⅲ》，北京师范大学出版社 2008 年版，第 26 页。

所以，当前，促进和改善农村居民收入分配所占的比例，促进整个社会包括城乡之间、城乡内部收入分配的公平性成为了必要内容。

第一，在收入分配中重视公平性。市场经济体制的必然要求就是按要素分配，市场重视效率，市场经济也要求按照要素的回报率来决定分配的方向和额度。社会主义市场机制要求在重视效率的基础上注重公平，在效率优先的前提下，兼顾公平，这似乎符合中国当前经济社会发展现实需要的。但是，鉴于当前分配体制还原为理顺，经济社会发展不均衡程度不断加深，同时，再分配的力度仍不够，所以，在分配中强调公平原则已经成为了必然要求，在初次分配中坚持效率优先的基础上，也应更加注重公平性，而在再次分配中，则更加注重公平性。

第二，重视对农村和贫困地区的转移支付。中国经济社会发展的不均衡性既是经济社会发展的必然阶段，也是政策和历史惯性影响的结果，所以，中国城乡之间、区域之间的经济发展差异在很长一个阶段内都将难以彻底消除。在这样的大历史背景下，政府应当进一步加大对农村和农村居民以及偏远贫困地区的补贴和转移支付力度，通过政府财政的再分配机制来减轻收入分配的不公平性，最终使中国城乡差距、地区差距、居民内部差距全面缩小。①

4.3.3　改善农村居民生活质量

本研究已经表明，改善家庭生后质量对家庭健康的改进有总体的正向促进作用，而且，增强农村居民的营养和生活质量也是增强农村居民体质、降低疾病发生、提高健康水平的必然要求。所以，应当引导农村居民在增加收入的同时，改善生活状况，提高生活质量，加强营养、增强体质。在这个过程中，政府和其他社会组织不仅要做好宣传引导工作，还应当积极的帮助部分困难农村居民家庭改善生活，通过政府救助、补贴、社会捐助等多种方式改善农村部分群困家庭的生活状况，使其家庭成员能够得到必要的营养，进而增强体质。当然，本研究还揭示，如果富裕起来的农村居民增加对不健康产品，如烟、酒的消费，那么，农村居民的健康可能不仅不会改善，反而可能恶化。所以，在改善农村居民家庭生活质量的同时，引导正确、科学的消费观念非常必要。

---

① 杨宜勇、顾严、李宏梅：《我国收入分配现状况及对策建议》，载景天魁：《收入差距与利益协调》，黑龙江人民出版社 2005 年版，第 218 ~ 236 页。

4.4 发展农村基础教育和健康教育

和其他学者的研究结论基本一致，本研究也揭示了教育程度可能会对健康产生积极影响，家庭户主的教育程度，可能会优化家庭生产和消费决策，进而增进家庭的收益，并改善家庭健康状况。所以，加强对农村居民的教育，包括健康知识的教育，成为促进农村家庭健康的必要内容。

4.4.1 进一步发展农村基础教育

作为农村地区最为基础的普及型教育，政府应当保证九年义务教育的贯彻力度，争取让所有的农村孩子都免费的接受初等教育，这对于改善国民素质、提高国民整体健康水平具有非常重要的意义。政府应当规范将教育支出纳入政府预算，保证教育资金足额、及时的发放，并通过监督、审计、举报等监管机制，来保证教育经费的定向使用，提高教育经费的使用效率。另一方面，还应在教育免费的基础上，进一步对部分穷困农村家庭的孩子实行国家资助的方式，在生活、学习用品、医疗等方面资助农村群困家庭子女获得必要的生活和学习保障，这也需要不断的加大教育投入，而且，也需要教育理念和财政理念的革新。随着九年义务教育的普及和深入，应当在条件成熟的农村地区探索实行高中义务教育，并逐步推广，这将是未来农村义务教育发展的重要方向。此外，在政府相关部门的支持下，探索针对农村居民的职业培训教育以及其他非正规教育形式也非常必要，如果将农村义务教育、职业培训教育、工厂职业培训、商业性质职业培训等培训形式组合起来，形成从基础教育到技术教育，从免费义务教育培训到商业专业化技术培训的多种形式、多种层次的教育体系非常必要。

4.4.2　加大农村健康教育力度

单纯的普通教育是不足以使农村儿童和普通居民获得必要的健康和医疗保健知识的，应当加强专项的健康和医疗卫生保健知识宣传教育工作。第一，应当重视医疗卫生和保健教育在农村义务教育中的重要作用，将健康和医疗保健教育作为必要内容纳入到日常教学中去；第二，应当引导农村居民从学生时代开始就养成良好的生活习惯和医疗卫生保健习惯，这对于这些孩子成年后的健康意识和医疗保健行为影响深远；第三，应当加大对农村居民的基本医疗卫生保健知识宣传力度，通过信息栏、广播、各种节日活动等载体和多种形式宣传健康生活方式，宣传基本医疗保健知识。此外，国家和社会组织还应积极通过电视媒体、新闻广播、报纸等多种传媒途径加强对包括农村居民在内的所有国民的健康和医疗保健知识宣传工作。

4.4.3　加大财政对农村健康教育的支持力度

进行农村地区的健康教育宣传工作，如果政府不对这些宣传工作进行财政支持，这些工作是难以开展和为继的，而且，这些工作具有典型的公共服务特征，提供的是一种公共产品，政府应当主动来承担其支出成本。可以探索政府买单、社会举办、公众参与等形式来提高政府财政投入的针对性和有效性，同时，将这部分支出纳入预算，进行专项资金管理也是保证资金支持稳定性、长期性的必要途径。

参考文献

Adam Wagstaff(2007), "The economic consequences of health shocks: evidence from Vietnam", *Health Economics*, Vol. 26, No. 1, pp. 82-100.

Alok Bhargava, Dean Jamison, Lawrence Lau an Christopher Murray (2001), "Modeling the Effects of Health on Economic Growth", *Journal of Health Economics*, Vol. 20, pp. 423- 440.

Anderson, K. H., Burkhauser, R. V. (1984), "The Importance of the Measure of Health in Empirical Estimates of the Labor Supply of Older Men", *Economics Letters*, Vol. 16, No. 4, pp. 375-380.

Barer, M., Marmor, T. R. editors, *Why are Some People Health and Others Not? The Determinats of Health of Populations*, New York: Aldine de Gruyter, 1994, 16:35-43.

Bartel, A., Taubman, P. (1979), "Health and Labor Market Success: the Role of Various Diseases", *The Review of Economics and Statistics*, Vol. 61, No. 1, pp. 1-8.

Berkowitz, M., Johnson, W. (1970), "Health and Labor Force Participation", *Journal of Human Resources*, Vol. 5, No. 3, pp. 271-297.

Collins E., Klein R. (1980), "Equity and NHS: Self-reported Morbidity, Access, and Primary Care", *Britain Medicine Journal*, Vol. 281, No. 6248, pp. 1111-1115.

Datt, G., M. Ravallion (1992), "Growth and Redistribution Components of Changes in Poverty Measures : A Decomposition with Application to Brazil and India in the 1980s", *Journal of Development Economics*, Vol. 38, No. 2, pp. 275-295.

Dercon, Krishnan (2000), "In Sickness and In Health: Risk Sharing within Households in Rural Ethiopia", *Journal of Political Economy*, Vol. 108, No. 4, pp. 668-727.

Dollar, D., A. Kraay(2002), "Growth is Good for the Poor", *Journal of Economic Growth*, Vol. 7, No. 3, pp. 195-225.

Eddy van Doorslaer, Adam Wagstaff(1992), " Equity in the Delivery of Health Care some International Comparisons ", *Journal of Health Economics*, Vol. 11, No. 4, pp. 389-411.

Eddy Van Doorslaer, Adam Wagstaff, et al. (2000), "Equity in the Delivery of Health Care in Europe and the US", *Journal of Health Economics*, Vol. 19, No. 5, pp. 553-583.

Eddy Van Doorslaer, Wagstaff, A., Bleichrodt, H. (1997), "Income-related inequalities in health: Some international comparisons", *Journal of Health Economics*, Vol. 16, No. 1, pp. 93-112.

Eric J. Groessl, Robert M. Kaplan, Terry A. Cronan (2003), "Quality of Well-Being in Older People With Osteoarthritis", *Arthritis & Rheumatism*, Vol. 49, No. 1, pp. 23-28.

Evelyn L. Forget, Rasia Deber, Leslie L. Roos (2002), "Medical Savings Accounts: Will the Reduce Costs?", *CMAJ*, Vol. 162, No. 2, pp. 143-147.

Ferro, K. F. (1980), "Self - Ratings of Health among the Old and the Old-Old", *Journal of Health and Social Behavior*, Vol. 21, No. 4, pp. 377-383.

Frank, C. H., Evans, R. G, *Heterogeities in Health Status and the Determinants of Population Health*, In: Evans RG, 1994. 9: 30-60.

George A. Kaplan, et al. (1996), "Inequality in Income and Mortality in the United States: Analysis of Mortality and Potential pathway", *BMJ*,

Vol. 312, No. 7037, pp. 999-1003.

George Davy Smith (1990), "The Black Reports on Socioeconomic Inequality in Health 10 Years On", *BMJ*, Vol. 301, No. 6748., pp. 373-377.

Gerald Bloom (2001), "Equality in Health in Unequal Societies: Meeting Health Needs in Contexts of Social Change", *Health Policy*, Vol. 57, No. 3, pp. 205-224.

Grossman Michael (1972), "On the Concept of Health Capital and the Demand for Health", *The Journal of Political Economics*, Vol. 80, No. 2, pp. 223-255.

Gwatkin, D. R., Bhuiya, A., Victora CG. (2004), "Making health systems more equitable", *The Lancet*, Vol. 364, No. 9441, pp. 1273-1280.

Haddad, L., Bouis, H., "The Impact of Nutritional Status on Agricultural Productivity: Wage Evidence From the Philippines", *Oxford Bullentin of Economic and Statistics*, 1991, Vol. 53, pp. 45-68。

Hai Zhong (2009), "Extensions to Decomposition of the Redistributive Effect of Health Care Finance", *Health Economics*, Vol. 18, No. 10, pp. 1176-1187.

Hsiao, William C. L. (1995), "The Chinese Health Care System: Lessons for Other Nations", *Social Science and Medicine*, Vol. 41, No. 8, pp. 1047-1055.

Hyypp, M. T., Maki, J. (2003), "Social Participation and and Health in a Community Rich In Stock of Social Capital", *Health Education Research*, Vol. 18, No. 6, pp. 770-779.

Kaplan, R. M., Bush, J. W., Berry, C. (1976), "Health Status: Types of Validity and the Index of Well-Being", *Health Services*, Vol. 11, No. 3, pp. 478-507.

La Rue, A., Jarvik, L., Hetland, M. (1979), "Health in Old Age: How do Physicians' Ratings and Self-Ratings Compare", *Journal of Gerontology*, Vol. 34, No. 5, pp. 687-691.

Lasley Doyal(2000),"Gender Equality in Health: Debates and Dilemmas",*Social Science and Medicine*,Vol. 51,No. 6,pp. 931-939.

Le Grand,J. (1987),"Equity,Health and Health Care",*Social Justice Research*,Vol. 1,No. 3,pp. 257-274.

Li,H. ,Y. Zhu(2006),"Income,Income Inequality,Health: Evidence from China",*Journal of Comparative Economics*,Vol. 34,No. 4,pp. 668-693.

Liu Yuanli,et al. (1999),"Equity in Health and Health Care:The Chinese Experience", *Social Science and Medicine*, Vol. 49, No. 10, pp. 1349-1356.

Lorenz,M. (1905),"Methods of Measuring Concentration of Wealth", *Journal of the American Statistical Association*,Vol. 9,No. 70,pp. 209-219.

Luft,H,"The Impact of Poor Health on Earnings,"*Review of Economics and Statistics*,1957,pp. 43-47.

M. Manciaux(1997),"Ethics for Today and Tomorrow",*World Health Forum*,Vol. 18,No. 1,pp. 138-143.

Maddox,G. ,Douglas E. (1973),"Self-Assessment of Health: A Longitudinal Study of Elderly Subjects",*Journal of Health and Social Behavior*, Vol. 14,No. 1,pp. 87-93.

Maddox,G. ,Douglas E. (1973),"Self-Assessment of Health: A Longitudinal Study of Elderly Subjects",*Journal of Health and Social Behavior*, Vol. 14,No. 1,pp. 87-93.

Margaret Whitehead(1992),"The Concept and Principles of Equality and Health",*International Journal of Health Services*, Vol. 22, No. 3, pp. 429-445.

Mbure F. M. (1983),"Health System as Defense Against the Consequence of Poverty: Equity in Health as Social Justice",*Social Science and Medicine*,*Vol.* 17,No. 16,pp. 1149-1157.

Megan Black,Gavin Mooney(2002),"Equality in Health Care from a Communitarian Stand Point",*Health Care Analysis*, Vol. 10, No. 2, pp.

193-208.

Mocan, H. Naci, Erdal Tekin, Jeffrey S. Zax (2004), "The Demand for Medical Care in Urban China", *World Development*, Vol. 32, No. 2, pp. 289-304.

Mooney, G. H. (1986), *Economics, Medicine, and Health Care*, Brighton: Wheatsheaf, pp. 10-100.

Morduch, J. (1999), "Between the Market and State: Can Informal Insurance Patch the Safety Net", *The World Bank Research Observer*, Vol. 14, pp. 187-207.

Mosby (1992), Medical Encyclopedia, New York City: G. V. Mosby, p. 360.

Nancy E. Moss (2002), "Gender Equity and Socioeconomic Inequality: A Framework for the Patterning of Women's Health", *Social Science and Medicine*, Vol. 54, No. 5, pp. 649-661.

O. O'Donnell, E. van Doorslaer, R. P. Rannan-Eliya, et al. (2008), "Who Pays for Health Care in Asia?", *Health Economics*, Vol. 27, No. 2, pp. 460-475.

Pareto, V. (1895), "La legge della domanda", *Giornale degli Economist*, Vol. 12, pp. 59-68.

Paula Braveman, Eleuther Tarimo (2002), "Social Inequalities in Health within Countries: Not only an Issue for Affluent Nations", *Social Science and Medicine*, Vol. 54, No. 11, pp. 1621-1635.

Peter Glick, David E Sahn (1998), "Health and Productivity in a Heterogeneous Urban Labour Market", *Applied Economics*, 30. pp. 203-206.

Preston, S. H. (1975), "The Changing Relation between Mortality and Level of Economic Development", *Population Studies*, Vol. 29, No. 2, pp. 231-248.

Propper, C., Upward, R. (1992), "Need, Equity and the NHS: The Distribution of Health Care Expenditure 1974 ~ 1987", *Fiscal Studies*, Vol. 13,

No. 2, pp. 1-21.

Richard B. Saltman(1997), "Equity and Distributive Justice in European Health Care Reform", *International Journal of Health Service*, Vol. 27, No. 3, pp. 443-453.

Sally Macintyre (1977), "The Black Report and Beyond What are Sues?", *Social Science and Medicine*, Vol. 44, No. 6, pp. 723-745.

Samuel E. D. Shortt (2002), "Medical Savings Accounts in Publicly Funded Health Care System: Enthusiasm Versus Evidence", *CMAJ*, Vol. 167, No. 2, pp. 159-162.

Schultz, T. and Tansel, A. (1996), "Wage and Labor Supply Effects of Illness in Cote D' Ivoire and Ghana: In-strument Variables Estimating for Day Disabled", *Journal of Development Economics*, Vol. 53, No. 2, pp. 251-286.

Stephen Morris, Matthew Sutton, Hugh Gravelle (2005), "Inequity and Inequality in the Use of Health Care in England: An Empirical Investigation", *Social Science & Medicine*, Vol. 60, No. 6, pp. 1251-1266.

Sudhir Anand, Finn Diderichsen (2001), "Measuring Disparities in Health: Methods and Indicators", in Timothy Evans, Margaret White Head, *Challenging Inequality in Health: From Ethics to Action*, New York: Oxford University Press, 2001, pp. 48-67.

T. W. Schultz(1960), "Capital Formation by Education", *Journal of Political Economy*, Vol. 68, pp. 571-465.

Tony Blakely, et al. (2005), "Widening Ethnic Mortality Disparities in New Zealand 1981 ~ 1999", *Social Science and Medicine*, Vol. 61, No. 10, pp. 2233-2251.

Tuvia Horev, Irena Pesis-Katz, Dana B. Mukamel(2004), "Trends in Geographic Disparities in Allocation of Health Care Resources in the US", *Health Policy*, Vol. 68, No. 2, pp. 223-232.

Wan, G., M. Lu, Z. Chen(2006), "The Inequality-Growth Nexus in the Short Run and Long Run: Empirical Evidence from China", *Journal of Com-*

parative Economics, Vol. 34, No. 4, pp. 654-667.

Wen, M., Browning, C., Cagney, K. (2003), "Poverty Affluence and Income Inequality: Neighborhoold Economic Structure and It's Implication for Health", *Social Science and Medicine*, Vol. 57, No. 5, pp. 843-860.

保罗·J. 菲尔德斯坦著：《卫生保健经济学》，费朝辉等译，经济科学出版社1998年版，第16页。

夏洛特·卡耶：《进入廿一世纪的中国农村：农村卫生制度的瘫痪》，《神州展望》1998年第8期，第36～43页。

约翰·伊特韦尔、默里·米尔盖特、彼得·纽曼：《新帕尔格雷夫经济学大辞典》（第二卷），经济科学出版社1996年版，第301页。

阿玛蒂亚·森：《以自由看待发展》，任赜译，中国人民大学出版社2002年版，第62～63页。

陈玉宇、行伟波：《消费平滑、风险分担与完全保险》，《经济学季刊》2006年第10期，第253～272页。

程晓明、罗五金：《卫生经济学》，人民卫生出版社2003年版，第24页。

辞海编辑委员会：《辞海》（中册），上海辞书出版社1979年版，第2341页。

邓大松、石静、胡宏伟：《农户健康、保险决策与家庭资产规模——基于交互分析与二元逻辑斯蒂回归方法》，《西北大学学报》2009年第5期，第139～147页。

邓大松、石静：《基于固定资产和教育程度的农户家庭健康分析》，《陕西行政学院学报》2009年第2期，第10～13页。

丁汉生、胡善联：《我国卫生资源分布的公平性研究》，《中国卫生事业管理》1994年第2期，第105～108页。

杜乐勋、张文鸣：《中国医疗卫生发展报告》，社会科学文献出版社2007年版，第70页。

樊桦：《农户合作医疗需求分析》，中国社会科学院研究生院博士论文，2003年，第1～95页。

樊明：《健康经济学：健康对劳动市场表现的影响》，社会科学文献出版社 2002 年版，第 1～210 页。

府采芹：《关注弱势人群促进健康公平——建设健康城市的一项重要目标》，《苏南科技开发》2006 年第 12 期，第 16～17 页。

高梦滔、甘立、徐立新、姚洋：《健康风险冲击下的农户收入能力与村级民主》，《中国人口科学》2006 年第 1 期，第 21～32 页。

葛延风：《中国医改：问题、根源、出路》，中国发展出版社 2007 年版，第 64～65 页。

龚向光、胡善联：《卫生资源配置的公平性分析》，《中华医院管理杂志》2005 年第 2 期，第 73 页。

郭清、马海燕、汪胜等：《下岗和在岗职工家庭健康公平的比较研究》，《中国卫生经济》2005 年第 4 页，第 12～14 页。

韩子荣：《中国城乡卫生服务公平性研究》，中国社会科学出版社 2009 年版，第 28 页。

胡宏伟、石静：《农村家庭健康的影响因素与全面促进——基于线性与 U 型关系的考察》，《山西财经大学学报》2009 年第 12 期，第 23～31页。

胡琳琳：《我国与收入相关的健康不平等实证研究》，《卫生经济研究》2005 年第 12 期，第 13～16 页。

冷明祥、赵俊、唐晓东等：《试论以健康公平为核心价值构建基本医疗卫生制度》，《中国医院管理》2008 年第 6 期，第 8～11 页。

李强：《健康公平与和谐社会》，《卫生经济研究》2006 年第 5 期，第 3～6 页。

李实等：《中国居民收入分配研究Ⅲ》，北京师范大学出版社 2008 年版，第 1～33 页。

李晓燕：《从健康水平、服务利用和筹资视角看新农合制度公平性》，《中国人口科学》2009 年第 3 期，第 96～102 页。

林相森、艾春荣：《对中国医疗服务利用不平等问题的实证检验》，《中国人口科学》2009 年第 3 期，第 86～95 页。

刘金伟：《当代中国农村卫生公平问题研究》，社会科学文献出版社2009年版，第77页。

刘仲翔：《健康责任与健康公平》，《甘肃社会科学》2006年第4期，第110~113页。

刘祚祥：《农户的健康风险分担与新型农村合作医疗研究述评》，《经济评论》2008年第4期，第142~158页。

马敬东、张亮：《农村贫困家庭健康风险及其干预策略》，《中国初级卫生保健》2005年第5期，第35~36页。

孟庆跃、严非：《中国城市卫生服务公平与效率评价研究》，山东大学出版社2005年版，第2~74页。

孟玮：《湖南省洞庭湖再去卫生服务公平性研究》，《中国卫生事业管理》2003年第3期，第138~140页。

欧阳志刚：《农民医疗卫生支出影响因素的综列协整分析》，《世界经济》2007年第9期，第47~55页。

彭现美：《健康投资绩效研究》，合肥工业大学出版社2006年版，第1页。

平新乔：《从中国农民医疗保健支出看农村医疗保健融资机制的选择》，《管理世界》2003年第11期，第2~13页。

石静、胡宏伟：《经济增长、医疗保健体系与国民健康——基于1991~2006年中国数据的分析》，《西北人口》2010年第1期，第1~7页。

世界卫生组织：《2008年世界卫生报告：初级卫生保健——过去重要现在更重要》，Geneva：WHO Press，2008，第1~113页。

王绍光：《中国公共卫生的危机与转机》，《比较》2003年第6期，http：//www. med8th. com/humed/2/20031015zgggws. htm。

王延中：《转型时期的卫生问题与健康公平》，《医院领导决策参考》2006年第4期，第56~63页。

卫生部统计信息中心编：《第三次国家卫生服务调查分析报告》，中国协和医科大学出版社2004年版，第12~15页。

魏众：《健康对非农就业及其工资决定的影响》，《经济研究》2004年第2期，第64～74页。

杨宜勇、顾严、李宏梅：《我国收入分配现状况及对策建议》，载景天魁：《收入差距与利益协调》，黑龙江人民出版社2005年版，第218～236页。

姚洋、高梦滔：《健康、村庄民主和农村发展》，北京大学出版社2007年版，第24页。

张车伟：《人力资本回报率变化与收入差距："马太效应"及其政策涵义》，《经济研究》2006年第12期，第59～70页。

张凤林：《人力资本理论及其应用研究》，商务印书馆2007年版，第116～265页。

张继伟：《卫生筹资与健康公平研讨会在京举行》，《中国卫生经济》2007年第7期，第52页。

张晓波：《健康不平等及其成因》，《经济学（季刊）》2002年第2期，第417～434页。

赵忠：《我国农村人口的健康状况及影响因素》，《管理世界》2006年第3期，第78～85页。

郑大喜：《试论制度安排与健康公平的实现》，《中国医院管理》2007年第1期，第5～8页。

朱伟：《河南农村地区卫生服务公平性研究》，《卫生经济研究》2001年第1期，第27～29页。

第六篇

中国城市女性居民健康状况及影响因素研究

1 研究背景、目的及意义

1.1 研究背景

改革开放以来中国经济飞速发展，中国城市居民不再仅仅追求物质上的温饱而是更加注重生活品质、关注健康状况。健康意味着减少疾病的风险和损失，可以直接或者间接的提高生产力进而促进经济发展。从1978 年到 2007 年中国卫生总费用由 110.21 亿元增加到 11289.50 亿元，分别占当年 GDP 的 3.02% 和 4.52%，其中 2007 年城市卫生费用为8754.53 亿元，占全年卫生费用的 77.55%①。卫生费用的增长代表着中国卫生需求的增长，卫生需求的满足一般是通过获取卫生服务，要了解获取卫生服务的原因就必须分析中国居民的健康状况。目前中国卫生费用的高速增长并不意味着国民健康状况的改善，相对于发达国家中国的健康状况仍然不容乐观，必须不断提高医疗水平，完善医疗保险制度，改善中国居民的健康状况。

健康是劳动者发展个人技能的基础；健康是社会经济发展的根本资

① 数据来源于《2009 年中国卫生统计年鉴》，中国卫生部网站 http://www.moh.gov.cn/publicfiles/business/htmlfiles/zwgkzt/ptjnj/year2009/t-4.htm。

源；健康是社会经济发展的体现；健康是社会经济发展的目标。[①] 健康越来越成为全球关注的焦点，成为全人类追求的目标之一。良好的健康状况是中国经济发展不可缺少的因素，一方面是中国小康社会发展的目标，另一方面良好的健康状况可以提高生产效率，加速经济发展。因此中国居民健康状况的提高不仅仅会改善现有的生活质量，还有利于中国经济的发展，并且健康状况的改善与中国经济的发展是密不可分的。相比较而言，女性健康具有其特殊性更加值得社会的关注。随着家庭地位和社会地位的提高和时代的发展，女性的健康状况越来越受到民众乃至国际社会的高度关注。城市女性作为其中一个特殊的、重要的群体，在社会发展中扮演着重要的角色，她们的健康状况也影响到了整个社会的发展。与此同时当今城市女性较以往承担着更多的工作压力和抚育下一代的责任，她们个人和社会角色、心理和生理健康都面临着较大的挑战。

不同于农村女性，城市女性居民整体的受教育程度高，多数人从事着脑力劳动为主的工作，专业性强，个人的文化素养也较高，虽然她们的劳动强度和时间都少于农村女性，在相对优越的医疗条件下，躯体健康状况也比较好，但是专业的工作带来的是多样繁杂的任务，复杂的人际关系，由此而带来的挑战和竞争压力也相应增多，如焦虑、抑郁、失眠的问题就随之上升，甚至自杀的念头都不再罕见。

相比较于男性居民，在高速发展的经济社会中城市女性居民扮演的社会角色承担着不少于男性居民的工作压力。在家庭生活中女性居民往往在没有报酬的家务劳动中承担着更重的责任和抚育下一代的压力。因此工作和家庭带来的双重压力也成为影响当今城市女性健康状况的主要原因。

从城市女性居民的心理健康来看，焦虑感是一个非常普遍的问题，而有限的解压方式又使得问题难以解决。在工作竞争、生活负担、感情烦恼和子女教育等重重问题和压力之下，城市女性往往选择向亲友倾诉

① 杜本峰：《健康—人力资本—经济效应》，《经济问题》2005年第3期，第74～76页。

为主要的排压方法。多数情况下亲友是不足以提供专业有效的支持服务的，部分人这样选择是因为女性通常更依赖亲友的支持，而这种有限的排压方式也体现除了社会健康保障系统的不足。例如心理咨询师医师的缺乏，婚姻家庭指导师的不普及以及社区便利的心理服务的不完善等等。

从生理上看，肿瘤已经成为了现代女性健康最大的威胁。同时这方面知识的不普及不健全也让发病率持续走高。其中乳腺癌、宫颈癌和子宫内膜癌成为女性最主要的三大肿瘤杀手，这些疾患的高发往往与生活方式不良有着紧密的关联。随着时代的发展，女性的性观念越来越开放，尤其是城市女性居民，过早的婚前性行为，与多个性伴侣保持关系都可能引起严重的妇科疾病甚至是肿瘤。年纪较大的女性居民很多人也忽略了妇检，然而事实正好相反，位居女性肿瘤杀手前三位的癌变发生率都在五十岁以后有很大的提高。由于女性特殊的生理结构，妇科疾病又极易同时带来泌尿道的感染，这种危害在持续的生活高压，休息不足，抵抗力下降的情况更为显著。城市女性居民往往由于快捷繁忙的生活节奏很难均衡照顾饮食、缺乏运动等，使得抵抗力下降成为了疾病的长期隐患。此外，女性的常见疾病也包括高血压、高血脂、糖尿病等等，但是由于50岁以前这些疾病的罹患率不如男性那么高，所以往往妇科疾病更多的引起了社会的关注。与男性相比不得不说到两性在计划生育承担方面的差异。尤其女性长期以来都在家庭和社会中处于弱势的地位，她们更容易受到危险性行为的侵害。由于中国的性教育的普及力度不足，这一切都扩大了从女童到妇女经性传播疾病感染的几率。这些不容乐观的事实，也反映出来一些亟待解决的社会问题。

城市女性居民健康的主要影响因素也应该考虑到自然环境。农村生活更贴近于自然生态，空气清新，噪音污染小，而远离自然的城市环境存在着人口密度大、住房拥挤、空气污染、水污染及灯光噪音污染等严重的问题。在高度的精神压力下，城市女性持续多角色转换，又得不到有效的放松，对身心健康非常不利。

1.2 研究目的和意义

健康问题是人类生存的基本，重视女性健康有利于提高生产效率，有利于经济的发展。本研究的第一个目的主要是首先通过对中国健康和营养调查（CHNS）2006 年的截面数据的分析，描述中国城市女性居民的健康状况。第二个目的是通过借鉴国内外分析健康人力资本的方法建立回归模型，利用选取的数据分析家庭因素、工作因素、生活习惯、就医决策、医疗保险和地区差异对城市女性居民健康状况的影响。第三个目的是根据分析结论提出关于改善中国城市女性居民健康状况和有关中国城市医疗保险的可行性建议。

研究中国城市女性健康状况的实际意义在于：从微观上可以帮助城市女性认识目前的健康问题，引起对自身健康问题的重视，有效的改善城市女性居民的健康状况；从宏观上可以让政策制定者考虑如何改善社会整体的健康问题，建立有效的社会医疗保障机制，改善目前中国医疗体制存在的问题。

2 健康与医疗服务

健康的内涵不仅仅指身体状况，还包括其他许多方面。1948 年世界卫生组织（WHO）提出："健康是一种在身体上、心理上和社会上的完满状态，而不仅仅是没有疾病和虚弱的状态。"[①] 1989 年世界卫生组织（WHO）又提出了健康的新概念：除了躯体健康、心理健康和社会适应良好外，还要加上道德健康，这四个方面健康才算是完全的健康。[②]

健康是社会经济发展的资源，人在经济发展中是生产力的主要因素，是推动生产力的决定因素，而健康是劳动者发展个人技能的基础。因为健康状况的改善和个人生命周期的长短直接影响其他类型的人力资本的形成及效能的发挥。正式提出人力资本构成部分的是美国学者 Mushkin 其 1962 年发表的《健康是一种投资》认为健康是人力资本的一种形式，与教育共同影响着经济的可持续发展。健康人力资本与先天素质无关，每个人通过遗传都可以获得一定健康存量的储备，但是主要是通过后天投资获得，表现为更长的生命周期和更多的健康时间以及较少的医疗支出，是基础性的人力资本。人力资本作为对人进行投资的一种特殊投资存在广泛的外部性，要促进经济发展可以通过优化资源配置，提高人力资本（生产要素）的品质，来改善人类生存的环境。从

① 世界卫生组织（WHO）：《世界卫生组织宪章》，1948 年，第 65 ~ 77 页。

② 世界卫生组织（WHO）：《世界卫生组织宪章》，1989 年，第 71 ~ 76 页。

人力资本的理论的角度看，用于健康投资的多少在一定程度上决定了个人生产和获利能力的大小。因为健康投资可以增加自身的人力资本积累，是一种可以为投资者带来预期收益的生产性投资。

2.1 健康人力资本的经济效应

健康意味着有足够的生存时间，而免受疾病困扰，是人类生存和发展的基础，是人类生存的重要条件之一。早在 20 世纪初，部分西方学者就已经提出健康是财富的构成内容，是重要的财富形式，也是财富创造和存在的基石。知识和健康共同构成了劳动者的人力资本存量，良好的健康状况对国家经济发展和个人收入有着积极的促进作用。1963 年 Arrow 发表的《不确定性与卫生保健的福利经济学》是健康经济学真正建立的标志。他最先应用福利经济学第一定理和第二定理界定了医疗服务市场与完全竞争市场的偏离，并且着重强调了医疗市场产出的不确定性，人本身健康状态的不确定性和医疗服务供给方存在的进入障碍等问题。此外还分析了医疗市场与完全竞争市场的差异主要来源于收益递增、进入障碍以及医疗定价行为的价格歧视这三个方面。同时在不确定的假设下比较了医疗市场与完全竞争市场的差异。最后 Arrow 建立了风险规避条件下最有效的保险政策理论模型。从贝克尔提出的人力资本模型理论上发展而来的 Grossman 健康需求理论认为健康资本与其他人力资本不同，健康存量决定了它能够用来赚钱和生产商品的全部时间，他第一次构建了用来分析对健康需求的理论模型，提出了健康人力资本的概念，明确健康资本是一种人力资本。在我国的研究中杜本峰（2005）认为健康投资不仅可以改善健康状况使工作时间增加，提高工作效率进而增加人们的收入，并且可以解决政府管理成本问题，从而间接提高社会的稳定进而促进社会经济的发展。可以说健康是社会经济发展不可缺少的因素。

2.1.1　健康人力资本对经济发展的影响

世界银行在1993年的《世界发展报告》中提出："良好的健康状况可以提高个人的劳动生产率，提高各国的经济增长率。"提高健康水平同样促进中国经济的发展。Sen（2000）认为，健康水平的普遍提高是中国经济改革取得成功的重要原因之一，没有健康状况的普遍改善和提高，中国的经济社会改革是无法取得今天的成就的。中国居民健康状况的好转不仅仅改善了自身的生活状态，并且对中国经济的发展有极大地的促进作用；同时中国经济的快速发展也使居民的健康状况不断改善，所以健康与经济发展能够相互促进。李鲁和于东子（2006）从健康与经济的发展、健康与个人收入、健康与经济增长三个方面对健康对经济影响进行了实证分析，证实了健康人力资本通过改善个体在劳动力市场的表现，提高了个人收入，并且作为一种投资直接促进了经济的增长。[①] 当健康改善后达到一定水平时对经济增长的贡献也会维持在某种水平之上，同时提高健康水平可以减轻个人经济负担和国家卫生事业的负担，使国家对卫生事业的投入重点放在预防保健工作上，因此健康人力资本对经济增长的影响具有显著性和永久性。同时健康状况对经济发展的影响是双向的，较差的健康状况会影响人力资源的品质，降低生产效率，制约经济的发展。

2.1.2　健康人力资本对收入的影响

健康还与收入有着密切的联系，一方面良好的健康状况有助于收入的增加，另一方面较差的健康状况会造成收入的损失。良好的健康状况大大减少了因为疾病而产生的支出，患病则会降低生产效率造成收入的减少。Schultz 和 Tansel（1996）实证研究发现，患病以及医疗支出造成了个人收入的显著损失，其中包括直接损失和间接损失。直接损失是为了治疗疾病而造成的花费，间接损失是因为疾病而丧失劳动力导致的经

① 于晓薇、石静、李菊英：《中国贫困人口健康问题研究评述》，《广西经济管理干部学院学报》2009年第3期，第1~6页。

济损失。

中国最早研究健康与营养、收入之间的关系的张车伟（2003）指出了营养、健康与收入之间的相互影响的关系，发现营养与健康显著影响收入的变化，并影响生产效率，并且指出收入与健康状况之间的影响是相互的。健康状况对于农村经济收入也有较大的影响。高梦滔等（2005）对大病对农户的冲击进行了经验研究，发现在发生疾病冲击的头12年间，使农户人均纯收入平均降低16.7%，大病对收入影响的持续将长达25年。可以得出疾病不仅仅导致医疗花费增加，同时减少了劳动时间，影响生产效率，降低了个人收入。魏众（2004）研究了中国农村地区健康对非农就业及其工资决定的影响，认为健康状况影响农村非农就业和非农劳动收入。另一方面收入的差距也导致了健康的不平等。封进和余央央（2007）用1997年和2000年农村面板资料研究了随着收入差距的扩大，收入分配对健康和健康不平等关系，认为收入差距拉大强化了已有的健康不平等，此外，他们还发现收入差距对健康存在滞后效应，并且在收入差距较高时收入差距对健康是负影响。

健康与收入的影响是相互的，收入不高时由于较少的医疗花费会导致疾病的恶化；当健康状况较差时，医疗花费会导致收入的减少，因此可以说健康人力资本与收入相互影响、相互制约。

2.2 健康的影响因素

健康作为一种人力资本是通过投资形成的，即在一定时期内用于预防和治疗人体病变、维护和保持人们身心健康所花费的支出。卫生医疗服务是健康投资花费的直接支出，而卫生医疗服务的需求及其政策与居民健康状况联系紧密。赵忠（2005）提出要理解对健康的需求就离不开对卫生服务需求的研究。目前中国医疗保障制度仍然有待改善，特别是城乡二元化的医疗制度给农村居民和城市居民健康带来的差别。在目前的健康经济学研究领域，牟俊霖（2007）根据2004年的中国营养与健康调查（CHNS）数据，用多元logit模型估计出我国居民医疗支出的价格弹性和收入弹性。赵忠（2005）研究了健康和卫生服务需求的相关理论与经验分析方法，指出要理解对健康的需求就离不开对卫生服务需求的研究。卫生服务状况直接影响健康问题，较好的医疗卫生服务不仅仅满足人们的卫生医疗需求，同时有利于提高居民的健康状况。

虽然卫生服务供给和需求显著影响居民的健康状况，但是医疗卫生服务仅是影响居民健康状况的一个因素，居民健康还受年龄、教育程度、家庭收入、职业、婚姻状况、性别等因素的影响。马晓荣（2007）分析了年龄、卫生服务价格等对农村居民健康具有负效应，而教育程度、家庭人均收入对健康具有显著的正效应，有工作的农村居民的自评健康状况好于没有工作的居民，在婚的农村居民比未婚、离婚或丧偶的居民生命指标高。江暮红（2006）指出，相对于农村，珠三角地区工人的工作压力与健康的研究已到了非重视不可的程度了。李岩（2004）研究表明年龄、性别、人均收入、教育程度、职业等因素对城镇居民的健康状况有普遍影响。赵忠（2005）分析指出女性教育程度对城镇居民健康有正的影响，而男性教育程度对健康的影响不显著，年龄对男性健康的影响比女性大。在Grossman模型下卫生服务、劳动报酬水平、时间、年龄、教育等因素都可以影响健康状况。

以上文献表明影响健康状况的因素有很多，目前研究中发现除了医疗卫生服务外，根据健康人力资本理论还有教育程度、婚姻状况、性别、工作因素、收入等，这些因素都是影响健康状况的主要因素。

2.3　中国女性健康状况

性别公正问题是当前构建和谐社会的重要内容，其中女性健康状况是衡量性别公正的一个重要指标。在影响健康状况的因素中性别是一个重要因素，不同于男性居民，影响女性健康的主要原因是家庭内部的营养分配，女性的生育、家庭观念和繁重的体力劳动（王冬梅等，2005；张励人，2008）。

虽然女性地位在社会发展中有所提升，对于女性健康的关注也逐渐增加，但是女性群体仍然属于社会比较弱势的群体，关于女性健康衡量的研究不是很多。研究发现不同年龄的女性健康状况有显著的区别。Jonh 等（1993）研究发现许多女性的健康状况比男性的存在的问题更大，而且女性健康问题出现在 40 岁以后，但是在更大年龄才会具体的体现出来。因此往往由于许多女性疾病的不显著性，而导致社会以及女性自身忽视女性健康问题。

在目前中国研究女性健康的文献中发现，中国女性居民的健康状况有待改善。傅健等（2009）采用自测健康评定量表（SRHMS）对大学女教师研究发现，随着年龄的增长，生理健康水平逐渐下降，但是心里和社会健康水平有所提高，其中未婚教师和普通学历的健康水平最好。女性健康不仅仅关乎于家庭，对社会经济发展也有很大的影响。对于中年职业女性，她们在家庭和社会中都承担着较大的责任，身体超负荷的运转，心理承受着较大的压力，使其健康状况不容乐观。李春风（2008）研究发现中年职业女性的身体形态状况，生理机能状况和心理状况都不是最佳状态，需要散步、游泳、慢跑的健身锻炼来改善目前的健康状况。对于改善城市女性的健康状况，刘登蕉（2006）指出要改善女性健康还必须加强各级政府及妇女组织对女性健康的关注度，将妇女保健纳入社会发展的总体规划中；健全各级卫生保健机构，培养业务素质高、服务意识强的专业人员；在各领域消除传统的性别歧视的影响，积极营造男女平等的良好的社会环境；同时提高自身的素质，培养积极的健康心理。

现在城市女性居民往往因为忙于家庭和工作并且由于时间和场地的限制而疏忽了自我的健康状况，容易造成压力过大、身体过度疲劳使身心过早的进入衰老状态。我们应该营造一种积极的生活态度，提倡健康的生活方式，将女性从繁重的家庭劳动和过大的职场压力中解放出来，使城市女性拥有健康的身心状态。

2.4　卫生服务的公平性

保证社会全体成员的卫生服务的公平性是目前各国政府在卫生领域追求的重要目标之一。王敏（2005）指出 WHO 主张的公平性包括三个方面：健康状况的公平性、卫生服务提供中的公平性和卫生服务筹资中的公平性。首先是健康状况的公平性，指的是不同收入、种族、性别的人群应当具有相同或类似的健康水平；其次是卫生服务提供中的公平性包括具有相同卫生服务需求的人可以得到相同的服务的横向公平和卫生服务需求多的人应该比卫生服务需求少的人获得更多卫生服务的纵向公平；第三是卫生服务筹资中的公平性包括横向公平和纵向公平，其中横向公平是指具有相同支付能力的人应对卫生服务提供同样的支付水平，纵向公平是指支付应当与支付能力成正相关。目前中国在卫生服务公平性方面还有待改善。

健康公平性是指所有的社会成员有均等的机会获得尽可能高的健康水平，这是人类最基本的权利。陈家应等（2000）指出确保健康公平并不是要降低或者消除由本可避免的不利因素所导致的健康差别，而是应该创造相等的获得健康的机会将不同的社会人群健康差别降到最低，并且制定保障健康公平性的政策，公平、平等的分配各种可利用的卫生资源，使所有人都能够有相同的机会从中受益。目前由于社会医疗保障体制不健全的问题，中国健康不平等的问题仍然存在，特别是由于经济发展不同而导致的地区差别还很大。赵忠（2005）研究表明中国总体健康西部较差，沿海与东北较好，中部省份居中，城镇居民的健康状况好于农村居民。由于性别差异带来的健康不公平现象也是目前存在的主要问题之一，张励人（2008）指出要以性别公正视角制定相应的政策，缩小地区间妇女健康指数的差异，才能实现真正的社会公平和公正。

卫生资源是社会资源的一部分，是人类进行一切卫生活动的基础，其配置和利用是否合理以及潜力是否能得到充分发挥关系到整个卫生事业的发展。保证社会成员得到公平有效的卫生服务，达到健康的公平性是政府在卫生领域追求的重要目标之一。舒尔茨（1990）指出人力资本理论把每个人的健康状况当作是一种资本的储备，即健康资本要通过健康服务来发挥作用。在中国计划经济时代有计划的提供卫生服务并且价格均等，卫生服务的低成本、低收费为大多数居民的卫生服务需求提供了保证。市场经济体制后，在中国经济快速发展的同时社会的贫富差距逐渐加大，而城市医疗保险改革健康提供供方补偿改为提供需方改革，同时增加了个人卫生费用投入，贫富差距的过大和个人卫生投入的增加导致了卫生服务的不公平性。魏众和B. 古斯塔夫森（2005）以家庭为单位分析了家庭收入与医疗支出的关系，指出中国城市与农村居民医疗支出严重失衡。要改变中国差距较大的健康不平等问题就必须要增强卫生服务的公平性。

当前中国的卫生服务筹资中还存在很多问题，不公平现象仍然存在。张元红（2004）分析认为中国农村卫生投入水平远远低于城市，并且不同地区之间差异明显，影响中国健康保障的整体进步，应该对现有卫生资源进行重组，根据需要合理调整结构布局，提高医疗机构的工作效率。高琦（2008）认为政府在社区卫生服务总筹资中所占的比例太小，满足不了社会卫生服务发展的需要，同时使用者缴费所占社区卫生服务总收入的比重过大，并且发现国内大多数地区没有完善的社区卫生服务纳入社会医疗保险政策措施，社区筹资在国内开展比较少。建议建立社区卫生服务专项基金，坚持政府财政对社区卫生服务的定额补助。卫生筹资公平性主要取决于居民所享受的卫生医疗保障模式、居民的卫生筹资模式和居民的经济状况。因此由各地区的经济水平和居民收入水平差异带来的各地区筹资水平和居民、家庭的卫生服务筹资水平差异影响着卫生服务的公平性。

要解决中国卫生服务公平性的问题需要增强中央财政卫生投入的调控力度，通过各部门的共同努力，提高医疗保障的覆盖率并且可以设立重大疾病救助基金，救助灾难性支出家庭。陈家应等（2001）认为在中国卫生服务体制改革中应该遵循“公平优先”的原则，这样才有利于社会的稳定与发展，有利于提高居民健康水平。但是强调公平优先不是忽略效率而是要注重长远效率的提高。建议完善卫生服务体制改革，关注自费人群的卫生服务利用，提高卫生服务公平性。合理利用公共卫生资源，保证健康状况的公平性、卫生服务资源分配和利用的公平性以及卫生服务筹资的公平性才能更好地建立完善的社会医疗保障体系，改善中国居民的健康状况。

2.5　中国医疗保障体系改革

目前“看病难、看病贵”已经成为一个严重的社会问题，虽然政府推出了一系列改革政策，但是中国的医疗保障体系还是存在较大的问题。高梦滔和顾昕（2007）认为中国目前医疗保障体系不健全使城市贫困人群缺乏分摊其医疗服务费用的制度保障，并且大多数城市贫困人群没有任何医疗保障，在接受医疗服务时完全依赖自费，凸显出中国基本医疗服务或者初级卫生保健利用存在的严重社会不公平现象。朱玲（2000）认为预防医疗保健是一个不能简单听凭市场调节的领域，必须对这一产业进行有效治理，即对基本医疗保健服务领域进行有效的监管和操作。刘国恩和陈佳鹏（2006）结合我国人口转变带来的健康模式的转变对医疗改革的影响，从经济学的角度诠释人口健康，并且认为中国卫生制度改革需要同时关注涉及面广的基本医疗和危害严重的大病，基本医疗应该更多的得到公共财政的支持，构建覆盖全民的公共基本医疗网络。中国城市医疗保障体系还需要进一步完善，胡琳琳（2005）

认为中国城市医疗体制改革的目标主要有三个：第一是解决中下层收入者“看病贵”的问题，满足他们的基本医疗需要；第二是解决公立医院管理不善、运行效率低的问题；第三是满足中高收入阶层的健康需求，同时以医疗服务拉动内需，带动经济。

对于构建“和谐社会”，每个公民都享有基本医疗保险应该是其目标之一。中国医疗制度改革应该统筹考虑医疗保险制度、药品流通体制、医疗救助、城市社区卫生和农村新型合作医疗制度之间的相关性；并且注重贫困人群的重大疾病和卫生资源公平投入问题，要超越卫生系统本身，统筹整个社会的公共资源，推进卫生体制的改革。完善中国医疗保障体系，有利于改善居民的健康状况，消除公共卫生资源分配和利用不平等，有利于推动中国经济的发展。

2.6 小结与评论

目前国内对于健康人力资本投资经济学的研究还比较少，具有代表性的主要是张车伟、魏众、刘国恩、赵忠等的研究。在梳理文献的过程中本研究先从人力资本角度出发，解释了健康的内在价值，阐述了健康的经济效应，从健康人力资本对经济的影响和对收入的影响两个方面说明健康是社会经济发展不可缺少的因素。其次叙述了健康状况的影响因素，指出包括医疗卫生服务、收入、年龄、教育年限等都是影响健康的重要因素。接下来，根据研究主题的需要单独列出了影响女性健康的主要因素，除了普通影响因素外家庭负担是另一个影响女性健康的主要因素。随后，探讨了卫生服务公平性的问题，从健康公平、卫生服务提供中的公平和卫生服务筹资中的公平三个角度解析了中国在卫生服务公平性上的问题。最后提出了中国医疗保障体系改革应该得到公共财政的支持，统筹考虑医疗保险制度、药品流通体系、医疗救助、城市卫生社区和农村新型合作医疗制度。

在文献梳理过程中发现对城市女性居民健康状况的研究很少，并且大多数研究是基于特定职业或者特定地区，或者是重点突出某一年龄段的女性，缺乏对中国城市女性居民健康的总体研究，对于改善女性健康状况的理论研究和政策建议还很缺乏。本研究着重研究居住在城市的女性健康问题，包括不同职业、不同年龄和不同地区。同时根据研究结论提出对目前中国医疗保障体系改革相关的可行性建议。目前关于城市女性健康状况的研究多为定性研究，缺乏实证依据和数据支撑，本研究将在一定程度上弥补以往研究的不足，利用 CHNS2006 年数据进行分析。

3　度量方法、使用数据及研究方法

3.1　健康的度量方法

选择度量健康的方法是一个复杂的过程，不仅要有客观疾病的指标，还包括对健康状况的主观认知；健康度量方法应该不仅仅可以衡量个人的生理状况，还应该可以衡量心理状况。但是在目前的关于健康状况的调查数据中很难将生理和心理两方面结合起来，就是说健康状况的度量包括主观指标和客观指标。健康的主观指标是对自身健康状况的认知，而客观的健康信息则来源于与其他个体健康信息的比较。目前国际上通用的各种测量健康状况的指标包括主观指标和客观指标。

3.1.1　健康度量的方法

有根据健康状况的主观评价的对健康状况的自我评价（Self Evaluation of Health），通常是由“好、良、一般和差”四个测度组成。这种方法通常是根据对自我健康状况的了解作出的主观判断，不能足够客观的反映自身的健康状况。另外刘国恩等（2004）介绍了人体测量变量（Anthropometric Variables）、存活率和死亡率变量（Surviving or Mortality）、发病率变量（Morbidity）、总体健康和功能状态变量

（General Health and Functional Status）四种健康测量方法。Currie 和 Madrian（1999）总结了八种测量健康的方法分别是：对健康状况的自我评价（Self Evaluation of Health）、在工作上是否有由于健康而造成的能力限制、是否有其他功能性的障碍、慢性病和急性病的出现情况、医疗保健带来的效用、精神健康等的临床测试、营养状况、预期寿命。目前，还有一系列新的评价体系，比如"伤残调整的生命年（Disability-Adjusted Life Years）"指标、"健康有关的生命质量（Health Related Quality of Life）"指标（Dolan，2000）、"健康调整的生命年（Health-Adjusted Life Years）"指标和"质量调整的生命年（Quality-Adjusted Life Years）"指标等还在进一步讨论中。①

但是相关的指标往往不能客观全面的包含所有的健康问题，比如休闲娱乐、退休时间对健康的影响程度，不同的人在主观上对此会有不同的看法。在客观指标方面也存在同样的问题，人突然遭受的疾病比如意外事故等在很大程度上与通常的健康指标无关。

健康相关生命质量（Health-Related Quality of Life，HRQOL）与以往这些健康评估方法不同，不仅仅健康各方面的客观评估，并且还包括了病人的自我感觉。HRQOL 量表主要包括健康剖面量表：36 条目间断格式健康调查（36-Item Short Form Health Survey，SF-36）、诺丁汉健康量表（Nottingham Health Profile，NHP）和疾病影响量表（Sickness Impact Profile，SIP）；基于偏好的量表：生命质量指数（Quality of Well-Being Index，QWB）、健康效用指数（Health Utilities Indecence，HUI）和欧洲五维度健康量表（EuroQol 5-Dimensions，EQ-5D）等。

3.1.2　QWB 量表介绍

在健康衡量量表中将主观认知和客观指标结合起来的就是本研究使用的由 Kaplan 和 Anderson 等提出的生命质量指标（Quality of Well-Being Index）、即 QWB 量表指标，包括行动指标（Mobility Scale，MOB）、体

① 于晓薇、石静、李菊英：《中国贫困人口健康问题研究评述》，《广西经济管理干部学院学报》2009 年第 3 期，第 1～6 页。

力活动指标（Physical Activity Scale，PAC）、社会活动指标（Social Activity Scale，SAC）和症状/情况指标（Symptom/Problem Complexes，CPX）四个方面的指标。Kaplan 和 Anderson（1988）在经济学、心理学、医药学和公共医疗的基础上融合发病率和死亡率发展了 QWB。[①] QWB 评分包括四个部分组成，行动、体力活动和社会活动中每一项分别包括 3—5 个程度等级；症状/复合健康问题几乎包括了所有疾病可能出现的问题。QWB 的构成分为三个步骤。第一步，列举疾病和伤害与行为和角色扮演的关系，构造出行动（MOB）、体力活动（PAC）和社会活动（SAC）三个指标。第二步，将主观认知作为一个重要的健康测量依据，构造出第四个健康指标即症状/情况指标（CPX）。第三步就是将三个客观指标和一个主观指标统一起来，即对不同的指标赋予不同的权重，这个权重基于一个关于评估随机的 866 人的健康状况或者质量的调查，并且产生了健康状况的相对影子价格，这种影子价格在 QWB 指标中作为四个指标的权重。总的评价指标的计算公式是：$W = 1 + CPX + MOB + PAC + SAC$，最后产生的是一个从 0 至 1 的连续的频谱时点状态，0 表示为死亡，1 表示没有症状，功能和感觉良好。QWB 量表的具体内容和对应权重见附录。

QWB 评分包括了死亡作为测量的状态，无论是否死亡所有参加与健康相关的生命质量长期研究的参与者都被量化，无论他的健康状况是恶化、改善或保持稳定。QWB 是一个权重量表，各部分和各症状/复合健康状态的权重指数已经被病人和普通人进行定义和检测，并且它的排序是在病人症状和体征的基础上制定的，通过临床医护人员的实际应用和检验，基本符合临床的病史和系统检查的顺序。QWB 权重同时显示出在疾病人群内部和随着时间推移的稳定性。[②]

① QWB 量表的构成摘自 Robin C. Sickles and Abdo Yazbeck，"On the Dynamics of Demand for Leisure and the Production of Health"，*Journal of Business & Economic Statistics.* 1998（16）：187-197.

② Kaplan R. M.，Bush J. W.，Berry C. C.，"The Reliability Stability and Generalizability of a Health Status Index"，*American Statistical Association Proceedings of the Social Status*，American Statistical Association，Washington DC，1978：704-709.

QWB 量表在国外运用比较多，基本上集中在对不同疾病状态的人群的生命质量评估，一般应用于各种疾病群体的生命质量的评估、临床疗效的评估与研究、成本—效益分析和卫生经济决策的评估。但是在国内运用 QWB 量表的研究还非常有限。QWB 指标中包括了一部分自评健康的主观评价和客观的健康状况指标，能够较为全面、客观的体现目前受访者的健康状况。相比较于其他量表，QWB 量表的结构更加短小，在经济、信度和效度方面更加令人满意。

3.2　数据的介绍与使用

本研究所使用的数据来自由美国北卡大学（the Carolina Population Center at the University of North Carolina）和中国预防医学科学院联合执行的中国健康和营养调查（China Health and Nutrition Survey（CHNS））。中国健康和营养调查依据地理位置、经济发展程度和公共资源的丰裕程度覆盖了中国东、中、西部九个省份，4624 个家庭，13669 个个人，并从 1989 年开始对这九个省份进行了长期的固定追踪调查（longitudinal survey），最近的一次调查在 2006 年。CHNS 调查遵从多水平、随机群体样本的程序，采取多段随机抽样的方法（multistage，random cluster sampling），在个人和家庭两个层面上进行，内容覆盖了有关家庭收入、人口健康、营养、教育、医疗保健、社会服务和社会人口学特征等诸多方面的信息，为研究者们提供了丰富的数据资源。

调查根据加权采样模式对九省区的各县按照收入水平进行划分并随机抽取。另外，在采样中同时选取了省会城市和低收入城市，农业县中随机选取县城和乡村，城市中随机选取市区和郊区。2006 年的 CHNS 的成人调查表中包括所有成人的人口学资料、工作情况、家务和儿童照料、烟、茶、水、咖啡、酒类和软饮料的消费、目前身体功能、卫生服务的使用、健康状况、膳食和活动知识、体格测量和 52 岁以下已婚妇女调查几个方面。其中关于健康和营养的信息十分丰富，也是许多目前国内数据无法比拟的。

本研究使用 2006 年 CHNS 数据进行截面分析，调查的九个省份包括黑龙江、辽宁、河南、山东、江苏、湖北、湖南、广西和贵州，数据共有 10490 个样本（人），由于本研究只考虑城市女性居民，所以只选取城市女性样本，大约占整个样本的 20%，有 2095 个样本（人）。同时，卫生经济学考虑到在消费需求中独立自主决定和权衡选择的因素，只选取了 18 岁以上的成年人，并且去除了 90 岁以上人群。

3.3　QWB 得分的计算

本研究使用 QWB 量表计算出每个样本（人）的 QWB 得分作为衡量城市女性健康的指标。

在计算 QWB 得分时，用 CHNS 数据中是否能够乘车去较远的地方和是否能走一公里路（U176、U158），以此来衡量个人的行动指标（MOB）中的由于健康原因不开车、不坐车、不乘坐公共交通（或者需要更多的帮助）。用 0 表示不知道和奇异值；1 表示没有困难；2 表示有些困难，但还能够做；3 表示做时需要帮助。

在衡量体力活动指标（PAC）时，用 CHNS 数据中是否能够连续坐 2 个小时、长时间坐着后能否站起来、能否连续上几级楼梯或者台阶、能否举或提 5 公斤重的东西（如米、面、杂物）、能否蹲、跪、屈体（U161 - U166）来衡量 PAC 中的内容 3。用 0 表示不知道和奇异值；1 表示没有困难；2 表示有些困难，但还能做；3 表示做时需要帮助；4 表示完全不能做。

社会活动（SAC）中的第 2、3、4 项的内容用 CHNS 数据中的过去三个月来是否因为患病而影响日常生活和工作（U48）、有多长时间不能正常生活和工作（U49）、是否自己洗澡（U167）、是否自己吃饭（U169）、是否自己穿衣服（U171）、是否自己上厕所（U173）、是否自己去商店买东西（食品、衣服）（U174）、是否自己做饭（U175）、是否管理自己的钱、物（U177）、是否自己打电话（U178）来计算。其中 U48 用 0 表示不知道和奇异值；1 表示无；2 表示有。U49 中去除不知道的选项，并且把所有取值都加上 1。U167、U169、U171、U173 ~ U175、U177、U178 中用 0 表示不知道和奇异值；1 表示没有困难；2 表示有些困难，但还能做；3 表示做时需要帮助；4 表示完全不能做。

症状/情况指标（CPX）用 CHNS 数据中的医生是否给你下过中风诊断（U241）、相关记忆测试（U179、U181、U187 ~ U191、U192）、是否骨折或者是否为残疾（U16 ~ U19、U24n）、医生是否下过糖尿病的诊断（U24a）、医生是否下过高血压的诊断（U22）、患高血压多少年了（U23）、是否单眼或双眼失明（U14、U15）、是否服降压药（U24）、是否通过各种方法治疗（U24c、U24e ~ U24h）、医生是否下过心肌梗死诊断（U24j）来计算 CPX 指标。在处理这些数据的过程中 U241、U16 ~ U19、U24n、U24a、U22、U14、U15、U24、U24c、U24e ~ U24h、U24j 用 0 表示不知道和奇异值；1 表示没有；2 表示有。U23 中去掉 -99（代表不知道），并将所有数值加 1。U179 是目前记忆力如何，用 0 表示不知道和奇异值；1 表示很好；2 表示好；3 表示中等；4 表示差；5 表示很差。U181 和 U192 是在一定时间内能都记忆多少词语，去掉 0 表示奇异值，将所有数值加上 1 并取其倒数。U187 ~ U191 是一系列数学运算，0 表示不知道和奇异值；1 表示正确；2 表示不正确。

将以上所处理的数据乘以在 QWB 量表中所对应的权重并且相加所得就是样本（个人）的 QWB 得分。

本研究在 2006 年 CHNS 数据中选取相应的变量对应 QWB 量表的主观评价指标和客观指标和相应的权重，见表 3 - 1。

表 3 – 1　QWB 量表对应的 CHNS 数据

指标	具体指标		对应变量	权重
	编号	内　容		
MOB	4	由于健康原因不开车、不坐车、不乘公共交通（或者需要更多的帮助）	U176、U158	– 0. 062
PAC	3	坐轮椅（自己控制），由于健康原因举重、弯腰、上楼梯和上坡有困难（或不能尝试），由于健康原因使用拐杖会其他辅助物，或有其他行走上的身体限制	U161 ~ U166	– 0. 060
SAC	4	由于健康原因在一些次要活动（例如休闲）中受限制	U48、U49、U167、U169、U171、U173 ~ U175、U177、U178	– 0. 061
	3	由于健康原因在一些重大（主要）活动中受限制		
	2	由于健康原因不能进行其他活动，但可以自理		
CPX	2	意识丧失，如中风（卒中）昏厥或昏迷	U241	– 0. 340
	5	学习、记忆或思考困难	U179、U181、U187 ~ U191、U192	
	6	上肢、下肢缺失、畸形弯曲、瘫痪（不能移动）或骨折——包括带假肢或支撑架	U16 ~ U19、U24n	– 0. 333
	8	大小便时疼痛、烧灼感、出血、瘙痒或其他困难	U24a	– 0. 292
CPX	13	头痛、眩晕、耳鸣，阵发性地感到发烧、神经过敏或颤抖	U22、U23	– 0. 244
	16	单眼或双眼疼痛或不适（如充血和发痒），矫正后的视物困难	U14、U15	– 0. 230
	19	因健康原因而取药或治疗饮食	U24、U24c、U24e ~ U24h、U24j	– 0. 144

3.4　研究方法与工具

本研究使用多元回归模型的普通最小二乘法 OSL（ordinary least squares，OSL）模型。多元回归模型可以用含有 K 个解释变量的多元模型，一般形式可由下式来表示：

$$Y_i = \beta_0 + \beta_1 X_{1i} + \beta_2 X_{2i} + \cdots + \beta_k X_{ki} + \varepsilon_i \tag{3.1}$$

式中 i 从 1 到 N 表示观测值序号，即 X_{1i} 表示解释变量 X_1 的第 i 个观测值，X_{2i} 表示另一解释变量 X_2 的第 i 个观测值。

对于这个纯粹的理论方程使用一组数据建立方程如下：

$$\hat{Y}_i = \hat{\beta}_0 + \hat{\beta}_1 X_{1i} + \hat{\beta}_2 X_{2i} + \cdots + \hat{\beta}_k X_{ki} \tag{3.2}$$

通过最小化残差的平方和而计算诸估计值（$\hat{\beta}$）的一种回归技术。目的在于选择 $\hat{\beta}$（指所有的 $\hat{\beta}$）使残差平方和最小。

用判定系数 R^2 来度量拟合度，其中 $0 \leqslant R^2 \leqslant 1$，$R^2$ 越高，估计的回归方程对样本数据的拟合就越好。

本研究在数据分析时所使用的工具软件是 SPSS16.0。

4 城市女性居民健康状况及变量分析

本研究使用 CHNS2006 年的数据，整理出城市女性居民并且根据 QWB 量表计算出每个样本相对应的 QWB 得分，以此来衡量城市女性居民的健康状况，其中 QWB 得分为 1 是健康状况最好，QWB 得分为 0 是健康状况最差，即死亡。

4.1 城市女性健康状况

从城市女性居民与城市男性、农村女性和农村男性的比较来看，城市女性居民的 QWB 得分为 0.8437，其健康状况差于城市男性健康状况，可能是由于过重的家庭压力造成；同时相对于农村女性，高效快速的生活节奏和较大的工作压力使城市女性的健康状况不如农村女性。由表4－1可以看出，城市女性居民相比较于农村居民和城市男性居民，其 QWB 得分最低，而农村男性居民的 QWB 得分最高为 0.8620。从样本的 QWB 得分看来城市女性是一个值得关注的群体，其健康状况不容乐观。

表 4 – 1　城市居民和农村居民 QWB 得分

	城　市		农　村	
	均　值	标准差	均　值	标准差
女　性	0.8437	0.09049	0.8596	0.07396
男　性	0.8457	0.09094	0.8620	0.07033

资料来源：据 CHNS2006 年数据测算。

从表 4 – 2 到表 4 – 8 分别描述了不同婚姻状态、不同保险状况、不同工作性质、不同省份、不同家庭规模、不同教育程度和不同年龄的城市女性居民的健康状况。

4.1.1　不同婚姻状态城市女性居民健康状况

将样本中的城市女性居民划分为处于婚姻状况和处于非婚姻状态，处于非在婚状态的城市女性居民 QWB 平均得分为 0.8137，而处于在婚状态的城市女性居民的 QWB 平均得分为 0.8526。可以看出处于在婚状态的城市女性的健康状况好于非在婚状态的女性，这可能是由于婚后的稳定的家庭造成的。说明拥有稳定家庭的城市女性生活更有保障，更加安定，有利于健康。

表 4 – 2　不同婚姻状态的城市女性居民 QWB 得分

婚姻状况	均　值	标准差	最小值	最大值
非在婚状态（n = 454）	0.8137	0.10215	0.37	0.96
在婚状态（n = 1637）	0.8526	0.08464	0.21	0.97

资料来源：据 CHNS2006 年数据测算。

4.1.2　不同保险状况的城市女性居民健康状况

参加调查的城市女性居民中没有医疗保险的城市女性居民的 QWB 得分为 0.847，好于拥有医疗保险的女性 QWB 得分 0.8410。这可能是因为健康状况较好的城市女性不愿意参加医疗保险，而健康状况较差的女性则选择参加医疗保险以降低疾病风险的“逆向选择”造成的。同时也表明目前中国城市的医疗保险覆盖率不高的现实。

表4－3　城市女性居民是否拥有医疗保险的QWB得分

有无医疗保险	均　值	标准差	最小值	最大值
无医疗保险（n＝1028）	0.8476	0.08677	0.37	0.96
有医疗保险（n＝1067）	0.8410	0.09317	0.21	0.97

资料来源：据CHNS2006年数据测算。

4.1.3　不同工作性质城市女性居民健康状况

不同的工作性质代表这城市女性居民不同的工作环境、不同的经济收入和不同的支付能力。表4－4可以看出在稳定性较强的工作单位工作的城市女性健康状况较好，这可能是因为稳定的工作可以带来比较稳定的生活，保证基本的生活支出，并且能够支付相应的疾病医疗支出，使其健康状况有所保证。

表4－4　不同工作性质城市女性居民QWB得分

工作单位性质①	均　值	标准差	最小值	最大值
稳定性较弱（n＝371）	0.8988	0.04012	0.73	0.97
稳定性较强（n＝407）	0.9012	0.03118	0.65	0.96

资料来源：据CHNS2006年数据测算。

4.1.4　不同省份城市女性居民健康状况

参加调查的省份包括东北、沿海、中部和西部的九个省份。其中处

① 在CHNS数据中处理中将政府机关、国有事业单位和研究所、国有企业、大集体（县、市、省所属）和“三资”企业（属于外商、华侨和合资）定义为稳定性较强的工作类型，把小集体（如乡镇所属）、家庭联产承包农业和私营、个体企业定义为稳定性较弱的工作类型。

于西部的贵州省的城市女性的 QWB 得分为 0.8608，其健康状况最优，然后依次是黑龙江、河南、湖南、湖北、广西、江苏、辽宁，山东省的城市女性居民健康状况最差。不同地区健康状况的差别可能是因为当地居住环境、经济发展水平、医疗水平等原因造成的。可以看出经济发展较好地区的城市女性健康状况较差，可能是其较大的工作压力、城市环境污染和医疗服务费用较高造成的。

表 4－5　不同省份城市女性居民 QWB 得分

省　份	均　值	标准差	最小值	最大值
贵　州（n＝182）	0.8608	0.06679	0.66	0.96
辽　宁（n＝286）	0.8258	0.09964	0.21	0.96
黑龙江（n＝174）	0.8549	0.07976	0.54	0.90
广　西（n＝210）	0.8493	0.08482	0.41	0.96
湖　南（n＝273）	0.8516	0.08443	0.48	0.96
河　南（n＝189）	0.8528	0.10797	0.37	0.96
湖　北（n＝194）	0.8508	0.08574	0.53	0.97
山　东（n＝277）	0.8255	0.09541	0.50	0.96
江　苏（n＝310）	0.8428	0.08809	0.49	0.96

资料来源：据 CHNS2006 年数据测算。

4.1.5　不同家庭规模城市女性健康状况

城市女性家庭规模是指目前城市女性居民所处家庭的人数，将样本（人）按照家庭的人数分为 1 人、2～4 人、5～7 人、8 人及 8 人以上五种不同的规模。可以看出家庭成员为 8 人及 8 人以上时城市女性居民健康状况最好，随着家庭规模的减小，家庭成员的减少，城市女性健康居民状况逐步下降。其中一个人的家庭的 QWB 得分为 0.7616 远远低于其他家庭规模的城市女性，可能因为在人数较多的家庭中家庭成员之间可以相互帮助，使家庭能够在一定程度上分散风险，存在一定的健康保障作用。一个人的家庭生活压力要大于拥有家庭成员的城市女性，其健康状况会受到影响。

表4－6　不同家庭规模城市女性居民QWB得分

家庭规模	均　值	标准差	最小值	最大值
1人（n＝118）	0.7616	0.08571	0.50	0.90
2～4人（n＝1600）	0.8485	0.08789	0.21	0.96
5～7人（n＝333）	0.8505	0.09053	0.37	0.97
8人及8人以上（n＝39）	0.8604	0.07250	0.67	0.96

资料来源：据CHNS2006年数据测算。

4.1.6　不同文化程度城市女性健康状况

在不同教育程度的城市女性中，小学毕业的城市女性居民健康状况最差，其QWB得分为0.8028，而随着学历的增加，健康状况逐步好转，硕士及以上学历的城市女性居民的健康状况最好，其QWB得分为0.9288。较好的文化程度可以更加理性的了解自身的健康状况，正确的对待疾病，积极参与疾病治疗，用科学的方法调理身体，进行适当的体育锻炼，保证身体的基本健康。

表4－7　不同文化程度城市女性居民QWB得分

教育程度	均　值	标准差	最小值	最大值
小学毕业（n＝258）	0.8028	0.10282	0.21	0.96
初中毕业（n＝569）	0.8691	0.07368	0.49	0.96
高中毕业①（n＝539）	0.8763	0.06830	0.54	0.97
大专或大学毕业（n＝260）	0.8832	0.06759	0.51	0.96
硕士及以上（n＝2）	0.9288	0.05009	0.89	0.96

资料来源：据CHNS2006年数据测算。

4.1.7　不同年龄城市女性居民健康状况

将所有样本按照年龄的不同分为18～22岁、23～30岁、31～35岁、36～40岁、41～45岁、46～50岁、51～55岁、56～60岁和60岁

① 在CHNS数据处理中将中等技术学校、职业学校毕业都定义为高中毕业。

以上九个阶段，可以更好的描述不同年龄段城市女性居民的健康状况。从表4－8可发现18～22岁城市女性健康状况最好，QWB得分为0.9141，随着年龄的增加城市女性居民的健康状况逐渐下降，60岁以上的老人的QWB得分为0.7384，其健康状况最差。并且可以发现55岁以后健康状况有一个大幅度的下滑，QWB得分由0.8701下降到0.7664，特别是其QWB得分的最小值突然下降为0.48。这可能是由于55岁之前许多隐性的疾病没有得到重视并且没有显现，在女性年龄到达55岁之后高血压、高血脂、糖尿病等疾病隐患突发，慢性疾病逐渐显现，导致健康状况恶化。

表4－8　不同年龄城市女性居民QWB得分

年　龄	均　值	标准差	最小值	最大值
18～22岁（n＝59）	0.9141	0.02257	0.89	0.96
23～30岁（n＝179）	0.9122	0.02157	0.86	0.96
31～35岁（n＝165）	0.9085	0.01844	0.81	0.96
36～40岁（n＝215）	0.9070	0.01780	0.81	0.97
41～45岁（n＝259）	0.9056	0.01691	0.80	0.96
46～50岁（n＝211）	0.8977	0.02692	0.76	0.96
51～55岁（n＝258）	0.8701	0.06120	0.62	0.96
56～60岁（n＝178）	0.7664	0.04991	0.48	0.90
60岁以上（n＝571）	0.7384	0.07584	0.21	0.88

资料来源：据CHNS2006年数据测算。

4.2　描述性分析

4.2.1　变量的选取

本研究用QWB得分测量城市女性居民的健康状况，即将QWB得分作为因变量，用地域变量、个人基本情况、个人体质和医疗保险四个相关变量解释QWB得分。表4－9中是研究用到的相关变量。其中将调查地点、婚姻状况、工作单位性质和享有医疗保险的情况处理为哑变量，调查省区处理为序列变量，其余的为连续变量。在变量的选取过程中采用个人年消费代替个人年收入，因为个人年消费水平同样能够说明其经济状况，并且还能反映消费能力和消费倾向。在调查地点中本研究选择辽宁、广西、江苏代表了东北地区、西部地区和沿海地区作为变量，代表经济发展不同程度的地区。选择婚姻状况、年龄、年龄的平方、个人年消费、家庭规模、受教育年限、工作单位性质和每天工作时间来表示个人基本情况。个人体质用身高、体重和BMI指数来体现。其中身体质量指数（BMI，Body Mass Index）是身高和体重比例指数，即体重（kg）/身高（m）^{2}，反映了个人的健康营养状况，一般公认在18—25之间为健康的标准体重。用是否享有医疗保险来表示目前城市女性居民的保险状况。表4－10是在处理变量过程中哑变量和序列变量的相关取值。

表4－9　变量的类型及选取

	考察指标	操作化变量
因变量	健康状况	QWB得分
自变量	地域变量	调查省区**、调查地点*
	个人基本情况	婚姻状况*、年龄***、年龄的平方***、个人年消费***、家庭规模**、受教育年限***、工作单位性质*、每天工作时间***
	个人体质	身高***、体重***、身体质量指数***
	保　险	是否享有医疗保险*

注：*为哑变量，**为序列变量或类别变量处理成为序列变量，***为连续变量。

表4－10　哑变量和序列变量的编码

变　量	编　　码
调查省区	1＝贵州，2＝辽宁，3＝黑龙江，4＝广西，5＝湖南，6＝河南，7＝湖北，8＝山东，9＝江苏

续表 4－10

变量		编码
调查地点	辽宁	0＝否，1＝是
	广西	0＝否，1＝是
	江苏	0＝否，1＝是
婚姻状况		0＝非在婚状态，1＝在婚状态
家庭规模		1＝1人，2＝2—4人，3＝5—7人，4＝8人及8人以上
工作性质		1＝稳定性较弱，2＝稳定性较强
是否享有医疗保险		0＝无，1＝有

4.2.2　变量的描述分析

表4－11中描述了所选取的变量。在样本人群中78.3%的城市女性居民是在婚状态，非在婚女性居民占调查样本的21.7%。在选取的城市女性中50.9%的城市女性居民有医疗保险，说明在2006城市居民医疗保险的覆盖率不高，享有城市居民医疗保险的城市女性居民并不多。在稳定性较强的单位工作的407个样本（人），占总样本的52.3%。城市女性的家庭规模大多集中在2～4人，有1600个样本（人）占总样本的76.4%，家庭规模在5～7人的占15.9%，8人及以上最少仅占总样本的1.9%。样本中城市女性受教育年限均值为8.2年，就是初中水平，说明总体受教育程度不太高，而最高学历为硕士，在所选取的样本中2006年城市女性的平均年龄为50岁，证明参与调查的城市女性中中年女性占到了大多数，另一方面反映出中国社会已进入老年化社会。城市女性居民平均个人年消费为14722元，最高达到67230.32元。研究表明身体质量指数（BMI）过低（低于21）或者过高（高于28）都会提高发病和死亡的风险①。在本研究选取的样本中反映个人营养健康状况的BMI指标平均为23说明多数城市女性的营养状况良好，处于健康的

① Fogel, R. W.,"Economic Growth, Population Theory, and Physiology: The Bearing of Long-Term Processes on the Marking of Economic Policy", *American Economic Review*, 1994(6): 369-395.

状况，但是最小值为11，说明还有贫困地区的营养状况不容乐观，也可能意味着个人的成长和居住状况较差；最大值为43，说明中国城市女性居民的营养状况在城市中差距还比较大，在经济高速发展的城市中并不是每个城市居民都有良好的成长环境和居住环境。

表4-11　变量描述分析

	变量类型	变量名	均　值	标准差	最小值	最大值
因变量	连续变量	QWB得分（n=2095）	0.8442	0.09012	0.21	0.97
自变量	哑变量	变量名	变量取值	频率	分布（%）	
		婚　姻（n=2091）	非在婚	454	21.7	
			在婚	1637	78.3	
		有无医疗保险（n=2095）	无	1028	49.1	
			有	1067	50.9	
		工作单位性质（n=778）	稳定性较弱	371	47.7	
			稳定性较强	407	52.3	
		调查地点（n=2095）	辽　宁	286	13.7	
			广　西	210	10.0	
			江　苏	310	14.8	
	序列变量	变量名	变量取值	频率	分布（%）	
		家庭规模（n=2090）	1人	118	5.6	
			2~4人	1600	76.4	
			5~7人	333	15.9	
			8人及8人以上	39	1.9	
	连续变量	变量名	均　值	标准差	最小值	最大值
		2006年年龄（n=2095）	50.0940	15.66419	18.00	90.00
		教育年限（年）（n=2092）	8.2457	4.67713	0.00	18.00
		身高（cm）（n=1981）	156.77	6.20703	132.00	180.00

续表 4－11

	变量类型	变量名	均　值	标准差	最小值	最大值
自变量	连续变量	体重（kg）（n＝1964）	57.6895	9.20397	30.90	99.50
		身体质量指数（n＝1962）	23.4886	3.55476	11.38	43.20
		每天工作时间（小时）（n＝22）	3.9091	2.72395	1.00	11.00
		个人年消费（元）（n＝2042）	14722	5276.10854	0.00	67230.32

资料来源：据 CHNS2006 年数据测算。

4.3　回归结果与分析

本研究首先从六个主要方面建立回归模型分析城市女性健康的主要影响因素，其次分析这些影响因素分别对城市女性居民和城市男性居民健康状况的影响的差别。

4.3.1　城市女性健康的主要影响因素

从研究健康的影响因素的文献中可以发现性别、年龄、个人收入、教育情况等都是影响健康的主要因素。为了全面分析城市女性居民健康状况，本研究从个人基本情况、家庭因素、工作因素、个人体质、保险和地域差别六个方面研究城市女性健康问题，将这六个方面逐步纳入变量加以控制建立六个回归模型，进行回归分析，回归结果见表 4－12。

（一）个人基本状况对城市女性居民健康状况的影响

将年龄、年龄的二次项、婚姻、教育年限和个人年消费纳入回归模型。结果显示：第一，在模型一中年龄和年龄的二次项在 1% 下显著，对城市女性健康具有正影响，年龄的二次项对女性健康具有负影响。在逐步控制其他变量后发现年龄对城市女性居民的影响均在1%或5%下显著且较为稳健。说明随着身体的成长健康状况逐渐变好，经过一段时间后达到一个最高峰即身体健康状况最好的状况，之后随着年龄的增长，个人健康状况也就越差。这符合自然规律，即在年轻的时候身体机能较好，健康资本存量较高，随着年龄的增加健康人力资本的折旧率也会逐渐增加，健康状况下降。

第二，在模型一中个人年消费在10%下显著，且为正影响，说明个人年消费越高，QWB得分越高；就是说城市女性居民的个人年消费越高其健康状况越好。这说明个人年消费越高能够用于健康方面的投资也就越多，城市女性健康状况就越好。虽然在模型三中纳入工作因素后个人年消费不是很显著，但是方向没有改变，并且在纳入个人体质、保险和地域变量后的其他模型中个人年消费在5%或10%下显著并且对QWB得分的影响很稳健。

第三，个人基本状况中婚姻状况与教育年限对城市女性健康状况影响不显著，可能因为对于女性健康关注度较低，使得拥有较高文化程度的女性居民也忽视了自身健康情况。

（二）家庭因素对城市女性居民健康状况的影响

家庭作为社会组成的基本单位能够分担城市女性居民的健康风险，本文将家庭规模纳入回归模型来分析家庭因素对城市女性健康问题的影响。在模型二和纳入工作性质的模型三中家庭规模的回归结果不显著，但是在纳入个人体质、保险和地域因素的模型四、模型五、模型六中家庭规模在5%或10%下显著，并且系数为负，说明家庭规模越大城市女性居民健康状况越不好。这可能是由于在大家庭中传统观念而忽略女性健康问题，使得城市女性居民健康状况的关注度不够，并且不重视女性健康问题，使得家庭分散风险的作用没有发挥而造成的。

（三）工作因素对城市女性居民健康状况的影响

为了分析工作因素对城市女性居民健康状况的影响，选择工作稳定性和每天工作时间作为变量。在模型三中在逐步控制个人基本状况和家庭因素后，用工作稳定性和每天工作时间两个变量进行回归分析发现只有年龄因素对城市居民健康状况的影响较为显著。这可能是因为在本文选取的 CHNS 数据中关于工作因素的有效数据有限（单位工作性质有 778 个样本，每天工作时间的数据只有 25 个样本）和相关影响因素没有被很好的控制造成的，因此为了更好的检验其他因素对城市女性健康状况的影响在下一步的回归分析中将不纳入工作因素。

（四）个人体质对城市女性居民健康状况的影响

本研究用身高、体重和 BMI 指数三个因素来体现个人体质，在回归模型四中，将这三个因素纳入回归模型。身高、体重和 BMI 指数均在 1% 下显著。结果显示身高越矮其健康状况越好，而体重越重健康状况越好，BMI 值越小健康状况越好。在纳入保险和地域等其他变量的模型五和模型六中身高、体重和 BMI 指数同样在 1% 下显著并且稳定，说明个人体质明显影响城市女性居民的健康状况，并且城市女性居民越瘦弱健康状况越好。

（五）保险对城市女性居民健康状况的影响

模型五中在纳入和控制其他变量后将是否拥有保险纳入回归模型，发现有医疗保险在 5% 下显著，并且为负影响。在纳入地域变量后的模型六中，结果与模型五相同。说明没有医疗保险的城市女性居民健康状况好于拥有保险的居民。这可能是因为 2006 年城市医疗保险的覆盖率不高，因此在选择医疗保险时会出现“逆向选择”。就是说健康状况较差的城市女性居民会倾向于购买保险用来规避健康风险，而健康状况比较好的城市女性居民则不会选择医疗保险。

（六）地域对城市女性居民健康状况的影响

用辽宁省、广西壮族自治区、江苏省分别代表东北、西部和沿海三个地区变量纳入回归模型，建立模型六。结果发现在辽宁省在 1% 下显著且系数为负，广西壮族自治区对城市女性居民健康状况的影响在 10% 下显著，系数为正。江苏省与城市女性健康是负影响，但是江苏省的结果不显著。这可能是由于各地区经济发展程度不同，在经济发达地区消费较高，医疗服务费用也相对较高，而中国城镇居民的医疗体系在很大程度上是福利性的，所以在经济发展相对比较落后的地区城镇女性居民的健康状况也能够得到相应的保障。2006 年左右除了被医疗保险体系覆盖的企业职工和机关事业单位以外，其他人群的医疗保险覆盖率还不太高，加之市场化的利益需求，因此在经济发达地区城市女性居民可能会存在看病贵、看病难的问题。同时显现出由于经济发展原因而导致的中国卫生医疗服务在地区间发展不平衡的问题。

表 4－12　六方面对城市女性居民健康影响的回归结果

变量名	变量标识	模型一	模型二	模型三	模型四	模型五	模型六
age	年　龄	0.002*	0.001**	0.009**	0.002*	0.002*	0.002*
age_square	年龄的二次项	-0.05963*	-0.05863*	0.000	-0.06344*	-0.06460*	-0.06377*
marry	非在婚	0.001	0.002	-0.23	0.005	0.005	0.007***
edu_year	教育年限	0.000	0.000	0.005	0.000	0.000	0.000
hhexpense	个人年消费	0.0005752***	0.0006083**	0.0001767	0.0005611***	0.0004745***	0.0004506***
hhsize	家庭规模		-0.004	0.008	-0.006**	-0.006***	-0.007***
job	工作稳定性弱			-0.09			
labor	每天工作时间			-0.003			
height	身　高				-0.006*	-0.006*	-0.006**
weight	体　重				0.008*	0.008*	0.008*
BMI	身体质量指数				-0.022*	-0.22*	-0.21*
insurance	有医疗保险					-0.008**	-0.007***
liaoning	辽　宁						-0.014*
guangxi	广　西						0.009***
jiangsu	江　苏						-0.003
R-squared	0.606	0.606	0.799	0.617	0.619	0.622	

注：*，**，*** 分别表示在 1%，5%，10% 的显著性水平上显著。

资料来源：据 CHNS2006 年数据测算。

（七）研究结论

将个人基本情况、家庭因素、工作因素、个人体质、保险和地区差异六个方面逐一纳入回归模型，除了工作因素因为样本数据原因外，其他五个方面均对城市女性居民健康状况有影响。

第一，年龄显著影响城市女性居民的健康状况并且在青年时期健康状况逐步变好，到达中年以后随着年龄的增长健康状况初步下降，这符合自然规律。

第二，个人年消费状况对个人健康的影响也具有显著性并且稳健，个人年消费越高城市女性居民的健康状况就越好。

第三，教育年限对城市女性健康的影响不显著，这可能是由于对女性健康问题的重视程度不够造成的。

第四，在控制个人体质、保险和地区变量后家庭规模对个人健康影响显著并且较为平稳，家庭规模越大，城市女性健康会越差，这可能是也是由于在中国大家庭对于女性健康的忽视。

第五，身高和体重显著影响城市女性健康，越瘦弱健康状况越好。

第六，是否参加保险显著影响城市女性健康，不参加保险的女性健康会好于参加保险的女性，这可能是由于“逆向选择”造成的。

第七，地域差别显著影响个人健康状况，西部地区的城市女性居民健康状况好于沿海经济发达地区，这可能是因为当地经济发展和医疗服务价格造成的。

4.3.2　不同性别健康状况的影响因素

从上文的研究可以发现个人的基本情况、家庭因素、工作因素、个人体质、保险和地区差异对城市女性健康状况有影响。城市女性居民与男性居民相比，影响因素有所区别，表4－13为城市女性居民和男性居民健康影响因素的回归结果。

（一）自身素质因素

从研究结果来看，年龄、身高、体重这些自身身体状况对城市女性和男性居民健康状况的影响都明显。教育程度也是影响健康的一个不可缺少的因素，虽然在前面的回归结果中教育对城市女性健康的影响不显著，但是较高的教育程度不仅仅能够提高女性的社会地位还能够更好的认识疾病，对待疾病，治疗疾病。

（二）家庭因素

与男性居民相比较，婚姻显著影响城市女性居民的健康状况，说明稳定的家庭生活有利于城市女性的健康状况。从研究结果看家庭成员越多城市女性健康状况就越差。不得不承认相对于男性居民，城市女性在家庭中承担着更大的压力。除了承受工作压力外，在家庭中传统的生育观念使城市女性承受着大于男性居民的责任和压力，并且还要照顾老人，哺育子女，另外女性还承担着绝大部分的家务。因此在人数越多规模越大的家庭中城市女性所担负的责任和压力越大，这使得城市女性在人数较多的家庭中身心疲惫，不利于其健康状况。

（三）经济因素

个人收入是健康状况的重要影响因素之一，研究表明个人年消费越高健康状况越好，即收入越高健康状况越好。表4－13说明个人年消费对城市女性健康状况影响显著，但是对男性影响不显著。个人收入对于城市女性的健康更加重要，提高个人收入不仅仅可以改善生活质量，改善生活水平，减少因为贫困带来的疾病，同时可以加强日常生日的健康保健，有更多的资金用于健康投资。城市女性要提高自身健康状况就必须增加收入，能够自主支配收入，有足够的资金由于保证自身的健康状况。

表4－13　不同性别健康状况影响因素的回归结果

变量标识	变量名	城市女性	城市男性
age	年　龄	0.003*	0.002*
age_square	年龄的二次项	－0.06555*	－0.06573*
marry	非在婚	0.007***	0.005
edu_year	教育年限	0.000	0.000
hhexpense	个人年消费	0.0004635***	0.0003362

续表 4-13

变量标识	变量名	城市女性	城市男性
hhsize	家庭规模	-0.007***	-0.003
BMI	身体质量指数	-0.003*	-0.002*
insurance	有医疗保险	-0.007***	-0.004
liaoning	辽　宁	-0.14*	0.002
guangxi	广　西	0.010***	0.012***
jiangsu	江　苏	-0.004	-0.10***
R-squard		0.618	0.579

注：*，**，***分别表示在1%，5%，10%的显著性水平上显著。

资料来源：据 CHNS2006 年数据测算。

回归结果显示，不同地区之间也存在健康状况的差别，这可能是由于地区经济发展不均衡造成的。经济发展程度不同，城市居民的个人收入不同，用于健康的投资不同，同时导致当地医疗服务费用和水平的差别是影响城市女性健康的因素之一。

（四）保险因素

从文章的回归结果看城市女性居民存在“逆向选择”的状况，即健康状况较好的城市女性居民没有医疗保险，反而健康状况较差的女性有医疗保险。而保险对于城市男性居民的影响不显著，说明城市女性更需要保险来规避健康风险。建立健全的医疗保险制度，扩大城市医疗保险的覆盖范围可以使更多的城市女性可以规避由疾病带来的风险，有利于提高城市女性居民的健康状况。

（五）研究结论

第一，相较于城市男性居民，家庭是城市女性健康的重要影响因素。处于在婚状况的城市女性居民的健康状况要好些，婚姻状况对城市女性健康的影响显著与男性。第二，经济因素对城市女性居民健康的影响比男性居民显著。第三，与城市男性居民相比较，医疗保险显著影响城市女性居民的健康状况。

另外除了家庭因素、社会因素、经济因素和保险因素外，城市女性居民在家庭、职业、经济方面较男性居民承受着更多的精神压力。目前社会对女性的区别对待仍然不同程度的存在，由于女性生理上的特殊性，要经历妊娠、生育等阶段，在女性就业、工资待遇、社会地位等方面与男性居民会有较大的差别。使得城市女性在社会工作中会遇到比男性更大的阻力和困难。长期积累的就会出现不同程度的疾病，包括身体机能的紊乱和精神问题。同时女性对事物追求完美的心态是造成心理压力的主要原因，同时家庭，事业的理想与现实的冲突使城市女性的心理负担较重。在人际交往中，职业女性都比较要强又比较脆弱，在工作上遇到挫折时会产生自卑心理，在受到指责时会觉得自尊心受到伤害。这些消极的评价因素容易加剧体内代谢紊乱，长期心理障碍破坏机理系统的生理平衡，使健康状况恶化。① 因此与男性居民相比，关注城市女性健康在注重增强体质的同时还应该注重女性心理健康问题。

① 刘登蕉：《我国中年职业女性的健康状况分析及对策》，《中国初级卫生保健》2006年第1期，第61—63页。

5 促进中国城市女性居民健康状况的对策

5.1 相关建议

要改善中国城市女性的健康状况不仅仅在微观上要增加城市女性对个人自身健康的关注度，同时在宏观上要增加社会对这一群体的关注度，减小地区间经济差异，建立完善的社会保障体系。

5.1.1 增强城市女性居民的身体素质，发挥家庭分散风险的积极作用

在分析过程中发现教育对健康状况的影响不大，但是教育也是人力资本的形式之一，理论上教育对健康状况有正影响。因此要改变中国的传统女性观念，重视女性健康才能充分发挥教育的作用。人们的观念随着社会的发展也在不断进步，女性教育事业也在不断发展中，虽然相对于农村女性来说城市女性的教育程度偏高，但是从样本中看来女性的教育程度是高中毕业及以上水平的差不多占50%，还有近一半城市女性的教育程度有待提高。提高女性的教育程度使城市女性认识健康的重要性，更加注重健康问题，有利于避免由于无知带来的身体伤害，能够做

到提前预防疾病，及时发现疾病，积极面对疾病，不会发生因为讳疾忌医而导致的悲剧。使城市女性有意识的提高自身的健康状况，制定符合自己的健身和体检计划。提升女性地位使女性健康问题得以重视，让教育发挥作用。

改变传统的家庭观念，应该将女性从繁重的家庭事务中解放出来，减轻女性家庭压力，能够自由分配业余时间，注重生活质量；改变传统的生育模式，减少因为生育给女性带来生理和心理上的伤害，使女性在家庭中获得更多的关爱。改变家庭内部的分工结构，使男性和女性在家庭事务中处于平等地位，充分发挥家庭的协作作用。较好的家庭环境有利于缓解女性社会工作中的压力，有利于城市女性的健康状况。从本文的研究结论发现家庭规模越大城市女性健康状况越差，但是家庭作为社会的一个基本单元，家庭成员之间可以相互帮助，相互扶持，应该可以分散女性的健康风险。因此在家庭中对城市女性健康状况的关注很重要，不要因为过大的家庭压力和传统观念忽视女性而导致城市女性健康状况下降。要充分发挥家庭在分散疾病风险的作用，提高家庭保障的作用，与中国目前尚不完善的社会保障制度互补，提高城市女性居民的健康状况。

5.1.2 提升女性社会地位，加强对城市女性居民健康状况的关注度

随着社会的进步和经济的发展，女性地位在社会生活中也逐步提高，但是在社会工作中对女性不公正的状况依然存在。在繁忙的都市生活中，相对于农村女性居民，过快的生活节奏带来的工作和家庭压力、传统的生育观念和生活方式使许多城市女性忽视了自身健康问题，没有制定完整的健康保健体系，社会对于女性健康问题的关注度也不太高。同时由于女性生理的特殊性，承担着哺育下一代的重任，应该重视女性妇科疾病的危害。要提高城市女性居民的健康状况就必须提高对女性健康的关注度。

提高城市女性健康状况的关注度需要通过社会舆论加强宣传女性健

康的重要性，提高城市女性的健康危机意识，注重自己的健康问题，养成良好的生活方式和定期检查身体的习惯。加强平时的体育锻炼，增强体质，养成锻炼身体的习惯，加强城市公共设施建设，增加公共健身场所，增加目前的体育活动的公共资源。同时要注重城市女性心理方面的问题，要有适当的减压方式，或者寻求专业人士的帮助，减少因为压力而产生的心理或生理上的疾病。

提高女性的社会地位，充分发挥家庭分散疾病风险的作用，使教育程度在改善城市女性健康中起到积极作用，是改善目前中国城市女性健康状况的主要方法之一。

5.1.3　大力发展经济，减小地区经济差异性

从研究结果发现，收入对城市女性健康状况的影响较城市男性而言更加显著，因此要改善城市女性健康状况必须要增加其经济收入，能够支付医疗费用和加强日常保健。必须提高城市经济发展水平，增加城市女性居民的收入。

世界卫生组织（WHO）认为：健康不公平的最大威胁因素是社会经济的不公平。[①] 根据本研究的结论，中国目前由于经济发展而导致健康状况差异的现象明显。因此要改善目前中国的健康状况，就要坚持发展经济，缩小地区间经济差异，改善目前由于经济差异带来的医疗卫生服务的差距。加快西部大开发进程，发展中国西部经济，鼓励西部地区和东部地区开展以市场为向导、以效益为中心、以共赢为目标的全方位合作，实现西部和东中部携手并进，使西部获得所需的人才和资金，东中部获得所需的资源和市场。在利用西部的自然资源优势的同时也要注重保护生态环境，建立可持续发展项目。逐步缩小各地区的经济差异，实现东、中、西部经济共同发展。减少因为经济差异带来的健康不公平、医疗卫生服务的不公平和卫生服务筹资不公平。

目前中国地区间城市居民的医疗负担存在很大的差异，对于城市医

---

① Ubel-PA, Baron-J, Nash-B et al, "Are Preferences for Equity over Efficiency in Health Care Allocation 'All or Nothing'?", Med-Care, 2000(3):129-140.

疗保障制度应该在公平优先的前提下兼顾效率，减少因为贫富差距带来的医疗资源的不平等。保证城市医疗保障的地区平衡发展，即各地医疗负担均等，就是说各地社会成员所承受的人均医疗费用与其人均经济收入的比值保持相当。卫生资源的合理分配是实现卫生服务可及性和提高整体居民健康状况的重要保障。要根据不同地区的人群健康需求合理配置卫生服务资源，使同等需求的人群获得同等的卫生服务。减少因为地区经济性差异带来的卫生医疗服务资源分配不平等的情况。保证卫生资源在预防系统和医疗系统之间的合理分配，因此借助中央财政力量在各地区实施适当的转移支付发展落后地区的公共卫生事业才能使得中国居民的获得平等的卫生服务资源，提高其整体的健康水平。

5.1.4 参加商业保险分担疾病风险

商业保险也是一种可以分散自身的疾病风险的工具，商业保险和社会保险可以相互融合，商业保险强调效率，社会保险强调公平，他们的融合可以使公平和效率在一定程度上达到统一，使两者共同发挥作用。商业保险是社会保障必要的补充，在社会保障强调社会公平的基础上。利用社会各方力量，为人民提供最基本的生活保障。

在目前城市医疗保险覆盖率不高的情况下，参加商业保险可以降低因为疾病带来的风险，提高自身健康状况。在参加城镇医疗保险的同时城市女性居民也可以根据自身特点和经济承受能力可以参加商业保险，因为对于城镇医疗保险体系商业保险更具有灵活性，可以自己选择是否参加。按照个人不同的需求可以参加不同的商业保险，设计符合个人健康状况的商业保险，是目前城市女性居民所需要的。同时可以使商业保险与社会保险相互依存，真正发挥商业保险在整个社会保障体系中的作用。商业保险能够对社会保障有所扩展，社会保障的保障对象是所有劳动者、社会救助、社会优抚等特定保障人群，而商业保险的保障对象是社会全体公民，可以通过投保多层次，多样性的人身保险满足自身的要求。商业保险的存在还可以有效的弥补中国社会保障制度覆盖面窄、保障程度低的不足，并且商业保险不需要政府的投入，不会给政府带来任何负担，反而能够缓解社会保险的压力，有利于维护和调节社会经济的运行，从而完善中国的保险体系。

在目前中国社会保障体系还不健全的情况下大力发展商业保险才能切实提高人民的福利水平，并且可以提高社会保障水平，缓解政府财政和网络建设的压力。但是商业保险不能代替社会保险，要确保商业保险和社会医疗保险两者平衡发展必须从整体上把握商业保险和社会保险的发展策略；让“看得见的手”和“看不见的手”各司其职、互不干涉；优化社会保险和商业保险的经营管理模式与监管模式；根据城乡差异采取不同原则。[①] 社会保险是保障社会公平的重要工具，只有社会保险和商业保险共同发挥发展才能顺应国际社会保障体系改革发展的趋势，建立与小康社会适应的社会保障体系。在尊重社会保障制度可持续发展的需要，为商业保险留下相应的发展空间并且采取有效的措施加以推动，将对中国的社会保险体系的完善起到重要的作用。

5.1.5　扩大医疗保障的覆盖范围，合理利用医疗资源

从本研究中可以看出城市女性对于医疗保险会出现“逆向选择”的问题，要解决这个问题必须扩大城市医疗保险的覆盖范围，使每一个城市居民都享有医疗保险，保证健康公平、卫生服务提供的公平和卫生服务筹资的公平性。卫生医疗保障制度是保证居民最基本健康状况的利民的政策，要发挥其最大效用，让城市居民真正享有惠民政策。2006年，城市居民目前享受的医疗保险主要有五种模式，商业保险、公费医疗、城市职工医疗保险（通道模式）、城市职工医疗保险（板块模式）、城市职工医疗保险（大病模式），但是参保人员仍是小部分。2009年中国关闭破产的企业退休人员已经基本纳入职工医疗保险，在校的大学生也纳入了城镇保险体系，生育保险参保人数也在快速增加。目前，城镇职工基本医保参保人数为2亿，城镇居民参保人数为1.17亿，许多城市贫困人群没有参加医疗保险，可能会因为无法负担昂贵的医疗费用而

---

① 吴娟：《商业保险与社会保险融合发展的必要性及对策——以重疾医疗保险为切入点》，《经营管理者》2009年第4期，第266页。

放弃就医。因此，要完善我国城市医疗保障制度，扩大城市居民参保范围，提高贫困人群的医疗服务利用率，提高基本医疗保障水平，使人人享有医疗保险。建立完善的社会保障体系是保证居民健康的基本。同时建立专业的社区便民医疗服务，针对女性的特殊情况可以提供专业的服务，包括生理和心理的专业服务。

在扩大医疗保险覆盖范围的同时，大力改革医疗保障服务体制，改善城市居民的健康状况要增加国家对卫生医疗服务的投入，合理利用卫生医疗服务资源，增加政府投入，加大力度普及城市居民基本卫生医疗保障。以社区为单位，改善社区医疗服务机构的环境，提高其的服务质量，提高社区医疗机构的利用率，为居民就近就医提供方便；另一方面，合理控制卫生医疗服务价格，抑制医疗药品的非市场因素的快速增长，降低居民看病的成本。加大政府投入基本卫生医疗保障力度，政府加强社区医疗机构的建设，控制医疗服务价格，解决城市居民看病难的问题。在目前中国城镇医疗保险制度改革的基础上总结经验、拓宽思路、建立多层次的保障制度，提高医疗保险制度的人群覆盖率，是基本医疗真正成为广覆盖的制度，最终实现“人人享有卫生保健”的目标。

5.1.6 建立完善的社会保障制度

要提高社会整体的健康水平不仅仅要注重医疗保障，还要与其他社会保障项目相配合形成完善的社会保障体系。并且在社会保障体系中医疗保障、养老保障、事业保障关系密切、相互促进。完善的社会保障体系是城市女性健康的重要保障，也是中国社会保障发展的目标。

（一）医疗保障与养老保障相结合

根据本研究前面的分析，年龄越大健康状况会越差，随着年龄的增长，健康状况逐步恶化。医疗保障和养老保险是社会保障体系中必不可少的两项内容，任何个人无法避免疾病和进入老年，只是对于疾病更多的是不确定性，而进入老年是可以预期的未来。养老保险制度是为了让退休老人能够承担自身日常生活开销并且过上具有一定生活质量的生活。从本研究选取的调查样本中看中国已经进入老年化社会，老年人的生活和疾病问题成为社会的焦点。年龄越大发生疾病的风险也就越高，就会产生较高的医疗费用，医疗保障和养老保障必须相互配合十分重要。养老保险不得不考虑老年人口的特殊医疗需求，如果没有独立的医疗保障制度或者老年人口没有纳入医疗保障制度，那么养老保险制度就应该增加养老金的给付，这样就增加了养老保障的成本，因此医疗保障制度在很大程度上是养老保障的补充。

（二）医疗保障与失业保障相结合

从本研究前面的分析看工作状况城市女性居民健康状况有着极大地影响，较好的工作会带来稳定的收入和生活，健康状况会比较乐观。而失业会带来经济收入的减少，同时还有可能因为失业而带来的心理负担导致疾病的发生，引致客观的经济损失。失业保障与医疗保障之间同样也会相互作用、相互影响。失业人员的经济收入水平都不高，可能购买商业保险也很少，这样就无法规避疾病风险。如果失业人员遭遇疾病而失业保险中无法支付治疗疾病的费用，那失业人员生活将会陷入困境。因此医疗保障制度必须覆盖失业人员这样才能保障失业人员的基本生活，为他们再就业提供健康保证，减轻失业保障的负担，也是公正、公平的医疗保障制度的内在要求；同时失业保障也应该包含为失业人员提供医疗保障的内容，可以通过为失业人员办理社会医疗保险来完成。

（三）医疗保障与社会救济、社会福利相结合

经济收入与健康状况有着正向关系，即经济状况越好健康状况也会越好。社会救济是为经济收入最底层的人群提供最低生活保障的社会保障制度，而医疗保障是为每一个公民提供平等、公正的医疗服务，其中的医疗救助就是为贫困人群提供医疗服务，因此医疗保障和社会救济都是为贫困人群提供生活基本保障的制度。社会救济不能完全代表医疗保障，因此要将医疗保障和社会救济相结合，在社会救济的同时可以制定针对绝对贫困人群的医疗保障制度见其纳入医疗保障体系，对社会救济事业的发展产生积极的效果。目前中国对基本生活无法保证的人群的救助主要是通过民政部门或者一些自发的民间组织，卫生医疗机构对此并没有明确的责任分工。要解决这一部分人群的生活问题，可以建议将对

贫困人员或者救助对象的医疗帮助加以规范纳入社会医疗保障体系中，这样可以对社会救助事业发展产生积极的效果，为城市医疗保障持续发展提供支持。构建城市医疗救助的同时也不能脱离社会救济的支持，要将两者有机地结合起来才能提高生活在底层人群的生活质量，保证社会公民的健康平等。

社会福利是在提供基本生活保障基础之上使社会成员生活状况不断得到改善的社会政策。在经济高速发展的中国生活质量不断提高，所要求的医疗服务需求也会逐渐增加，社会福利水平的提高有利于改善社会成员的生活状况，维持其健康状况，提升人口素质；有利于通过提高教育程度是公众养成良好的生活习惯，预防和控制疾病，减轻医疗保障制度的压力；有利于提升整个社会的健康福利，实现社会福利制度的目标。医疗保障和社会福利都是社会保障体系中的一部分，需要得到社会保障体系的内部支持，才能实现两者的可持续发展。

将医疗保障与养老保障、失业保障、社会救济和社会福利相结合，从扩大失业保险和养老保险的制度覆盖面，减轻城市医疗保险和医疗救助的压力，加强社会救助体系建设，促进城市医疗救助失业的发展，完善社会福利制度，推动城市医疗保障水平的提高三个方面确定城市医疗保障制度的目标与定位，从而建立完善的社会保障制度是目前中国城市医疗改革需要的。

5.2 贡献与不足

目前国内用 QWB 评价量表研究健康问题的学者还不多，赵忠和侯振刚（2005）利用 CHNS 数据从人力资本角度用 Grossman 模型用 QWB 量表分析了我国城镇居民的健康需求。除此之外就是蔡华波（2006）研究 QWB 量表在临床健康体检中的实用性。本研究的主要贡献是:

第一，利用2006年的CHNS截面数据通过QWB量表研究中国城市女性居民健康状况，分析了主要影响城市女性健康的因素；第二，根据城市女性居民健康状况的影响因素提出了目前中国城市医疗保障可行性建议。

本研究的不足之处在于，采用的2006年的横截面数据不能说明时间因素及个体差异因素的综合因素影响，没有考虑收入的内生性问题，模型估计结果可能有偏差，在提出建议方面可能有些瑕疵。

参 考 文 献

K. J. Arrow, "Uncertainty and the Welfare Economics of Medical Care", *American Economics Review*, 1963(53):941-967.

Selma J. Mushkin, " Heath as an Investment ", *Journal of Political Economy*, 1962(70):129-157.

杜本峰：《健康—人力资本—经济效应》，《经济问题》2005 年第 3 期，第 74 ~ 76 页。

世界银行：《1993 年世界发展报告：投资于健康》，《中国财政经济出版社》1993 年版。

Sen, Amartya Kumar, *Development as Freedom*, New York: Random House, Inc, 2000:97-206.

李鲁、于东子：《健康人力资本与个人收入、经济发展的关系》，《中华医院管理杂志》2006 年第 2 期，第 77 ~ 79 页。

Schultz, T. and Tansel, A., "Wage and Labor Supply Effects of Illness in Cote D'Ivoire and Ghana: In-strument Variables Estimating for Day Disabled", *Journal of Development Economics*, 1996, 53(2):251-286.

张车伟：《营养、健康与效率——来自中国贫困农村的证据》，《经济研究》2003 年第 1 期，第 3 ~ 12 页。

高梦滔、姚洋：《健康风险冲击对农户收入的影响》，《经济研究》2005 年第 12 期，第 15 ~ 25 页。

魏众：《健康对非农就业及其工资决定的影响》，《经济研究》2004

年第 2 期，第 64 ~ 74 页。

封进、余央央：《中国农村的收入差距与健康》，《经济研究》2007 年第 1 期，第 79 ~ 88 页。

牟俊霖：《我国居民医疗资源利用状况的不平等》，《中国社会科学院研究生院学报》2007 年第 5 期，第 20 ~ 27 页。

赵忠：《健康卫生需求的理论和经验分析方法》，《世界经济》2005 年第 4 期，第 33 ~ 38 页。

马晓荣：《我国农村居民健康需求的实证研究》，南京农业大学 2007 年，第 5 页。

江暮红：《珠三角工人工作压力健康关系与人力资源调查分析报告》，西南交通大学 2006 年，第 3 页。

李岩：《烟台市居民健康与健康投资影响因素研究》，北京体育大学 2004 年，第 2 页。

赵忠、侯振刚：《我国城镇居民的健康需求与 Grossman 模型——来自截面数据的证据》，《经济研究》2005 年第 10 期，第 79 ~ 90 页。

Grossman, M., "On the Concept of Health CapitaLand the Demand for Health", *Journal of Political Economy*, 1972(80): 223-55.

王冬梅、罗汝敏：《健康方面的性别不平等与贫困》，《妇女研究论丛》2005 年第 12 期，第 17 ~ 19 页。

张励人：《性别公正与贫困地区女性健康促进》，《农业考古》2008 年第 3 期，第 316 ~ 319 页。

John, Paul J. Gertler, Omar Rahman, Kristin Fox, "Gender and Life-Cycle Differentials in the Patterns and Determinants of Adult health", *The Journal of Human Resources*, 1993(28): 791-837.

李轩、孙利华：《国外通用量表比较分析》，《药物流行病学杂志》2007 年第 6 期，第 373 ~ 375 页。

傅健、马爱民：《高效女性教师自测健康的调查分析》，《体育与科学》2009 年第 4 期，第 88 ~ 91 页。

李春风：《浅析中年职业女性健康状况及健身对策》，《长春师范学院学报（自然科学版）》2008年第3期，第96～99页。

刘登蕉：《我国中年职业女性的健康状况分析及对策》，《中国初级卫生保健》2006年第1期，第61～63页。

王敏：《四川省城市居民健康公平想探讨》，四川大学硕士学位论文，2005年，第55～57页。

陈家应、左文远：《试论卫生改革中的“公平优先”原则》，《中国农村卫生事业管理》2001年第8期，第3～6页。

西奥多·W. 舒尔茨：《论人力资本理论》（第一版），北京经济学院出版社1990年版，第49页。

魏众、B·古斯塔夫森：《中国居民医疗支出不公平性分析》，《经济研究》2005年第12期，第26～34页。

张元红：《农村公共卫生服务的供给与筹资》，《中国农村观察》2004年第5期，第50～59页。

高琦：《社区卫生服务筹资渠道系统综述及定性访谈研究》，山东大学硕士学位论文，2008年，第8～9页。

陈家应、龚幼龙、严非：《卫生保健与健康公平性研究进展》，《国外医学》2000年第4期，第153～158页。

高梦滔、顾昕：《城市医疗救助筹资与给付水平的地区不平等性》，《南京大学学报》（哲学、人文科学、社会科学）2007年第3期，第34～41页。

朱玲：《政府与农村基本医疗保健保障制度选择》，《中国社会科学》2000年第4期，第89～99页。

胡琳琳：《我国与收入相关的健康不平等实证研究》，《卫生经济研究》2005年第12期，第13～16页。

刘国恩、William H. Dow、傅正泓、John Akin：《中国的健康人力资本与收入增长》，《经济学季刊》2004年第4期，第101～118页。

Currie, J. and B. C. Madrian, "Health, Health Insurance and Labor Market", *Handbook of Health Economics*, 1999: 3310-3416.

Kaplan, R. , and T. Camacho, "Perceived Health and Mortality: A Nine-

Year Follow-up of the Human Population Laboratory Cohort", *American Journal of Epidemiology*, 1983(117):292-304.

Dolan, P., "The Measurement of Health-Related Quality of Life", *Handbook of Health Economics*, New York:2000, Esevier1B:1749-1755.

Gerdtham, U-G. and M. Johannesson, "New Estimates of Demand for health: Results Based on a Categorical Health Measure and Swedish Micro Data", *Social Science and Medicine*, 1999, 49(10):1325-1332.

Robin C. Sickles and Abdo Yazbeck, "On the Dynamics of Demand for Leisure and the Production of Health", *Journal of Business & Economic Statistics*, 1998(16):187-197.

陈家应、龚幼龙、黄德明、H. Lucas：《经济收入和医疗保健制度对卫生服务公平性的影响》，《中国卫生资源》2001 年第4 期，第170 ~ 172 页。

蔡华波、姜敏敏、李鲁：《QWB 在临床健康体检中的调查研究》，《全科医学临床与教育》2006 年第4 期，第307 ~310 页。

蔡华波：《QWB 在临床健康体检中的适用性研究》，浙江大学硕士学位论文，2005 年。

王娟：《健康性人力资本对经济增长影响的研究——以四川省为例》，四川大学硕士学位论文，2007 年，第5 ~9 页。

胡琳琳：《目前城市医疗机构改革的问卷调查分析》，《中国卫生经济》2005 年第1 期，第28 ~30 页。

附录

QWB 量表

编号	内容	权重
	行动指标（MOB）	
5	不存在由于健康导致的限制	-0.000
4	由于健康原因不开车、不坐车、不乘公共交通（或者需要更多的帮助）	-0.062
2	由于健康原因住院	-0.090
	体力活动指标（PAC）	
4	不存在由于健康导致的限制	-0.000
3	坐轮椅（自己控制），由于健康原因举重、弯腰、上楼梯和上坡有困难（或不能尝试），由于健康原因使用拐杖会其他辅助物，或有其他行走上的身体限制	-0.060
1	坐轮椅（自己不能控制），由于健康原因整天或大部分时间在卧床、椅、沙发	-0.077
	社会活动（SAC）	
5	不存在由于健康导致的限制	-0.000
4	由于健康原因在一些次要活动（例如休闲）中受限制	-0.061
3	由于健康原因在一些重大（主要）活动中受限制	-0.061
2	由于健康原因不能进行其他活动，但可以自理	-0.061
1	由于健康原因不能进行其他活动，不能自理（或需要帮助）	-0.106

症状/情况指标（CPX）

编号	内　容	权重
1	死亡	-0.047
2	意识丧失，如中风（卒中）昏厥或昏迷	-0.407
3	面部、躯体、手臂或腿部大面积烧伤	-0.367
4	疼痛、流血、瘙痒、性器官排泄物——不包括正常的月经来潮	-0.349
5	学习、记忆或思考困难	-0.340
6	上肢、下肢缺失、畸形弯曲、瘫痪（不能移动）或骨折——包括带假肢或支撑架	-0.333
7	疼痛、僵直、虚弱、麻木或胸部、腹部（包括疵气、脱肛）、两肋、颈部、背部、腰部或任何手、足、上肢、下肢关节不舒服	-0.299
8	大小便时疼痛、烧灼感、出血、瘙痒或其他困难	-0.292
9	胃部不适、反胃、呕吐或大便失控、伴有或不伴有发烧、寒战、疼痛	-0.290
10	疲劳、虚弱或体重下降	-0.259
11	咳嗽、哮喘、气短、伴有或不伴有发烧、寒战、疼痛	-0.257
12	阵发性的不安、压抑或尖叫	-0.257
13	头痛、眩晕、耳鸣，阵发性地感到发烧、神经过敏或颤抖	-0.244
14	面部、躯干、四肢大面积的发疹和充血	-0.240
15	讲话困难，如发音不清、口吃、嘶哑或不能讲话	-0.237
16	单眼或双眼疼痛或不适（如充血和发痒），矫正后的视物困难	-0.230
17	与年龄和身高不相称的超重或面部、躯体、四肢的皮肤缺陷，如粉刺、疣、淤伤或色素沉着	-0.186
18	耳朵、牙齿、领、喉、嘴唇、舌疼痛，脱牙和假牙——包括带固定器，鼻塞、流涕或听力障碍——包括带助听器	-0.170
19	因健康原因而取药或治疗饮食	-0.144
20	戴眼镜或用放大镜	-0.101
21	呼吸烟雾或不清洁的空气	-0.107
22	没有症状或健康问题	-0.000

附　录

国务院关于做好促进就业工作的通知

国发［2008］5号

各省、自治区、直辖市人民政府，国务院各部委、各直属机构：

近年来，各地区和有关部门认真贯彻落实党中央、国务院关于就业再就业的方针政策，取得显著成绩，体制转轨遗留的下岗失业人员再就业问题基本解决。当前及今后一个时期，我国劳动者充分就业的需求与劳动力总量过大、素质不相适应之间的矛盾依然存在，促进就业任务十分繁重。党的十七大提出坚持实施积极的就业政策，实现社会就业更加充分的奋斗目标。就业促进法对促进就业工作做出了法律规范。各地区、各部门要根据新的形势和工作要求，切实做好促进就业工作。现就有关问题通知如下：

一、明确就业工作目标任务，强化政府促进就业的领导责任

（一）强化政府责任，把扩大就业放在经济社会发展的突出位置。坚持劳动者自主择业、市场调节就业、政府促进就业的方针，努力创造公平就业环境。县级以上人民政府要把扩大就业作为经济和社会发展的重要目标，纳入国民经济和社会发展规划，并制定促进就业的中长期规划和年度工作计划，在发展经济和调整产业结构、规范人力资源市场、完善就业服务、加强职业教育和培训、提供就业援助等方面制订具体措施，努力实现社会就业更加充分的目标。

（二）实施积极的就业政策，多渠道增加就业岗位。贯彻实施鼓励、支持和引导个体、私营等非公有制经济发展以及加快发展服务业等一系列有利于促进就业的政策措施，促进非公有制经济和第三产业有序发展。采取有效措施，促进中小企业发展，鼓励发展劳动密集型产业，广开就业门路。鼓励和规范灵活就业形式。拓宽就业渠道，统筹做好城镇新增劳动力就业、农业富余劳动力转移就业和失业人员就业工作。

（三）改善创业环境，促进创业带动就业。完善支持自主创业、自谋职业政策体系，建立健全政策扶持、创业服务、创业培训三位一体的工作机制。简化程序，规范操作，提高效率，增加融资渠道，放宽市场准入限制，加强信息服务。加强创业意识教育，转变就业观念，营造鼓励自主创业的社会环境，使更多的劳动者成为创业者。

（四）积极做好高校毕业生就业工作。把高校毕业生就业纳入就业工作总体部署，明确目标，落实责任，健全工作机制，进一步加强对高校毕业生的公共就业服务，广泛开展技能培训和就业见习，提高高校毕业生实践能力和就业能力，引导高校毕业生面向基层就业和创业。

（五）加强失业调控，努力减少失业。县级以上人民政府在安排政府投资和确定重大建设项目时，要按照科学发展观的要求，更加注重对就业的影响，处理好宏观调控与增加就业岗位的关系，妥善做好相关人员的安置工作。要建立健全失业预警制度，对因国内国际经济形势发生重大变化直接影响就业的行业和企业，以及失业问题突出的困难地区、困难行业，制订失业调控预案，实施失业预防、调节和控制，保持就业局势稳定。

（六）健全就业工作目标责任制度。把城镇新增就业、控制失业率、失业人员就业、就业困难人员就业及减少有劳动能力长期失业人员、城市居民最低生活保障人员作为就业工作主要目标任务，逐级分解，建立目标责任体系，并作为政府政绩考核的重要指标。要将统筹城乡就业、建立社会保障与促进就业联动机制纳入政府就业工作目标责任。县级以上人民政府要按照目标责任制度的要求，依法加强对所属有关部门和下一级人民政府的考核、检查和监督。

二、完善政策支持体系，进一步实施积极的就业政策

（七）妥善处理现行政策与法律规定的衔接问题。按照法律要求，对政策进行完善和规范，明确政策支持对象和内容，调整完善操作办法，解决政策落实中的难点问题，提高政策的实施效果。

（八）《国务院关于进一步加强就业再就业工作的通知》（国发［2005］36号）规定的各项税收政策继续有效，审批截止日期为2008年底，2009年以后的税收政策另行规定。登记失业人员创办企业的，凡符合相关条件，可按国家规定享受税收优惠政策。符合有关残疾人就业优惠条件的，可以享受现行增值税、营业税、企业所得税、个人所得税等税收优惠政策。

（九）登记失业人员和残疾人从事个体经营的，按规定免收属于管理类、登记类和证照类的各项行政事业性收费，政策扶持期限最长不超过3年。具体政策由财政部、发展改革委制定。

（十）进一步完善小额担保贷款政策，创新小额担保贷款管理模式。各地可根据实际情况适当提高小额担保贷款额度和扩大贷款范围。经办银行可将小额担保贷款利率在人民银行公布的贷款基准利率的基础上上浮3个百分点，其中微利项目增加的利息由中央财政负担。小额贷款担保基金由地方财政安排。中央财政要进一步拓宽贴息资金的使用渠道，从贴息资金中安排部分资金支持完善担保基金的风险补偿机制和贷款奖励机制。推动信用社区与经办银行加强合作，鼓励担保机构降低反担保门槛或取消反担保。进一步加大对符合条件的劳动密集型小企业的贷款贴息支持力度，鼓励利用小额贷款担保基金为劳动密集型小企业提供贷款担保服务。具体政策由人民银行、财政部、劳动保障部制定。对2007年底前核准的小额担保贷款项目仍按原政策执行。

（十一）扶持就业困难人员就业。就业困难人员一般指大龄、身有残疾、享受最低生活保障、连续失业一年以上，以及因失去土地等原因难以实现就业的人员。具体范围和申请认定程序，由各省、自治区、直辖市人民政府根据本地实际情况规定。对各类企业招用就业困难人员，签订劳动合同并缴纳社会保险费的，在相应期限内给予基本养老保险、基本医疗保险和失业保险补贴；各地政府投资开发的公益性岗位，要优先安排符合岗位要求的就业困难人员，并视其缴纳社会保险费的情况，在相应期限内给予基本养老保险、基本医疗保险和失业保险补贴以及适当的岗位补贴；对就业困难人员灵活就业后申报就业并缴纳社会保险费的，给予一定数额的社会保险补贴。社会保险补贴和岗位补贴期限，除对距法定退休年龄不足五年的人员可延长至退休外，其余人员最长不超过三年。

（十二）国发［2005］36号文件规定的对持《再就业优惠证》人员的各项社会保险补贴、岗位补贴政策继续执行，审批截止到2008年底，期限最长不超过三年。

（十三）县级以上人民政府要根据就业状况和就业工作目标，加大资金投入，在同级财政预算中安排就业专项资金用于促进就业工作。就业专项资金用于职业介绍、职业培训、公益性岗位、职业技能鉴定、特定就业政策和社会保险等的补贴，小额贷款担保基金和微利项目的小额担保贷款贴息，以及扶持公共就业服务等。特定就业政策需经国务院批准。对各地职业介绍补贴、职业培训补贴、公益性岗位补贴、职业技能鉴定补贴、特定就业政策补助、社会保险补贴，以及扶持公共就业服务资金，中央财政继续通过专项转移支付的方式给予适当补助，并对中西部地区和老工业基地给予重点支持。对微利项目的小额担保贷款，中央财政按规定据实贴息。就业专项资金的使用管理办法，由财政部、劳动保障部制订。失业保险基金用于促进就业的支出，按有关规定执行。

三、进一步加强就业服务和管理，健全面向全体劳动者的职业技能培训制度

（十四）各地要按照建立统一开放、竞争有序的人力资源市场的要求，加强部门协调，完善管理制度，维护人力资源市场的良好秩序。县级以上人民政府要加强人力资源市场信息网络及相关设施建设，建立健全人力资源市场信息服务体系，完善市场信息发布制度。鼓励社会各方面依法开展就业服务活动，加强对职业中介机构的管理，提高其服务质量。对为登记失业人员提供就业服务并实现就业的各类职业中介机构，按规定给予职业介绍补贴。

（十五）县级以上人民政府要建立健全公共就业服务体系，规范公共就业服务机构，明确服务职责和范围，合理确定各级公共就业服务机构的人员编制，加强公共就业服务能力建设，将公共就业服务经费纳入同级财政预算，保障其向劳动者提供免费的就业服务。县级以上公共就业服务机构要建立综合性服务场所，为劳动者和用人单位提供“一站式”就业服务；街道、社区公共就业服务机构要设立服务窗口，开展公共就业服务。要规范公共就业服务机构服务流程和标准，提高服务质量和效率。

（十六）各地要建立健全就业登记和失业登记制度。公共就业服务机构负责为劳动者免费办理就业登记和失业登记，并做好登记统计工作。登记失业人员应当积极求职，参加公共就业服务机构安排的就业服务活动，并定期向公共就业服务机构报告就业失业状况。各省、自治区、直辖市在本行政区域内实行统一的就业失业登记证（以下简称登记证），向劳动者免费发放，并注明可享受的扶持政策。登记失业人员凭登记证在核发证件的省（区、市）内享受公共就业服务和就业扶持政策，对就业困难人员在登记证上予以注明。就业登记、失业登记的具体程序和登记证的样式，由各省、自治区、直辖市制订。要切实加强登记证发放和使用的管理。

（十七）建立健全面向全体劳动者的职业技能培训制度。鼓励支持各类职业院校、职业技能培训机构和用人单位依法开展就业前培训、在职培训、再就业培训和创业培训；鼓励劳动者参加各种形式的培训。对失业人员、符合条件的进城务工农村劳动者参加职业培训的，按规定给予职业培训补贴，具体办法由财政部、劳动保障部等制订。对就业困难人员、进城务工农村劳动者通过初次职业技能鉴定（限国家规定实行就业准入制度的特殊工种），取得职业资格证书的，给予一次性的职业技能鉴定补贴。要根据职业培训的实际需要，合理确定补贴标准；现行补贴标准不足弥补实际培训成本的，可提高补贴标准。完善职业培训补贴办法，建立健全职业培训补贴与培训质量、促进就业效果挂钩机制，提高劳动者参加培训和各类职业教育培训机构提供培训的积极性。要完善劳动预备制度，对有就业要求和培训愿望的初高中毕业生实行3个月以上、12个月以内的预备制培训，使其取得相应的职业资格或者掌握一定的职业技能。积极探索职业培训项目化运作模式，将补贴资金与项目运作紧密结合起来，提高职业培训的针对性和有效性。

四、进一步完善面向所有就业困难人员的就业援助制度，及时帮助零就业家庭解决就业困难

（十八）各地要进一步建立健全就业援助制度，积极帮助和扶持有就业愿望和就业能力，且积极求职的就业困难人员就业。要通过公益性岗位援助等多种途径，对所有就业困难人员实行优先扶持和重点帮助。

（十九）加强对零就业家庭的就业援助。各地要依托街道社区公共就业服务机构进一步完善零就业家庭申报认定制度，规范审核认定程序，建立专门台账，及时接受零就业家庭的就业援助申请。要多渠道开发就业岗位，提供有针对性的职业介绍、职业培训等就业服务和公益性岗位援助，通过多种形式帮扶零就业家庭人员实现就业。对其中符合条件的就业困难人员，要及时兑现各项扶持政策。建立动态管理、动态援助的长效工作机制，确保城市有就业需求的家庭至少有一人就业。

（二十）鼓励资源开采型城市和独立工矿区发展与市场需求相适应的接续产业，引导劳动者转移就业。对因资源枯竭或者经济结构调整等原因造成就业困难人员集中的地区，上级人民政府应当给予必要的扶持和帮助。

五、进一步加强组织领导，切实做好就业促进法的贯彻实施工作

（二十一）各地要进一步加强对促进就业工作的组织领导，建立健全促进就业工作协调机制，巩固和加强县级以上人民政府就业工作联席会议制度，强化统一领导、分工协作的工作机制。各有关部门要按照职责分工，切实履行职能，并加强协调配合，及时交流情况，解决问题。要进一步发挥工会、共青团、妇联、残联以及其他社会组织的作用，共同做好就业再就业工作。

（二十二）各地要充分利用各种新闻媒介，深入做好就业宣传工作。大力宣传国家促进就业的法律法规和经济社会政策，宣传各地区、各有关部门和单位促进就业的好做法，宣传劳动者转变就业观念、自主创业、自谋职业和用人单位承担社会责任、促进就业的典型经验。各级人民政府和有关部门要对在促进就业工作中取得显著成绩的单位和个人给予表彰和奖励，为就业工作营造良好的舆论环境和社会氛围。

（二十三）各地区、各有关部门要加强干部的法律知识培训，不断提高依法行政的能力和水平。要抓紧制定配套法规和政策，使法律的原则、要求具体化，增强法律的可操作性。要加强就业促进法实施情况的督促检查，采取有效措施，确保各项工作落实到位。

（二十四）各地劳动保障、民政、财政等部门要密切协作，促进失业保险、社会救助与促进就业工作的有机结合。完善失业保险和社会救助制度，形成促进就业的激励约束机制。严格失业保险金、城市居民最低生活保障金的申领条件和程序，在准确区分申请人员有无劳动能力的基础上，将申领条件与接受职业介绍、职业培训以及参加公益性劳动情况相挂钩，逐步形成促进就业的政策导向。要将享受失业保险待遇人员和有劳动能力、有就业愿望的城市居民最低生活保障人员组织到职业介绍、职业培训、公益性劳动等活动中，采取多种措施，鼓励和吸引其积极就业。

（二十五）各地区、各有关部门要结合实际，抓紧研究制订贯彻本通知的具体办法，确保本通知精神落到实处。对工作中的重大问题，及时报告国务院。

国务院

二〇〇八年二月三日

中华人民共和国劳动合同法实施条例

中华人民共和国国务院令第535号

《中华人民共和国劳动合同法实施条例》已经2008年9月3日国务院第25次常务会议通过，现予公布，自公布之日起施行。

总理　温家宝

二〇〇八年九月十八日

中华人民共和国劳动合同法实施条例

第一章　总　则

第一条　为了贯彻实施《中华人民共和国劳动合同法》（以下简称劳动合同法），制定本条例。

第二条　各级人民政府和县级以上人民政府劳动行政等有关部门以及工会等组织，应当采取措施，推动劳动合同法的贯彻实施，促进劳动关系的和谐。

第三条　依法成立的会计师事务所、律师事务所等合伙组织和基金会，属于劳动合同法规定的用人单位。

第二章 劳动合同的订立

第四条 劳动合同法规定的用人单位设立的分支机构，依法取得营业执照或者登记证书的，可以作为用人单位与劳动者订立劳动合同；未依法取得营业执照或者登记证书的，受用人单位委托可以与劳动者订立劳动合同。

第五条 自用工之日起一个月内，经用人单位书面通知后，劳动者不与用人单位订立书面劳动合同的，用人单位应当书面通知劳动者终止劳动关系，无需向劳动者支付经济补偿，但是应当依法向劳动者支付其实际工作时间的劳动报酬。

第六条 用人单位自用工之日起超过一个月不满一年未与劳动者订立书面劳动合同的，应当依照劳动合同法第八十二条的规定向劳动者每月支付两倍的工资，并与劳动者补订书面劳动合同；劳动者不与用人单位订立书面劳动合同的，用人单位应当书面通知劳动者终止劳动关系，并依照劳动合同法第四十七条的规定支付经济补偿。

前款规定的用人单位向劳动者每月支付两倍工资的起算时间为用工之日起满一个月的次日，截止时间为补订书面劳动合同的前一日。

第七条 用人单位自用工之日起满一年未与劳动者订立书面劳动合同的，自用工之日起满一个月的次日至满一年的前一日应当依照劳动合同法第八十二条的规定向劳动者每月支付两倍的工资，并视为自用工之日起满一年的当日已经与劳动者订立无固定期限劳动合同，应当立即与劳动者补订书面劳动合同。

第八条 劳动合同法第七条规定的职工名册，应当包括劳动者姓名、性别、公民身份号码、户籍地址及现住址、联系方式、用工形式、用工起始时间、劳动合同期限等内容。

第九条 劳动合同法第十四条第二款规定的连续工作满 10 年的起始时间，应当自用人单位用工之日起计算，包括劳动合同法施行前的工作年限。

第十条 劳动者非因本人原因从原用人单位被安排到新用人单位工

作的，劳动者在原用人单位的工作年限合并计算为新用人单位的工作年限。原用人单位已经向劳动者支付经济补偿的，新用人单位在依法解除、终止劳动合同计算支付经济补偿的工作年限时，不再计算劳动者在原用人单位的工作年限。

第十一条 除劳动者与用人单位协商一致的情形外，劳动者依照劳动合同法第十四条第二款的规定，提出订立无固定期限劳动合同的，用人单位应当与其订立无固定期限劳动合同。对劳动合同的内容，双方应当按照合法、公平、平等自愿、协商一致、诚实信用的原则协商确定；对协商不一致的内容，依照劳动合同法第十八条的规定执行。

第十二条 地方各级人民政府及县级以上地方人民政府有关部门为安置就业困难人员提供的给予岗位补贴和社会保险补贴的公益性岗位，其劳动合同不适用劳动合同法有关无固定期限劳动合同的规定以及支付经济补偿的规定。

第十三条 用人单位与劳动者不得在劳动合同法第四十四条规定的劳动合同终止情形之外约定其他的劳动合同终止条件。

第十四条 劳动合同履行地与用人单位注册地不一致的，有关劳动者的最低工资标准、劳动保护、劳动条件、职业危害防护和本地区上年度职工月平均工资标准等事项，按照劳动合同履行地的有关规定执行；用人单位注册地的有关标准高于劳动合同履行地的有关标准，且用人单位与劳动者约定按照用人单位注册地的有关规定执行的，从其约定。

第十五条 劳动者在试用期的工资不得低于本单位相同岗位最低档工资的80%或者不得低于劳动合同约定工资的80%，并不得低于用人单位所在地的最低工资标准。

第十六条 劳动合同法第二十二条第二款规定的培训费用，包括用人单位为了对劳动者进行专业技术培训而支付的有凭证的培训费用、培训期间的差旅费用以及因培训产生的用于该劳动者的其他直接费用。

第十七条 劳动合同期满，但是用人单位与劳动者依照劳动合同法第二十二条的规定约定的服务期尚未到期的，劳动合同应当续延至服务期满；双方另有约定的，从其约定。

第三章　劳动合同的解除和终止

第十八条　有下列情形之一的，依照劳动合同法规定的条件、程序，劳动者可以与用人单位解除固定期限劳动合同、无固定期限劳动合同或者以完成一定工作任务为期限的劳动合同：

（一）劳动者与用人单位协商一致的；

（二）劳动者提前30日以书面形式通知用人单位的；

（三）劳动者在试用期内提前3日通知用人单位的；

（四）用人单位未按照劳动合同约定提供劳动保护或者劳动条件的；

（五）用人单位未及时足额支付劳动报酬的；

（六）用人单位未依法为劳动者缴纳社会保险费的；

（七）用人单位的规章制度违反法律、法规的规定，损害劳动者权益的；

（八）用人单位以欺诈、胁迫的手段或者乘人之危，使劳动者在违背真实意思的情况下订立或者变更劳动合同的；

（九）用人单位在劳动合同中免除自己的法定责任、排除劳动者权利的；

（十）用人单位违反法律、行政法规强制性规定的；

（十一）用人单位以暴力、威胁或者非法限制人身自由的手段强迫劳动者劳动的；

（十二）用人单位违章指挥、强令冒险作业危及劳动者人身安全的；

（十三）法律、行政法规规定劳动者可以解除劳动合同的其他情形。

第十九条　有下列情形之一的，依照劳动合同法规定的条件、程序，用人单位可以与劳动者解除固定期限劳动合同、无固定期限劳动合同或者以完成一定工作任务为期限的劳动合同：

（一）用人单位与劳动者协商一致的；

（二）劳动者在试用期间被证明不符合录用条件的；

（三）劳动者严重违反用人单位的规章制度的；

（四）劳动者严重失职，营私舞弊，给用人单位造成重大损害的；

（五）劳动者同时与其他用人单位建立劳动关系，对完成本单位的工作任务造成严重影响，或者经用人单位提出，拒不改正的；

（六）劳动者以欺诈、胁迫的手段或者乘人之危，使用人单位在违背真实意思的情况下订立或者变更劳动合同的；

（七）劳动者被依法追究刑事责任的；

（八）劳动者患病或者非因工负伤，在规定的医疗期满后不能从事原工作，也不能从事由用人单位另行安排的工作的；

（九）劳动者不能胜任工作，经过培训或者调整工作岗位，仍不能胜任工作的；

（十）劳动合同订立时所依据的客观情况发生重大变化，致使劳动合同无法履行，经用人单位与劳动者协商，未能就变更劳动合同内容达成协议的；

（十一）用人单位依照企业破产法规定进行重整的；

（十二）用人单位生产经营发生严重困难的；

（十三）企业转产、重大技术革新或者经营方式调整，经变更劳动合同后，仍需裁减人员的；

（十四）其他因劳动合同订立时所依据的客观经济情况发生重大变化，致使劳动合同无法履行的。

第二十条 用人单位依照劳动合同法第四十条的规定，选择额外支付劳动者一个月工资解除劳动合同的，其额外支付的工资应当按照该劳动者上一个月的工资标准确定。

第二十一条 劳动者达到法定退休年龄的，劳动合同终止。

第二十二条 以完成一定工作任务为期限的劳动合同因任务完成而终止的，用人单位应当依照劳动合同法第四十七条的规定向劳动者支付经济补偿。

第二十三条 用人单位依法终止工伤职工的劳动合同的，除依照劳动合同法第四十七条的规定支付经济补偿外，还应当依照国家有关工伤保险的规定支付一次性工伤医疗补助金和伤残就业补助金。

第二十四条 用人单位出具的解除、终止劳动合同的证明，应当写明劳动合同期限、解除或者终止劳动合同的日期、工作岗位、在本单位的工作年限。

第二十五条 用人单位违反劳动合同法的规定解除或者终止劳动合同，依照劳动合同法第八十七条的规定支付了赔偿金的，不再支付经济补偿。赔偿金的计算年限自用工之日起计算。

第二十六条 用人单位与劳动者约定了服务期，劳动者依照劳动合同法第三十八条的规定解除劳动合同的，不属于违反服务期的约定，用人单位不得要求劳动者支付违约金。

有下列情形之一，用人单位与劳动者解除约定服务期的劳动合同的，劳动者应当按照劳动合同的约定向用人单位支付违约金：

（一）劳动者严重违反用人单位的规章制度的；

（二）劳动者严重失职，营私舞弊，给用人单位造成重大损害的；

（三）劳动者同时与其他用人单位建立劳动关系，对完成本单位的工作任务造成严重影响，或者经用人单位提出，拒不改正的；

（四）劳动者以欺诈、胁迫的手段或者乘人之危，使用人单位在违背真实意思的情况下订立或者变更劳动合同的；

（五）劳动者被依法追究刑事责任的。

第二十七条 劳动合同法第四十七条规定的经济补偿的月工资按照劳动者应得工资计算，包括计时工资或者计件工资以及奖金、津贴和补贴等货币性收入。劳动者在劳动合同解除或者终止前12个月的平均工资低于当地最低工资标准的，按照当地最低工资标准计算。劳动者工作不满12个月的，按照实际工作的月数计算平均工资。

第四章 劳务派遣特别规定

第二十八条 用人单位或者其所属单位出资或者合伙设立的劳务派遣单位，向本单位或者所属单位派遣劳动者的，属于劳动合同法第六十七条规定的不得设立的劳务派遣单位。

第二十九条 用工单位应当履行劳动合同法第六十二条规定的义务，维护被派遣劳动者的合法权益。

第三十条 劳务派遣单位不得以非全日制用工形式招用被派遣劳动者。

第三十一条 劳务派遣单位或者被派遣劳动者依法解除、终止劳动合同的经济补偿，依照劳动合同法第四十六条、第四十七条的规定执行。

第三十二条 劳务派遣单位违法解除或者终止被派遣劳动者的劳动合同的，依照劳动合同法第四十八条的规定执行。

第五章 法律责任

第三十三条 用人单位违反劳动合同法有关建立职工名册规定的，由劳动行政部门责令限期改正；逾期不改正的，由劳动行政部门处 2000 元以上 2 万元以下的罚款。

第三十四条 用人单位依照劳动合同法的规定应当向劳动者每月支付两倍的工资或者应当向劳动者支付赔偿金而未支付的，劳动行政部门应当责令用人单位支付。

第三十五条 用工单位违反劳动合同法和本条例有关劳务派遣规定的，由劳动行政部门和其他有关主管部门责令改正；情节严重的，以每位被派遣劳动者 1000 元以上 5000 元以下的标准处以罚款；给被派遣劳动者造成损害的，劳务派遣单位和用工单位承担连带赔偿责任。

第六章 附 则

第三十六条 对违反劳动合同法和本条例的行为的投诉、举报，县级以上地方人民政府劳动行政部门依照《劳动保障监察条例》的规定处理。

第三十七条 劳动者与用人单位因订立、履行、变更、解除或者终止劳动合同发生争议的，依照《中华人民共和国劳动争议调解仲裁法》的规定处理。

第三十八条 本条例自公布之日起施行。

中华人民共和国人力资源和社会保障部令

第1号

《企业职工带薪年休假实施办法》已于2008年7月17日经人力资源和社会保障部第6次部务会议通过，现予公布，自公布之日起施行。

部长　尹蔚民

二〇〇八年九月十八日

企业职工带薪年休假实施办法

第一条　为了实施《职工带薪年休假条例》（以下简称条例），制定本实施办法。

第二条　中华人民共和国境内的企业、民办非企业单位、有雇工的个体工商户等单位（以下称用人单位）和与其建立劳动关系的职工，适用本办法。

第三条　职工连续工作满12个月以上的，享受带薪年休假（以下简称年休假）。

第四条　年休假天数根据职工累计工作时间确定。职工在同一或者不同用人单位工作期间，以及依照法律、行政法规或者国务院规定视同工作期间，应当计为累计工作时间。

第五条 职工新进用人单位且符合本办法第三条规定的，当年度年休假天数，按照在本单位剩余日历天数折算确定，折算后不足1整天的部分不享受年休假。

前款规定的折算方法为：（当年度在本单位剩余日历天数÷365天）×职工本人全年应当享受的年休假天数。

第六条 职工依法享受的探亲假、婚丧假、产假等国家规定的假期以及因工伤停工留薪期间不计入年休假假期。

第七条 职工享受寒暑假天数多于其年休假天数的，不享受当年的年休假。确因工作需要，职工享受的寒暑假天数少于其年休假天数的，用人单位应当安排补足年休假天数。

第八条 职工已享受当年的年休假，年度内又出现条例第四条第（二）、（三）、（四）、（五）项规定情形之一的，不享受下一年度的年休假。

第九条 用人单位根据生产、工作的具体情况，并考虑职工本人意愿，统筹安排年休假。用人单位确因工作需要不能安排职工年休假或者跨1个年度安排年休假的，应征得职工本人同意。

第十条 用人单位经职工同意不安排年休假或者安排职工年休假天数少于应休年休假天数，应当在本年度内对职工应休未休年休假天数，按照其日工资收入的300%支付未休年休假工资报酬，其中包含用人单位支付职工正常工作期间的工资收入。

用人单位安排职工休年休假，但是职工因本人原因且书面提出不休年休假的，用人单位可以只支付其正常工作期间的工资收入。

第十一条 计算未休年休假工资报酬的日工资收入按照职工本人的月工资除以月计薪天数（21.75天）进行折算。

前款所称月工资是指职工在用人单位支付其未休年休假工资报酬前12个月剔除加班工资后的月平均工资。在本用人单位工作时间不满12个月的，按实际月份计算月平均工资。

职工在年休假期间享受与正常工作期间相同的工资收入。实行计件工资、提成工资或者其他绩效工资制的职工，日工资收入的计发办法按照本条第一款、第二款的规定执行。

第十二条　用人单位与职工解除或者终止劳动合同时，当年度未安排职工休满应休年休假的，应当按照职工当年已工作时间折算应休未休年休假天数并支付未休年休假工资报酬，但折算后不足1整天的部分不支付未休年休假工资报酬。

前款规定的折算方法为：（当年度在本单位已过日历天数÷365天）×职工本人全年应当享受的年休假天数－当年度已安排年休假天数。

用人单位当年已安排职工年休假的，多于折算应休年休假的天数不再扣回。

第十三条　劳动合同、集体合同约定的或者用人单位规章制度规定的年休假天数、未休年休假工资报酬高于法定标准的，用人单位应当按照有关约定或者规定执行。

第十四条　劳务派遣单位的职工符合本办法第三条规定条件的，享受年休假。

被派遣职工在劳动合同期限内无工作期间由劳务派遣单位依法支付劳动报酬的天数多于其全年应当享受的年休假天数的，不享受当年的年休假；少于其全年应当享受的年休假天数的，劳务派遣单位、用工单位应当协商安排补足被派遣职工年休假天数。

第十五条　县级以上地方人民政府劳动行政部门应当依法监督检查用人单位执行条例及本办法的情况。

用人单位不安排职工休年休假又不依照条例及本办法规定支付未休年休假工资报酬的，由县级以上地方人民政府劳动行政部门依据职权责令限期改正；对逾期不改正的，除责令该用人单位支付未休年休假工资报酬外，用人单位还应当按照未休年休假工资报酬的数额向职工加付赔偿金；对拒不执行支付未休年休假工资报酬、赔偿金行政处理决定的，由劳动行政部门申请人民法院强制执行。

第十六条 职工与用人单位因年休假发生劳动争议的，依照劳动争议处理的规定处理。

第十七条 除法律、行政法规或者国务院另有规定外，机关、事业单位、社会团体和与其建立劳动关系的职工，依照本办法执行。

船员的年休假按《中华人民共和国船员条例》执行。

第十八条 本办法中的“年度”是指公历年度。

第十九条 本办法自发布之日起施行。

中华人民共和国人力资源和社会保障部令

第2号

《劳动人事争议仲裁办案规则》已于2008年12月17日经人力资源和社会保障部第15次部务会议通过，现予公布，自公布之日起施行。

部长　尹蔚民

二〇〇九年一月一日

劳动人事争议仲裁办案规则

第一章

第一条　为公正及时处理劳动、人事争议（以下简称争议），规范仲裁办案程序，根据《中华人民共和国劳动争议调解仲裁法》（以下简称调解仲裁法）以及《中华人民共和国公务员法》（以下简称公务员法）、《中国人民解放军文职人员条例》和有关法律法规、国务院有关规定，制定本规则。

第二条　本规则适用下列争议的仲裁：

（一）企业、个体经济组织、民办非企业单位等组织与劳动者之间，以及机关、事业单位、社会团体与其建立劳动关系的劳动者之间，因确认劳动关系，订立、履行、变更、解除和终止劳动合同，工作时间、休息休假、社会保险、福利、培训以及劳动保护，劳动报酬、工伤医疗费、经济补偿或者赔偿金等发生的争议；

（二）实施公务员法的机关与聘任制公务员之间、参照公务员法管理的机关（单位）与聘任工作人员之间因履行聘任合同发生的争议；

（三）事业单位与工作人员之间因除名、辞退、辞职、离职等解除人事关系以及履行聘用合同发生的争议；

（四）社会团体与工作人员之间因除名、辞退、辞职、离职等解除人事关系以及履行聘用合同发生的争议；

（五）军队文职人员聘用单位与文职人员之间因履行聘用合同发生的争议；

（六）法律、法规规定由仲裁委员会处理的其他争议。

第三条 仲裁委员会处理争议案件，应当遵循合法、公正的原则，先行调解，及时裁决。

第四条 劳动者一方在十人以上的争议，或者因履行集体合同发生的劳动争议，仲裁委员会可优先立案，优先审理。

仲裁委员会处理因履行集体合同发生的劳动争议，应当按照三方原则组成仲裁庭处理。

第二章 一般规定

第五条 因履行集体合同发生的劳动争议，经协商解决不成的，工会可以依法申请仲裁；尚未建立工会的，由上级工会指导劳动者推举产生的代表依法申请仲裁。

第六条 发生争议的劳动者一方在十人以上，并有共同请求的，劳动者可以推举三至五名代表人参加仲裁活动。

第七条 代表人参加仲裁的行为对其所代表的当事人发生效力，但代表人变更、放弃仲裁请求或者承认对方当事人的仲裁请求，进行和解，必须经被代表的当事人同意。

第八条　发生争议的用人单位被吊销营业执照、责令关闭、撤销以及用人单位决定提前解散、歇业，不能承担相关责任的，依法将其出资人、开办单位或主管部门作为共同当事人。

第九条　劳动者与个人承包经营者发生争议，依法向仲裁委员会申请仲裁的，应当将发包的组织和个人承包经营者作为当事人。

第十条　在争议申请仲裁的时效期间内，有下列情形之一的，仲裁时效中断；从中断时起，仲裁时效期间重新计算：

（一）一方当事人通过协商、申请调解等方式向对方当事人主张权利的；

（二）一方当事人通过向有关部门投诉，向仲裁委员会申请仲裁，向人民法院起诉或者申请支付令等方式请求权利救济的；

（三）对方当事人同意履行义务的。

第十一条　因不可抗力，或者有无民事行为能力或者限制民事行为能力劳动者的法定代理人未确定等其他正当理由，当事人不能在规定的仲裁时效期间申请仲裁的，仲裁时效中止。从中止时效的原因消除之日起，仲裁时效期间继续计算。

第十二条　劳动合同履行地为劳动者实际工作场所地，用人单位所在地为用人单位注册、登记地。用人单位未经注册、登记的，其出资人、开办单位或主管部门所在地为用人单位所在地。

案件受理后，劳动合同履行地和用人单位所在地发生变化的，不改变争议仲裁的管辖。

多个仲裁委员会都有管辖权的，由先受理的仲裁委员会管辖。

第十三条　仲裁委员会发现已受理案件不属于其管辖范围的，应当移送至有管辖权的仲裁委员会，并书面通知当事人。

对上述移送案件，受移送的仲裁委员会应依法受理。受移送的仲裁委员会认为受移送的案件依照规定不属于本仲裁委员会管辖，或仲裁委员会之间因管辖争议协商不成的，应当报请共同的上一级仲裁委员会主管部门指定管辖。

第十四条　当事人提出管辖异议的，应当在答辩期满前书面提出。

当事人逾期提出的，不影响仲裁程序的进行，当事人因此对仲裁裁决不服的，可以依法向人民法院起诉或者申请撤销。

第十五条 当事人提出回避申请，应当说明理由，在案件开始审理时提出；回避事由在案件开始审理后知道的，也可以在庭审辩论终结前提出；当事人在庭审辩论终结后提出的，不影响仲裁程序的进行，当事人因此对仲裁裁决不服的，可以依法向人民法院起诉或者申请撤销。

被申请回避的人员在仲裁委员会作出是否回避的决定前，应当暂停参与本案的处理，但因案件需要采取紧急措施的除外。

第十六条 仲裁员是否回避，由仲裁委员会主任或其授权的办事机构负责人决定。仲裁委员会主任担任案件仲裁员是否回避，由仲裁委员会决定。

第十七条 当事人对自己提出的主张有责任提供证据。与争议事项有关的证据属于用人单位掌握管理的，用人单位应当提供；用人单位不提供的，应当承担不利后果。

第十八条 在法律没有具体规定，依本规则第十七条规定无法确定举证责任承担时，仲裁庭可以根据公平原则和诚实信用原则，综合当事人举证能力等因素确定举证责任的承担。

第十九条 承担举证责任的当事人应当在仲裁委员会指定的期限内提供有关证据。当事人在指定期限内不提供的，应当承担不利后果。

第二十条 当事人因客观原因不能自行收集的证据，仲裁委员会可以根据当事人的申请，参照《中华人民共和国民事诉讼法》有关规定予以收集；仲裁委员会认为有必要的，也可以决定参照《中华人民共和国民事诉讼法》有关规定予以收集。

第二十一条 仲裁委员会依法调查取证时，有关组织和个人应当协助配合。

第二十二条 争议处理中涉及证据形式、证据提交、证据交换、证据质证、证据认定等事项，本规则未规定的，参照民事诉讼证据规则的有关规定执行。

第二十三条 仲裁期间包括法定期间和仲裁委员会指定期间。

仲裁委员会送达仲裁文书必须有送达回证，由受送达人在送达回证上记明收到日期，签名或盖章。受送达人在送达回证上的签收日期为送达日期。

仲裁期间的计算和仲裁文书的送达方式，仲裁委员会可以参照民事诉讼关于期间的计算和送达方式的有关规定执行。

第二十四条　案件处理终结后，仲裁委员会应当将处理过程中形成的全部材料立卷归档。

第二十五条　仲裁案卷分正卷和副卷装订。

正卷包括：仲裁申请书、受理（不予受理）通知书、答辩书、法定代表人身份证明书、授权委托书、调查证据、勘验笔录、开庭通知、庭审笔录、延期通知书、仲裁建议书、调解书、裁决书、送达回执等。

副卷包括：评议记录、立案审批表、调查提纲、阅卷笔录、会议笔录、底稿、结案审批表等。

第二十六条　仲裁委员会应当建立案卷查阅制度。对不需要保密的内容，应当允许当事人及其代理人查阅、复印。

第二十七条　仲裁调解和其他方式结案的案卷，保存期不少于五年，仲裁裁决结案的案卷，保存期不少于十年，国家另有规定的从其规定。保存期满后的案卷，应按照国家有关档案管理的规定处理。

第二十八条　在仲裁活动中涉及国家秘密和军事秘密的，按照国家和军队有关保密规定执行。

第三章　仲裁程序

第一节　申请和受理

第二十九条　申请人申请仲裁应当提交书面仲裁申请，并按照被申请人人数提交副本。

仲裁申请书应当载明下列事项：

（一）劳动者的姓名、性别、年龄、职业、工作单位、住所、通讯地址和联系电话，用人单位的名称、住所、通讯地址、联系电话和法定代表人或者主要负责人的姓名、职务；

（二）仲裁请求和所根据的事实、理由；

（三）证据和证据来源，证人姓名和住所。

书写仲裁申请确有困难的，可以口头申请，由仲裁委员会记入笔录，经申请人签名或者盖章确认。

申请人的书面仲裁申请材料齐备的，仲裁委员会应当出具收件回执。

对于仲裁申请书不规范或者材料不齐备的，仲裁委员会应当当场或者在五日内一并告知申请人需要补正的全部材料。申请人按要求补正全部材料的，仲裁委员会应当出具收件回执。

第三十条 仲裁委员会对符合下列条件的仲裁申请应当予以受理，并在收到仲裁申请之日起五日内向申请人出具受理通知书：

（一）属于本规则第二条规定的争议范围；

（二）有明确的仲裁请求和事实理由；

（三）在申请仲裁的法定时效期间内；

（四）属于仲裁委员会管辖范围。

第三十一条 对不符合第三十条第一、二、三项规定之一的仲裁申请，仲裁委员会不予受理，并在收到仲裁申请之日起五日内向申请人出具不予受理通知书。

对不符合第三十条第四项规定的仲裁申请，仲裁委员会应当在收到仲裁申请之日起五日内，向申请人作出书面说明并告知申请人向有管辖权的仲裁委员会申请仲裁。

对仲裁委员会逾期未作出决定或决定不予受理的，申请人可以就该争议事项向人民法院提起诉讼。

第三十二条 仲裁委员会受理案件后，发现不应当受理的，除本规则第十三条规定外，应当撤销案件，并自决定撤销案件后五日内，按照本规则第三十一条的规定书面通知当事人。

第三十三条 仲裁委员会在申请人申请仲裁时，可以引导当事人通过协商、调解等方式解决争议，给予必要的法律释明及风险提示。

第三十四条 仲裁委员会受理仲裁申请后，应当在五日内将仲裁申请书副本送达被申请人。

被申请人收到仲裁申请书副本后，应当在十日内向仲裁委员会提交答辩书。仲裁委员会收到答辩书后，应当在五日内将答辩书副本送达申请人。被申请人逾期未提交答辩书的，不影响仲裁程序的进行。

第三十五条　被申请人可以在答辩期间提出反申请，仲裁委员会应当自收到被申请人反申请之日起五日内决定是否受理并通知被申请人。

决定受理的，仲裁委员会可以将反申请和申请合并处理。

该反申请如果是应当另行申请仲裁的争议，仲裁委员会应当书面告知被申请人另行申请仲裁；该反申请如果是不属于本规则规定应当受理的争议，仲裁委员会应当向被申请人出具不予受理通知书。

被申请人在答辩期满后对申请人提出反申请的，应当另行提出，另案处理。

第二节　开庭和裁决

第三十六条　仲裁委员会应当在受理仲裁申请之日起五日内组成仲裁庭并将仲裁庭的组成情况书面通知当事人。

第三十七条　仲裁庭应当在开庭五日前，将开庭日期、地点书面通知双方当事人。当事人有正当理由的，可以在开庭三日前请求延期开庭。是否延期，由仲裁委员会根据实际情况决定。

第三十八条　申请人收到书面通知，无正当理由拒不到庭或者未经仲裁庭同意中途退庭的，可以按撤回仲裁申请处理，申请人重新申请仲裁的，仲裁委员会不予受理。被申请人收到书面通知，无正当理由拒不到庭或者未经仲裁庭同意中途退庭的，可以缺席裁决。

第三十九条　开庭审理时，仲裁员应当听取申请人的陈述和被申请人的答辩，主持庭审调查、质证和辩论、征询当事人最后意见，并进行调解。

第四十条　仲裁庭应当将开庭情况记入笔录。当事人或者其他仲裁参加人认为对自己陈述的记录有遗漏或者差错的，有权申请补正。仲裁庭认为申请无理由或者无必要的，可以不予补正，但是应当记录该申请。

仲裁员、记录人员、当事人和其他仲裁参加人应当在庭审笔录上签名或者盖章。当事人或者其他仲裁参加人拒绝在庭审笔录上签名或者盖章的，仲裁庭应记明情况附卷。

第四十一条 申请人在举证期限届满前可以提出增加或者变更仲裁请求；仲裁庭对申请人增加或者变更的仲裁请求审查后认为应当受理的，应当通知被申请人并给予答辩期，被申请人明确表示放弃答辩期的除外。

申请人在举证期限届满后提出增加或变更仲裁请求的，应当另行提出，另案处理。

第四十二条 当事人申请仲裁后，可以自行和解。达成和解协议的，可以撤回仲裁申请，也可以请求仲裁庭根据和解协议制作调解书。

第四十三条 仲裁调解达成协议的，仲裁庭应当制作调解书。

调解书应当写明仲裁请求和当事人协议的结果。调解书由仲裁员签名，加盖仲裁委员会印章，送达双方当事人。调解书经双方当事人签收后，发生法律效力。

调解不成或者调解书送达前，一方当事人反悔的，仲裁庭应当及时作出裁决。

第四十四条 仲裁庭裁决案件，应当自仲裁委员会受理仲裁申请之日起四十五日内结束。案情复杂需要延期的，经仲裁委员会主任批准，可以延期并书面通知当事人，但延长期限不得超过十五日。

第四十五条 有下列情形的，仲裁期限按照下列规定计算：

（一）申请人需要补正材料的，仲裁委员会收到仲裁申请的时间从材料补正之日起计算；

（二）增加、变更仲裁申请的，仲裁期限从受理增加、变更仲裁申请之日起重新计算；

（三）仲裁申请和反申请合并处理的，仲裁期限从受理反申请之日起重新计算；

（四）案件移送管辖的，仲裁期限从接受移送之日起计算；

（五）中止审理期间不计入仲裁期限内；

（六）有法律、法规规定应当另行计算的其他情形的。

第四十六条　因出现案件处理依据不明确而请示有关机构，或者案件处理需要等待工伤认定、伤残等级鉴定、司法鉴定结论，公告送达以及其他需要中止仲裁审理的客观情形，经仲裁委员会主任批准，可以中止案件审理，并书面通知当事人。中止审理的客观情形消除后，仲裁庭应当恢复审理。

第四十七条　当事人因仲裁庭逾期未作出仲裁裁决而向人民法院提起诉讼的，仲裁委员会应当裁定该案件终止审理；当事人未就该争议事项向人民法院提起诉讼，并且双方当事人同意继续仲裁的，仲裁委员会可以继续处理并裁决。

第四十八条　仲裁庭裁决案件时，其中一部分事实已经清楚，可以就该部分先行裁决，当事人就该部分达成调解协议的，可以先行出具调解书。当事人对先行裁决不服的，可以依照调解仲裁法有关规定处理。

第四十九条　仲裁庭裁决案件时，裁决内容同时涉及终局裁决和非终局裁决的，应分别作出裁决并告知当事人相应的救济权利。

第五十条　仲裁庭对追索劳动报酬、工伤医疗费、经济补偿或者赔偿金的案件，根据当事人的申请，可以裁决先予执行，移送人民法院执行。

仲裁庭裁决先予执行的，应当符合下列条件：

（一）当事人之间权利义务关系明确；

（二）不先予执行将严重影响申请人的生活。

劳动者申请先予执行的，可以不提供担保。

第五十一条　裁决应当按照多数仲裁员的意见作出，少数仲裁员的不同意见应当记入笔录。仲裁庭不能形成多数意见时，裁决应当按照首席仲裁员的意见作出。

第五十二条　裁决书应当载明仲裁请求、争议事实、裁决理由、裁决结果、当事人权利和裁决日期。裁决书由仲裁员签名，加盖仲裁委员会印章。对裁决持不同意见的仲裁员，可以签名，也可以不签名。

第五十三条　对裁决书中的文字、计算错误或者仲裁庭已经裁决但在裁决书中遗漏的事项，仲裁庭应当及时予以补正并送达当事人。

第五十四条 对于权利义务明确、事实清楚的简单争议案件或经双方当事人同意的其他争议案件，仲裁委员会可指定一名仲裁员独任处理，并可在庭审程序、案件调查、仲裁文书送达、裁决方式等方面进行简便处理。

第五十五条 当事人对裁决不服向人民法院提起诉讼的，依照调解仲裁法的有关规定处理。

第四章 附 则

第五十六条 本规则未作规定的人事争议仲裁涉及事项，依照《人事争议处理规定》有关规定执行。

第五十七条 本规则规定的“三日”、“五日”，指工作日。

第五十八条 本规则自颁布之日起施行。1993 年 10 月 18 日原劳动部颁布的《劳动争议仲裁委员会办案规则》和 1999 年 9 月 6 日原人事部颁布的《人事争议处理办案规则》同时废止。

中共中央　国务院
关于深化医药卫生体制改革的意见

（2009年3月17日）

按照党的十七大精神，为建立中国特色医药卫生体制，逐步实现人人享有基本医疗卫生服务的目标，提高全民健康水平，现就深化医药卫生体制改革提出如下意见。

一、充分认识深化医药卫生体制改革的重要性、紧迫性和艰巨性

医药卫生事业关系亿万人民的健康，关系千家万户的幸福，是重大民生问题。深化医药卫生体制改革，加快医药卫生事业发展，适应人民群众日益增长的医药卫生需求，不断提高人民群众健康素质，是贯彻落实科学发展观、促进经济社会全面协调可持续发展的必然要求，是维护社会公平正义、提高人民生活质量的重要举措，是全面建设小康社会和构建社会主义和谐社会的一项重大任务。

新中国成立以来，特别是改革开放以来，我国医药卫生事业取得了显著成就，覆盖城乡的医药卫生服务体系基本形成，疾病防治能力不断增强，医疗保障覆盖人口逐步扩大，卫生科技水平迅速提高，人民群众健康水平明显改善，居民主要健康指标处于发展中国家前列。尤其是抗击非典取得重大胜利以来，各级政府投入加大，公共卫生、农村医疗卫生和城市社区卫生发展加快，新型农村合作医疗和城镇居民基本医疗保险取得突破性进展，为深化医药卫生体制改革打下了良好基础。同时，也应该看到，当前我国医药卫生事业发展水平与人民群众健康需求及经

济社会协调发展要求不适应的矛盾还比较突出。城乡和区域医疗卫生事业发展不平衡，资源配置不合理，公共卫生和农村、社区医疗卫生工作比较薄弱，医疗保障制度不健全，药品生产流通秩序不规范，医院管理体制和运行机制不完善，政府卫生投入不足，医药费用上涨过快，个人负担过重，对此，人民群众反映强烈。

从现在到2020年，是我国全面建设小康社会的关键时期，医药卫生工作任务繁重。随着经济的发展和人民生活水平的提高，群众对改善医药卫生服务将会有更高的要求。工业化、城镇化、人口老龄化、疾病谱变化和生态环境变化等，都给医药卫生工作带来一系列新的严峻挑战。深化医药卫生体制改革，是加快医药卫生事业发展的战略选择，是实现人民共享改革发展成果的重要途径，是广大人民群众的迫切愿望。

深化医药卫生体制改革是一项涉及面广、难度大的社会系统工程。我国人口多，人均收入水平低，城乡、区域差距大，长期处于社会主义初级阶段的基本国情，决定了深化医药卫生体制改革是一项十分复杂艰巨的任务，是一个渐进的过程，需要在明确方向和框架的基础上，经过长期艰苦努力和坚持不懈的探索，才能逐步建立符合我国国情的医药卫生体制。因此，对深化医药卫生体制改革，既要坚定决心、抓紧推进，又要精心组织、稳步实施，确保改革顺利进行，达到预期目标。

二、深化医药卫生体制改革的指导思想、基本原则和总体目标

（一）深化医药卫生体制改革的指导思想。以邓小平理论和“三个代表”重要思想为指导，深入贯彻落实科学发展观，从我国国情出发，借鉴国际有益经验，着眼于实现人人享有基本医疗卫生服务的目标，着力解决人民群众最关心、最直接、最现实的利益问题。坚持公共医疗卫生的公益性质，坚持预防为主、以农村为重点、中西医并重的方针，实行政事分开、管办分开、医药分开、营利性和非营利性分开，强化政府责任和投入，完善国民健康政策，健全制度体系，加强监督管理，创新体制机制，鼓励社会参与，建设覆盖城乡居民的基本医疗卫生制度，不断提高全民健康水平，促进社会和谐。

（二）深化医药卫生体制改革的基本原则。医药卫生体制改革必须立足国情，一切从实际出发，坚持正确的改革原则。

——坚持以人为本，把维护人民健康权益放在第一位。坚持医药卫生事业为人民健康服务的宗旨，以保障人民健康为中心，以人人享有基本医疗卫生服务为根本出发点和落脚点，从改革方案设计、卫生制度建立到服务体系建设都要遵循公益性的原则，把基本医疗卫生制度作为公共产品向全民提供，着力解决群众反映强烈的突出问题，努力实现全体人民病有所医。

——坚持立足国情，建立中国特色医药卫生体制。坚持从基本国情出发，实事求是地总结医药卫生事业改革发展的实践经验，准确把握医药卫生发展规律和主要矛盾；坚持基本医疗卫生服务水平与经济社会发展相协调、与人民群众的承受能力相适应；充分发挥中医药（民族医药）作用；坚持因地制宜、分类指导，发挥地方积极性，探索建立符合国情的基本医疗卫生制度。

——坚持公平与效率统一，政府主导与发挥市场机制作用相结合。强化政府在基本医疗卫生制度中的责任，加强政府在制度、规划、筹资、服务、监管等方面的职责，维护公共医疗卫生的公益性，促进公平公正。同时，注重发挥市场机制作用，动员社会力量参与，促进有序竞争机制的形成，提高医疗卫生运行效率、服务水平和质量，满足人民群众多层次、多样化的医疗卫生需求。

——坚持统筹兼顾，把解决当前突出问题与完善制度体系结合起来。从全局出发，统筹城乡、区域发展，兼顾供给方和需求方等各方利益，注重预防、治疗、康复三者的结合，正确处理政府、卫生机构、医药企业、医务人员和人民群众之间的关系。既着眼长远，创新体制机制，又立足当前，着力解决医药卫生事业中存在的突出问题。既注重整体设计，明确总体改革方向目标和基本框架，又突出重点，分步实施，积极稳妥地推进改革。

（三）深化医药卫生体制改革的总体目标。建立健全覆盖城乡居民的基本医疗卫生制度，为群众提供安全、有效、方便、价廉的医疗卫生服务。

到2011年，基本医疗保障制度全面覆盖城乡居民，基本药物制度初步建立，城乡基层医疗卫生服务体系进一步健全，基本公共卫生服务得到普及，公立医院改革试点取得突破，明显提高基本医疗卫生服务可及性，有效减轻居民就医费用负担，切实缓解“看病难、看病贵”问题。

到2020年，覆盖城乡居民的基本医疗卫生制度基本建立。普遍建立比较完善的公共卫生服务体系和医疗服务体系，比较健全的医疗保障体系，比较规范的药品供应保障体系，比较科学的医疗卫生机构管理体制和运行机制，形成多元办医格局，人人享有基本医疗卫生服务，基本适应人民群众多层次的医疗卫生需求，人民群众健康水平进一步提高。

三、完善医药卫生四大体系，建立覆盖城乡居民的基本医疗卫生制度

建设覆盖城乡居民的公共卫生服务体系、医疗服务体系、医疗保障体系、药品供应保障体系，形成四位一体的基本医疗卫生制度。四大体系相辅相成，配套建设，协调发展。

（四）全面加强公共卫生服务体系建设。建立健全疾病预防控制、健康教育、妇幼保健、精神卫生、应急救治、采供血、卫生监督和计划生育等专业公共卫生服务网络，完善以基层医疗卫生服务网络为基础的医疗服务体系的公共卫生服务功能，建立分工明确、信息互通、资源共享、协调互动的公共卫生服务体系，提高公共卫生服务和突发公共卫生事件应急处置能力，促进城乡居民逐步享有均等化的基本公共卫生服务。

确定公共卫生服务范围。明确国家基本公共卫生服务项目，逐步增加服务内容。鼓励地方政府根据当地经济发展水平和突出的公共卫生问题，在中央规定服务项目的基础上增加公共卫生服务内容。

完善公共卫生服务体系。进一步明确公共卫生服务体系的职能、目标和任务，优化人员和设备配置，探索整合公共卫生服务资源的有效形式。完善重大疾病防控体系和突发公共卫生事件应急机制，加强对严重威胁人民健康的传染病、慢性病、地方病、职业病和出生缺陷等疾病的监测与预防控制。加强城乡急救体系建设。

加强健康促进与教育。医疗卫生机构及机关、学校、社区、企业等要大力开展健康教育，充分利用各种媒体，加强健康、医药卫生知识的传播，倡导健康文明的生活方式，促进公众合理营养，提高群众的健康意识和自我保健能力。

深入开展爱国卫生运动。将农村环境卫生与环境污染治理纳入社会主义新农村建设规划，推动卫生城市和文明村镇建设，不断改善城乡居民生活、工作等方面的卫生环境。

加强卫生监督服务。大力促进环境卫生、食品卫生、职业卫生、学校卫生，以及农民工等流动人口卫生工作。

（五）进一步完善医疗服务体系。坚持非营利性医疗机构为主体、营利性医疗机构为补充，公立医疗机构为主导、非公立医疗机构共同发展的办医原则，建设结构合理、覆盖城乡的医疗服务体系。

大力发展农村医疗卫生服务体系。进一步健全以县级医院为龙头、乡镇卫生院和村卫生室为基础的农村医疗卫生服务网络。县级医院作为县域内的医疗卫生中心，主要负责基本医疗服务及危重急症病人的抢救，并承担对乡镇卫生院、村卫生室的业务技术指导和卫生人员的进修培训；乡镇卫生院负责提供公共卫生服务和常见病、多发病的诊疗等综合服务，并承担对村卫生室的业务管理和技术指导；村卫生室承担行政村的公共卫生服务及一般疾病的诊治等工作。有条件的农村实行乡村一体化管理。积极推进农村医疗卫生基础设施和能力建设，政府重点办好县级医院，并在每个乡镇办好一所卫生院，采取多种形式支持村卫生室建设，使每个行政村都有一所村卫生室，大力改善农村医疗卫生条件，提高服务质量。

完善以社区卫生服务为基础的新型城市医疗卫生服务体系。加快建设以社区卫生服务中心为主体的城市社区卫生服务网络，完善服务功能，以维护社区居民健康为中心，提供疾病预防控制等公共卫生服务、一般常见病及多发病的初级诊疗服务、慢性病管理和康复服务。转变社区卫生服务模式，不断提高服务水平，坚持主动服务、上门服务，逐步承担起居民健康“守门人”的职责。

健全各类医院的功能和职责。优化布局和结构，充分发挥城市医院在危重急症和疑难病症的诊疗、医学教育和科研、指导和培训基层卫生人员等方面的骨干作用。有条件的大医院按照区域卫生规划要求，可以通过托管、重组等方式促进医疗资源合理流动。

建立城市医院与社区卫生服务机构的分工协作机制。城市医院通过技术支持、人员培训等方式，带动社区卫生服务持续发展。同时，采取增强服务能力、降低收费标准、提高报销比例等综合措施，引导一般诊疗下沉到基层，逐步实现社区首诊、分级医疗和双向转诊。整合城市卫生资源，充分利用城市现有一、二级医院及国有企事业单位所属医疗机构和社会力量举办的医疗机构等资源，发展和完善社区卫生服务网络。

充分发挥中医药（民族医药）在疾病预防控制、应对突发公共卫生事件、医疗服务中的作用。加强中医临床研究基地和中医院建设，组织开展中医药防治疑难疾病的联合攻关。在基层医疗卫生服务中，大力推广中医药适宜技术。采取扶持中医药发展政策，促进中医药继承和创新。

建立城市医院对口支援农村医疗卫生工作的制度。发达地区要加强对口支援贫困地区和少数民族地区发展医疗卫生事业。城市大医院要与县级医院建立长期稳定的对口支援和合作制度，采取临床服务、人员培训、技术指导、设备支援等方式，帮助其提高医疗水平和服务能力。

（六）加快建设医疗保障体系。加快建立和完善以基本医疗保障为主体，其他多种形式补充医疗保险和商业健康保险为补充，覆盖城乡居民的多层次医疗保障体系。

建立覆盖城乡居民的基本医疗保障体系。城镇职工基本医疗保险、城镇居民基本医疗保险、新型农村合作医疗和城乡医疗救助共同组成基本医疗保障体系，分别覆盖城镇就业人口、城镇非就业人口、农村人口和城乡困难人群。坚持广覆盖、保基本、可持续的原则，从重点保障大病起步，逐步向门诊小病延伸，不断提高保障水平。建立国家、单位、家庭和个人责任明确、分担合理的多渠道筹资机制，实现社会互助共济。随着经济社会发展，逐步提高筹资水平和统筹层次，缩小保障水平差距，最终实现制度框架的基本统一。进一步完善城镇职工基本医疗保险制度，加快覆盖就业人口，重点解决国有关闭破产企业、困难企业等职工和退休人员，以及非公有制经济组织从业人员和灵活就业人员的基本医疗保险问题；2009 年全面推开城镇居民基本医疗保险，重视解决老人、残疾人和儿童的基本医疗保险问题；全面实施新型农村合作医疗制度，逐步提高政府补助水平，适当增加农民缴费，提高保障能力；完善城乡医疗救助制度，对困难人群参保及其难以负担的医疗费用提供补助，筑牢医疗保障底线。探索建立城乡一体化的基本医疗保障管理制度。

鼓励工会等社会团体开展多种形式的医疗互助活动。鼓励和引导各类组织和个人发展社会慈善医疗救助。

做好城镇职工基本医疗保险制度、城镇居民基本医疗保险制度、新型农村合作医疗制度和城乡医疗救助制度之间的衔接。以城乡流动的农民工为重点积极做好基本医疗保险关系转移接续，以异地安置的退休人员为重点改进异地就医结算服务。妥善解决农民工基本医疗保险问题。签订劳动合同并与企业建立稳定劳动关系的农民工，要按照国家规定明确用人单位缴费责任，将其纳入城镇职工基本医疗保险制度；其他农民工根据实际情况，参加户籍所在地新型农村合作医疗或务工所在地城镇居民基本医疗保险。

积极发展商业健康保险。鼓励商业保险机构开发适应不同需要的健康保险产品，简化理赔手续，方便群众，满足多样化的健康需求。鼓励企业和个人通过参加商业保险及多种形式的补充保险解决基本医疗保障之外的需求。在确保基金安全和有效监管的前提下，积极提倡以政府购买医疗保障服务的方式，探索委托具有资质的商业保险机构经办各类医疗保障管理服务。

（七）建立健全药品供应保障体系。加快建立以国家基本药物制度为基础的药品供应保障体系，保障人民群众安全用药。

建立国家基本药物制度。中央政府统一制定和发布国家基本药物目录，按照防治必需、安全有效、价格合理、使用方便、中西药并重的原则，结合我国用药特点，参照国际经验，合理确定品种和数量。建立基本药物的生产供应保障体系，在政府宏观调控下充分发挥市场机制的作用，基本药物实行公开招标采购，统一配送，减少中间环节，保障群众基本用药。国家制定基本药物零售指导价格，在指导价格内，由省级人民政府根据招标情况确定本地区的统一采购价格。规范基本药物使用，制定基本药物临床应用指南和基本药物处方集。城乡基层医疗卫生机构应全部配备、使用基本药物，其他各类医疗机构也要将基本药物作为首选药物并确定使用比例。基本药物全部纳入基本医疗保障药物报销目录，报销比例明显高于非基本药物。

规范药品生产流通。完善医药产业发展政策和行业发展规划，严格市场准入和药品注册审批，大力规范和整顿生产流通秩序，推动医药企业提高自主创新能力和医药产业结构优化升级，发展药品现代物流和连锁经营，促进药品生产、流通企业的整合。建立便民惠农的农村药品供应网。完善药品储备制度。支持用量小的特殊用药、急救用药生产。规范药品采购，坚决治理医药购销中的商业贿赂。加强药品不良反应监测，建立药品安全预警和应急处置机制。

四、完善体制机制，保障医药卫生体系有效规范运转

完善医药卫生的管理、运行、投入、价格、监管体制机制，加强科技与人才、信息、法制建设，保障医药卫生体系有效规范运转。

（八）建立协调统一的医药卫生管理体制。实施属地化和全行业管理。所有医疗卫生机构，不论所有制、投资主体、隶属关系和经营性质，均由所在地卫生行政部门实行统一规划、统一准入、统一监管。中央、省级可以设置少量承担医学科研、教学功能的医学中心或区域医疗中心，以及承担全国或区域性疑难病症诊治的专科医院等医疗机构；县（市）主要负责举办县级医院、乡村卫生和社区卫生服务机构；其余公立医院由市负责举办。

强化区域卫生规划。省级人民政府制定卫生资源配置标准，组织编制区域卫生规划和医疗机构设置规划，明确医疗机构的数量、规模、布局和功能。科学制定乡镇卫生院（村卫生室）、社区卫生服务中心（站）等基层医疗卫生机构和各级医院建设与设备配置标准。充分利用和优化配置现有医疗卫生资源，对不符合规划要求的医疗机构要逐步进行整合，严格控制大型医疗设备配置，鼓励共建共享，提高医疗卫生资源利用效率。新增卫生资源必须符合区域卫生规划，重点投向农村和社区卫生等薄弱环节。加强区域卫生规划与城乡规划、土地利用总体规划等的衔接。建立区域卫生规划和资源配置监督评价机制。

推进公立医院管理体制改革。从有利于强化公立医院公益性和政府有效监管出发，积极探索政事分开、管办分开的多种实现形式。进一步转变政府职能，卫生行政部门主要承担卫生发展规划、资格准入、规范标准、服务监管等行业管理职能，其他有关部门按照各自职能进行管理和提供服务。落实公立医院独立法人地位。

进一步完善基本医疗保险管理体制。中央统一制定基本医疗保险制度框架和政策，地方政府负责组织实施管理，创造条件逐步提高统筹层次。有效整合基本医疗保险经办资源，逐步实现城乡基本医疗保险行政管理的统一。

（九）建立高效规范的医药卫生机构运行机制。公共卫生机构收支全部纳入预算管理。按照承担的职责任务，由政府合理确定人员编制、工资水平和经费标准，明确各类人员岗位职责，严格人员准入，加强绩效考核，建立能进能出的用人制度，提高工作效率和服务质量。

转变基层医疗卫生机构运行机制。政府举办的城市社区卫生服务中心（站）和乡镇卫生院等基层医疗卫生机构，要严格界定服务功能，明确规定使用适宜技术、适宜设备和基本药物，为广大群众提供低成本服务，维护公益性质。要严格核定人员编制，实行人员聘用制，建立能进能出和激励有效的人力资源管理制度。要明确收支范围和标准，实行核定任务、核定收支、绩效考核补助的财务管理办法，并探索实行收支两条线、公共卫生和医疗保障经费的总额预付等多种行之有效的管理办法，严格收支预算管理，提高资金使用效益。要改革药品加成政策，实行药品零差率销售。加强和完善内部管理，建立以服务质量为核心、以岗位责任与绩效为基础的考核和激励制度，形成保障公平效率的长效机制。

建立规范的公立医院运行机制。公立医院要遵循公益性质和社会效益原则，坚持以病人为中心，优化服务流程，规范用药、检查和医疗行为。深化运行机制改革，建立和完善医院法人治理结构，明确所有者和管理者的责权，形成决策、执行、监督相互制衡，有责任、有激励、有约束、有竞争、有活力的机制。推进医药分开，积极探索多种有效方式逐步改革以药补医机制。通过实行药品购销差别加价、设立药事服务费等多种方式逐步改革或取消药品加成政策，同时采取适当调整医疗服务价格、增加政府投入、改革支付方式等措施完善公立医院补偿机制。进一步完善财务、会计管理制度，严格预算管理，加强财务监管和运行监督。地方可结合本地实际，对有条件的医院开展"核定收支、以收抵支、超收上缴、差额补助、奖惩分明"等多种管理办法的试点。改革人事制度，完善分配激励机制，推行聘用制度和岗位管理制度，严格工资总额管理，实行以服务质量及岗位工作量为主的综合绩效考核和岗位绩效工资制度，有效调动医务人员的积极性。

健全医疗保险经办机构运行机制。完善内部治理结构，建立合理的用人机制和分配制度，完善激励约束机制，提高医疗保险经办管理能力和管理效率。

（十）建立政府主导的多元卫生投入机制。明确政府、社会与个人的卫生投入责任。确立政府在提供公共卫生和基本医疗服务中的主导地位。公共卫生服务主要通过政府筹资，向城乡居民均等化提供。基本医疗服务由政府、社会和个人三方合理分担费用。特需医疗服务由个人直接付费或通过商业健康保险支付。

建立和完善政府卫生投入机制。中央政府和地方政府都要增加对卫生的投入，并兼顾供给方和需求方。逐步提高政府卫生投入占卫生总费用的比重，使居民个人基本医疗卫生费用负担有效减轻；政府卫生投入增长幅度要高于经常性财政支出的增长幅度，使政府卫生投入占经常性财政支出的比重逐步提高。新增政府卫生投入重点用于支持公共卫生、农村卫生、城市社区卫生和基本医疗保障。

按照分级负担的原则合理划分中央和地方各级政府卫生投入责任。地方政府承担主要责任，中央政府主要对国家免疫规划、跨地区的重大传染疾病预防控制等公共卫生、城乡居民的基本医疗保障以及有关公立医疗卫生机构建设等给予补助。加大中央、省级财政对困难地区的专项转移支付力度。

完善政府对公共卫生的投入机制。专业公共卫生服务机构的人员经费、发展建设和业务经费由政府全额安排，按照规定取得的服务收入上缴财政专户或纳入预算管理。逐步提高人均公共卫生经费，健全公共卫生服务经费保障机制。

完善政府对城乡基层医疗卫生机构的投入机制。政府负责其举办的乡镇卫生院、城市社区卫生服务中心（站）按国家规定核定的基本建设经费、设备购置经费、人员经费和其承担公共卫生服务的业务经费，使其正常运行。对包括社会力量举办的所有乡镇卫生院和城市社区卫生服务机构，各地都可采取购买服务等方式核定政府补助。支持村卫生室建设，对乡村医生承担的公共卫生服务等任务给予合理补助。

落实公立医院政府补助政策。逐步加大政府投入，主要用于基本建设和设备购置、扶持重点学科发展、符合国家规定的离退休人员费用和补贴政策性亏损等，对承担的公共卫生服务等任务给予专项补助，形成规范合理的公立医院政府投入机制。对中医院（民族医院）、传染病院、精神病院、职业病防治院、妇产医院和儿童医院等在投入政策上予以倾斜。严格控制公立医院建设规模、标准和贷款行为。

完善政府对基本医疗保障的投入机制。政府提供必要的资金支持新型农村合作医疗、城镇居民基本医疗保险、城镇职工基本医疗保险和城乡医疗救助制度的建立和完善。保证相关经办机构正常经费。

鼓励和引导社会资本发展医疗卫生事业。积极促进非公立医疗卫生机构发展，形成投资主体多元化、投资方式多样化的办医体制。抓紧制定和完善有关政策法规，规范社会资本包括境外资本办医疗机构的准入条件，完善公平公正的行业管理政策。鼓励社会资本依法兴办非营利性医疗机构。国家制定公立医院改制的指导性意见，积极引导社会资本以多种方式参与包括国有企业所办医院在内的部分公立医院改制重组。稳步推进公立医院改制的试点，适度降低公立医疗机构比重，形成公立医院与非公立医院相互促进、共同发展的格局。支持有资质人员依法开业，方便群众就医。完善医疗机构分类管理政策和税收优惠政策。依法加强对社会力量办医的监管。

大力发展医疗慈善事业。制定相关优惠政策，鼓励社会力量兴办慈善医疗机构，或向医疗救助、医疗机构等慈善捐赠。

（十一）建立科学合理的医药价格形成机制。规范医疗服务价格管理。对非营利性医疗机构提供的基本医疗服务，实行政府指导价，其余由医疗机构自主定价。中央政府负责制定医疗服务价格政策及项目、定价原则及方法；省或市级价格主管部门会同卫生、人力资源社会保障部门核定基本医疗服务指导价格。基本医疗服务价格按照扣除财政补助的服务成本制定，体现医疗服务合理成本和技术劳务价值。不同级别的医疗机构和医生提供的服务，实行分级定价。规范公立医疗机构收费项目和标准，研究探索按病种收费等收费方式改革。建立医用设备仪器价格监测、检查治疗服务成本监审及其价格定期调整制度。

改革药品价格形成机制。合理调整政府定价范围，改进定价方法，提高透明度，利用价格杠杆鼓励企业自主创新，促进国家基本药物的生产和使用。对新药和专利药品逐步实行定价前药物经济性评价制度。对仿制药品实行后上市价格从低定价制度，抑制低水平重复建设。严格控制药品流通环节差价率。对医院销售药品开展差别加价、收取药事服务费等试点，引导医院合理用药。加强医用耗材及植（介）入类医疗器械流通和使用环节价格的控制和管理。健全医药价格监测体系，规范企业自主定价行为。

积极探索建立医疗保险经办机构与医疗机构、药品供应商的谈判机制，发挥医疗保障对医疗服务和药品费用的制约作用。

（十二）建立严格有效的医药卫生监管体制。强化医疗卫生监管。健全卫生监督执法体系，加强城乡卫生监督机构能力建设。强化医疗卫生服务行为和质量监管，完善医疗卫生服务标准和质量评价体系，规范管理制度和工作流程，加快制定统一的疾病诊疗规范，健全医疗卫生服务质量监测网络。加强医疗卫生机构的准入和运行监管。加强对生活饮用水安全、职业危害防治、食品安全、医疗废弃物处置等社会公共卫生的监管。依法严厉打击各种危害人民群众身体健康和生命安全的违法行为。

完善医疗保障监管。加强对医疗保险经办、基金管理和使用等环节的监管，建立医疗保险基金有效使用和风险防范机制。强化医疗保障对医疗服务的监控作用，完善支付制度，积极探索实行按人头付费、按病种付费、总额预付等方式，建立激励与惩戒并重的有效约束机制。加强商业健康保险监管，促进规范发展。

加强药品监管。强化政府监管责任，完善监管体系建设，严格药品研究、生产、流通、使用、价格和广告的监管。落实药品生产质量管理规范，加强对高风险品种生产的监管。严格实施药品经营管理规范，探索建立药品经营许可分类、分级的管理模式，加大重点品种的监督抽验力度。建立农村药品监督网。加强政府对药品价格的监管，有效抑制虚高定价。规范药品临床使用，发挥执业药师指导合理用药与药品质量管理方面的作用。

建立信息公开、社会多方参与的监管制度。鼓励行业协会等社会组织和个人对政府部门、医药机构和相关体系的运行绩效进行独立评价和监督。加强行业自律。

（十三）建立可持续发展的医药卫生科技创新机制和人才保障机制。推进医药卫生科技进步。把医药卫生科技创新作为国家科技发展的重点，努力攻克医药科技难关，为人民群众健康提供技术保障。加大医学科研投入，深化医药卫生科技体制和机构改革，整合优势医学科研资源，加快实施医药科技重大专项，鼓励自主创新，加强对重大疾病防治技术和新药研制关键技术等的研究，在医学基础和应用研究、高技术研究、中医和中西医结合研究等方面力求新的突破。开发生产适合我国国情的医疗器械。广泛开展国际卫生科技合作交流。

加强医药卫生人才队伍建设。制定和实施人才队伍建设规划，重点加强公共卫生、农村卫生、城市社区卫生专业技术人员和护理人员的培养培训。制定优惠政策，鼓励优秀卫生人才到农村、城市社区和中西部地区服务。对长期在城乡基层工作的卫生技术人员在职称晋升、业务培训、待遇政策等方面给予适当倾斜。完善全科医师任职资格制度，健全农村和城市社区卫生人员在岗培训制度，鼓励参加学历教育，促进乡村医生执业规范化，尽快实现基层医疗卫生机构都有合格的全科医生。加强高层次科研、医疗、卫生管理等人才队伍建设。建立住院医师规范化培训制度，强化继续医学教育。加强护理队伍建设，逐步解决护理人员比例过低的问题。培育壮大中医药人才队伍。稳步推动医务人员的合理流动，促进不同医疗机构之间人才的纵向和横向交流，研究探索注册医师多点执业。规范医院管理者的任职条件，逐步形成一支职业化、专业化的医疗机构管理队伍。

调整高等医学教育结构和规模。加强全科医学教育，完善标准化、规范化的临床医学教育，提高医学教育质量。加大医学教育投入，大力发展面向农村、社区的高等医学本专科教育，采取定向免费培养等多种方式，为贫困地区农村培养实用的医疗卫生人才，造就大批扎根农村、服务农民的合格医生。

构建健康和谐的医患关系。加强医德医风建设，重视医务人员人文素养培养和职业素质教育，大力弘扬救死扶伤精神。优化医务人员执业环境和条件，保护医务人员的合法权益，调动医务人员改善服务和提高效率的积极性。完善医疗执业保险，开展医务社会工作，完善医疗纠纷处理机制，增进医患沟通。在全社会形成尊重医学科学、尊重医疗卫生工作者、尊重患者的良好风气。

（十四）建立实用共享的医药卫生信息系统。大力推进医药卫生信息化建设。以推进公共卫生、医疗、医保、药品、财务监管信息化建设为着力点，整合资源，加强信息标准化和公共服务信息平台建设，逐步实现统一高效、互联互通。

加快医疗卫生信息系统建设。完善以疾病控制网络为主体的公共卫生信息系统，提高预测预警和分析报告能力；以建立居民健康档案为重点，构建乡村和社区卫生信息网络平台；以医院管理和电子病历为重点，推进医院信息化建设；利用网络信息技术，促进城市医院与社区卫生服务机构的合作。积极发展面向农村及边远地区的远程医疗。

建立和完善医疗保障信息系统。加快基金管理、费用结算与控制、医疗行为管理与监督、参保单位和个人管理服务等具有复合功能的医疗保障信息系统建设。加强城镇职工基本医疗保险、城镇居民基本医疗保险、新型农村合作医疗和医疗救助信息系统建设，实现与医疗机构信息系统的对接，积极推广“一卡通”等办法，方便参保（合）人员就医，增加医疗服务的透明度。

建立和完善国家、省、市三级药品监管、药品检验检测、药品不良反应监测信息网络。建立基本药物供求信息系统。

（十五）建立健全医药卫生法律制度。完善卫生法律法规。加快推进基本医疗卫生立法，明确政府、社会和居民在促进健康方面的权利和义务，保障人人享有基本医疗卫生服务。建立健全卫生标准体系，做好相关法律法规的衔接与协调。加快中医药立法工作。完善药品监管法律法规。逐步建立健全与基本医疗卫生制度相适应、比较完整的卫生法律制度。

推进依法行政。严格、规范执法，切实提高各级政府运用法律手段发展和管理医药卫生事业的能力。加强医药卫生普法工作，努力创造有利于人民群众健康的法治环境。

五、着力抓好五项重点改革，力争近期取得明显成效

为使改革尽快取得成效，落实医疗卫生服务的公益性质，着力保障广大群众看病就医的基本需求，按照让群众得到实惠，让医务人员受到鼓舞，让监管人员易于掌握的要求，2009～2011 年着力抓好五项重点改革。

（十六）加快推进基本医疗保障制度建设。基本医疗保障制度全面覆盖城乡居民，3 年内城镇职工基本医疗保险、城镇居民基本医疗保险和新型农村合作医疗参保（合）率均达到 90% 以上；城乡医疗救助制度覆盖到全国所有困难家庭。以提高住院和门诊大病保障为重点，逐步提高筹资和保障水平，2010 年各级财政对城镇居民基本医疗保险和新型农村合作医疗的补助标准提高到每人每年 120 元。做好医疗保险关系转移接续和异地就医结算服务。完善医疗保障管理体制机制。有效减轻城乡居民个人医药费用负担。

（十七）初步建立国家基本药物制度。建立比较完整的基本药物遴选、生产供应、使用和医疗保险报销的体系。2009 年，公布国家基本药物目录；规范基本药物采购和配送；合理确定基本药物的价格。从 2009 年起，政府举办的基层医疗卫生机构全部配备和使用基本药物，其他各类医疗机构也都必须按规定使用基本药物，所有零售药店均应配备和销售基本药物；完善基本药物的医保报销政策。保证群众基本用药的可及性、安全性和有效性，减轻群众基本用药费用负担。

（十八）健全基层医疗卫生服务体系。加快农村三级医疗卫生服务网络和城市社区卫生服务机构建设，发挥县级医院的龙头作用，用 3 年时间建成比较完善的基层医疗卫生服务体系。加强基层医疗卫生人才队伍建设，特别是全科医生的培养培训，着力提高基层医疗卫生机构服务水平和质量。转变基层医疗卫生机构运行机制和服务模式，完善补偿机制。逐步建立分级诊疗和双向转诊制度，为群众提供便捷、低成本的基本医疗卫生服务。

（十九）促进基本公共卫生服务逐步均等化。国家制定基本公共卫生服务项目，从 2009 年起，逐步向城乡居民统一提供疾病预防控制、妇幼保健、健康教育等基本公共卫生服务。实施国家重大公共卫生服务项目，有效预防控制重大疾病及其危险因素，进一步提高突发重大公共卫生事件处置能力。健全城乡公共卫生服务体系，完善公共卫生服务经费保障机制，2009 年人均基本公共卫生服务经费标准不低于 15 元，到 2011 年不低于 20 元。加强绩效考核，提高服务效率和质量。逐步缩小城乡居民基本公共卫生服务差距，力争让群众少生病。

（二十）推进公立医院改革试点。改革公立医院管理体制、运行机制和监管机制，积极探索政事分开、管办分开的有效形式。完善医院法人治理结构。推进公立医院补偿机制改革，加大政府投入，完善公立医院经济补偿政策，逐步解决“以药补医”问题。加快形成多元化办医格局，鼓励民营资本举办非营利性医院。大力改进公立医院内部管理，优化服务流程，规范诊疗行为，调动医务人员的积极性，提高服务质量和效率，明显缩短病人等候时间，实现同级医疗机构检查结果互认，努力让群众看好病。

六、积极稳妥推进医药卫生体制改革

（二十一）提高认识，加强领导。各级党委和政府要充分认识深化医药卫生体制改革的重要性、紧迫性和艰巨性，提高认识、坚定信心，切实加强组织领导，把解决群众看病就医问题作为改善民生、扩大内需的重点摆上重要议事日程，明确任务分工，落实政府的公共医疗卫生责任。成立国务院深化医药卫生体制改革领导小组，统筹组织实施深化医药卫生体制改革。国务院有关部门要认真履行职责，密切配合，形成合力，加强监督考核。地方政府要按照本意见和实施方案的要求，因地制宜制定具体实施方案和有效措施，精心组织，有序推进改革进程，确保改革成果惠及全体人民群众。

（二十二）突出重点，分步实施。建立覆盖城乡居民的基本医疗卫生制度是一项长期任务，要坚持远近结合，从基础和基层起步，近期重点抓好基本医疗保障制度、国家基本药物制度、基层医疗卫生服务体系、基本公共卫生服务均等化和公立医院改革试点五项改革。要抓紧制定操作性文件和具体方案，进一步深化、细化政策措施，明确实施步骤，做好配套衔接，协调推进各项改革。

（二十三）先行试点，逐步推开。医药卫生体制改革涉及面广、情况复杂、政策性强，一些重大改革要先行试点。国务院深化医药卫生体制改革领导小组负责制定试点原则和政策框架，统筹协调、指导各地试点工作。各省区市制定具体试点方案并组织实施。鼓励地方结合当地实际，开展多种形式的试点，积极探索有效的实现途径，并及时总结经验，逐步推开。

（二十四）加强宣传，正确引导。深化医药卫生体制改革需要社会各界和广大群众的理解、支持和参与。要坚持正确的舆论导向，广泛宣传改革的重大意义和主要政策措施，积极引导社会预期，增强群众信心，使这项惠及广大人民群众的重大改革深入人心，为深化改革营造良好的舆论环境。

国务院关于印发《医药卫生体制改革近期重点实施方案（2009～2011年）》的通知

国发〔2009〕12号

各省、自治区、直辖市人民政府，国务院各部委、各直属机构：

现将《医药卫生体制改革近期重点实施方案（2009～2011年）》印发给你们，请结合本地区、本部门实际，认真贯彻执行。

国务院

二〇〇九年三月十八日

医药卫生体制改革近期重点实施方案（2009～2011年）

根据《中共中央　国务院关于深化医药卫生体制改革的意见》（中发〔2009〕6号，以下简称《意见》），2009～2011年重点抓好五项改革：一是加快推进基本医疗保障制度建设，二是初步建立国家基本药物制度，三是健全基层医疗卫生服务体系，四是促进基本公共卫生服务逐步均等化，五是推进公立医院改革试点。

推进五项重点改革，旨在着力解决群众反映较多的“看病难、看病贵”问题。推进基本医疗保障制度建设，将全体城乡居民纳入基本医疗保障制度，切实减轻群众个人支付的医药费用负担。建立国家基本药物制度，完善基层医疗卫生服务体系，方便群众就医，充分发挥中医药作用，降低医疗服务和药品价格。促进基本公共卫生服务逐步均等化，使全体城乡居民都能享受基本公共卫生服务，最大限度地预防疾病。推进公立医院改革试点，提高公立医疗机构服务水平，努力解决群众“看好病”问题。

推进五项重点改革，旨在落实医疗卫生事业的公益性质，具有改革阶段性的鲜明特征。把基本医疗卫生制度作为公共产品向全民提供，实现人人享有基本医疗卫生服务，这是我国医疗卫生事业发展从理念到体制的重大变革，是贯彻落实科学发展观的本质要求。医药卫生体制改革是艰巨而长期的任务，需要分阶段有重点地推进。要处理好公平与效率的关系，在改革初期首先着力解决公平问题，保障广大群众看病就医的基本需求，并随着经济社会发展逐步提高保障水平。逐步解决城镇职工基本医疗保险、城镇居民基本医疗保险、新型农村合作医疗制度之间的衔接问题。鼓励社会资本投入，发展多层次、多样化的医疗卫生服务，统筹利用全社会的医疗卫生资源，提高服务效率和质量，满足人民群众多样化的医疗卫生需求。

推进五项重点改革，旨在增强改革的可操作性，突出重点，带动医药卫生体制全面改革。建立基本医疗卫生制度是一项重大制度创新，是医药卫生体制全面改革的关键环节。五项重点改革涉及医疗保障制度建设、药品供应保障、医药价格形成机制、基层医疗卫生机构建设、公立医疗机构改革、医疗卫生投入机制、医务人员队伍建设、医药卫生管理体制等关键环节和重要领域。抓好这五项改革，目的是从根本上改变部分城乡居民没有医疗保障和公共医疗卫生服务长期薄弱的状况，扭转公立医疗机构趋利行为，使其真正回归公益性，有效解决当前医药卫生领域的突出问题，为全面实现医药卫生体制改革的长远目标奠定坚实基础。

一、加快推进基本医疗保障制度建设

（一）扩大基本医疗保障覆盖面。三年内，城镇职工基本医疗保险

（以下简称城镇职工医保）、城镇居民基本医疗保险（以下简称城镇居民医保）和新型农村合作医疗（以下简称新农合）覆盖城乡全体居民，参保率均提高到90%以上。用两年左右时间，将关闭破产企业退休人员和困难企业职工纳入城镇职工医保，确有困难的，经省级人民政府批准后，参加城镇居民医保。关闭破产企业退休人员实现医疗保险待遇与企业缴费脱钩。中央财政对困难地区的国有关闭破产企业退休人员参保给予适当补助。2009年全面推开城镇居民医保制度，将在校大学生全部纳入城镇居民医保范围。积极推进城镇非公有制经济组织从业人员、灵活就业人员和农民工参加城镇职工医保。政府对符合就业促进法规定的就业困难人员参加城镇职工医保的参保费用给予补贴。灵活就业人员自愿选择参加城镇职工医保或城镇居民医保。参加城镇职工医保有困难的农民工，可以自愿选择参加城镇居民医保或户籍所在地的新农合。

（二）提高基本医疗保障水平。逐步提高城镇居民医保和新农合筹资标准和保障水平。2010年，各级财政对城镇居民医保和新农合的补助标准提高到每人每年120元，并适当提高个人缴费标准，具体缴费标准由省级人民政府制定。城镇职工医保、城镇居民医保和新农合对政策范围内的住院费用报销比例逐步提高。逐步扩大和提高门诊费用报销范围和比例。将城镇职工医保、城镇居民医保最高支付限额分别提高到当地职工年平均工资和居民可支配收入的6倍左右，新农合最高支付限额提高到当地农民人均纯收入的6倍以上。

（三）规范基本医疗保障基金管理。各类医保基金要坚持以收定支、收支平衡、略有结余的原则。合理控制城镇职工医保基金、城镇居民医保基金的年度结余和累计结余，结余过多的地方要采取提高保障水平等办法，把结余逐步降到合理水平。新农合统筹基金当年结余率原则上控制在15%以内，累计结余不超过当年统筹基金的25%。建立基本医疗保险基金风险调剂金制度。基金收支情况要定期向社会公布。提高基金统筹层次，2011年城镇职工医保、城镇居民医保基本实现市（地）级统筹。

（四）完善城乡医疗救助制度。有效使用救助资金，简化救助资金审批发放程序，资助城乡低保家庭成员、五保户参加城镇居民医保或新农合，逐步提高对经济困难家庭成员自负医疗费用的补助标准。

（五）提高基本医疗保障管理服务水平。鼓励地方积极探索建立医保经办机构与医药服务提供方的谈判机制和付费方式改革，合理确定药品、医疗服务和医用材料支付标准，控制成本费用。改进医疗保障服务，推广参保人员就医“一卡通”，实现医保经办机构与定点医疗机构直接结算。允许参加新农合的农民在统筹区域内自主选择定点医疗机构就医，简化到县域外就医的转诊手续。建立异地就医结算机制，探索异地安置的退休人员就地就医、就地结算办法。制定基本医疗保险关系转移接续办法，解决农民工等流动就业人员基本医疗保障关系跨制度、跨地区转移接续问题。做好城镇职工医保、城镇居民医保、新农合、城乡医疗救助之间的衔接。探索建立城乡一体化的基本医疗保障管理制度，并逐步整合基本医疗保障经办管理资源。在确保基金安全和有效监管的前提下，积极提倡以政府购买医疗保障服务的方式，探索委托具有资质的商业保险机构经办各类医疗保障管理服务。

二、初步建立国家基本药物制度

（六）建立国家基本药物目录遴选调整管理机制。制订国家基本药物遴选和管理办法。基本药物目录定期调整和更新。2009年初，公布国家基本药物目录。

（七）初步建立基本药物供应保障体系。充分发挥市场机制作用，推动药品生产流通企业兼并重组，发展统一配送，实现规模经营；鼓励零售药店发展连锁经营。完善执业药师制度，零售药店必须按规定配备执业药师为患者提供购药咨询和指导。政府举办的医疗卫生机构使用的基本药物，由省级人民政府指定的机构公开招标采购，并由招标选择的配送企业统一配送。参与投标的生产企业和配送企业应具备相应的资格条件。招标采购药品和选择配送企业，要坚持全国统一市场，不同地区、不同所有制企业平等参与、公平竞争。药品购销双方要根据招标采购结果签订合同并严格履约。用量较少的基本药物，可以采用招标方式定点生产。完善基本药物国家储备制度。加强药品质量监管，对药品定期进行质量抽检，并向社会公布抽检结果。

国家制定基本药物零售指导价格。省级人民政府根据招标情况在国家指导价格规定的幅度内确定本地区基本药物统一采购价格，其中包含配送费用。政府举办的基层医疗卫生机构按购进价格实行零差率销售。鼓励各地探索进一步降低基本药物价格的采购方式。

（八）建立基本药物优先选择和合理使用制度。所有零售药店和医疗机构均应配备和销售国家基本药物，满足患者需要。不同层级医疗卫生机构基本药物使用率由卫生行政部门规定。从2009年起，政府举办的基层医疗卫生机构全部配备和使用基本药物，其他各类医疗机构也都必须按规定使用基本药物。卫生行政部门制订临床基本药物应用指南和基本药物处方集，加强用药指导和监管。允许患者凭处方到零售药店购买药物。基本药物全部纳入基本医疗保障药品报销目录，报销比例明显高于非基本药物。

三、健全基层医疗卫生服务体系

（九）加强基层医疗卫生机构建设。完善农村三级医疗卫生服务网络。发挥县级医院的龙头作用，三年内中央重点支持2000所左右县级医院（含中医院）建设，使每个县至少有1所县级医院基本达到标准化水平。完善乡镇卫生院、社区卫生服务中心建设标准。2009年，全面完成中央规划支持的2.9万所乡镇卫生院建设任务，再支持改扩建5000所中心乡镇卫生院，每个县1～3所。支持边远地区村卫生室建设，三年内实现全国每个行政村都有卫生室。三年内新建、改造3700所城市社区卫生服务中心和1.1万个社区卫生服务站。中央支持困难地区2400所城市社区卫生服务中心建设。公立医院资源过剩地区，要进行医疗资源重组，充实和加强基层医疗卫生机构。对社会力量举办基层医疗卫生机构提供的公共卫生服务，采取政府购买服务等方式给予补偿；对其提供的基本医疗服务，通过签订医疗保险定点合同等方式，由基本医疗保障基金等渠道补偿。鼓励有资质的人员开办诊所或个体行医。

（十）加强基层医疗卫生队伍建设。制定并实施免费为农村定向培养全科医生和招聘执业医师计划。用三年时间，分别为乡镇卫生院、城市社区卫生服务机构和村卫生室培训医疗卫生人员36万人次、16万人次和137万人次。完善城市医院对口支援农村制度。每所城市三级医院要与3所左右县级医院（包括有条件的乡镇卫生院）建立长期对口协作关系。继续实施“万名医师支援农村卫生工程”。采取到城市大医院进修、参加住院医师规范化培训等方式，提高县级医院医生水平。

落实好城市医院和疾病预防控制机构医生晋升中高级职称前到农村服务一年以上的政策。鼓励高校医学毕业生到基层医疗机构工作。从2009年起，对志愿去中西部地区乡镇卫生院工作三年以上的高校医学毕业生，由国家代偿学费和助学贷款。

（十一）改革基层医疗卫生机构补偿机制。基层医疗卫生机构运行成本通过服务收费和政府补助补偿。政府负责其举办的乡镇卫生院、城市社区卫生服务中心和服务站按国家规定核定的基本建设、设备购置、人员经费及所承担公共卫生服务的业务经费，按定额定项和购买服务等方式补助。医务人员的工资水平，要与当地事业单位工作人员平均工资水平相衔接。基层医疗卫生机构提供的医疗服务价格，按扣除政府补助后的成本制定。实行药品零差率销售后，药品收入不再作为基层医疗卫生机构经费的补偿渠道，不得接受药品折扣。探索对基层医疗卫生机构实行收支两条线等管理方式。

政府对乡村医生承担的公共卫生服务等任务给予合理补助，补助标准由地方人民政府规定。

（十二）转变基层医疗卫生机构运行机制。基层医疗卫生机构要使用适宜技术、适宜设备和基本药物，大力推广包括民族医药在内的中医药，为城乡居民提供安全有效和低成本服务。乡镇卫生院要转变服务方式，组织医务人员在乡村开展巡回医疗；城市社区卫生服务中心和服务站对行动不便的患者要实行上门服务、主动服务。鼓励地方制定分级诊疗标准，开展社区首诊制试点，建立基层医疗机构与上级医院双向转诊制度。全面实行人员聘用制，建立能进能出的人力资源管理制度。完善收入分配制度，建立以服务质量和服务数量为核心、以岗位责任与绩效为基础的考核和激励制度。

四、促进基本公共卫生服务逐步均等化

（十三）基本公共卫生服务覆盖城乡居民。制定基本公共卫生服务项目，明确服务内容。从2009年开始，逐步在全国统一建立居民健康档案，并实施规范管理。定期为65岁以上老年人做健康检查、为3岁以下婴幼儿做生长发育检查、为孕产妇做产前检查和产后访视，为高血压、糖尿病、精神疾病、艾滋病、结核病等人群提供防治指导服务。普及健康知识，2009年开设中央电视台健康频道，中央和地方媒体均应加强健康知识宣传教育。

（十四）增加国家重大公共卫生服务项目。继续实施结核病、艾滋病等重大疾病防控和国家免疫规划、农村妇女住院分娩等重大公共卫生项目。从2009年开始开展以下项目：为15岁以下人群补种乙肝疫苗；消除燃煤型氟中毒危害；农村妇女孕前和孕早期补服叶酸等，预防出生缺陷；贫困白内障患者复明；农村改水改厕等。

（十五）加强公共卫生服务能力建设。重点改善精神卫生、妇幼卫生、卫生监督、计划生育等专业公共卫生机构的设施条件。加强重大疾病以及突发公共卫生事件预测预警和处置能力。积极推广和应用中医药预防保健方法和技术。落实传染病医院、鼠防机构、血防机构和其他疾病预防控制机构从事高风险岗位工作人员的待遇政策。

（十六）保障公共卫生服务所需经费。专业公共卫生机构人员经费、发展建设经费、公用经费和业务经费由政府预算全额安排，服务性收入上缴财政专户或纳入预算管理。按项目为城乡居民免费提供基本公共卫生服务。提高公共卫生服务经费标准。2009年人均基本公共卫生服务经费标准不低于15元，2011年不低于20元。中央财政通过转移支付对困难地区给予补助。

五、推进公立医院改革试点

（十七）改革公立医院管理体制、运行机制和监管机制。公立医院要坚持维护公益性和社会效益原则，以病人为中心。鼓励各地积极探索政事分开、管办分开的有效形式。界定公立医院所有者和管理者的责权。完善医院法人治理结构。推进人事制度改革，明确院长选拔任用和岗位规范，完善医务人员职称评定制度，实行岗位绩效工资制度。建立住院医师规范化培训制度。鼓励地方探索注册医师多点执业的办法和形式。强化医疗服务质量管理。规范公立医院临床检查、诊断、治疗、使用药物和植（介）入类医疗器械行为，优先使用基本药物和适宜技术，实行同级医疗机构检查结果互认。

探索建立由卫生行政部门、医疗保险机构、社会评估机构、群众代表和专家参与的公立医院质量监管和评价制度。严格医院预算和收支管理，加强成本核算与控制。全面推行医院信息公开制度，接受社会监督。

（十八）推进公立医院补偿机制改革。逐步将公立医院补偿由服务收费、药品加成收入和财政补助三个渠道改为服务收费和财政补助两个渠道。政府负责公立医院基本建设和大型设备购置、重点学科发展、符合国家规定的离退休人员费用和政策性亏损补偿等，对公立医院承担的公共卫生任务给予专项补助，保障政府指定的紧急救治、援外、支农、支边等公共服务经费，对中医院（民族医院）、传染病医院、职业病防治院、精神病医院、妇产医院和儿童医院等在投入政策上予以倾斜。严格控制公立医院建设规模、标准和贷款行为。推进医药分开，逐步取消药品加成，不得接受药品折扣。医院由此减少的收入或形成的亏损通过增设药事服务费、调整部分技术服务收费标准和增加政府投入等途径解决。药事服务费纳入基本医疗保险报销范围。积极探索医药分开的多种有效途径。适当提高医疗技术服务价格，降低药品、医用耗材和大型设备检查价格。定期开展医疗服务成本测算，科学考评医疗服务效率。

公立医院提供特需服务的比例不超过全部医疗服务的10%。鼓励各地探索建立医疗服务定价由利益相关方参与协商的机制。

（十九）加快形成多元办医格局。省级卫生行政部门会同有关部门，按照区域卫生规划，明确辖区内公立医院的设置数量、布局、床位规模、大型医疗设备配置和主要功能。要积极稳妥地把部分公立医院转制为民营医疗机构。制定公立医院转制政策措施，确保国有资产保值和职工合法权益。

鼓励民营资本举办非营利性医院。民营医院在医保定点、科研立项、职称评定和继续教育等方面，与公立医院享受同等待遇；对其在服务准入、监督管理等方面一视同仁。落实非营利性医院税收优惠政策，完善营利性医院税收政策。

公立医院改革2009年开始试点，2011年逐步推开。

六、保障措施

（二十）加强组织领导。国务院深化医药卫生体制改革领导小组统筹组织和协调改革工作。国务院有关部门要抓紧研究制定相关配套文件。各级政府要切实加强领导，抓好组织落实，加快推进各项重点改革。

（二十一）加强财力保障。各级政府要认真落实《意见》提出的各项卫生投入政策，调整支出结构，转变投入机制，改革补偿办法，切实保障改革所需资金，提高财政资金使用效益。为了实现改革的目标，经初步测算，2009～2011年各级政府需要投入8500亿元，其中中央政府投入3318亿元。

（二十二）鼓励各地试点。医药卫生体制改革涉及面广，情况复杂，政策性强，一些重大改革要先行试点，逐步推开。各地情况差别很大，要鼓励地方因地制宜制定具体实施方案，开展多种形式的试点，进行探索创新。国务院深化医药卫生体制改革领导小组负责统筹协调、指导各地试点工作。要注意总结和积累经验，不断深入推进改革。

（二十三）加强宣传引导。坚持正确的舆论导向，制定分步骤、分阶段的宣传方案；采取通俗易懂、生动形象的方式，广泛宣传实施方案的目标、任务和主要措施，解答群众关心的问题；及时总结、宣传改革经验，为深化改革营造良好的社会和舆论环境。

关于全面开展城镇居民基本医疗保险工作的通知

人社部发〔2009〕35号

各省、自治区、直辖市人力资源社会保障（人事、劳动保障）厅（局）、财政厅（局），新疆生产建设兵团劳动保障局、财务局：

城镇居民基本医疗保险试点工作开展以来，各地高度重视，组织有力，工作扎实，稳步推进，试点工作取得明显成效，受到广大城镇居民的欢迎，为完善城镇居民基本医疗保险制度积累了经验。根据《中共中央国务院关于深化医药卫生体制改革的意见》（中发〔2009〕6号）和《国务院关于印发〈医药卫生体制改革近期重点实施方案（2009～2011年）〉的通知》（国发〔2009〕12号），经国务院同意，2009年在全国范围内全面开展城镇居民基本医疗保险工作。现就有关问题通知如下：

一、明确工作目标和任务

各地要在认真总结试点经验基础上，加大工作力度，完善相关政策，提高居民参保率，全面开展城镇居民基本医疗保险工作。2009年全国所有城市都要开展城镇居民基本医疗保险工作。2009年新开展这项工作的城市，方案由省级人民政府负责审批，并报人力资源社会保障部备案，原则上第二季度启动实施，参保率力争达到50%以上。2009年前已开展试点的城市，应结合试点工作中出现的问题进一步完善政策、加强管理，参保率力争达到80%以上。东部地区可在规范管理的基础上加快推进扩面速度。在工作推进中，各地区要坚持低水平、广覆盖、保基本、可持续的原则，科学设计和调整实施方案；要坚持公开、公正、公平，规范操作，加强监管；要坚持便民利民，真正方便居民、服务居民、让居民受益。

二、规范和完善财政补助政策

2009 年政府对参保居民的补助标准，按照《关于做好 2008 年城镇居民基本医疗保险试点工作的通知》（人社部发〔2008〕39 号）相关规定执行。省级财政要切实负起责任，加大对困难市县的补助力度。各地要及时上报财政补助申报材料，将本级财政应当安排的补助资金列入预算，及时足额拨付上级和本级补助资金，确保财政补助申请和拨付工作顺利进行。继续完善城乡医疗救助制度，切实做好困难居民的界定工作，进一步加大投入，帮助解决困难城镇居民缴费困难问题。同时，要加强城镇居民基本医疗保险基金管理和使用的专项审计，发现问题，及时纠正。

三、科学合理制定和调整有关政策

各地要在分析总结城镇居民基本医疗保险制度和基金运行情况基础上，认真测算，科学制定和调整有关政策。坚持做到城镇居民基本医疗保险基金收支平衡，略有结余。基金结余较多的城市要根据基金收支情况适当调整基金支付政策，避免结余资金过多。充分利用基层和社区医疗卫生服务，探索建立普通门诊费用统筹，扩大制度受益面。对起付线、封顶线、基金支付比例和补助范围等政策的调整，要通盘考虑城镇居民基本医疗保险基金使用情况、居民潜在医疗需求增长和医药费用上涨等因素，注意保持政策的连续性和稳定性。要探索做好参保人员在不同制度间转移时的医疗保险关系和待遇等的衔接。有条件的地方积极探索推进统筹城乡医疗保险的不同方式和路径。

四、提高统筹层次，积极推进地级统筹

明确地级统筹中市（地、州）和县（市、区）相关机构的职责，建立相应的考核激励办法，充分发挥县（市、区）一级相关机构在医疗保险筹资和管理中的作用。同一统筹地区应统一缴费和待遇政策，基金统筹管理使用，统一设计各项管理流程，统一管理服务网络。条件不具备、难以一步到位实行地级统筹的地区，可在统一缴费和待遇政策、统一管理经办流程、统一管理服务网络的基础上，建立基金调剂机制，明确调剂金的管理使用办法，建立相应的考核激励办法。要探索地级统筹情况下适宜的就医管理办法，处理好扩大就医范围与合理控制医疗费用的关系。

五、切实加强经办管理能力建设

各地要本着精简、效能的原则，切实解决好经办机构人员编制和经费问题。要强化经办机构内部管理，明确岗位职责，优化岗位设置，提高经办机构服务水平和能力。要加强社区服务平台建设，提高社区劳动保障平台的服务管理能力，探索建立社区劳动保障平台与社区卫生服务机构之间的信息共享和协同管理服务机制，形成服务到人的管理服务网络。要建立和完善基本医疗保障信息系统。加强信息系统建设，实现与医疗机构信息系统的对接。要逐步建立药品、诊疗项目以及参保人员实际利用医疗服务信息基础数据库，研究科学合理的药品和诊疗项目评价办法，逐步建立医疗保险技术标准体系，实现医疗保险管理规范化、精细化和标准化。要建立健全科学合理的绩效评价体系，对经办服务机构进行量化评价，促进经办服务机构提高管理服务水平和能力。

六、加强对全面开展城镇居民基本医疗保险工作的组织领导

全面开展城镇居民基本医疗保险工作是深入贯彻落实科学发展观、完善社会保障体系、推进医药卫生体制改革、缓解群众“看病难、看病贵”矛盾、提高全民健康素质的一项重要措施，各地要切实摆上工作日程，提高认识，加强领导，组织好各方面力量，全力推进这项工作。各有关部门要明确责任，加强协调，密切配合。要在统筹考虑城镇职工基本医疗保险、城镇居民基本医疗保险以及新型农村合作医疗三项制度相关统计数据基础上，核准城镇居民应参保人数并制定目标任务，层层分解，加强目标考核和督查调研，制定周密工作计划并抓紧组织实施。加强宣传培训工作，使这项惠及民生的重要改革深入人心，为全面推开试点创造良好舆论环境。要不断总结经验教训，注重研究新问题、新情况，对试点工作中反映出来的重大问题要及时报告。

人力资源和社会保障部　财政部

二〇〇九年四月八日

关于开展城镇居民基本医疗保险门诊统筹的指导意见

人社部发〔2009〕66号

各省、自治区、直辖市人力资源社会保障（劳动保障）厅（局）、财政厅（局）、卫生厅（局），新疆生产建设兵团劳动保障局、财务局、卫生局：

根据《国务院关于印发〈医药卫生体制改革近期重点实施方案（2009～2011年）〉的通知》（国发〔2009〕12号）和《国务院关于开展城镇居民基本医疗保险试点的指导意见》（国发〔2007〕20号）的精神，为扩大城镇居民基本医疗保险制度受益面，切实减轻参保居民门诊医疗费用负担，有条件的地区可逐步开展城镇居民基本医疗保险门诊统筹工作，现就有关问题提出如下意见：

一、开展城镇居民基本医疗保险门诊统筹，要在坚持基本医疗保险政策规定的基础上，充分考虑门诊医疗服务特点和城镇居民对门诊医疗基本保障的迫切需要，进一步完善基本医疗保险的保障范围、筹资、支付等政策和就医、费用结算、业务经办等管理措施，通过统筹共济的方式合理分担参保居民门诊医疗费用。

二、开展门诊统筹应坚持以下原则：立足基本保障，从低水平起步，逐步减轻群众门诊医疗费用负担；实行社会共济，通过基金统筹调剂使用，提高基金保障能力；主要依托社区卫生服务中心（站）等基层医疗卫生机构，方便群众就医，降低医疗成本。

三、根据城镇居民基本医疗保险基金支付能力，在重点保障参保居民住院和门诊大病医疗支出的基础上，逐步将门诊小病医疗费用纳入基金支付范围。城镇居民基本医疗保险基金要坚持收支平衡的原则，门诊统筹所需费用在城镇居民基本医疗保险基金中列支，单独列账。

四、建立门诊统筹可以从慢性病发生较多的老年人起步，也可以从群众反映负担较大的多发病、慢性病做起。门诊统筹可以单独设立起付标准、支付比例和最高支付限额，具体可由各统筹地区根据实际合理确定。门诊统筹支付水平要与当地经济发展和医疗消费水平相适应，与当地城镇居民基本医疗保险筹资水平相适应。

五、开展门诊统筹应充分利用社区卫生服务中心（站）等基层医疗卫生机构和中医药服务。将符合条件的基层医疗卫生机构纳入基本医疗保险定点范围。起步阶段，门诊统筹原则上用于在定点基层医疗卫生机构发生的门诊医疗费用，随着分级诊疗和双向转诊制度的建立完善，逐步将支付范围扩大到符合规定的转诊费用。同时，要通过制定优惠的偿付政策，提供方便快捷的服务，鼓励和引导参保居民充分利用基层医疗卫生服务。各级卫生行政部门要合理设置基层医疗卫生机构，促进基层医疗卫生机构与转诊医疗机构的分工合作，探索建立分级诊疗制度及转诊相关管理办法和标准。统筹地区人力资源社会保障部门要会同卫生行政部门共同探索首诊和转诊的参保人员就医管理办法，促进建立双向转诊制度。

六、探索适合门诊统筹费用控制机制和结算管理的方式。根据门诊就医和医疗费用支出特点，积极探索总额预付或按人头付费等费用结算办法。充分发挥医疗保险集团购买的优势，采取定服务机构、定服务项目、定考核指标、定结算标准、定支付办法等方式，探索就医、支付、结算一体化的门诊统筹综合管理办法，有效控制门诊医疗费用。

七、加强组织领导。各地要高度重视，科学决策，精心组织实施。切实加强经办能力建设，完善医疗保险信息系统，探索适应门诊统筹管理需要的经办方式，提高管理服务水平。要加强社区劳动保障平台与社区卫生服务机构的协作，促进参保人员健康管理。要认真研究工作中出现的新情况、新问题，积极探索解决办法，遇有重要情况要及时报告。

人力资源和社会保障部　财政部　卫生部

二〇〇九年七月二十四日

关于进一步加强基本医疗保险基金管理的指导意见

人社部发〔2009〕67号

各省、自治区、直辖市人力资源社会保障（劳动保障）厅（局）、财政厅（局），新疆生产建设兵团劳动保障局、财务局：

根据《中共中央　国务院关于深化医药卫生体制改革的意见》（中发〔2009〕6号）和《国务院关于印发〈医药卫生体制改革近期重点实施方案（2009~2011年）〉的通知》（国发〔2009〕12号）的要求，为进一步加强基本医疗保险基金管理，提高基金使用效率，现就有关问题提出如下意见：

一、充分认识加强基本医疗保险基金管理的重要性和紧迫性

（一）加快推进基本医疗保障制度建设，将全体城乡居民纳入基本医疗保障制度，逐步提高基本医疗保障水平，是深化医药卫生体制改革的重要内容。按照以收定支、收支平衡、略有结余的原则，管好、用好基本医疗保险基金，对保障参保人员的基本医疗权益，减轻人民群众医药费用负担有着十分重要的现实意义。各级各有关部门要提高认识，不断完善政策，创新管理机制，强化基金管理，增强基金的共济和保障能力，提高基金使用效率。

二、增强基本医疗保险基金共济和保障能力

（二）加大基本医疗保险扩面和基金征缴力度。各地要按照3年内基本医疗保险参保率达到 90% 以上的目标，进一步加大城镇职工基本医疗保险和城镇居民基本医疗保险的扩面力度。要切实按照人力资源社会保障部、财政部等部门《关于妥善解决关闭破产国有企业退休人员等医疗保障有关问题的通知》（人社部发〔2009〕52 号）的要求，通过破产企业财产变现、未列入破产财产的土地出让所得、财政补助、医疗保险统筹基金结余调剂等多渠道筹资，妥善解决关闭破产国有企业退休人员参加城镇职工基本医疗保险问题。同时，各地要统筹解决包括关闭破产集体企业退休人员和困难企业职工等在内的其他各类城镇人员的医疗保障问题。进一步加大基本医疗保险基金的征缴和稽核力度，确保基本医疗保险基金应收尽收。

（三）逐步提高基本医疗保险保障水平，减轻参保人员的个人负担。各地要在精心测算的基础上，适当提高政策内住院医疗费用的报销水平，逐步提高统筹基金最高支付限额，规范门诊大病管理。鼓励各地积极开展城镇居民基本医疗保险门诊医疗费用统筹，扩大城镇居民基本医疗保险受益范围。有条件的统筹地区可以探索调整城镇职工基本医疗保险个人账户使用办法，试行城镇职工基本医疗保险门诊医疗费用统筹，逐步扩大和提高门诊费用的报销范围和比例，提高个人账户基金的使用效率。

（四）提高基本医疗保险统筹层次。各地要根据本地实际情况，加快推进提高基本医疗保险统筹层次工作，到 2011 年基本实现市（地）级统筹。实现市（地）级基金统收统支确有困难的地区，可以先建立市（地）级基金风险调剂制度，再逐步过渡。具备条件的地区，可以探索实行省级统筹。

三、强化基本医疗保险基金管理

（五）进一步加强基本医疗保险基金收支预算管理。统筹地区要认真执行社会保险基金财务制度，按年度编制基本医疗保险基金收支预算。编制基金收入预算应综合考虑当地经济发展水平、职工工资收入水平、医疗保险覆盖面、医疗保险筹资比例等因素；编制基金支出预算应综合考虑当地参保人员年龄结构、疾病谱、医疗费用增长、医疗保险受益面、保障水平和基金结余情况等因素。

（六）做好基本医疗保险基金会计核算和统计分析工作。各地要认真落实社会保险基金会计制度，加强基本医疗保险基金会计核算工作。医疗保险经办机构要单独建立一次性预缴基本医疗保险费统计台账，加强对一次性预缴基本医疗保险费的统计分析和管理。

（七）建立基本医疗保险基金运行情况分析和风险预警制度。各地要利用医疗保险信息系统，构建基本医疗保险基金运行分析和风险预警系统，将统筹基金累计结余作为基本医疗保险基金风险预警监测的关键性指标，加强对基本医疗保险基金运行情况的分析。除一次性预缴基本医疗保险费外，统筹地区城镇职工基本医疗保险统筹基金累计结余原则上应控制在6～9个月平均支付水平。城镇职工基本医疗保险统筹基金累计结余超过15个月平均支付水平的，为结余过多状态，累计结余低于3个月平均支付水平的，为结余不足状态。城镇居民基本医疗保险的基金风险预警指标，各地可根据当地实际具体确定。

（八）妥善解决统筹基金结余过多和当期收不抵支问题。统筹地区因职工工资水平增长等因素，统筹基金收入增幅明显高于支出增幅，连续2年处于结余过多状态的，可阶段性降低基本医疗保险筹资比例或适当提高参保人员医疗保险待遇水平。统筹基金出现当期收不抵支的统筹地区，要认真查找超支原因，通过改进结算方式、加强支出管理等途径，控制费用支出增长。统筹基金累计结余不足、难以保证当期支付的统筹地区，可通过临时借款保证当期支付，并及时研究调整筹资或待遇政策。各统筹地区应根据上述原则制订相应的基金告警预案，并报省级人力资源社会保障（劳动保障）、财政部门备案。统筹地区启动预案响应和费率调整等政策变化，应报省级人民政府批准。重大政策调整省级人民政府应报人力资源社会保障部、财政部备案。

（九）强化基本医疗保险基金监管。完善基本医疗保险基金管理内控制度，形成部门之间、岗位之间和业务之间相互制衡、相互监督的内控机制。加强行政监管，建立基本医疗保险基金欺诈防范机制，杜绝骗保等欺诈行为的发生。建立和完善基本医疗保险基金内部审计制度，及时整改审计发现的问题。定期向社会公布基本医疗保险基金收支情况和参保人员医疗保险待遇的享受情况，接受社会各界的监督。

四、加强基本医疗保险支付管理

（十）加大医疗保险对医疗服务行为的监控力度。各地要把相关部门制定的出入院标准、临床诊疗规范、临床用药指南和处方管理办法等纳入协议管理的范围，建立和完善对定点医疗机构服务质量的考核评价体系。要不断完善医疗保险信息系统，逐步实现对医疗服务行为的全程实时监控，加强对重点医疗服务项目和重点药品使用情况的监测，减少不合理医疗费用的发生，防范医疗欺诈行为。

（十一）改进费用结算方式。积极探索医疗保险经办机构与医疗机构、药品供应商通过协商谈判，合理确定医药服务的付费方式及标准，发挥医疗保障对医疗服务和药品费用的制约作用。鼓励探索实行按病种付费、总额预付、按人头付费等结算方式，充分调动医疗机构和医生控制医疗服务成本的主动性和积极性。

（十二）优化医疗费用结算流程。医疗保险经办机构要进一步优化医疗费用结算程序，逐步实现与定点医疗机构直接结算，缩短医疗费用结算时间，符合规定的医疗费用，要按照协议及时足额支付。医疗费用结算前，医疗保险经办机构可按照协议向医疗机构预拨一定比例的周转金。简化个人医疗费用报销结算程序，提供人性化服务，方便广大参保人员。

人力资源和社会保障部　财政部

二〇〇九年七月二十四日

国务院关于开展新型农村社会养老保险试点的指导意见

国发〔2009〕32号

各省、自治区、直辖市人民政府，国务院各部委、各直属机构：

根据党的十七大和十七届三中全会精神，国务院决定，从2009年起开展新型农村社会养老保险（以下简称新农保）试点。现就试点工作提出以下指导意见：

一、基本原则

新农保工作要高举中国特色社会主义伟大旗帜，以邓小平理论和“三个代表”重要思想为指导，深入贯彻落实科学发展观，按照加快建立覆盖城乡居民的社会保障体系的要求，逐步解决农村居民老有所养问题。新农保试点的基本原则是“保基本、广覆盖、有弹性、可持续”。一是从农村实际出发，低水平起步，筹资标准和待遇标准要与经济发展及各方面承受能力相适应；二是个人（家庭）、集体、政府合理分担责任，权利与义务相对应；三是政府主导和农民自愿相结合，引导农村居民普遍参保；四是中央确定基本原则和主要政策，地方制订具体办法，对参保居民实行属地管理。

二、任务目标

探索建立个人缴费、集体补助、政府补贴相结合的新农保制度，实行社会统筹与个人账户相结合，与家庭养老、土地保障、社会救助等其他社会保障政策措施相配套，保障农村居民老年基本生活。2009年试点覆盖面为全国10%的县（市、区、旗），以后逐步扩大试点，在全国普遍实施，2020年之前基本实现对农村适龄居民的全覆盖。

三、参保范围

年满16周岁（不含在校学生）、未参加城镇职工基本养老保险的农村居民，可以在户籍地自愿参加新农保。

四、基金筹集

新农保基金由个人缴费、集体补助、政府补贴构成。

（一）个人缴费。参加新农保的农村居民应当按规定缴纳养老保险费。缴费标准目前设为每年100元、200元、300元、400元、500元5个档次，地方可以根据实际情况增设缴费档次。参保人自主选择档次缴费，多缴多得。国家依据农村居民人均纯收入增长等情况适时调整缴费档次。

（二）集体补助。有条件的村集体应当对参保人缴费给予补助，补助标准由村民委员会召开村民会议民主确定。鼓励其他经济组织、社会公益组织、个人为参保人缴费提供资助。

（三）政府补贴。政府对符合领取条件的参保人全额支付新农保基础养老金，其中中央财政对中西部地区按中央确定的基础养老金标准给予全额补助，对东部地区给予50%的补助。

地方政府应当对参保人缴费给予补贴，补贴标准不低于每人每年30元；对选择较高档次标准缴费的，可给予适当鼓励，具体标准和办法由省（区、市）人民政府确定。对农村重度残疾人等缴费困难群体，地方政府为其代缴部分或全部最低标准的养老保险费。

五、建立个人账户

国家为每个新农保参保人建立终身记录的养老保险个人账户。个人缴费，集体补助及其他经济组织、社会公益组织、个人对参保人缴费的资助，地方政府对参保人的缴费补贴，全部记入个人账户。个人账户储存额目前每年参考中国人民银行公布的金融机构人民币一年期存款利率计息。

六、养老金待遇

养老金待遇由基础养老金和个人账户养老金组成，支付终身。

中央确定的基础养老金标准为每人每月 55 元。地方政府可以根据实际情况提高基础养老金标准，对于长期缴费的农村居民，可适当加发基础养老金，提高和加发部分的资金由地方政府支出。

个人账户养老金的月计发标准为个人账户全部储存额除以 139（与现行城镇职工基本养老保险个人账户养老金计发系数相同）。参保人死亡，个人账户中的资金余额，除政府补贴外，可以依法继承；政府补贴余额用于继续支付其他参保人的养老金。

七、养老金待遇领取条件

年满 60 周岁、未享受城镇职工基本养老保险待遇的农村有户籍的老年人，可以按月领取养老金。

新农保制度实施时，已年满 60 周岁、未享受城镇职工基本养老保险待遇的，不用缴费，可以按月领取基础养老金，但其符合参保条件的子女应当参保缴费；距领取年龄不足 15 年的，应按年缴费，也允许补缴，累计缴费不超过 15 年；距领取年龄超过 15 年的，应按年缴费，累计缴费不少于 15 年。

要引导中青年农民积极参保、长期缴费，长缴多得。具体办法由省（区、市）人民政府规定。

八、待遇调整

国家根据经济发展和物价变动等情况，适时调整全国新农保基础养老金的最低标准。

九、基金管理

建立健全新农保基金财务会计制度。新农保基金纳入社会保障基金财政专户，实行收支两条线管理，单独记账、核算，按有关规定实现保值增值。试点阶段，新农保基金暂实行县级管理，随着试点扩大和推开，逐步提高管理层次；有条件的地方也可直接实行省级管理。

十、基金监督

各级人力资源社会保障部门要切实履行新农保基金的监管职责，制定完善新农保各项业务管理规章制度，规范业务程序，建立健全内控制度和基金稽核制度，对基金的筹集、上解、划拨、发放进行监控和定期检查，并定期披露新农保基金筹集和支付信息，做到公开透明，加强社会监督。财政、监察、审计部门按各自职责实施监督，严禁挤占挪用，确保基金安全。试点地区新农保经办机构和村民委员会每年在行政村范围内对村内参保人缴费和待遇领取资格进行公示，接受群众监督。

十一、经办管理服务

开展新农保试点的地区，要认真记录农村居民参保缴费和领取待遇情况，建立参保档案，长期妥善保存；建立全国统一的新农保信息管理系统，纳入社会保障信息管理系统（“金保工程”）建设，并与其他公民信息管理系统实现信息资源共享；要大力推行社会保障卡，方便参保人持卡缴费、领取待遇和查询本人参保信息。试点地区要按照精简效能原则，整合现有农村社会服务资源，加强新农保经办能力建设，运用现代管理方式和政府购买服务方式，降低行政成本，提高工作效率。新农保工作经费纳入同级财政预算，不得从新农保基金中开支。

十二、相关制度衔接

原来已开展以个人缴费为主、完全个人账户农村社会养老保险（以下称老农保）的地区，要在妥善处理老农保基金债权问题的基础上，做好与新农保制度衔接。在新农保试点地区，凡已参加了老农保、年满60周岁且已领取老农保养老金的参保人，可直接享受新农保基础养老金；对已参加老农保、未满60周岁且没有领取养老金的参保人，应将老农保个人账户资金并入新农保个人账户，按新农保的缴费标准继续缴费，待符合规定条件时享受相应待遇。

新农保与城镇职工基本养老保险等其他养老保险制度的衔接办法，由人力资源社会保障部会同财政部制定。要妥善做好新农保制度与被征地农民社会保障、水库移民后期扶持政策、农村计划生育家庭奖励扶助政策、农村五保供养、社会优抚、农村最低生活保障制度等政策制度的配套衔接工作，具体办法由人力资源社会保障部、财政部会同有关部门研究制订。

十三、加强组织领导

国务院成立新农保试点工作领导小组，研究制订相关政策并督促检查政策的落实情况，总结评估试点工作，协调解决试点工作中出现的问题。

地方各级人民政府要充分认识开展新农保试点工作的重大意义，将其列入当地经济社会发展规划和年度目标管理考核体系，切实加强组织领导。各级人力资源社会保障部门要切实履行新农保工作行政主管部门的职责，会同有关部门做好新农保的统筹规划、政策制定、统一管理、综合协调等工作。试点地区也要成立试点工作领导小组，负责本地区试点工作。

十四、制定具体办法和试点实施方案

省（区、市）人民政府要根据本指导意见，结合本地区实际情况，制定试点具体办法，并报国务院新农保试点工作领导小组备案；要在充分调研、多方论证、周密测算的基础上，提出切实可行的试点实施方案，按要求选择试点地区，报国务院新农保试点工作领导小组审定。试点县（市、区、旗）的试点实施方案由各省（区、市）人民政府批准后实施，并报国务院新农保试点工作领导小组备案。

十五、做好舆论宣传工作

建立新农保制度是深入贯彻落实科学发展观、加快建设覆盖城乡居民社会保障体系的重大决策，是应对国际金融危机、扩大国内消费需求的重大举措，是逐步缩小城乡差距、改变城乡二元结构、推进基本公共服务均等化的重要基础性工程，是实现广大农村居民老有所养、促进家庭和谐、增加农民收入的重大惠民政策。

各地区和有关部门要坚持正确的舆论导向，运用通俗易懂的宣传方式，加强对试点工作重要意义、基本原则和各项政策的宣传，使这项惠民政策深入人心，引导适龄农民积极参保。

各地要注意研究试点过程中出现的新情况、新问题，积极探索和总结解决新问题的办法和经验，妥善处理改革、发展和稳定的关系，把好事办好。重要情况要及时向国务院新农保试点工作领导小组报告。

国务院

二〇〇九年九月一日

国务院办公厅关于转发人力资源和社会保障部　财政部《城镇企业职工基本养老保险关系转移接续暂行办法》的通知

国办发〔2009〕66号

各省、自治区、直辖市人民政府，国务院各部委、各直属机构：

人力资源和社会保障部、财政部《城镇企业职工基本养老保险关系转移接续暂行办法》已经国务院同意，现转发给你们，请结合实际，认真贯彻执行。

国务院办公厅

二〇〇九年十二月二十八日

城镇企业职工基本养老保险关系转移接续暂行办法

人力资源和社会保障部　财政部

第一条　为切实保障参加城镇企业职工基本养老保险人员（以下简称参保人员）的合法权益，促进人力资源合理配置和有序流动，保证参保人员跨省、自治区、直辖市（以下简称跨省）流动并在城镇就业时基本养老保险关系的顺畅转移接续，制定本办法。

第二条　本办法适用于参加城镇企业职工基本养老保险的所有人员，包括农民工。已经按国家规定领取基本养老保险待遇的人员，不再转移基本养老保险关系。

第三条　参保人员跨省流动就业的，由原参保所在地社会保险经办机构（以下简称社保经办机构）开具参保缴费凭证，其基本养老保险关系应随同转移到新参保地。参保人员达到基本养老保险待遇领取条件的，其在各地的参保缴费年限合并计算，个人账户储存额（含本息，下同）累计计算；未达到待遇领取年龄前，不得终止基本养老保险关系并办理退保手续；其中出国定居和到香港、澳门、台湾地区定居的，按国家有关规定执行。

第四条　参保人员跨省流动就业转移基本养老保险关系时，按下列方法计算转移资金：

（一）个人账户储存额：1998 年 1 月 1 日之前按个人缴费累计本息计算转移，1998 年 1 月 1 日后按计入个人账户的全部储存额计算转移。

（二）统筹基金（单位缴费）：以本人 1998 年 1 月 1 日后各年度实际缴费工资为基数，按 12% 的总和转移，参保缴费不足 1 年的，按实际缴费月数计算转移。

第五条　参保人员跨省流动就业，其基本养老保险关系转移接续按下列规定办理：

（一）参保人员返回户籍所在地（指省、自治区、直辖市，下同）就业参保的，户籍所在地的相关社保经办机构应为其及时办理转移接续手续。

（二）参保人员未返回户籍所在地就业参保的，由新参保地的社保经办机构为其及时办理转移接续手续。但对男性年满 50 周岁和女性年满 40 周岁的，应在原参保地继续保留基本养老保险关系，同时在新参保地建立临时基本养老保险缴费账户，记录单位和个人全部缴费。参保人员再次跨省流动就业或在新参保地达到待遇领取条件时，将临时基本养老保险缴费账户中的全部缴费本息，转移归集到原参保地或待遇领取地。

（三）参保人员经县级以上党委组织部门、人力资源社会保障行政部门批准调动，且与调入单位建立劳动关系并缴纳基本养老保险费的，不受以上年龄规定限制，应在调入地及时办理基本养老保险关系转移接续手续。

第六条 跨省流动就业的参保人员达到待遇领取条件时，按下列规定确定其待遇领取地：

（一）基本养老保险关系在户籍所在地的，由户籍所在地负责办理待遇领取手续，享受基本养老保险待遇。

（二）基本养老保险关系不在户籍所在地，而在其基本养老保险关系所在地累计缴费年限满10年的，在该地办理待遇领取手续，享受当地基本养老保险待遇。

（三）基本养老保险关系不在户籍所在地，且在其基本养老保险关系所在地累计缴费年限不满10年的，将其基本养老保险关系转回上一个缴费年限满10年的原参保地办理待遇领取手续，享受基本养老保险待遇。

（四）基本养老保险关系不在户籍所在地，且在每个参保地的累计缴费年限均不满10年的，将其基本养老保险关系及相应资金归集到户籍所在地，由户籍所在地按规定办理待遇领取手续，享受基本养老保险待遇。

第七条 参保人员转移接续基本养老保险关系后，符合待遇领取条件的，按照《国务院关于完善企业职工基本养老保险制度的决定》（国发〔2005〕38号）的规定，以本人各年度缴费工资、缴费年限和待遇领取地对应的各年度在岗职工平均工资计算其基本养老金。

第八条 参保人员跨省流动就业的，按下列程序办理基本养老保险关系转移接续手续：

（一）参保人员在新就业地按规定建立基本养老保险关系和缴费后，由用人单位或参保人员向新参保地社保经办机构提出基本养老保险关系转移接续的书面申请。

（二）新参保地社保经办机构在15个工作日内，审核转移接续申请，对符合本办法规定条件的，向参保人员原基本养老保险关系所在地的社保经办机构发出同意接收函，并提供相关信息；对不符合转移接续条件的，向申请单位或参保人员作出书面说明。

（三）原基本养老保险关系所在地社保经办机构在接到同意接收函的15个工作日内，办理好转移接续的各项手续。

（四）新参保地社保经办机构在收到参保人员原基本养老保险关系所在地社保经办机构转移的基本养老保险关系和资金后，应在15个工作日内办结有关手续，并将确认情况及时通知用人单位或参保人员。

第九条　农民工中断就业或返乡没有继续缴费的，由原参保地社保经办机构保留其基本养老保险关系，保存其全部参保缴费记录及个人账户，个人账户储存额继续按规定计息。农民工返回城镇就业并继续参保缴费的，无论其回到原参保地就业还是到其他城镇就业，均按前述规定累计计算其缴费年限，合并计算其个人账户储存额，符合待遇领取条件的，与城镇职工同样享受基本养老保险待遇；农民工不再返回城镇就业的，其在城镇参保缴费记录及个人账户全部有效，并根据农民工的实际情况，或在其达到规定领取条件时享受城镇职工基本养老保险待遇，或转入新型农村社会养老保险。

农民工在城镇参加企业职工基本养老保险与在农村参加新型农村社会养老保险的衔接政策，另行研究制定。

第十条　建立全国县级以上社保经办机构联系方式信息库，并向社会公布，方便参保人员查询参保缴费情况，办理基本养老保险关系转移接续手续。加快建立全国统一的基本养老保险参保缴费信息查询服务系统，发行全国通用的社会保障卡，为参保人员查询参保缴费信息提供便捷有效的技术服务。

第十一条　各地已制定的跨省基本养老保险关系转移接续相关政策与本办法规定不符的，以本办法规定为准。在省、自治区、直辖市内的基本养老保险关系转移接续办法，由各省级人民政府参照本办法制定，并报人力资源社会保障部备案。

第十二条　本办法所称缴费年限，除另有特殊规定外，均包括视同缴费年限。

第十三条　本办法从2010年1月1日起施行。

责任编辑:陈　登

图书在版编目(CIP)数据

2009～2010年中国社会保障改革与发展报告/邓大松　刘昌平等 编著.
-北京:人民出版社,2010.12
ISBN 978-7-01-009597-4

Ⅰ.①2…　Ⅱ.①邓…　Ⅲ.①社会保障-体制改革-研究报告-中国-2009～2010　Ⅳ.①D632.1

中国版本图书馆CIP数据核字(2010)第264458号

2009～2010年中国社会保障改革与发展报告

2009～2010 NIAN ZHONGGUO SHEHUI BAOZHANG GAIGE YU FAZHAN BAOGAO

邓大松　刘昌平等　编著

人民出版社 出版发行

(100706　北京朝阳门内大街166号)

北京龙之冉印务有限公司印刷　新华书店经销

2010年12月第1版　2010年12月北京第1次印刷

开本:710毫米×1000毫米 1/16　印张:31.5

字数:451千字

ISBN 978-7-01-009597-4　定价:60.00元

邮购地址 100706　北京朝阳门内大街166号

人民东方图书销售中心　电话 (010)65250042　65289539